21世纪经济与管理规划教材

管理学系列

组织行为学

ORGANIZATIONAL BEHAVIOR

严进/编著

北京大学出版社
PEKING UNIVERSITY PRESS

图书在版编目(CIP)数据

组织行为学/严进编著.—北京:北京大学出版社,2009.4
(21世纪经济与管理规划教材·管理学系列)
ISBN 978-7-301-14535-7

Ⅰ.组… Ⅱ.严… Ⅲ.组织行为学 Ⅳ.C936

中国版本图书馆CIP数据核字(2009)第005963号

书　　名:组织行为学
著作责任者:严　进　编著
责 任 编 辑:谭振龙　石会敏
标 准 书 号:ISBN 978-7-301-14535-7/F·2064
出 版 发 行:北京大学出版社
地　　址:北京市海淀区成府路205号　100871
网　　址:http://www.pup.cn
电　　话:邮购部62752015　发行部62750672　编辑部62752926
　　　　　出版部62754962
电 子 邮 箱:em@pup.pku.edu.cn
印 刷 者:涿州市星河印刷有限公司
经 销 者:新华书店
　　　　　730毫米×980毫米　16开本　27印张　474千字
　　　　　2009年4月第1版　2010年1月第2次印刷
印　　数:4001—8000册
定　　价:42.00元

序

组织行为学是一门研究人在组织中的工作行为规律的科学。研究组织中人的工作行为,对于组织的管理者和领导者具有重要的意义。组织的管理者和领导者如何识人用人,如何调动人在组织中的工作积极性,如何做出正确的判断和决策,如何解决组织中的各种矛盾和冲突,如何处理与上级、同级和下级之间的关系,如何建立高效有凝聚力的团队,如何设计适当的组织结构,如何促进组织变革和组织发展等。从而使组织中人与工作、人与职务、人与组织得到适当的匹配,提高组织效率,达到组织目标。这一切都需要学习、了解和掌握有关组织中人的工作行为的知识。因此,组织行为学是每一个组织的领导者,尤其是企业管理者必须学习、了解和掌握的一门科学知识。

严进博士编著的《组织行为学》是一本很有特色的教科书,可以从以下几点看出:

第一,每一章都有一个“引例”,即通过一个具体的故事或事例,把读者引入本章有关人的行为的理论、概念和规律的论述中。这样,会使读者更容易从现实的事例出发理解和掌握这些理论、概念和规律。同时,在每一章的结尾,又给出一两个案例,启发读者用所学的理论和概念去分析、解释和说明这些案例,并提出本书编者的“参考答案”,这样,读者可以把自己的答案与编者的参考答案进行比较,从而提高读者运用理论分析问题和解决问题的能力。这样的编排不仅有助于读者深入了解和掌握相关的理论、概念和知识,而且有助于他们灵活运用已掌握的理论工具去解决现实中遇到的各种问题。

第二,本书的另一个特点是在每一章中都穿插一些不同形式的注释,如"知识"、"比较"、"例子"、"名词解释"、"情景模拟"、无标题的方框,甚至还有一些图片和漫画等。其中有的是介绍对组织行为学研究有重要历史贡献的人物,有的是解释本章中论述的基本概念,有的是为了进一步说明某一理论观点的事例,有的是一些经典实验,有的是一些自我测验等。总之,本书编者围绕每一章所论述的基本概念、基本理论,采用多种方式说明、解释、补充和印证这些概念和理论,使得读者可以更深入地理解和掌握本书每一章所述的主要内容、基本概念和基本理论,为今后运用这些理论和概念分析和解决现实中有关人的工作行为的各种问题奠定了扎实的基础。

第三,本书也增加了组织行为学的一些较新研究成果。例如,在本书第二章"个体差异"中比较详细地介绍了"情商"的概念。过去的组织行为学教材中,论述这一课题时往往侧重于人的"智力能力"或"智商"方面,很少涉及"情商"问题,而本书编者不仅介绍了"情商"的概念,而且较系统地介绍了"智商"与"情商"之间的关系以及培养和提高人们"情商"的一些措施和方法。此外,还提出了"实践智力"(implicit intelligence)的概念和"虚拟世界中人的能力与个性"问题。特别是后一个问题,虽然在本书中没有充分地展开描述,仅针对一个网络游戏的案例做了简单的分析,但这里提出的问题却是值得人们特别关注和研究的。又如,在第三章"知觉与管理决策"中,增加了"组织中的印象管理"这一较新的课题,"展望理论"(prospect theory)这一较新的决策理论研究成果以及从经济学中引入的"禀赋效应"(endowment effect)和"承诺升级"(commitment escalation)等概念。除此之外,编者不仅运用外国的案例,也大量引用国内著名企业与组织的案例,并对这些案例从相关的理论和概念进行细致的分析与解释,也颇有新意。

总之,这是一本内容丰富、概念清晰,具体案例与所述理论密切结合,通俗易懂、深入浅出、语言生动的组织行为学教科书。本书可以作为管理院校本科生,相关专业学生以及 MBA 的教材或教学参考书,也可以作为各类组织的管理者和领导者,尤其是企业管理者和领导者的培训教材。我相信,本书的出版一定会对管理院校学生的培养和组织管理人员的充实提高起到积极的促进作用。

浙江大学心理与行为科学系教授
浙江省行为科学学会名誉会长
卢盛忠
2008.9.20
美国达拉斯

前　言

“我肯定从很多人的只言片语和举手投足上得到过不少收获，但是我又完全不记得他们是谁了；一本书就像一个大公墓场，墓碑上的名字多数都被岁月磨去了痕迹。”西蒙写在《管理行为》前言中的这句话给我带来了无限反思，回顾本书从有初步想法到最后成稿，这句话显得尤为贴切。

自从2000年开始在浙江大学管理学院讲授《组织行为学》课程以来，对应该采用什么样的教材费过很多脑筋。我一直认为，组织行为学应该是一门非常贴近实践的课程，相应的概念和理论应该在平时生活中得到鲜活体现。学员也只有在管理工作中，能够把事例、现象和理论概念联系起来，做出相应的解释预测，才能够真正掌握这门课程。组织行为学领域中前辈们的工作给了我无穷启发。

罗宾斯的《组织行为学》一书是该领域的权威教材，这本在国内外普遍发行的书是这门学科的标准教材。这本书的思路明晰、材料丰富，是一本优秀的教材，但使用几次以后，我发现学生在拿到大开本600多页的“砖头”时多数有些发怵，一个学期34学时的教学计划也使得很多内容无法在课堂上讲授。同时，“泊来”的理论、案例使得在讲授和学习时难免有些“隔靴挠痒”的感觉，总觉得这对中国学生来说意犹未尽。我写作本书最初的想法也是对此做一些补充，希望能够创作一本简化版的能够反映中国案例特点的组织行为学教材。

早年的杭州大学心理学系是我国组织行为学研究非常繁荣的地方，卢盛忠老师又是其中的佼佼者。在与卢老师交流过几次以后，采用案例进行教学的想法得到了首肯，于是我们2003年组织出版了《管理心理学案例集萃》一书，以配套组织行为学的教学。在我的观念中，教学案例应该是学员能够普遍观察获取的“事实资料”或者“数据”，而“理论”是学员用于分析数据的要素与思路。由于时间、精力等原因，我们在那本案例集中没有能够附上理论分析，一直觉得很遗憾，《组织行为学》一书的出版也是这一想法的继续。

2004秋天，受到国家留学基金的资助，有幸到美国哈佛大学商学院访问一年，在这所世界著名的学府中，教授们对学术的投入和鲜明个性给我留下了深刻的印象。独特的“案例教学法”是哈佛商学院的标志性方法。好的案例把管理情景带进课堂，是供学生和教师探索体验决策过程的工具。好的案例必须能够恰当地反映管理决策情景，让学员有发挥的空间，探讨多种可行的解决方案。一个典型的哈佛商学院案例有20页左右，一般有5～10页的图表，提供非常丰富的讨论信息。但是，这对于习惯了讲授式教学的中国学生，无论是MBA学生还是本科生，都不习惯这种以阅读和提问为主体的教学方法。简短的案例配合一些主要分析思路，用于讲解组织行为学理论，这是比较适合中国学生的教学方法。

面对教材选择的问题，我一直有个想法，编写一本简短的、能够把国内案例与组织行为理论紧密联系解读的教材，不过多讲述国外的理论模型，而是重点谈谈这些理论如何结合国内案例，如何采用组织行为概念分析现象背后的规律，同时也让学员能够体会到理论在解释现象时的效用。一本好的教材，要让学员能够简单、有兴趣地掌握理论，同时能够体会到K. Lewin的观点：“没有什么比一个好的理论更实用。”

在本书的编写过程中，得到浙江大学本科生通识课程建设项目的支持，同时多位同学在以往课程材料的基础上，撰写了相关章节的初稿，分别是张娓第2、7章，陈亢立第3章，章莹第4章，付琛第5章，胡敏第6章，章莹、刘湘秦、戚智琳第8章，朱金燕第9章。同时在编写过程中，大家也对教材的格式体例等方面提出了很多宝贵意见，使得这本书显得相对活泼、容易阅读。与魏江教授合作编写《管理沟通》一书过程中的经验也给这本书带来很多启发，这两门紧密联系的课程给我带来了多角度的思考。同时也要感谢这几年参加我讲授课程的各位学员，他们的参与和讨论使得课程内容更为丰富。

在书稿初步成形之时，回想西蒙在篇首说的那句话，觉得尤其贴切。任何一本书的出版都不能说是编著者一人的功劳，而只是编著者对知识进行梳理的思路和逻辑，边际贡献是建立在他人基础上的。一个开放的平台更有利于学科本身的发展，回顾维基百科全书(Wikipedia)的迅猛发展，这个始创于2001年，自由、免费、内容开放的平台已经成为人类创造和分享知识的重要空间。对于组织行为学这门基于管理实践的学科，案例观察和知识分享尤其重要，但基于实际案例的理论分析才是核心活力。希望本书能够为组织行为学科领域的知识分享做一些补充，也希望在大家批评、添加和修正的基础上不断完善。在我看来，一个有主题的BBS是促进这个学科发展的最好形式。

希望大家不吝赐教至 jinyan@ post. harvard. edu。

严进

2008年8月于北京玉渊潭畔

目 录

第一章

组织中的工作行为

- 什么是组织行为学
- 组织行为学的发展
- 组织行为学的学科基础和研究层次

引例 1

超女的成功

2005 年的中国,实在很热闹。伴随着娱乐节目"超级女声"横扫神州大地,这一幕热闹也愈演愈烈,大力鼓吹者有之,极力攻讦者有之:一方面,民众热爱它,这可以用每周百万条短信投票为见证;另一方面,也有一些业内人士拒绝它,"格调不高"的评价言论屡屡见诸电视、报端。

固然,"超级女声"是一项商业操作,是一个娱乐事件,是民众茶余饭后的谈资,是群体心理研究的有效社会学样本,但是,作为一个历时半年、辐射近半个中国、牵动亿万民众的"大事件",真的这么简单吗?民众的热爱,究竟为的是什么?民众的投票,究竟想表白什么?

老老实实一句话,这是一场平民精神创造的奇迹。民众之所以热爱,是因为站在舞台上的不是明星大腕,而是普通的平民;民众之所以表白,是因为"超级女声"是一场从头到尾由"庶民"参与的狂欢。

从辐射近半个中国的各分赛区"海选"开始,"超级女声"就为民众提供了参与的自由。和电视上大大小小的综艺类节目不同,"超级女声"的主角不是主持人,不是明星,不是社会成功人士,而是普通民众。"海选"阶段,任何人,不分地域、户籍、种族、年龄、学历、财富多寡、社会地位高下,均可以报名参加——唯一的身份限制是女性,然后依照规则进入一场场淘汰赛。

暂且不论淘汰赛过程中规则透明与公平问题,对于中国民众,尤其女性来说,"超级女声"提供了一个"平等且自由"参与的平台。可以"平等且自由"地参与这样的大事件、大场面,是一件难能可贵的事情。参加运动会,需要拥有运动员资格;参加职业招聘会,需要考量学历和履历;就连当个"的哥",也需要是"本地人"……而"超级女声"的平台无门槛、无条件、无限制、不需报名费,只需一张身份证。身份证前,人人平等,人人有参与或拒绝的自由。

每周百万条短信的投票,既体现了民众参与的热情,也体现了另一种"平等且自由":投票的自由。首先,每一条短信投票都是平等的,票与票之间没有高低贵贱之分;其次,相对于以百万计的总票数而言,民众对自己所投出的每一票都有足够的信心,认为自己的投票是重要的、不可忽视的、起作用的;最后,民众有投票和不投票的自由,有把票投给谁的自由。

尤其难能可贵的是,那些站在舞台上参与角逐的“超女”们,民众投票的对象,都经历过“海选”,一路过关斩将,并非由谁指定或者圈定。尽管大部分投票的民众并没有报名参加“海选”,但这只是因为他们放弃了参加比赛的自由而保留了不参加比赛的自由,因而,那些选择了参加比赛的“超女”们,更容易获得他们的认同。在一定意义上,“超女”诞生于投票的民众,和后者有着同样的“草根”出身,是一体的,血脉相连。广泛民众的投票、参与和观看,在造就“超女”的同时,也造就了自己参与集体娱乐的自由和机会。

“超级女声”刚刚落地成都进行海选的时候,媒体都在挥汗如雨地追逐4万多人的报名狂潮,并以大篇幅的头条乐此不疲地追捧着一举成名的“红衣姐姐”黄薪,谁也没有过多精力注意到一个叫李宇春的选手。这个高高瘦瘦的短发女孩,除了打扮举止有些男孩子的洒脱与帅气外,普通得连登上报纸中缝的机会都没有。

海选进50——不要考验评委的耐心,除非你能让他们真正地发笑。黄薪可以,那个模仿赵本山的女孩可以,李宇春却做不到。舞台上的她,只有用歌声被人记住。一首经典老歌《我的心里只有你没有他》,很多人唱过,李宇春聪明地选择了黄小琥的激情版本,黑色衬衣加牛仔裤,清爽利落,载歌载舞的她只用了短短几十秒,便获得pass卡(直通50强)。

50进20——还是那首《我的心里只有你没有他》,虽然只给了演唱其中一小段的时间,然而比赛刚一结束,关于此歌的搜索频率瞬间便在互联网上飙升。到这个时候,这位身材修长、酷酷的女孩子开始吸引了观众的注意力,她的低沉嗓音,她的舞蹈姿势,她的舞台小动作,有些出其不二的架势。

20进10——黑色的李宇春,换了一套挺括的白色衣裤;唱中文的李宇春,换了一首 Christina Aguilera 的 *Come Over Here Baby*。评委王东喜欢她在大屏幕上相得益彰的电子舞蹈,顺子喜欢她脚上的那双鞋,常宽喜欢她少有的潇洒舞姿。

10进7——虽然成都唱区实力派唱将云集,张靓颖、何洁的英文歌发挥的各有千秋,然而似乎更加自信的李宇春别出心裁地选择了 the Cranberries 的 Zombie(视频),并在舞台上玩起了麦克风。这首带点重金属摇滚风味的反战歌曲并不是每个歌手都能驾驭自如,虽然李宇春的表现并非完美无瑕,但其在舞台上的另类气质已足以让她脱颖而出。

7进5——到目前为止，在李宇春所有的表演中，这个环节几乎被人遗忘。张宇的《大女人》(视频)听上去并不太适合李宇春翻唱，沉闷重复的旋律，飘忽不定的声线，缺乏之前举座皆惊的震撼力。赛后，李宇春向媒体表示自己淋了雨有些发烧。

冠军——在造型师Maya的精心包装下，最后一次站在成都唱区舞台上的李宇春几乎有了脱胎换骨的变化：凌乱狂野的短发，闪闪发亮的水钻饰品，仍然是她最爱的黑色衣裤，却多了些时尚妩媚的元素。寂寞过后的李宇春再次爆发，重新诠释哥伦比亚小天后Shakira Mebarak Ripoll的*Eyes Like Yours*，这首充满拉丁风情的广告歌，为李宇春赢得了206 564张手机短信投票。

资料来源：http://news.sohu.com/s2005/05chaonv.shtml，http://eladies.sina.com.cn/nx/2005/0720/1537175417.html。

思考题

- 为什么"超女"如此成功，吸引了这么多人的眼球？
- 李宇春为什么会在这一年内如此走红？
- 如果在今后的几年内推出类似活动，还会如此成功吗？
- 如果我们要策划这样一个成功的商业宣传活动，需要考虑哪些因素？

针对这几个问题，不同的人会有不同的回答。但是需要思考的一个共同的问题是人们的行为。什么是行为？人们的行为受到哪些因素的影响？这是管理者在管理工作中首先需要关心的问题。

微观经济学是一门通过理性推断来预测市场中人们行为的学科。在微观经济学中，对于人们行为的解释基于两个基本的前提假设。第一，资源是稀缺的。由于资源的稀缺性，市场中的要素需要进行优化和配置，效率才能够得以提高。第二，人是理性的。由于人是理性的，人们的行为可以用完全信息和固定偏好的曲线去分析，这样最优化的结论才能够均衡。但是在实际的组织生活中，这种理性是难以得到满足的。

如果从理性的角度进行分析，在"超女"比赛中，每一个歌手都有着自己独特的歌唱风格和水平，所以都拥有固定的资源和特征。每一个听众和评委都有自己固定的偏好曲线。经过比赛，双方的信息进行交流，在理性分析框架下，应该可以用一个总加的顺序表示各个歌手的顺序。但是，比赛是动态的，充满着变化和不确定性，也正是如此，比赛才会如此吸引人心。那种程式化的理性条件是不可能得到满足的。

首先,人们所了解的信息不可能是完全的。从“超女”的例子看,李宇春的风格和水平在成名前后虽然有一些调整,但是并没有实质性飞跃。听众和歌手各自持有的信息并不一样,听众并不了解一个叫“李宇春”的音乐学院的学生,也从来没有机会评价她的水平怎么样。所以,听众了解的信息和歌手拥有的特点并不一样,评委和观众在进行评价投票的时候是根据他们所知道的歌手信息,而不是真正的歌手的信息。这是第一方面的非理性因素。

其次,人们的偏好在评价和投票的过程中也不是一直不变的。“超女”的成功首先在于这是一种全新的艺术大赛形式。从艺术的角度看,有演艺界人士对超女的艺术价值进行了批评。不少观众也明白,超女歌手的艺术水平也许没有办法和艺术大奖赛中科班出身的专业演员相比,但是,与正规的艺术大赛相比,超女无疑具有两个方面的优点:超女选手没有入门的限制,这大大增加了“超女”的参与性,也让观众感觉到选手与自己之间的近距离,从而使得观众增加了对“超女”比赛的认同。大家感觉到一个综艺节目并不需要以权威的艺术家的标准进行评判,而是可以有自己的偏好。超女比赛中“短信投票”这个环节也增加了节目的参与性,以往的比赛都是由专家评委给出评价,观众可以说是这个环节的局外人,即使有不同的看法,也只能被动地接受评分的结果。但是“短信投票”这个环节让大家有了表达自身观点的机会。尽管每个手机只能投出一票,但是这种机制使大家有了表达自己观点的机会。所以,在超女比赛中,人们关注的并不只是歌手的艺术水平这一项,人们的偏好也很多元,会在娱乐性、参与性和艺术水平等多个因素之间进行权衡,并不是一个单一的偏好函数。

同时,同一个人群的偏好也在不同的时间有所变化。在评价同一个组别不同歌手的时候,歌手之间水平和风格的比较很容易影响评分的结果。在李宇春的几次比赛中,别出心裁的歌曲选择和唱腔选择对评委的评分影响很大。在同样的一组比赛中,如果其他几位歌手的水平相对比较差,那么李宇春就容易得到评委的好评;同样,如果其他几位歌手的风格比较一致,那么,这“万绿丛中一点红”就特别容易引起评委的特殊照顾。所以,人们的偏好不可能在所有的时间都一致。同样一个偏爱风格的评委,可能在看到歌手们都以一种风格出现的时候,对这种风格的点评就会非常苛刻,而对另外风格的评价就会比较宽容。当经济学没有办法完全解释人们行为的时候,这种理性的缺失使得从行为科学的角度分析和预测市场行为变得十分有必要。

在我们对组织行为的分析中，行为是指人们在社会活动中外显的运动、动作、活动或者反应。组织行为学中研究的行为对象有这样一些特点：

行为（behavior）：指人们在社会活动中外显的运动、动作、活动或者反应。

1．行为是外显的，可以观察的

组织行为学的研究与心理学的发展有着丝丝入扣的联系，心理学研究的是人们心理活动的规律，而组织行为学的目标是针对在组织工作中产生的心理活动。虽然行为的具体情景和心理学研究的不一样，但基本规律和研究方法还有很多类似之处。心理学的发展经历了几个不同的阶段，在行为主义以前的心理学研究中，心理学研究以"内省"办法为主，也就是研究者通过对自身心理活动的反思，或者自己对心理活动的反思进行研究。最典型的方式就像艾宾浩斯对记忆曲线的研究，通过对记忆无意义音节的结果，分析记忆的规律。但是当行为主义出现的时候，华生的观点是"内省"的心理活动是不可被观察的，只有"外显"的行为可以被观察到。"内省"的活动不可能成为科学研究的对象，不可能在同种环境条件下被重复操作和验证。而行为是"外显"的，可以通过多种手段进行观测，并且在类似环境和同类型条件下重复诱发。这也是20世纪中叶行为主义可以在短短几年内成为主流研究思潮的主要原因。

知　识

那么什么是行为呢？——华生论行为

行为主义创始人华生认为，心理科学的研究对象应该是人和动物的行为，而不是心理或者意识。他将有机体应付环境的所有活动统称为行为，而行为最基本的成分是肌肉收缩与腺体分泌，两者均是机体对内外部刺激的反应。

华生根据反应是内隐的还是外显的、是习得的还是遗传的理论把反应分成四类:(1) 外显的遗传反应,如抓握;(2) 内隐的遗传反应,如神经冲动、内脏运动;(3) 外显的习得反应,如游泳、打球;(4) 内隐的习得反应,如思维活动、言语活动。

华生是极端的环境决定论、教育万能论者。他夸口说:"给我一打健康而没有缺陷的婴儿,并在我自己设定的特殊环境中教育他们,那么我担保随便挑选其中一个婴儿,就能把他训练成我所选定的任何一种专家:医生、律师、艺术家、商界首领乃至乞丐和盗贼,而不管他的才能、嗜好、趋向、能力、天资和种族。"

2. 行为是有目标指向的

组织行为学研究的行为特指在工作场所中的行为,这是一种"有意识"的行为。在西蒙的经典巨著《管理行为》一书中,行为指的是一种有目标指向的活动,也就是行为主体有意识或者无意识地希望某种结果的发生。这些目标可能是行为主体之外的任何一个事物,比如人们在工作中追求的金钱、住房、职位、名誉等,也有可能是人们自己预期的结果。比如在"超女"的例子中,歌手为了晋级而比赛,赢得评委的好评,获取观众的选票,是他们的目标;观众为了娱乐而参加比赛,为了表示自身的投票权力而进行短信投票,为了支持自己喜欢的歌手而去拉选票。

有趣的是,人们行为的目标是在不断变化的。《南方周末》在 2007 年末刊登了一篇长篇报道"系统",介绍了"征途"游戏的一个玩家在玩这款游戏时的经历,典型地表明了游戏目标的变化。目标可以是外部设置的,正如在游戏的系统中设计的那样,每个玩家在开始玩游戏的时候都因系统讲述的传奇故事而设定了目标。但是对目标的认同是人们的行为受到影响的关键。在玩家经历了一段时间的游戏后,心态发生了很大变化,目标也就不一样了。同时,行为的目标有一定的持续性。在"超女"的比赛中,观众和选手一样的投入,为实现他们的目标付出努力。在游戏中,我们从图 1-1 人物的眼神中可以看出游戏玩家的坚持和投入。

正是由于目标的持续性,使得行为可以在一个时间段内被稳定地观察,对其进行研究和分析也成为可能。

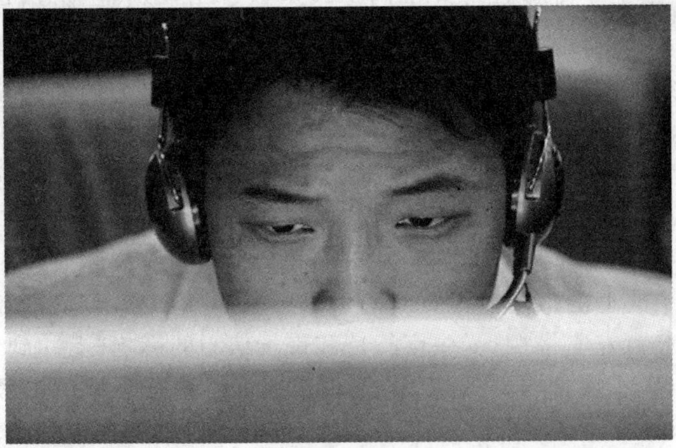

图 1-1　玩韩式网络游戏的人，常有这种标志性的、长久聚焦在屏幕正中心的眼神

资料来源：曹筠武、张春蔚、王轶庶："系统"，《南方周末》，2008.4。

案　例

和以往所有网络游戏不同，《征途》并不计时收费。简单地填写一份网上表格，就可以注册账号。只需要起个名字，选择性别、国家，一个虚拟身份就此诞生，光荣而艰难的征服之路摆在了你的面前。根据游戏的主线故事背景，你会惊奇地发现其实你是皇族之后，由于战乱被弃于荒野，现在你长大了，知道了自己高贵的血统，接下来该做的就是练一身好武艺，奋起于草莽之间，闻达于庙堂之上。建立自己的国家甚至取得统治世界的皇位以恢复祖先的荣光，则是你的终极目标。

资料来源：曹筠武、张春蔚、王轶庶："系统"，《南方周末》，2008.4。

3. 行为是在组织情景中发生的

当我们分析"超女"高人气的时候，有没有想过这样一个问题，如果没有周围人们强烈的参与气氛，您会如此投入地加入超女投票和观看比赛吗？如果没有媒体对此的关注，您会对一个综艺节目比赛者的成败如此关心吗？由此我们可以想到下面这样一句话：

众人拾柴火焰高

组织行为学的研究对象是人们在组织情景中的行为，组织情景与群体行为是组织行为分析与研究中不可缺少的部分。人们的行为处于组织的互动与相互影响中。研究表明，从众行为(conformity)对人们的选择有着很大影响。阿希(Asch)曾经把对一些简单的线条长短的判断用于群体情景中，结果表明，尽管是一些极为简单的判断，群体其他成员的判断也会给个人判断带来极大的压力。人们通常倾向于放弃自己原本正确的判断而屈从于群体大多数成员的集体判断。类似现象会出现在市场的群体效应中，"羊群效应"是股市中典型的市场行为。我们可以回忆一下 2005 年底股市一直在上证指数 1 000 点左右徘徊，受牛市行情和市场信心的影响，上冲到 2007 年 10 月 18 日的 6 124 点，"羊群效应"的表现很明显。同样下跌的时候创造的单日 300 多点的跌幅也是群体"羊群效应"的典型表现。在市场营销中，典型的例子是"送礼只送脑白金"的广告语，尽管脑白金的广告被认为是最低俗并引起观众反感的广告，但是观众对脑白金的品牌形成了深刻的印象，并且在铺天盖地的广告轰炸下，很容易造成大家都在买脑白金送礼的主观印象。从众行为也很容易紧接着产生，同时这也造成了群体活动中的互动与相互的影响。

知 识

经济学里经常用"羊群效应"(herd effect)来描述经济个体的从众跟风心理。羊群是一种很散乱的组织，一旦有一只头羊动起来，其他的羊就会一哄而上，全然不顾前面可能有狼或者不远处有更好的草。因此，"羊群效应"就是比喻人都有一种从众心理，从众心理很容易导致盲从，而盲从往往会陷入骗局或遭到失败。

在资本市场上，"羊群效应"是指在一个投资群体中，单个投资者总是根据其他同类投资者的行动而行动，在他人买入时买入，在他人卖出时卖出。导致出现"羊群效应"还有其他一些因素，比如，一些投资者可能会认为同一群体中的其他人更具有信息优势。"羊群效应"也可能由系统机制引发。例如，当资产价格突然下跌造成亏损时，为了满足追加保证金的要求或者遵守交易规则，一些投资者不得不将其持有的资产割仓卖出。在目前投资股票积极性大增的情况下，个人投资者能量迅速积聚，极易形成趋同性的羊群效应，追涨时信心百倍蜂拥而上，大盘跳水时，恐慌心理也开始连锁反应，纷纷恐慌出逃，这样跳水时量能放大也属正常。只有在这时才容易将股票杀到地板价上。

这就是为什么牛市中慢涨快跌,而杀跌又往往一次到位的根本原因。

资料来源:百度知道。

案　例

一位石油大亨到天堂去参加会议,一进会议室发现已经座无虚席,没有地方落座,于是他灵机一动,喊了一声:"地狱里发现石油了!"这一喊不要紧,天堂里的石油大亨们纷纷向地狱跑去。很快天堂里就只剩下那位后来的石油大亨了。这时,这位大亨心想,大家都跑了过去,莫非地狱里真的发现石油了?于是,他也急匆匆地向地狱跑去。

资料来源:百度知道。

与单纯的市场中的群体不一样,组织行为中研究的群体并不是简单的一群人的组合。当人群有了一定的结构,这些人的行为就有了不同的变化。群体行为指标变化的影响因素往往会成为典型的决策依据。我们可以看引例2的内容。

引例2

足球教练的领导行为

快乐足球VS全攻全守:剖析米卢哈恩执教风格

米卢带领中国队闯进世界杯,哈恩领衔中国队入围亚洲杯决赛。从某种意义上来说,米卢和哈恩都是成功者。虽然他们不是完人,虽然他们在执教方法中存在瑕疵,但由于功绩在此,世人在谈论他们时,客观的剖析要比主观的褒贬显得更有意义。

性格

性格决定一切,评判一个人首先就要从其性格入手。国人对米卢一定不陌生,这位中国队前任主帅张扬、夸张且有些狡黠。在多数人看来,米卢在执教时期最受媒体诟病的,就是他始终不清晰地向外界透露球队战术思想。反观哈恩却要稳重许多,同米卢在训练场上略带表演性质的动作相比,荷兰人只习惯于双手插兜,而且从来不在场边喊叫。最让人畅快的是哈恩在上任初始就清楚地亮出了自己的战术底牌。直接、实际,哈恩展现给我们的一面叫人放心。

战术思想

"控制球是取胜的关键"是米卢继"快乐足球"外的另一句至理名言。在足球场上，米卢向队员们灌输不追求向前，但要控制好比赛节奏的战术思想。在他执教期间，球员能否及时横传和斜传是评价这名球员意识好坏的标准。在这个问题上，哈恩将米卢的战术思想进一步升华。在荷兰人看来，控球固然重要，但在控制球的同时还应该找到传球的空当。哈恩曾经说过："控球和倒脚只是手段，找到防守的空当形成局部突破和牵扯才是目的。"同时，哈恩认为米卢留下的中国队只知道进攻，不知道防守。在看到中国球员防守能力存在差距后，哈恩决定用增加防守人的数量来保证防守质量。因此他将原先准备使用的3-4-3战术搁置一边，重新拣起4-4-2。

球员使用

米卢和哈恩虽然同样来自欧洲，但执教风格却不太一样。不同的执教风格让他们有着不同的用人标准，米卢继承了拉美教练的特点，喜好使用技术型风格的球员。在他执教期间，除了李铁外，几乎中前场的所有球员都清一色拥有这个特点。此外，米卢还特别欣赏拥有一技之长的球员，就像祁宏紧靠灵敏的门前嗅觉就可以坐稳主力位置。从这一点来说，哈恩则不太一样，他秉承欧洲整体足球的思想，要求球员攻守全面，也只有像肇俊哲、郑智那样的全能型球员才能够博得哈恩的赏识。

训练

米卢崇尚"快乐足球"，在两年半的执教时间里，他只搞过20多次体能训练，所有球员谈论起那个时候的训练都是一脸轻松。现在回想起来，米家军的"网式足球"还令人怀念。此外，为了保护球员，米卢还严禁球员在训练时使用铲球。

但到了哈恩时代，这一切都发生了彻底变化。为了加强体能，荷兰人采用一天三练的模式，并要求球员练习短距离反复冲刺。哈恩认为："体能是战术的基础，我们要改变每次比赛都要在最后30分钟内被动挨打的难堪局面。"而在亚洲杯上，中国队员的体能的确有了明显进步，铲球也明显凶狠起来。

综上所述，米卢和哈恩有很多不同。但有一点可以肯定，那就是他们都拥有强烈的取胜欲望。记得在第一次接受国内媒体采访时哈恩就曾暗示，他的目标就是超越米卢。能拥有这样一位豪情万丈的国家队主帅，国足应该感到欣慰，我们期待荷兰人能带领中国足球再次走上神坛。

资料来源：http://sports.QQ.com。

思考题

- 聘用主教练的标准是什么？主教练的绩效应当如何评价？
- 为什么主教练能够带来球队的高绩效？教练的工作行为与球队绩效的关系是什么？

- 中国人为什么要用洋教练？为什么"外来的和尚好念经"？
- 如何评估不同的领导风格与小组绩效的关系？如何理解在企业中出现的类似情景？

面对一个球队的时候，我们的观察与对"超女"现象的观察有很多不同。"超女"中的群体处于无序和结构混乱的状态下，每一个观众都拥有投票权，媒体的引导在"超女"现象中起着至关重要的作用。因为没有哪个歌手能不通过媒体手段而同时影响到活动中的大量参与者，观众也是通过媒体认识到这个活动。但是球队这个组织相对就要严密得多，首先由于规模较小，使得每两个成员之间都有可能产生直接的联系，成员之间的相互影响也主要通过面对面交流而实现。同时一个球队的目标也非常明确，队员的行为约束和纪律也有严格的规定。

如果在"超女"的例子中，我们更关注个体在社会背景中的行为问题。那么我们在这里思考一些和群体水平的行为相关联的问题。我们考虑一下教练这个角色：教练可以决定一个球队的成绩吗？答案显然是否定的，教练并不直接参加比赛，对场上的行为也没有绝对的控制权，比赛是动态的，时时刻刻会出现各种各样的情况。那么选拔和任命教练的标准是什么呢？在聘用米卢和哈恩作为国家队主教练的时候，对于聘任方而言，事先都会有这样的假设：在决策时，他们都是国家队主教练的最佳人选，当时都认为他们可以带领中国国家队在世界杯比赛中踢出好成绩。那我们想一想这样一个问题：为什么在选定主教练的时候，我们会认为这样两位工作方式完全不同的主教练，都会带领国家队踢出好成绩呢？显然，在决定聘用主教练的时候，我们有如图 1-2 所示的判断框架：我们认为球队的成绩与主教练的工作行为之间存在某种联系，但是这种联系并不像"1 + 1 = 2"那么简单，而是存在很多限制性条件。这些条件可能是球员水平、对手状态、比赛气氛等。同

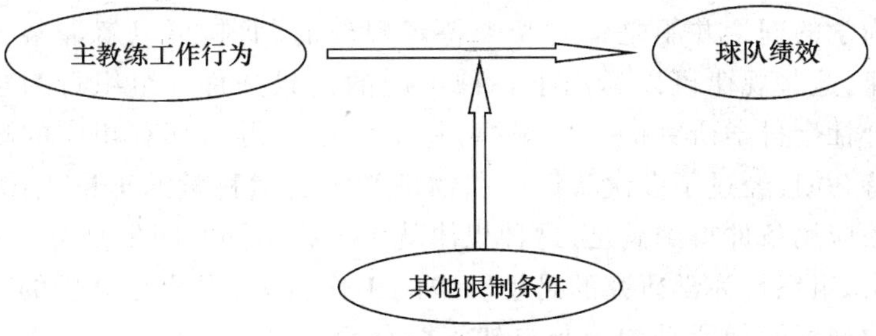

图 1-2　选聘主教练的基本判断框架

时，这种对应关系也不是唯一的，不同风格的领导行为同样可以使得球队获得好成绩。在行为关系的分析中，并没有简单直接的“等号”，而是有各种匹配的前提条件。

第一节　什么是组织行为学

看了几个不同的案例后，我们来看看组织行为学（organizational behavior）的定义。尽管定义在很多时候是一种类似于文字游戏的工作，但是清晰的定义仍然有利于让人们明白学科所要界定的范围。

组织行为学是一门研究分析组织中的工作行为的学科，它分析个体、群体、组织等不同水平的因素对人们工作行为的影响规律，并以此为基础，指导组织中的管理工作，提高组织效率与效能。因而，组织行为学具有以下几个特点：

- 总结变量相互关系的规律，增长科学知识；
- 系统研究组织中的现场行为；
- 分析个体、群体、组织等不同水平因素对员工工作行为的影响；
- 以此为指导提高组织效能的一个学科。

首先，组织行为学是一个学科。作为一门科学，组织行为学符合社会科学的一般特征：总结社会现象背后的一般原理，并由此解释、预测社会现象。组织行为学的理论并不是针对某个特定现象的，而是可以解释某类现象的共同规律，这些规律可以运用于各种不同的情景条件。组织行为学的研究结论符合社会科学研究的一般规律，每个结论的得出都有相应的现象与数据的支持，并且经过了多次验证。和物理学等自然科学的理论规律一样，只要相应的应用条件得到满足，这种规律就可以在不同时间重复发生。

其次，组织行为学研究的是组织中的工作行为，观测与分析的对象发生在组织的现场管理活动中。与自然科学的研究不同，组织行为学观测的对象并不是被隔离的，它们切切实实地发生在日常生活中。

组织行为的研究由于观测的水平不一样,可分为三种:个体水平的分析、群体水平的分析和组织水平的分析。个体水平的分析是有关个性、激励、行为、态度、满意感等方面的理论;群体水平的分析是有关群体规范与压力、群体决策、冲突与权力、领导行为、人际关系等方面的理论;组织水平的分析是组织理论、组织变革、组织文化、流程再造等问题的分析。这些不同是由于观测的角度不一样产生的。最终,组织行为的研究目标是提高组织的产出,因此总结不同层面规律的目标也是为了提高组织的效率。

比　较

- **经验（personal experience）**　个人对管理规律的总结,是基于自身体验的规律;
- **系统性研究（systematic study）**　通过系统的观测和分析得出管理的各个变量之间的关系。

有人说“管理是一门科学,更是一门艺术”。当我们谈论“科学”和“艺术”这两个名词的时候,我们是从不同的角度去认识管理的规律。什么是科学?科学的特点就是某种规律在相同情况下是可以重复发生的,特别是设定了同样的条件以后。把数学引入分析是科学研究的重要特征。而艺术是以人们的想象和体验为出发点的,是人们创造性发挥的充分体现。英籍科学家、哲学家卡尔·波普尔认为经验科学应该服从一种证伪主义。

我们说组织行为学是一门科学,主要是因为组织行为学的结论都是通过系统的观测和分析得出的。经验是以个人的体验为基础的,任何人只要做一点有用的事,总会有一点报酬,这种报酬就是经验。每个人都是行为研究者,在不断的行动过程中,人们的经历会对以后的行为产生很大的影响。经验是人们对行为过程和结果的习得总和。管理者的经验是宝贵的,但是这并不是管理科学的依据。经验的缺陷首先在于它可能是一种错误的认识;其次,经验很难在不同人之间转移。我们可以看看下面一个例子,这二十二条军规中您认同哪些,不认同哪些?它们是管理者的经验总结,但不是经过科学论证的管理规律,它们的真伪性值得思考推敲。同时,这些经验还没有形成可以科学论证的命题,并不能直接进行真伪检验。

案 例

浙江商人的二十二条军规

1. 坚持看 CCTV-1 新闻联播。
2. 不要轻易相信合约或合同。
3. 你自己必须守信,一诺千金,但对不守信的人例外!
4. 你能赢得起但你可能输不起的生意最好不做!
5. 不要先期投入太多,给自己留够底牌。
6. 天下无事不可为,但商人有所为也有所不为。
7. 慎重选择合作伙伴。
8. 不要在你的团队里有你家庭成员的影子。
9. 不要与和你有利益冲突的女人上床。
10. 不要给你的女人讲你的商业细节。
11. 你可以行贿但不要做污点证人到法庭去举证。
12. 不要偷税漏税但要学会合理避税。
13. 你可以利用新闻记者但不要相信记者。
14. 不要摆大,哪怕你真的是老大。
15. 保持中立,不要卷入政治派系纷争。
16. 不要太在乎金钱与利益得失。
17. 不要过多用金钱粉饰自己。
18. 资本决定发言权,但你不应该轻易让别人知道你有多大的发言权。
19. 总结别人的成败得失,但国外的案例你可以不用理会。
20. 不要用黑白道的规矩去解决商业上的冲突。
21. 在能把握全局的前提下,不要追求事必躬亲。
22. 给自己留条后路,预防众叛亲离。

那么什么是系统性研究(systematic study)呢?系统研究的逻辑基础是组织行为的内部联系不是随机的,而是由于某种原因引起的。在我们分析引例2中主教练选择的问题时,我们认为球队的绩效是由于主教练的工作行为引起的,这是一个系统研究的命题,当然这个命题也有可能是错误的。波普认为任何一个科学理论都不过是某种猜想或假设,其中必然潜藏着错误,即使它能够暂时逃脱实验的检验,但终有一天会暴露出来,从而遭到实验的反驳或“证伪”。科学就是在这样一个不断提出猜想、发现错误而遭到否定、再提出新猜想的循环往复的过程中向前发展。为了能够进行这样的“证伪”，组织行为学用系统的方法来严格地控制论证结论的可靠性。

知　识

组织行为学研究的思路与方法

组织行为学是一门系统研究的科学，所有组织行为学的理论都是在对组织中的工作行为进行观察和数据分析的基础上，通过理论分析得出的结论。也就是说，这些理论可以解释、预测在一定情景中的工作行为。那么什么是所谓的“系统研究”呢？我们将通过一段简短的介绍，让您了解一些有关组织行为学的研究方法，使得您对有关组织行为学理论的建立和验证过程有所认识，对管理学研究结论的可靠性和研究质量能够有一定的评判标准。

几周前，我遇到了一位中学的同学，他在浙江省的某个县城创办了一个连锁式的中式快餐店，这几年业务发展稳步上升。闲聊的时候他谈到了对员工选拔与管理的一些认识：

“中式快餐业务与西式快餐并不一样，由于老百姓对柴米油盐的价格比较了解，中式快餐店不可能有类似肯德基、麦当劳那样的利润空间，很多洋快餐的经验是需要有高利润空间支撑的，因此不可能把他们的管理思路拿过来就用，而要经过很多改进。

比如，对于快餐店员工队伍的管理，基本上可以分为前台服务人员管理和后台支持人员管理。前台服务人员基本上以女性为主，在招聘选择前台服务人员的时候，我倾向于选择30岁左右、已经结婚的女性，而不是20岁、没有结婚的女孩。以前我们希望用20岁左右的女孩，认为她们无牵无挂，能够将精力更多地投入到工作中，但是我们的经验表明，这些人首先是工作态度不能过关，她们刚刚进入这个社会，对社会的竞争不了解，觉得我们的工作太辛苦了，也不在乎你给了她多少奖金。有些小女孩才干了三天就打退堂鼓了。但是一个人结婚了就不一样，她有压力，希望挣钱，其实快餐服务工作没有什么很高的技术含量，不需要一个人很有文化，只要手脚勤快、态度认真、比较善于和人打交道就可以。其次，年青的小女孩很容易流动，她们做这个工作只是暂时的，如果有更加合适的工作，她们马上会跳槽，这给我们的管理带来很多麻烦，再加上如果她们认为这个工作只是暂时的，那么他们也不会花心思去做这个工作。以上是我们选拔前台服务人员的标准。

对于厨房和后台管理支持人员，我们会用一些年纪大些的、稳定性更好的员工。厨师是我们很关键的队伍，餐饮业的厨师如果跳槽，那么他就有可能加入竞争对手的行列，成为你的心腹大患。所以我们想了很多办法，其中一个办法就是把做菜的工序工业化。因为我们的产品是相对标准化的，所以我们用了很多流程来加工产品。客户看到的厨房只是厨房的前端，其实前端厨房里面的原料都是半成品。每个厨师只熟悉其中的一道工序，其余的东西他们是不了解的。这样我就可以使厨师的队伍稳定下来。因为他们的水平和工作技能只是在我们公司发挥作用，在其他公司不会发挥作用。而且，他们不直接和客户打交道，所以稳定和专业是最关键的，形象是次要的。”

在这样一段话中，我们看到了很多管理经验，总结了很多规律。比如，针对快餐业服务人员的年龄特征与绩效之间的关系，那30岁左右的女员工要优于20岁的女员工。这是一种个人经验的总结，也许是经过了对本公司50名服务员的观察，特别是经过了一些有典型性代表的事件，比如“有些小女孩才干了三天就打退堂鼓了”，管理者形成了这样的印象和经验。但是这种经验能够推广到什么样的条件下呢？这并没有经过验证，这就是经验的特点。但是经验和研究所共有的是观点，或者说是理论。那么这个观点的理论框架是什么呢？我们可以用图1-3来表示。

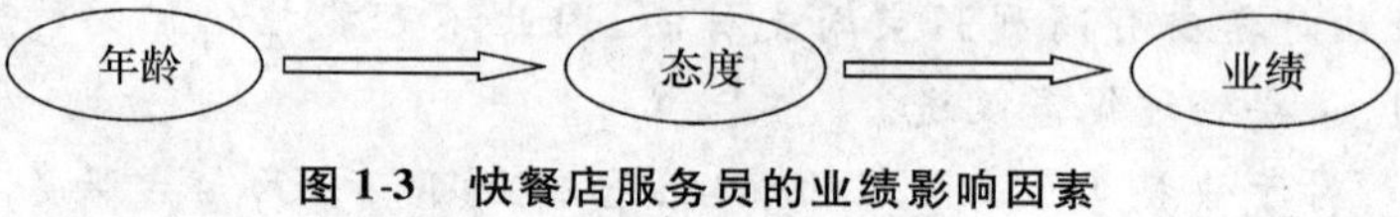

图1-3　快餐店服务员的业绩影响因素

组织行为学研究的基本术语

在图1-3中，我们看到了管理者对这个问题的基本观点：在中式快餐店的管理模式中，服务员的工作业绩受年龄的影响，而且这种影响主要是通过工作态度引起的。这种态度包括工作尽责、工作投入等。那么这里我们就看到了研究的基本要素：变量。

变量(variable)：变量指针对某个被考察对象的一种一般特征，这种特征可以在数量、强度等方面发生变化。变量在个体层面，可以是一个人的人口统计特征、态度、能力、个性等；在群体层面，可以是团队冲突、凝聚力、团队产出等；在组织层面，可以是组织文化、组织层级、组织结构类型等。变量是组织行为学研究的最基本要素，也是研究的基础。在图 1-3 的变量关系中，我们看到这样几类不同的变量：

自变量(independent variable)：自变量是引起其他变量变化的原因变量。在上面那段话中，我们可以认为“年龄”是自变量，它的变化引起了后面一系列其他变量的变化。在组织行为学研究中，自变量通常是一些个人工作特征，比如能力、个性、主动性、动机、奖励结构等。

因变量(dependent variable)：因变量是受自变量影响而发生变化的反应变量。通常是管理者或者研究者希望去控制、预测和解释的变量。通常研究的因变量包括绩效、满意感、人员流动、组织承诺等。在上面的例子中，服务员的工作业绩是因变量，也是管理者希望努力提高的。

中介变量(mediate variable)：中介变量是可以影响自变量和因变量之间关系的变量，也就是自变量需要通过中介变量才能够影响因变量。在我们所谈到的这个例子中，工作态度就是一个中介变量。正是由于不同年龄阶段的人对工作的态度不一样，而态度又会影响工作绩效，所以态度成为一个至关重要的中介变量。如果一个 20 岁的女孩，一样有认真负责的态度和吃苦耐劳的精神，那么她也能把工作完成得很出色。年龄是要通过态度而影响绩效的，缺少了态度，年龄的影响关系就不会那么明显。

缓冲变量(moderate variable)：缓冲变量指限制自变量和因变量关系的情景条件变量。在上述例子中，我们把这种关系能够运用的情景限制在中式快餐的服务员队伍中，这种情景可能会包含这样一些工作情景变量：工作结构简单、劳动时间长、待遇一般、规章制度不完善、员工主动性影响大。这是情景条件的限制，又称为权变因素(contingency)。

假设(hypothesis)：对于两个或者多个变量之间关系的试探性解释称之为假设。我们在图 1-3 中看到了变量之间的关系，但是这种关系并没有得到数据的验证，而是管理者本人的猜想，我们并不知道这种关系是否在所有的中式快餐业中都可以运用，这是一种试探性的解释。如果把这种关系用科学手段和数据进行分析支持，那么，假设就得以验证，这种关系就会成为结论，就可以知道具体的运用情景。

理论(theory)：我们最后要介绍的概念是理论。理论所描述的是一套系统的相互关联的概念或假设，理论是隐藏在诸多现象背后的规律，可以解释预测同一类型情景中的现象。通常在组织行为学研究中，“模型”一词也被用于对“理论”的称呼，当出现多个变量之间的相互关系的时候，我们通常也用“模型”来代表。“理论”、“模型”、“假设”三个术语在组织行为的研究中并没有严格的使用界限。对于图 1-3 中的关系，我们可以称之为“理论”，也可以称之为“模型”，具体的变量之间的关系我们也可以称为假设。

组织行为学研究的信度与效度

明白了研究的基本要素以后，我们需要思考这样一个问题：作为一门学科，它是建立在对大量现场资料进行考察分析的基础上总结得到的规律，同时，可以去解释预测今后可能发生的相关现象，那么它如何保证学科结论的可靠性和稳定性呢？这涉及组织行为学研究中的两个基本要求：信度与效度。

信度(reliability)：信度指研究结果的稳定性和一致性。信度的保证首先在于对这些变量观测的稳定性，针对图 1-3 所涉及的变量，我们会有三种变量的基本观测。年龄具有很高的信度，因为它的观测不会有任何不稳定因素，而态度和业绩就会受到观测者或者研究者本身的主观因素和观测手段的影响。就像用一把标准的米尺去测量身高，在不同时间、不同场合得到的结果不会有太大变化，而如果这把尺子本身是没有准确标度的，或者材料很容易热胀冷缩，那么每次得到的结果就不一样，测量的结果信度就很差。

效度(validity)：效度指研究结果的有效性，也就是这种理论关系在多大程度上可以真正解释和预测现象。信度是效度的必要条件，但却不是效度的充分条件。就像我们可以用一个磅秤去测量身高一样，磅秤可以测量人的身高，因为身高和体重之间存在显著的正相关，可以用质量换算人们的身高读数，而且得到的结果相当稳定，不同时间不同地点的测量不会有太大变化。但是这种测量却是无效的，因为这个读数并不反映相应的身高特征。研究也是一样，如果我们去验证图 1-3 中所表示的理论关系，那么我们首先要对这些变量做出有效测量，才能够对这个结构进行验证。同时，因为这些行为的测量有不稳定性，所以避免测量中可能的偏差也是组织行为研究中保证效度的重要前提因素。

组织行为学研究的具体方法与手段

组织行为研究针对的是在组织中现场发生的行为，但是这些行为的影响因素在大多数情况下研究者是没有办法进行严密控制的。在物理学、化学等自然科学的研究中，研究者可以把其他影响因素采用技术手段进行严格控制，但这在管理研究中基本不可能。所以，组织行为的研究者总会在控制程度、精确性和结论的普适性等几个方面进行一些权衡。在具体进行观点和理论验证的时候，不同方法也是这些因素的权衡。我们介绍一下三种常用的研究设计方法。

案例研究(case research):简单地说案例研究就是通过研究者收集到的事例证明所主张的观点。在图1-3的例子中,我们可以认为管理者本身就是一个研究者,他为什么会有这样的结论呢?因为他观察了很多事例,比如某几位员工A、B、C都是30岁左右的已婚员工,她们的工作态度都很好,勤劳肯干,因此主管对她们的业绩评价就很好;而有一次招聘了D,是一个20岁左右的小姑娘,她干了三天就觉得服务员的工作太辛苦了。管理者由此得出了图1-3的结论。这是通常做一个案例研究的基本过程。

我们可以通过这个例子看到案例研究的基本情景,研究者研究的是在真实组织环境里的一种现象,通过描述观察现象之间特征的相关性规律,得出结论。但是同时这种方法带来了很多疑问,比如在上面的例子中,我们可以有这样的一些问题:

● 是不是20岁左右的员工也有表现很好的?这个规律在某些人身上并不适用?

● 工作态度是不是由其他因素引起的变化,而不是年龄本身?研究者只看到了年龄和态度之间的联系,并没有办法证明这种因果关系。

● 研究者本人的观察是不是有偏差?可能有些现象受到研究者主观和客观因素的限制,看不到现象的本质。

这些相关的问题会影响案例研究的信度和效度。所以在进行一个组织行为学案例研究的时候,往往会有标准化的程序去控制这些可能的偏差。案例研究设计中的这些控制也是最讲究的。

问卷调查(questionnaire research):问卷调查是一种最常用的社会科学研究方法。通常的范式是这样的:对于上述例子,我们可以设计一份问卷,调查对象年龄、态度和业绩等几个方面的问题,然后通过让一定数量的员工和主管填写相应的问卷,通过统计方法检验这几个变量之间的联系。问卷调查是常用的实证方法,它与随机抽样、统计分析密不可分。抽样解决调查对象的问题,问卷是进行变量测量和资料收集的工具,统计分析则是得出结论的必然基础。所有的组织行为问卷调查结论都是基于统计分析的,没有现代统计学的发展,就不会有管理学和组织行为学学科体系的建立。但是对于问卷调查,同样也存在很多问题,比如:

● 这些填写问卷的人是不是看懂了问卷题目?他们有没有按照他们的真实想法填写问卷?

● 问卷题目是不是能够代表所要问的内容?问题有没有写清楚?

● 这些人的回答是不是能够代表所有的服务员?能不能代表这个

行业?

● 有没有其他共同因素更大地影响了问卷的结果?

这些问题一直是困扰问卷调查的重要障碍,因此问卷调查结论在很多场合都受到批评。目前的组织行为学研究中,单纯使用问卷方法进行验证已经受到研究界的很多批评,所以经常和其他方法结合使用。

实验研究(experimental research):实验研究是组织行为学研究中最为严格的研究方法,它的研究思路与物理学实验有些类似,也就是在控制其他所有相关变量的情况下,考察自变量和因变量之间的关系。实验研究的基本目的是考察一种因素或环境对另一种因素或环境可能产生的影响,或者说它检验变量间的因果关系。理想状态下,它通过控制影响研究的主导因素以外的所有其他因素来实现。实验研究的基本范式如下所述。

假如现在我们对两组进行测试,我们设法使得这两个组非常相似,以至于可视为等同。我们对某个感兴趣的特征进行了预备测试,比如在图 1-3 的例子中,我们测试除了年龄以外的能力、个性等相关个人特征。如果他们是类似的,我们可以视之为等同的两个小组。然后,我们只对其中一组的某个特征加以处理或施加影响,接下来对两组进行再测试。如果接受处理的小组发生变化而另一组无变化,并且除受处理部分变量外其余都相同,那么我们就能得出结论:上述变化是由外部干涉引起的。但是这在组织行为研究中很难实现,比如在图 1-3 的例子中,我们很难操作被试的年龄,而是进行事后的观察;同样对于态度,我们也很难操作,也是进行事后观察。这样结果就不会有实验研究中严格的因果关系。然而,由于组织行为学是针对组织中的现场行为进行研究,过于严格的实验条件会使研究结论不能被推广到现实的组织情景中。所以对于实验研究,通常存在的问题会有:

● 实验条件和任务是不是可以代表真实的管理任务特征?

● 实验操作有没有到位,是不是可以代表希望操作的变量?

● 实验中得到的结论多大程度上可以被用于现实情景?

任何一类研究方法都会存在相应的缺陷,如果希望验证图 1-3 中的理论框架,得出可靠的结论,就必须联合使用多种方法。如果研究者在使用了不同方法对同一理论框架进行验证后都得出了相同的结论,那么,理论模型的可靠性和有效性就得到了大大加强。

我们现在再回到一开始快餐店的管理者对快餐店经营管理的谈话上,思考这样一些问题:

● 如果要验证图 1-3 中的理论框架,那么我们使用什么研究方法比较合适？需要考虑哪些有关研究的信度与效度的问题？

- 管理者的谈话中还有哪些理论？分别应该怎么样去验证？
- 对于厨师的流动性问题，如果要用图示表示，那么应该如何界定自变量、因变量和理论模型？如何进行研究验证？
- 对于国外管理理论的适用性问题，应该如何用理论框架表示？
- 管理的经验和系统研究之间的差别是什么？具体表现在哪些方面？

第二节　组织行为学的发展

作为这样一门研究人的学科，组织行为学是怎么样发展起来的呢？这门学科的发展又经历了哪些主要阶段？哪些关键性的人物和研究成果推动了学科的发展呢？组织行为学以组织中的人为研究对象，研究者的出发点和学科来源各式各样。众多的研究者从自己的角度出发，提出了对人们工作行为的理解，但是以组织中，特别是企业组织中员工与管理者的行为为研究对象，用实际观察或者调查得到的数据为依据，以归纳与统计方法为分析基础，得出研究结论，并用于提升组织效能，是组织行为学研究的共同特征。应当说，本书中所有的相关理论和观点都是建立在这些共同特征基础上的。

接下来我们介绍几个在组织行为学的发展中至关重要的研究和人物，在美国人丹尼尔·A. 雷恩所著的《管理思想的演变》一书中，对这些人物和研究的详细经过进行了系统的论述。

知　识

科学管理之父——泰罗

泰罗（图 1-4）是公认的科学管理创始者，在泰罗开始他的系统研究以前，管理始终被认为是存在于管理者头脑中的经验，还没有人认为管理是一门可以系统地进行研究的科学，泰罗开始把系统的研究方法引入了管理领域。尽管泰罗的理论方法受到了来自工人和资本家的广泛质疑，泰罗制对工厂效率的促进和美国社会的深远影响不可替代。从他开始，管理学走上了科学化的道路。

这位管理学界伟人有两件事与他终身相伴，一是他为之操劳一生的美国钢铁业，二是渗透在他骨髓里的清教徒精神。泰罗出生于一个清教徒的家庭，他的父母曾经希望他能够继承父亲的职业成为一名律师，但是他在哈佛大学学习了一段时间以后，转而到费城的一家水厂去做一名学徒工。泰罗于1878年到费城的米德维尔钢铁厂当一名工人，这个工厂是当时美国的几家大钢铁公司之一，这个时期也是美国钢铁工业的顶峰时期。泰罗在这家工厂从一个普通的工人升为职员，然后升为机工、机工班长、车间工长、负责全厂维修的总技师，最后升为总工程师，这个阶段一共用了6年的时间，这对于一个年轻人来说，简直是火箭一样的速度。

图1-4 科学管理之父 泰罗

(F. M. Taylor,1856—1915)

资料来源:www.explorepahistory.com。

由于泰罗从底层开始干起，所以他对工人们的想法十分了解。泰罗认为，由于管理制度和管理方法的问题，通常工人们的产量只有应有产量的1/3。在信奉清教思想的泰罗看来，人们天生就应该勤奋和努力工作，偷懒和效率低下是一种道德上的败坏。于是在他获得了管理权力以后，开始在工厂开始了一系列的改革。

泰罗把工人产量不高的原因分为两种：“无意的磨洋工”和“有意的磨洋工”。无意的磨洋工是由于“人的天性和脾气”引起的，而有意的磨洋工却是“由于工人同别人的关系或者更为复杂的再次思维和推理而引起的”。工人们为什么磨洋工呢？泰罗认为，由于这样几个方面的原因：首先是不完善的管理制度迫使工人保护自己的利益，工人们担心由于加速工作会使得更多的人失业。另外，工人们单凭个人的工作经验一代一代地沿袭工作方法，使得工作效率不高，而这正是管理部门需要去改进的。管理就是要设计好工作，并提出适当的激励办法，以克服磨洋工现象。这正是科学管理所要做的事情。那么泰罗的科学管理主要有哪些方面的做法呢？这在泰罗1911年在国会的听证会记录中我们可以看到泰罗的一些基本思想：

“管理的目的是要确保雇主获得最大利益，同时保证每一位雇员能够获得最大利益。”科学管理的很多基本做法包括成本核算方法、工时研究、职能工长制度，但是这都“不应该对管理的实质或者管理的基本哲理产生误解”。这种基本哲理是以共同利益为基础的，有四个基本原则：

- 由管理人员把过去工人们自己通过长期实践积累的大量传统知识、技能和诀窍集中起来；
- 科学地挑选工人；
- 将科学和工人的科学教育培训结合起来；
- 管理部门和工人之间进行亲密无间的友好合作。

但不管是这些原则还是泰罗制的任何一个组成部分，都不能被看成是科学管理的主要因素，而是各种因素组成的整体。科学管理可以简单地概括为：它是科学，而不是单凭经验方法做事；它提倡合作，而不是单干；它要求最大的产出，而不是受限的产出；它培养每个人发挥最大效能和获得最多的财富。

在实施科学管理的过程中，首先要求一场在具体机构或者工人当中进行的心理革命。科学管理要求所有的人，工长、监工、企业所有人、董事会等，都要进行一场心理革命。这是泰罗认为科学管理的第一步。在科学管理下，双方要把注意力从以往大家都最关注的分配利益，转移到如何提高生产效率，也就是把双方的注意力从“如何分蛋糕”转移到“如何把蛋糕做大”的问题上，而“一旦这个蛋糕做到足够大，那么大家就没有必要为争这么一点小利益而争论不休”。当劳资双方不再互相敌视，而是肩并肩地向一个方向努力时，他们共同努力所创造的利润和工资都会有大大的增加。这是科学管理最重要的基础。在泰罗进行具体管理制度改革的时候，以下几项是著名的改革措施：

工时分析

工时分析起源于泰罗的清教思想，这种思想使他认为工人在工作中没有发挥最大的工作效率是一种罪恶。工时分析的目标是让每一个工人做能力和体力上力所能及的尽可能高的产出。这样的劳动强度是建立在不损害工人健康的基础上的，管理者的职责是教会工人一套系统科学的工作方法，工人在掌握了这样的优秀工作方法以后可以有更高的产出，同时，这种高产出会让他们得到比原来高30% ~100%的工资。

泰罗把工时研究分为两个基本阶段：“分析阶段”和“建设阶段”。在“分析阶段”，主要目的是把一样工作尽可能多的分解成为一系列单一的动作，然后通过对熟练工人的观察，得出单一动作最优操作方法；然后进入“建设阶段”，管理者通过分析每一个简单动作，把多余和重复的部分去除，这样就能够进入重新规划工作方法的阶段，在这个阶段还要充分考虑工具、机器、原料、方法等综合性因素，使得这些因素在一起形成标准化的操作方法。

一个典型的案例是泰罗在伯利恒钢铁公司生铁搬运场的工作。1899年，生铁的价格急剧上涨，伯利恒钢铁公司立刻卖出了一万吨存货。在装载每块92磅重的生铁发货场，泰罗有机会去研究工人的疲劳现象。泰罗确信这样的管理信条，即工人必须实行计件工资，管理者的工作是研究、改进和监督操作流程。在泰罗开始改革之前，平均每个工人每天的装载量大约是12.5吨。泰罗在经过一系列的总结以后，设计了整套他认为科学的方法，接下来是要让工人接受这套方法。在这个问题上，他曾经采用过多种方法，包括惩罚。最终，他认识到惩罚是一种愚蠢而无济于事的方法。

在伯利恒钢铁公司，泰罗使用了"优秀工人"的策略。用泰罗的话说，"优秀工人"是能够应用优秀的工作方法，并且在对应的岗位上胜任的工人，能够成为全体工人采用新工作方法的典范。选拔一个"优秀工人"的前提条件有两个：第一，这个人要能够适合当前的工作，比如对于搬运铁块，他必须是体健如牛，有着完成工作的良好前提条件；第二，能够为管理者所激励，比如他能够为管理者的金钱所激励，能够"把一个铜子看得比车轮还要大"。泰罗在工人当中找到了这样一个德国后裔的小伙子，他叫施米特。当找到这样一个"优秀工人"以后，泰罗找到他谈话，"我们这里有一套优秀的工作方法，如果你能够按照我这套优秀的工作方法去搬运铁块，我能够付给你1.8倍的工资。"施米特接受了这样的条件，并采用泰罗的方法进行工作，在按照泰罗的要求完成了相应工作后，他得到了相应的工资。随之而来的是其他工人也逐步愿意接受泰罗的方法。采用了一系列的新工作方法后，搬运场的效率大幅度提高，搬运量由原来的每人每天12.5吨提高到了45吨左右。这时就看到了泰罗所说的"把蛋糕做大"。但是同时也可以看到马克思所说的"泰罗制是资本家最巧妙的剥削工人的手段"。

计件工资制度

泰罗一直强调用一种任务管理的方法促进工作效率提高。他建议采用一种新的制度，包括三个部分：(1) 通过工时研究进行观察，并分析确定"工资率"，也就是工资的标准；(2) 差别计件工资；(3)"把钱给人而不是给职位"。他认为管理部门的首要职责在于通过对工作任务的分析建立恰当的工作绩效标准。确定定额的管理部门要为工作制订计划，并确定相应的标准，这些都是以周密的计算为基础的。这些标准确定下来以后，管理可以采用差别计件制，这种方法可以使达不到标准的工人只得到很低的工资，而达到标准的工人可以得到很高的报酬。

由于提倡制定计件工资和差别工资制度，泰罗和工会之间产生了强烈的矛盾。尽管泰罗本人与工会之间没有什么个人怨恨，但是他认为，如果采用这样的工作方法，工人可以按照自己个人的追求实现工作愿望，成立工会就没有必要。而工会为了维护集体利益，坚持对所有的人都采用一个共同的标准对工资和其他条件进行统一。

在有关泰罗对于科学管理的贡献中，我们想一想哪些是对组织行为学作出的贡献。

首先，泰罗把对人的管理工作看成了一门科学，而不是个人经验。科学的特征是可以通过数学方式进行定量化研究，同时把总结归纳得到的规律应用于不同场景。泰罗的基本思想是定量分析、归纳规律。我们看到管理始终被认为是科学与艺术的结合，如果仅仅是经验，那么在不同管理者、不同管理场景之间的转移、应用是非常困难的。泰罗通过把管理看成是一门科学，实现了管理知识在管理者和学术界的传播，使之成为一门系统科学。同时，也使得管理学成为一门和物理、化学这样可以去证伪的学科。

其次，泰罗在归纳这些管理规律的时候，采用了系统的、定量化的方法进行研究，并得出指导管理活动的科学原理。通过定量化的分析，得出潜在的管理规律，这与组织行为学的研究思路是一致的。组织行为学的发展与现代统计学是分不开的，组织行为学是一门实证性学科，所有的假设和结论都需要在研究中被实际的数据证明。由于受随机因素和干扰变量的影响，社会科学研究的结论表现出相应的波动规律，统计学是这个学科检验结论可靠性的必要手段，泰罗所做的这些早期研究创立了用定量方法去寻找规律的典范。

同时，在泰罗的这些研究中，始终考虑工作情景中的工人行为因素，把组织背景、工作任务、人员特征等相关因素结合考虑，这也是组织行为研究的重要特征。人们的绩效产出始终不是受到工作行为的单独影响，而是结合了多方面因素。组织产业特征、任务特征是重要的影响因素，也就是说“任务情景”是很重要的。组织行为学的研究结论都是有一定的组织应用情景的，在一个组织中得出的结论并不一定在另外一种组织背景下有效。

总之，泰罗开创了管理研究的一个崭新时代。自泰罗以后，管理真正成为一门可以进行科学研究的学科，在实业界和研究界得到发展。

知　识

霍桑实验

在管理学研究的历史上，霍桑实验（Hawthorne studies）是最能够引起研究者深思和争议的研究。研究的发生地点在美国西方电气公司的霍桑工厂。这个研究的研究者是著名的哈佛大学的心理学教授梅奥（E. Mayo）（图 1-5）。事实上，霍桑实验包含一系列研究，多个研究者为此作出了贡献。

图 1-5　梅奥（E. Mayo）
资料来源：www. harbus. org。

研究的开始

霍桑工厂是一个制造电话交换机的工厂，是当时美国电报电话公司（AT&T）的供应商，具有较完善的娱乐设施、医疗制度和养老金制度，研究的起因也不是为了提出一个崭新的理论观点。

研究一开始的时候，研究者试图回答一个非常简单的问题：车间的照明强度对工人的生产能力会产生什么样的影响？这与泰罗的基本设想是非常类似的，工作条件和操作方法的变化会对工人们的生产效率产生什么样的影响？从 1924 年 11 月至 1927 年 4 月，研究者进行了一系列研究。1924 年冬季，研究人员在霍桑工厂的冲床室、绕线室和继电器车间观察照明条件和生产效率的关系，结果发现"产量的上下浮动与照明没有直接的关系"。

当时的实验假设是"提高照明度有助于减少疲劳，使生产效率提高"。可是经过两年多实验发现，照明度的改变对生产效率并无影响。具体结果是：当实验组照明度增大时，实验组和控制组都增产；当实验组照明度减弱时，两组依然都增产，甚至实验组的照明度减至 0.06 烛光时，其产量亦无明显下降；直至照明减至如月光一般、实在看不清时，产量才急剧降下来。研究人员面对此结果感到茫然，失去了信心。查尔斯 · E. 斯诺，实验的参与者之一，同时也是 MIT 的电机工程教师，得出如下结论："对研究问题而言，照明度并不是所要寻求的答案……最重要的可能是‘人类个体的心理状态’。”按照这样的结果，实验可能要被放弃，但是，工厂和研究者都建议，实验应该继续下去。于是，下一步实验开始了。

继电器装配检验室

在这个阶段的实验中，五位继电器的装配工人、一位电路设计师和一位实验观察员参加了下一步实验。研究者对工作时间、工作周期、休息时间等做了一个系列的调整，随着这些变化的实施，产量有升有降，但是总体的变化是他们的效率比在原来车间的工作都有了很大提高。于是，研究者去拜访了 MIT 的公众健康教授 C. E. 特纳。通过分析，特纳把能够引起产量变化的因素归结为：(1) 组成小团体；(2) 监工的类型；(3) 收入增加；(4) 对实验的新奇感；(5) 公司管理层和研究人员给予的关注。1929 年的一份中期报告总结了这些早期实验的结果：装配工的产量增加了 35% ~50%；疲劳的减少不是增加产量的一个影响因素；实验小组实施的新工资制是“产量增长中一个相当重要的影响因素”。而且，工人们愿意在一个有“体谅的监工”的“愉快的工作环境”下工作。

访谈计划

在照明实验中，研究者在工厂中开始了访谈计划。此计划的最初想法是要工人就一些工作情况中的问题做出“是与不是”的回答，但这种规定好的访谈计划在进行过程中却得到了意想不到的效果。工人想就工作提纲以外的事情进行交谈，工人认为重要的事情并不是公司或调查者认为意义重大的那些事。访谈者了解到这一点后，及时把访谈计划改为事先不规定内容，每次访谈的平均时间从 30 分钟延长到 1 ~1.5 个小时，多听少说，详细记录工人的不满和意见。访谈计划持续了两年多，工厂的产量大幅提高，研究者对此很不解。

研究者在这个阶段求助于哈佛大学的心理学教授梅奥。梅奥于 1928 年花了两天时间参观了霍桑工厂，然后于 1929 年又在霍桑工厂用了四天时间，1930 年开始系统深入研究。梅奥对此的结论是：“小组中精神状态的巨大改变。”按照他的说法，“西方电气公司给工厂带来的最重大的变化同其在实验中所进行的改变只有一种偶然联系，公司对实验小组真正的影响在于改造了其全部工业情景。”

绕线圈研究

霍桑实验中有关群体的研究是在绕线圈室进行的。研究者在这个实验中选择 14 名男工人在单独的房间里从事绕线、焊接和检验工作。对这个班组实行特殊的计件工资制度。实验者原来设想,实行这套奖励办法会使工人更加努力工作,以便得到更多的报酬。但观察的结果表明,产量只保持在中等水平上,每个工人的日产量平均都差不多,而且工人并不如实地报告产量。深入地调查后发现,这个班组为了维护他们群体的利益,自发地形成了一些规范。他们约定,谁也不能干得太多,突出自己;谁也不能干得太少,影响全组的产量,并且约法三章,不准向管理当局告密,如有人违反这些规定,轻则挖苦谩骂,重则拳打脚踢。研究者描述了这样一些简单的规则:

(1) 你不应该干太多活,否则你是一个"生产冒尖者";

(2) 你不应该干太少活,否则你是一个"生产落后者";

(3) 你不应该向监工报告,说任何有损于同伴的话,否则,你就是一个"告密者";

(4) 你不应同伙伴们保持距离或一本正经,而应该和大家打成一片;

进一步调查发现,工人们之所以维持中等水平的产量,是担心产量提高,管理当局会改变现行奖励制度,或裁减人员,使部分工人失业,或者会使干得慢的伙伴受到惩罚。这一实验表明,工人们为了维护班组内部团结,可以放弃物质利益的引诱。研究者由此提出"非正式群体"的概念,认为在正式的组织中存在着自发形成的非正式群体。这种群体有自己的特殊行为规范,对人的行为起着调节和控制作用,同时加强了内部的协作关系。

社会系统观点

"霍桑效应"这一专用名词在管理学文献中一直是一个经典的概念,随着1933年大萧条的到来,霍桑工厂的实验也就逐步被放弃了。但是梅奥逐步对他在前面作出的理论解释进行了修订。正如其他研究者所评价的:"梅奥是思想领域的探险者……霍桑的数据不是他的,结果也不是他的;但是对其结果意义的解释以及从中引发出的新问题和假设是他的。"霍桑研究的前期强调管理者关怀对工人工作的促进作用,后来关注组织和群体因素对效率的影响。出于这样的研究结果解释,管理层应该把组织看成是"正式组织"和"非正式组织"的有机结合,解决正式组织要求的效率和非正式组织要求的感情平衡。

霍桑研究是一个影响非常久远的管理学研究事件。2007年9月,哈佛商学院为了纪念它对管理学研究的贡献,专门在Baker图书馆对此进行展出,具体内容也可以参考以下网址:http://www.library.hbs.edu/hc/hawthorne/。

霍桑实验一直以来都是管理研究史中非常受人关注的经典研究,尽管在研究方法论上受到了来自多个方面的质疑,但它对于组织行为学和管理学研究的发展起到的重要作用始终得到公认。

首先,自从霍桑研究开始,管理实践者们和研究者们就都认识到了组织中"人的因素"是影响组织效能和工作绩效的最重要因素,也就是真正把组织行为学的研究对象——人的工作行为——作为最重要的因素。

其次,霍桑研究看到了组织中的群体因素影响。在后期的绕线圈研究中,研究者看到了群体因素在工厂管理中的作用。同时,看到了组织规范和群体互动对员工业绩行为的强烈影响。群体研究由此成为组织行为研究中非常重要的一个部分。

再次,社会技术系统的提出使得研究者对工作中的人性假设有了更多思考。除了以往的典型"经济人"假设以外,研究者还看到了人们的行为不仅受到理性因素的制约,其他社会需求也是影响人们工作的重要因素。"社会人"的假设由此得出,工作绩效除了受到工作方法、工作条件、工作待遇因素影响以外,员工士气也是很重要的,而"士气"受到企业中人与人之间的关系、工作氛围、组织制度、领导行为等多方面因素的影响。所以,组织行为学研究的很多问题都在霍桑实验以后逐步受到重视。

第三节　组织行为学的学科基础和研究层次

组织行为学是一门由研究问题界定的学科。在对这些问题进行研究界定的时候,借用了很多来自其他学科的理论、概念和方法。主要的学科来源有下面一些:

- 心理学:心理学是研究人们心理活动规律的一门学科。自从行为主义得到发展以后,对于心理的研究大多关注在行为层面,关注可以观察的行为领域规律。在组织行为学的理论中,关于人的个体特征,包括能力、个性、知觉、激励等问题的理论基础大多数来自于心理学研究。同时,关于学习、决策等相关个人行动过程的理论基础也来自于心理学研究。在心理学的各个分支中,工业与组织心理学(industrial and organizational psychology)是与组织行为学关系非常密切的学科,可以说这两门学科大多数的理论概念是类似的,而关注角度有一些区别。

- 社会学:社会学是一门研究社会现象、社会活动的学科。社会学对测度方法、量表构建有着深入的研究,组织行为学中对变量的测度方法受到社会学研究非常深刻的影响。同时,社会学更加关注社会现象,作为一个生活在组织中的人,更多受到群体、组织、社会背景因素的影响。对于群体中相互关系因素的研究，组织行为学更是受到社会学研究的影响。

- 社会心理学：社会心理学是心理学的一个分支，更加关注在社会群体中的心理问题，关于态度测量、社会认知、群体互动等概念分析来源于社会心理学研究。

- 人类学：人类学是研究人类躯体、起源、发展和文化的学科。文化人类学是人类学的重要分支，它对民族文化、价值观的研究与组织层面问题很有联系，组织文化、组织结构等概念受到了人类学研究的影响。

- 政治学：政治学是研究人类政治活动的学科。马基雅维利的《君主论》是历史上最早论述领导行为的著作之一。政治学更加关注群体行为，关注组织中的权力、领导、冲突管理等方面的内容。这些方面的内容与组织行为学有着非常密切的关系。

由于是一门由研究对象、研究问题而产生的学科，所以根据研究问题内容的不一样，组织行为学研究的层次基本上分为三个：

- 个体水平的问题：这个部分关注个体在组织中的工作行为，包括：个性、激励、行为、态度、满意感、学习、决策等相关问题领域；

- 群体水平的问题：这个部分更多关注人际行为、个体与组织中的影响，包括群体规范与压力、群体决策、冲突与权力、领导行为、人际关系等相关领域；

- 组织水平的问题：这个部分更多与宏观层面的活动相关联。组织作为一个整体活动时相关的行为，包括组织理论、组织变革、组织文化、流程再造等组织层面的活动，以及在这些活动中表现出的共同行为规律。

□ 本章复习要点

组织行为学的概念	霍桑实验
研究方法	组织行为学学科来源
科学管理	组织行为研究的层次

□ 本章复习题

专业术语

行为	自变量	理论
组织行为学	因变量	系统研究

案例研究	经验	霍桑实验
问卷研究	科学管理	羊群效应
实验研究		

案例分析(1)

金光公司

多年来，乔刚一直梦想拥有一家自己的公司。机会终于来了，在好友陆皓的帮助下，乔刚经过努力注册了专门从事建筑供应业务的金光公司。金光公司在市郊租了一间大仓库用于储存建筑材料，同时招聘了数名职工分别负责货物运输、财务和行政工作。

刚开始，金光公司的业务量很少，靠好友也是开发商陆皓的帮助，金光公司勉强维持运转。一年后，由于结识了建筑行业联合会理事长，乔刚拿到了一个大型住宅项目的供应合同。公司上下工作认真，赢得了开发商的高度赞扬。从此，金光公司进入了高速增长的新阶段。

三年后，公司人数增加到了 50 人，还另外租用了一个仓库。与此同时，公司也出现了很多问题。

首先是陆皓。一次陆皓让乔刚在很短的时间内供应一些紧缺材料，由于实在无能为力，乔刚没有答应他的要求，两人因此而翻脸。乔刚不担心公司的运营，只是觉得失去了一个很好的朋友。

其次是乔刚发现自己在办公室处理文件的时间越来越长了，他已经不认识很多新来的员工，也无法直接指挥仓库的运营。他任命了两位公司的元老作为仓库的业务经理，但是他依然掌握着工作计划、任务分配等所有事项的决策权。他甚至坚持亲自检查和签署采购单。而且，公司大多数的合同还是通过乔刚的人际关系获得。这一切使得业务经理左右为难，一方面，他们对乔刚非常忠诚、不愿争权，另一方面他们感到自己缺乏相应的职权来从事经营管理。

最近发生的几件事情让乔刚觉得问题非常严重。第一，一位重要的客户打电话抱怨金光公司没能及时供应一些关键物资，表示今后不再合作；第二，几个优秀员工同时提交了辞呈；第三，会计报告公司的营业额和利润出现了明显下降。

资料来源：李剑锋编著：《组织行为学》，北京：中国人民大学出版社，2004 年版。

思考题

- 从组织行为学的角度看，你觉得乔刚的公司面临哪些问题？
- 乔刚的公司为什么会出现这样的问题？从公司发展上看有什么

规律?

- 如果你是乔刚,你会怎么处理这些问题?
- 以上几个问题和组织行为学的关系是什么?

参考答案

从公司的发展规律看,当公司发展到一定规模以后,管理问题就会成为制约公司发展的重要因素。从乔刚的公司发展看,公司已经到了50人的规模,并且有了几个不同的工作场所,运用规范化的制度进行管理应该是当务之急。如果我们从组织行为学变量间关系的观点来看,公司规模是一个自变量,公司对管理的要求是一个因变量,二者之间存在着必然的联系。这是对于案例问题"为什么(know what,know why)"的回答。

同时第三个问题谈的是"怎么做(know how)"。那么对前面问题的回答就会成为解决这个管理问题的基础。乔刚要做的事情可以分为设计制度、安排授权、控制安排等几个方面,同时要为员工行为树立新的行为模式,让管理制度真正得到落实。

从组织行为学的角度看,前面"为什么"的问题是组织行为学作为一门学科需要解决的。从管理现象背后看到管理规律,总结这些规律成为科学原理。而"怎么做"的问题是在管理者的实际工作中需要去解决的。这二者之间有区别也有联系。

案例分析(2)

陈校长的难题

陈某就任江苏某重点中学校长以后,老教务处长就退休了。许多人都推荐张某。张在教务处工作多年,精力旺盛,工作勤勤恳恳,为人也不错,与上下关系处得也很好。校领导研究决定,由张出任教务处长。张某得知后,十分高兴,请同事、朋友们出去吃了一顿饭。

思考题

- 你对张出任教务处长后有何预测? 为什么?
- 在出任教务处长一职方面,他可能有何优势、劣势?

参考答案

在选择教务处长的时候,管理层头脑中存在一个基本假设:被选人员以往的工作表现和个人特征可以预测他在这个岗位上能否获得成功,也就是个人特征为自变量,工作业绩为因变量,二者之间存在联系。

如果我们从张某的特征上看,个人熟悉业务、精力旺盛、踏实勤恳、善于人际协调是优点,但是作为一把手所需要的决策技能、对业务总体方向的把握能力是相应缺乏的。

由张出任教务处长,大家都满意。可一段时间下来问题就出现了。虽然张工作认真、经验丰富、人缘又好,但他似乎不明白他的位置对全校工作的重要性。他总是企图同所有的人维持良好关系,在牵涉各方面利益问题的时候,总是犹豫不定。他的朋友们也认为,他不过是过渡时期的主任,明哲保身就可以了。所以开会时他从无异议,更没有什么建议。

思考题

- 你认为张的朋友们的预计对吗?

参考答案

从上面一段的描述中,我们可以看到张某有些特点有利于教务处长的工作,有些特点并不利于教务处长的工作。人无完人,所以这时候就看这个岗位所要求的主要特征是什么,哪些可以决定该岗位工作的主要成绩。在这里,对于一个业务部门的一把手,决策和领导的技能是至关重要的。

陈校长开始对他不满意了。在他任期将满时,提出从外部引进人才,可没有找到合适的人选,于是决定再给张一次机会,并对他如何改进工作提出了不少要求。张满口答应,确实想有一番作为。

可事实并不如大家所期望,张依然优柔寡断,提交给他的问题总是要几周,甚至一个月才能解决。大伙把他的办公室称为黑洞,问题交过去就杳无音信。人们越来越怀疑他的领导能力,不过这并不妨碍他的人缘。他也感到十分迷茫。

思考题

- 如果你是陈校长,你怎么办?
- 如果你是张某,你又该怎么办?

参考答案

这两个问题的回答是关于"怎么做"的问题,也是对具体行动方案的思考。在制定一项具体管理决策的时候,需要考虑多个方面的因素,包括人职匹配、权力平衡、领导威信、组织结构等多个方面的考虑结果。对于陈校长和张某,他们各自的思考角度也不一样,所以具体措施是多种变量之间权衡考虑的结果。

资料来源:郭毅、阎海峰编著:《组织行为学》,上海:上海人民出版社,2005 年版。

思考题

分析变量间关系:男人一有钱就变坏,女人一变坏就有钱。

参考答案

这句话虽然是一句开玩笑的俗语，但是也说明了变量之间的关系。这里我们看到“有钱”为自变量，“变坏”为因变量，它们之间存在直接的联系，但是这两个变量之间的关系受到第三个变量“性别”的影响。如果我们用简单的图示表示如图1-6：

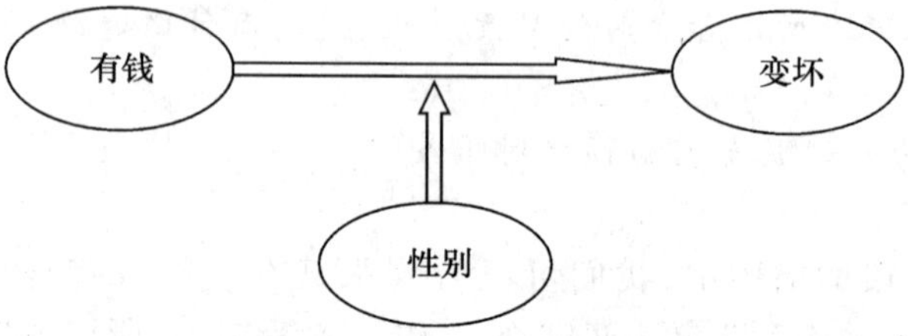

图1-6　变量之间的关系

第二章

个体差异

- 人口统计变量
- 个性
- 个性理论
- 能力理论
- 人职匹配

引例

龙 生 九 子

中国民间有“一龙生九子，九子各不同”的说法。说是一位龙母，生了九个儿子，这九个儿子各有各的长相，脾气和爱好也各不相同。

九子之老大叫囚牛，喜音乐，蹲立于琴头；老二叫睚眦，嗜杀喜斗，刻镂于刀环、剑柄吞口；老三叫嘲风，平生好险，今殿角走兽是其遗像；四子蒲牢，受击就大声吼叫，充作洪钟提梁的兽钮，助其鸣声远扬；五子狻猊，形如狮，喜烟好坐，倚立于香炉足上，随之吞烟吐雾；六子霸下，似龟有齿，喜欢负重，碑下龟是也；七子狴犴（bi gan），形似虎好讼，狱门或官衙正堂两侧有其像；八子负质，身似龙，雅好斯文，盘绕在石碑头顶；老九螭吻，又名鸱尾或鸱吻，口润嗓粗而好吞，遂成殿脊两端的吞脊兽，取其灭火消灾。

从这个例子可以看出，自古以来，人们都认识到，个体间是有差异的。即使是一个母亲所生的孩子，也是有差异的。我们来想一想以下的一些问题：

- 不同人之间的差异是什么？
- 影响这些差异的因素有哪些？
- 个体差异对工作行为有着怎样的影响？
- 与人员选拔之间又有什么样的关系？

本章我们将从人口统计变量、能力、个性这几个方面来分析个体差异的问题，从人事测评角度来看个体差异与人员选拔之间的关系。

第一节　人口统计变量

请比较你和周围的任何一个人，你和他/她之间有什么差异？

人生下来就有区别，身高、体重、性别等，但是哪些差异会和工作上的表现有联系呢？相关研究表明，员工的年龄、性别、婚姻状况以及工作年限等都会对员工生产率、缺勤率、流动率和工作满意度等起影响作用。其中性别与年龄是当前最受关注的两个个体差异因素。

性别

现在，社会对“性别(gender)与工作业绩有没有关系”的问题，非常敏感。因为这涉及就业歧视和晋升公平性等问题。

随着近几年就业难度的增加和用人单位优势地位的不断强化，性别歧视已经成为一些企业心照不宣的做法。性别歧视，是指基于性别差异而人为实行差别待遇的一种现象。在我国竞争激烈的就业市场中，主要表现为企业拒绝录用女性人才，即使录用，也人为实行差别待遇。

根据2002年调查，我国普通高校在校女生数量占总人数的43.95%，理工科背景的女生比例更低一些，以浙江大学为例，2004年的调查数据显示女生人数占33%左右。但是相对于男生，女生在应聘和继续深造上受到一些歧视，用人单位和导师往往更喜欢男生，造成了一些女性大学生就业困难，并引发自信不足。

那究竟性别是否会影响工作业绩呢？

有充分的研究证据表明，男性与女性之间无明显的工作绩效差异。比如，男女在解决问题能力、分析能力、竞争意识、动机、社会交往能力及学习能力方面都未表现出明显差异。虽然不少心理学研究发现女性更倾向于遵从权威，而男性更具有进取心和对成功有更高的预期，但这些差异均不显著。尤其在近25年里，随着越来越多的女性参加工作，以上情况也发生了相当显著的变化。我们有理由认为女性与男性之间在工作生产率方面没有显著差异。同样，也没有证据表明员工的性别影响到工作满意度。

那么缺勤率和流动率的情况如何呢？女员工是否不如男员工稳定？

在流动率问题上，不同研究的结果并不一致。一些研究发现女性有较高的流动率，而另一些研究结果却恰恰相反，目前所获得的信息尚不足以得出一个稳定的结论。

然而，对于缺勤的研究却完全不同。研究一致表明女性相比男性缺勤率更高。对这一发现比较合理的解释是，这方面的研究大部分是在北美环境中进行的。在北美文化中，女性过去一直担负着家庭的责任。当孩子有病或家里需要留人等待修理下水管道时，传统上都是由女性请假来做这些工作。然而，从 20 世纪 70 年代起，女性的角色发生了变化，目前越来越多的男性开始承担起照顾孩子和其他家务工作。所以这个研究结果在当代就不适用了。

年龄（age）

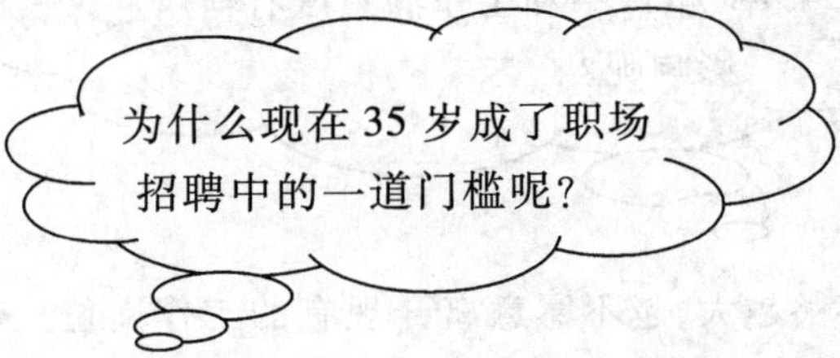

只要不是天才，一个人的成长和发展便都要有一个漫长的循序渐进的过程，例如我国国家主席必须 45 岁以上才可以竞选，县处级别提拔年龄按照我国组织部门惯例也在 45 岁，超过 45 岁一律不予提拔。这其实是充分考虑到时间对于人的成长发展的必要性、重要性而定立的政策。一般人从 20 来岁大学毕业走上工作岗位，35 岁以前多是学习社会和熟练专业的过程，35 岁左右的人才会在人情世态与行业领域渐渐趋于炉火纯青的地步。很多人在这个年龄段开始发挥灼热的能量，并且自制能力、把握外部环境和内部知识的能力与日俱增。如果社会以及公司等其他组织能够给予他们合适的职业位置，就可以使他们如鱼得水，锦上添花。历史上这样的例子不胜枚举。

也许有人说周恩来 16 岁就做少工委中央书记，林彪 24 岁就做了军长，乱世英雄早受到锻炼就会早成才。和平时代的我们 16 岁甚至 20 几岁还是在父母的照顾下过着无忧无虑的生活，连打工长辈都舍不得，何谈有机会磨炼身心？当我们在评定中青年科学技术人才的时候，“青年”的标准一般是 45 岁，这与平常人心目中的青年标准很不一样。

对于 35 岁的职业门槛，一般技术要求不高或者普通操作工人这样确定

35 岁的年龄不为过，但倘若是对业务员、技术程度要求比较高的技术员、工程师和中高级管理干部等层次职务，再把 36 岁限制在年龄之外，就显得毫无道理了。35 岁以后到 55 岁的职业人是处于黄金年龄段，他们一旦接手工作往往就能够熟练操作，减少不少磨合过程，更加重要的是他们成熟的阅历使他们能在突发事情发生时处理起来游刃有余。例如上海光明牛奶公司曾经出现一个很大的问题，主要因为他们在组建北京等大城市的经理高层管理人员队伍时全部聘用 28 岁以下的大学生。由于他们缺乏实际危机操作经验，常常在突发事情发生后采取退避的态度，使一些并不严重的问题贻误解决时机而酿成大祸，损失惨重。

那么年龄到底对员工的流动率、缺勤率、生产率和工作满意度有何影响呢？

研究表明，年龄越大，越不愿意离开现有的工作岗位。这是年龄与流动率的关系方面得到的最明显的结论。这很容易理解，首先，员工年龄越大，可供选择的其他工作机会就越少。其次，年龄越大，任职时间一般也越长，因而薪水也越高，并可获得更长的休假时间和颇具吸引力的养老金等福利待遇。

由此似乎可以推断，年龄与缺勤率之间也存在着负相关。但是情况并不完全如此。因为年龄与缺勤率之间的关系还受到缺勤原因的影响。缺勤原因可分为可以避免的和不可避免的两种。一般年龄大的员工在可以避免的缺勤方面低于年轻的员工。但是，他们不可避免的缺勤率却相对较高，这可能是因为年龄而造成了身体健康状况不良，或者在疾病及损伤之后需要恢复的时间更长。

第二节　个　性

例　子

朱彬是一家房地产公司负责销售的副总经理,他把公司最好的推销员李兰提拔起来当销售部经理。但是李兰在这个职位上干得并不怎么样,她的下属说她待人不耐烦,几乎得不到她的指点。李兰本人也不满意这个工作,当推销员时,她做成一笔生意就可以得到奖金,但当了经理以后,她的奖金要根据下属的工作业绩来定,而且要到年终才能够定下来。李兰与过去判若两人,朱彬被搞糊涂了。

思考题

- 为什么李兰不能做好销售部经理的岗位?
- 作为一个好的销售部经理,应该有什么特点?

在李兰的例子中,工作与个性的匹配是非常关键的。销售经理的工作要求和优秀的销售员要求很不一样,销售经理需要承担更多的管理职能,也需要培养下属,所以需要有更多耐心、指导和与他人打交道的能力。

个性(personality):就是人的一组相对稳定的行为特征,这些特征决定个人在各种情况下惯有的行为。

一个人的个性究竟是来自于遗传还是来自于环境?也就是说,个性是在个体出生时就已经被事先决定了呢?还是在个体与周围环境相互作用的过程中产生的?显然,这并无黑白分明的简单答案。个性是二者共同影响的产物。另外,今天我们还提出了影响个性的第三个因素:情境。目前人们普遍认为,一个成人的个性是由遗传和环境两方面因素组成的,同时还受到情境条件的影响。

遗传

江山易改，本性难移

遗传指的是那些受胚胎决定的因素。身材、相貌、性别、性格等特点都全部或至少大部分受到了父母的影响。遗传观点认为个体的个性特征可以根据染色体上的基因结构得到全面的解释。不同研究都提供了确凿的证据支持遗传在决定个体的个性特征方面起到十分重要的作用。

龙生龙，凤生凤，老鼠的儿子会打洞。

一些对儿童进行的近期研究极大地支持了遗传观点。研究表明，一些特质如害羞、畏惧、不安在很大程度上是由内在的基因特点决定的。这说明，基因不仅能影响我们的身高和头发颜色，也能决定我们的个性特征。但这并不意味着个性特点完全由遗传决定，个性不会从个体出生就固定下来，并且在成长的过程不发生任何改变。个性特点还会受环境、情境等因素的影响。

环境

对个性形成的影响因素包括：成长的文化背景、早年的生活条件、家庭、朋友、社会群体的规范和生活经历等。总之，我们所处的环境对于个性塑造起着十分重要的作用。

士别三日，当刮目相看。

文化所建构的规范、态度和价值观一代代流传下来，一直保持着稳定性。例如，北美人相比那些在重视他人关系、鼓励合作、强调家庭首位的文化中成长起来的人来说，更容易具有雄心勃勃和进取心等特点。

遗传和环境到底哪个是个性的首要决定因素？在对各种争论进行细致考察的基础上，我们认为，二者均十分重要。遗传提供了前提条件，但个体的总体个性取决于如何调整自己以适应环境的要求。

情境

情境，也在遗传和环境对个性的影响中起着一定的作用。一般来说，个体的个性是稳定的和持久的,但在不同的情境下会有所改变。不同情境会使一个人的个性表现出不同的侧面,因此我们不应该孤立地看待个性模式。所谓多重个性,指在不同的情境下,同一个人表现出的个性的不同侧面。

例 子

销售实战演习

华为市场部新员工要到市场部见习3个月,期间的考试多如牛毛。还有销售技能实战演习——新员工到街上推销、叫卖。新员工事先都被要求,在销售过程中不允许说出自己是华为的员工,主要是为了增强实践的真实性。但是,由于深圳市严格禁止无证小贩摆摊售卖,进行销售技能实战演习的华为员工为此曾有多人被作为乱摆卖的无证小商贩,被深圳市的城市市容管理人员抓住……

华为市场部门有一句话:天下没有沟通不了的客户,没有打不进去的市场。

华为对于市场的开拓,从来不是派有丰富经验的员工,而是派一些刚从学校毕业、没有任何社会经验,尤其是市场开拓经验的新员工去做市场。目的是训练新员工陌生拜访、开辟新路的勇气和能力。华为的这种策略使大批新员工在实践中得到了锻炼,一批批新员工在磨炼中成熟,成为经验丰富的老员工,这样,华为员工的整体能力越来越强,综合素质越来越高。

资料来源:程东升、刘丽丽:《华为真相》,北京:当代中国出版社,2003年版。

思考题

- 华为的销售训练改变了什么?
- 对受训者的个性有什么影响?

显然,经过了这样的情景以后,受训者个性会发生一些变化。每一个参加过保险公司的销售员晨会的人都会被强烈的情绪所感染。很显然这段不平常的经历会成为参训者重要的人生经历,这些变化都会使得人们的个性发生一些变化。

第三节　个性理论

MBTI

MBTI(myers-briggs type indicator)是美国最为流行的大学生职业导向测评,其理论基础是荣格的心理类型理论。荣格心理学认为,“性格”是一种个体内部的行为倾向,它具有整体性、结构性、持久稳定性等特点,是每个人特有的,可以对个人外显的行为、态度提供统一的、内在的解释。MBTI 把人的性格分为 16 种,由四个维度上的不同偏好构成。

按照人们认识外部世界的规律,做出行动和决策的过程分为四个阶段:与外界建立关系的一般倾向、收集产生相应信息、处理信息做出决策和行动方式,分别有四个阶段的 8 种不同的倾向。

一般的心理倾向:外倾与内倾(E/I)
接受信息的方式:感觉与直觉(S/N)
处理信息的方式:思考与情感(T/F)
习惯的行动方式:判断与知觉(J/P)

每种倾向两两组合,可以组合成 16 种个性类型。实际上这 16 种类型又归于四个大类之中,如下面的描述所示:

SJ 型:合法主义者/维护者(legalist / guardian)

具有 SJ 偏爱的人的共性是有很强的责任心与事业心,他们忠诚、按时完成任务,推崇安全、礼仪、规则和服从,他们被一种服务于社会需要的强烈动机所驱使。他们坚定,尊重权威、等级制度,持保守的价值观。他们充当着保护者、管理员、稳压器、监护人的角色。大约有 50% 左右 SJ 偏爱的人为政府部门及军事部门的职务所吸引,并且显现出卓越成就。其中在美国执政过的 41 位总统中有 20 位是 SJ 偏爱的人。

SP 型:艺术家/行动者(artisan / realist)

有 SP 偏好的人有冒险精神,反应灵敏,在任何要求技巧性强的领域中游刃有余,他们常常被认为是喜欢活在危险边缘寻找刺激的人。

他们为行动、冲动和享受现在而活着:约有 60% 左右 SP 偏好的人喜欢艺术、娱乐、体育和文学,他们被称赞为天才的艺术家。我们熟悉的歌星麦当娜、篮球魔术师约翰逊、音乐大师莫扎特等都是具有 SP 性格特点的人。

NT 型:理性主义/分析者(rationalist / analyst)

达尔文、牛顿、爱迪生、瓦特这些发明家、科学家你一定不陌生。NT 偏爱的人有着天生的好奇心,喜欢梦想,有独创性、创造力、洞察力,有兴趣获得新知识,有极强的分析问题、解决问题的能力。他们是独立的、理性的、有能力的人。人们称 NT 是思想家、科学家的摇篮,大多数 NT 类型的人喜欢物理、研究、管理、电脑、法律、金融、工程等理论性和技术性强的工作。

NF 型:移情者/理想主义者(empathist / idealist)

NF 偏爱的人在精神上有极强的哲理性,他们善于言辩、充满活力、有感染力、能影响他人的价值观并鼓舞其激情。他们帮助别人成长和进步,具有煽动性,被称为传播者和催化剂。约有一半的人在教育界、文学界、宗教界、咨询界以及心理学、文学、美术和音乐等行业显示着他们的非凡成就。

大部分人在 20 岁以后会形成稳定的 MBTI 个性,从此便很难变化。MBTI 的个性会随着年龄的增加、经验的丰富逐步发展完善。根据 MBTI 的理论,对于 MBTI 中任何类型的人而言,均有相应的优点和缺点。使用 MBTI 进行职业生涯开发的关键在于如何将个人的个性特点与职业特点进行结合。

链 接

MBTI 是一种迫选型、自我报告式的性格评估测试,用以衡量和描述人们在获取信息、做出决策、对待生活等方面的心理活动规律和性格类型。以瑞士著名心理学家卡尔 · G. 容格(Carl G. Jung)的心理类型理论为基础,后经两位作者,其母亲与女儿研究发展,把卡尔 · 容格的理论深入浅出地变成了一个工具。MBTI 广泛地应用于职业发展、职业咨询、团队建议、婚姻教育等方面,是目前国际上应用最广的人才测评理论。

在线测试

- 中文版:http://www.apesk.com/mbti/dati.asp
- 英文版 http://www.humanmetrics.com/cgi-win/JTypes2.asp
- 中文版 http://www.chinahrd.net/EMA/MBTI.asp

大五模型(the big 5 model)

麦克雷(McCrae)和科斯塔(Costa)在20世纪90年代提出了大五个性模型,专门针对工作中的个性特征,建立了一个个性的测量模型。在这个模型中,他们把个性划分为以下5个维度:

外向(extraversion):测量个体爱交际、乐群、武断,与之相反的是:安静、保守、谦恭、退让;

相容性(agreeableness):该因素包括同情、合作、好脾气、热情,与之相反的是:坏脾气、不高兴、不愉快、冷淡;

责任意识(conscientiousness):该因素指努力工作、勤劳、负责,与之相反的是:任性、不负责和懒惰。

情绪稳定性(emotional stability):该因素指个体的坚定、稳健、冷静,与之相反的是:焦虑不安、担心、情绪化。

开放性(openness to experience):该因素的最佳特征是创造力、想象力、广泛的兴趣和对艺术的敏感性,与之相反的是:死板、封闭、恪守规矩、不思变化。

在对以上维度的研究中,发现一些个性维度与工作绩效之间有着重要关系。研究者对以下5类人员进行了调查:专业人员(包括工程师、建筑师、会计师和律师)、警察、管理者、推销员、半熟练和熟练工人。工作绩效用3个指标来界定:绩效评估、培训效果(在培训项目中获得的成绩)以及人事资料(如薪金水平)。

调查结果表明,对于大部分工作,责任感可以预测工作绩效,外向性可以预测管理和销售职位的工作绩效。这一点比较容易理解,因为这些职务需要较多的社会交往活动。同样,研究发现经验的开放性在预测培训效果方面也十分重要,这一点也是合乎逻辑的。在这方面尚不清楚的问题是为什么情绪的稳定性与工作绩效无关。凭直觉人们认为平和而有安全感的人会比焦虑的人工作做得更好。研究者对这一结果的解释是这样的,可能只有那些在情绪稳定性方面得分较高的人才会得到工作,研究样本均选择受聘个体,因此,他们之间的差异非常小。

小测试

简化的大五个性倾向测试

下面是一些双极形容词，每一对形容词都代表了一个特征相反的两个方面，但是这两个方面没有对错之分。请您对自己平时的行为进行回忆，根据自己的实际情况判断行为倾向，并在相应的数字上画“○”。

1	2	3	4	5	6	7
完全符合	基本符合	有点符合	不能肯定	有点符合	基本符合	完全符合

1	健谈的	1 2 3 4 5 6 7	沉默的
2	坦率开放的	1 2 3 4 5 6 7	内向害羞的
3	冒险的	1 2 3 4 5 6 7	稳健的
4	喜欢社交的	1 2 3 4 5 6 7	喜欢独处的
5	和蔼可亲的	1 2 3 4 5 6 7	易发脾气的
6	不嫉妒的	1 2 3 4 5 6 7	爱嫉妒的
7	温柔体贴的	1 2 3 4 5 6 7	倔强任性的
8	乐于合作的	1 2 3 4 5 6 7	冷漠消极的
9	细致入微的	1 2 3 4 5 6 7	粗线条的
10	可靠的	1 2 3 4 5 6 7	不可靠的
11	小心翼翼的	1 2 3 4 5 6 7	粗心大意的
12	有毅力的	1 2 3 4 5 6 7	灵活多变的
13	沉着稳重的	1 2 3 4 5 6 7	缺乏耐心的
14	冷静沉稳的	1 2 3 4 5 6 7	紧张焦虑的
15	镇静的	1 2 3 4 5 6 7	激昂的
16	怀疑的	1 2 3 4 5 6 7	不怀疑的
17	敏感的	1 2 3 4 5 6 7	不敏感的
18	思想开放的	1 2 3 4 5 6 7	思想传统的
19	文雅的	1 2 3 4 5 6 7	鲁莽的
20	富于想象力的	1 2 3 4 5 6 7	思想朴素的

计分方法

外向 = 题项 1、2、3、4 的平均数

相容性 = 题项 5、6、7、8 的平均数

责任意识 = 题项 9、10、11、12 的平均数

情绪稳定性 = 题项 13、14、15、16 的平均数

开放性 = 题项 17、18、19、20 的平均数

在这个测验中,分数越低,表明被测者在这个方面的倾向越强烈,分数越高,表明被测者在这个方面的倾向越弱。

A 型个性

案 例

日本电产公司创办初期,因为规模太小,没有竞争力,大学毕业生都不肯来,唯有从其他企业淘汰下来的人员中选人。公司创办人永守重信的选才办法可谓别出心裁,他的办法是:"快吃考核法"——谁吃饭快就录取谁;"大声考核法"——谁声音洪亮就录取谁;"扫厕所考核法"——谁不怕脏就录取谁。结果令人难以置信,靠这样一套奇特的选才法招来的人,竟使日本电产公司 10 年间销售额增长 100 倍,企业资金增加 15 倍,成为日本一家超优秀企业。

思考题

- "快吃考核法"说明了什么?为什么吃得快的人是企业所需要的?
- "大声考核法""扫厕所考核法"又说明了什么?
- 在这些测评中,企业所考虑的自变量和因变量分别是什么?它们之间的联系紧密吗?

A 型个性(type A personality)是最为广泛的个性模型之一。A 型个性的人与我们通常所说的"急性子"有着很多相似的地方。A 型个性者总是不断驱动自己在最短的时间里干最多的事,对任何事情都有衡量的标准,同时 A 型个性的人会对阻碍自己努力的其他人或事进行攻击,而且富有进取心,关心自身的物质利益。

A 型个性表现为：
1. 行动迅速，吃饭与步行节奏很快；
2. 同时做几件事情；
3. 不适应休闲时间；
4. 用数字来衡量做事的成功。

与 A 型个性相对比的是 B 型个性，B 型个性“很少因为要从事不断增多的工作或要无休止地提高工作效率而感到焦虑”。他们具有以下一些特点：

B 型个性表现为：
1. 没有时间上的紧迫感；
2. 感觉没有必要讨论成就和业绩，除非外部要求；
3. 充分享受娱乐和休闲；
4. 并不永远追求最佳水平。

A 型人常处于中度至高度的焦虑状态中。他们不断给自己施加时间压力，总为自己制定最后期限。这些特点导致了一些具体的行为结果。比如，A 型人是速度很快的工人，他们对数量的要求高于对质量的要求。从管理角度来看，A 型人表现为愿意长时间从事工作，但他们的决策欠佳也绝非偶然，因为他们做得太快了。A 型人很少有创造性，因为他关注的是数量和速度，常常依赖过去经验解决自己当前面对的问题。对于一项新工作，无疑需要专门时间来开发解决它的具体办法，但 A 型人却很少分配出这种时间。

尽管 A 型人工作十分勤奋，但是很多高层管理者具有 B 型个性。最优秀的推销员常常是 A 型个性，但高级经营管理人员却常常是 B 型个性。为什么？答案在于 A 型个性倾向于放弃对质量的追求，而仅仅追求数量，然而在组织中晋升常常授予那些睿智而非匆忙、机敏而非敌意、有创造性而非仅有好胜心的人。

小测试

你是 A 型个性吗?

在下面各特质中,你认为哪个数字最符合你的行为特点?

1. 不在意约会时间	1	2	3	4	5	6	7	8	从不迟到
2. 无争强好胜心	1	2	3	4	5	6	7	8	争强好胜
3. 从不感觉仓促	1	2	3	4	5	6	7	8	总是匆匆忙忙
4. 一时只做一事	1	2	3	4	5	6	7	8	同时要做好多事
5. 做事节奏平缓	1	2	3	4	5	6	7	8	节奏极快(吃饭、走路等)
6. 表达情感	1	2	3	4	5	6	7	8	压抑情感
7. 有许多爱好	1	2	3	4	5	6	7	8	除工作之外没有其他爱好

累加 7 个问题的总分,然后乘以 3。分数高于 120 分,表明你是典型的 A 型个性;分数低于 90 分,表明你是典型的 B 型个性;位于 90 分与 120 分之间,说明你的个性类型是处于 A 型和 B 型之间。

分数	个性类型
120 以上	A^+
106 ~ 119	A
100 ~ 105	A^-
90 ~ 99	B
90 以下	B^+

资料来源: Robbins:《组织行为学》,北京:中国人民大学出版社,1997 年版。

风险意识

人们的冒险意愿各不相同,这种接受或回避风险的倾向性对管理者做决策所用的时间以及做决策之前需要的信息量都有影响。比如,一项研究让 79 名管理者进行模拟人事练习,要求他们做出聘用决策。高冒险性的管理者比低冒险性的管理者决策更为迅速,在做出选择时使用的信息量也更少。有趣的是,两组的决策准确性是相当的。

认识这些差异并且根据工作的具体要求考虑冒险倾向性是很有意义的。根据工作特点,风险意识在基金和证券行业很重要。比如,对于一名股票经纪人来说,高冒险倾向性可能会导致更高业绩,因为这类工作需要迅速决策；相反，这种个性特质则可能成为一名从事审计工作的财会人员的主要障碍，低冒险倾向更合适这种工作。

> 从普遍的观点和文献中，我们可以得出这样一个结论：“中国人是风险回避型的。”但我们是不是也要思考一下这样一个问题：为什么很多中国人喜欢赌博？

霍兰德职业个性理论

美国职业心理学家霍兰德（Holland）创立的职业个性理论对人才测评的发展产生了重要影响。霍兰德认为，人们职业的选择应该和他们的个性相匹配。在这个基本观点的基础上，他提出了一系列假设：

• 在现实工作中，可以将个性分为六种类型：实际型、研究型、艺术型、社会型、企业型与传统型。每一特定个性的人，对相应职业类型的工作或学习感兴趣。

• 人们的职业类型也可区分为上述六种类型，对应的也是实际型、研究型、艺术型、社会型、企业型与传统型。

• 人们寻求能充分施展其能力与价值观的职业环境。能够充分发挥其能力和价值观的职业是能够让人们获得工作快乐的。

• 个人工作行为取决于个体的个性和所处的环境特征之间的相互作用。

在上述理论假设的基础上，霍兰德提出了职业个性类型与职业类型模式。不同类型职业个性的人需要不同的生活或工作环境，例如“实际型”的人需要实际型的环境或职业，因为这种环境或职业才能给予其所需要的机会与奖励，这种情况即称为“匹配”（congruence）。类型与环境不匹配，则该职业无法提供个人能力与兴趣所需的机会与奖励。霍兰德在其所著的《职业决策》一书中描述了六种个性类型的相应职业。

• 实际型（realistic）：他们通常务实，喜爱具有操作性的工作，偏向于使用一定的体力和操作技能完成工作，适合这种个性的职业包括电工、牙医、外科医生和生物医学工程师。

- 探索型(investigative):他们善于分析,头脑灵活,具备科学精神。在做决定前一般喜欢搜集大量信息,对没有合理数据支持的观点提出质疑,喜欢从事需要一定脑力劳动、进行一定逻辑推断的工作。适合他们的职业有教授、软件研发人员、经济学家、科学家等。

- 艺术型(artistic):他们充满创造力和想象力,喜欢从事需要创造力、想象力,具有弹性、适合发挥的工作。对应的职业包括园艺师、美术设计师、导演、制片人、室内装潢设计师、画家和音乐家等。

- 社会型(social):他们往往拥有乐于助人的个性特点,有耐心和同情心,慷慨大方,具有良好的团队精神,容易与他人达成共识。合适的职业有心理老师、思想工作者、中介等相关职业。

- 企业型(entrepreneurial):他们有竞争力、精力充沛、性格外向。他们往往最终能成为企业家或团队领袖,合适的职业有经理人、销售代表、小企业主等。

- 传统型(conventional):适合于从事有条理、有规范、有明确规章制度、具有一定的重复性、偏于保守和谨慎的工作。合适的职业有银行出纳员、会计、档案管理员等。

职业个性类型与职业关系并非绝对的一一对应。霍兰德在研究中发现,尽管大多数人的个性类型可以主要地划分为某一类型,但个人又有着广泛的适应能力,其个性类型在某种程度上相近于另外两种个性类型,则也能适应另两种职业类型的工作。也就是说,某些类型之间存在着较多的相关性,同时每一类型又有极为相斥的职业环境类型。霍兰德用一个六边形简明地描述了六种类型之间的关系,如表 2-1 和图 2-1 所示。

根据霍兰德的个性类型理论,在职业决策中最理想的是个体能够找到与个性类型重合的职业环境,这样容易得到乐趣和内在满足,最有可能充分发挥自己的才能。因此在职业选拔与职业指导中,首先要通过一定的测评手段与方法来确定个性类型,然后寻找到与之相匹配的职业种类。

表 2-1 霍兰德人格类型与职业范例

类型	人格特点	职业范例
现实型，偏好需要技能、力量、协调性的体力活动	害羞、真诚、持久、稳定顺从、实际	机械师、钻井操作工、装配线工人、农场主
研究型，偏好需要思考、组织和理解的活动	分析、创造、好奇、独立	生物学家、经济学家、数学家、新闻记者
社会型，偏好能够帮助和提高别人的活动	社会、友好、合作、理解	社会工作者、教师、议员、临床心理学家
传统型，偏好规范、有序、清楚明确的活动	顺从、高效、实际、缺乏想象力、缺乏灵活力	会计、业务经理、银行出纳员、档案管理员
企业型，偏好规范能够影响他人和获得权力的言语活动	自信、进取、精力充沛、盛气凌人	法官、房地产经纪人、公共关系专家、小企业主
艺术型，偏好那些需要创造性表达的模糊且无规则可循的活动	富于想象力、无序、杂乱、理想、情绪化、不实际	画家、音乐家、作家、室内装潢家

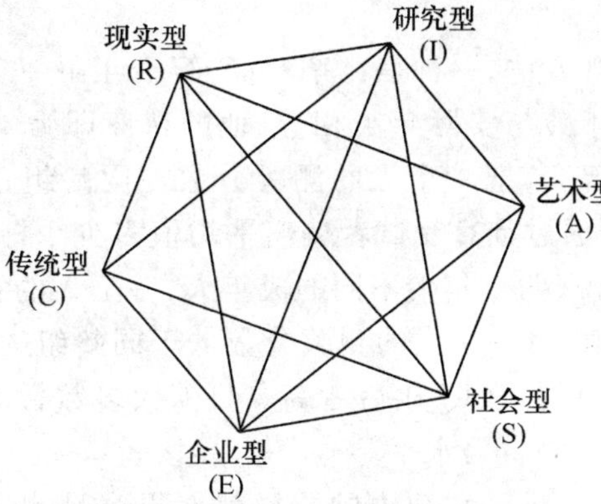

图 2-1 职业个性类型之间的关系

第四节 能力理论

能力（ability）：反映了个体在某一工作中完成各种任务的可能性。这是对个体能够做什么的一种现时的评估。

每个人都有自己的强项和弱项，在能力方面存在差异，这是不言而喻的。从管理的角度来看，了解人们的能力具有哪些不同，并根据能力差异选拔合适的人员从事合适的工作，才能使员工更好地从事工作。

下面我们从智力能力、情绪智力、体质能力和实践智力方面具体介绍一下在能力方面的个体差异性。

智力能力(IQ)

智力(intelligence)：指普通心理能力，即从事脑力活动所需要的能力，也是我们常说的智商。智商测验用于确定个体心理活动的总体能力。

智商有两种计算方法，一种是比率智商，智力年龄 ÷ 实际年龄 = 智力商数。如果某人智力年龄与实际年龄相等，他的智商即为100，表示其智力中等。另一种是离差智商，把一个人的测验分数与同龄组正常人的智力平均数之比作为智商，即通过计算受试者偏离平均值多少个标准差来衡量，也称为智商(IQ)。比如说，两个年龄不同的成年人，一个人的智力测量得分高于同龄组分数的平均值，另一个人的测验分数低于同龄组的平均值，那么我们就给出这样的结论：前者的IQ比后者高。目前大多数智力测量都用离差智商(IQ)来表示一个人的智力水平。

智力测验问世后，要区别智力的差异就变得容易起来。人们发现智商极高(IQ在130分以上)和智商极低的人(IQ在70分以下)均为少数，智力中等或接近中等(IQ在80～120分之间)者约占全部人口的80%。智力超过常态者，我们称之为智力超常，那些智力低于常态者，我们称之为智力低常。

此外，大学入学考试、研究生入学考试等综合型素质考试也属于这种类型的测验。通常在这样的考试中，我们可以看到多门试题的分数加总成为最后的预测指标。这也是智商测验的原型。

知　识

1904年法国教育部派许多教育专家及医学家组成一个委员会，专门负责研究学校低能儿童的班级管理问题，比奈是其中的委员之一，他主张采用心理测验方法去鉴别智力缺陷的儿童。次年，他便与助手西蒙共同研究出"比奈-西蒙智力量表"。1908年，他们修订、补充了量表，从原来的30个项目增加到59个测验项目，按照年龄分组，组别从3~13岁，测验结果以心理年龄来表示。

在他编制的年龄量表中介绍了心理年龄的概念，所谓的心理年龄是指其智力达到的心理年龄。例如，一个儿童的心理年龄为10岁，则表示他的智力与10岁儿童的平均智力是相同的。因此，将一个人的心理年龄与生理年龄相比较，便可以看出这个人智力的高低。

比奈-西蒙智力量表1922年传入我国，1982年由北京吴天敏先生修订，共51题，主要适合测量小学生和初中生的智力。1916年美国韦克斯勒编制了韦克斯勒成人智力量表(WAIS)、儿童智力量表(WISC)、适用4~6.5岁儿童的韦氏幼儿智力量表(WPPSZ)，韦氏量表于20世纪80年代中后期引进我国，经过修订出版了中文版，因而应用较广。

资料来源：郑日昌：《心理测量学》，北京：北京师范大学出版社，1996年版。

在智力测验中常有的能力包括以下一些维度：算术能力、言语理解能力、知觉速度、归纳推理、演绎推理、空间视知觉能力以及记忆力。针对每一个具体的智力测验，测验的子量表和维度都不一样。而所谓的智力是在这些测验分数基础上，转换累加以后得出的分数总和。有一句话充分说明了智力定义的特点："大家都知道智力是什么，只有心理学家不知道。"因为每一个测验对智力都会有不同的操作定义，但是通常这些子维度与特定的工作是有一定相关性的，可加总以后，代表的含义却不清晰，如表2-2所示。

表 2-2　智力能力维度

维度	描述	工作范例
算术	快速而准确进行运算的能力	会计:在一些项目中计算营业税
言语理解	理解读到和听到的内容,以及词汇之间关系的能力	工厂管理者:推行企业政策
知觉速度	迅速而准确辨认视觉上异同的能力	火灾调查员:鉴别纵火责任的证据和线索
归纳推理	推断一个问题的逻辑后果,并解决这一问题的能力	市场调查员:对未来一段时间内某一产品的市场需求量进行预测
演绎推理	运用逻辑评估一项争论价值的能力	主管:在员工提供的两份不同的建议中做出选择
空间视知觉	当物体的空间变化时,能想象出物体形状的能力	室内装饰师:对办公室进行重新装饰
记忆力	保持和回忆过去经历的能力	销售人员:回忆主顾的姓名

不同的工作要求员工运用不同的智力能力。对于需要进行信息加工的工作来说,较高的总体智力水平和言语能力是成功完成此项工作的必要保证。表 2-3 体现了不同职业对智力能力的不同要求。

表 2-3　智力能力与不同职业

智力能力	职业	工作内容
数字能力	会计	计算税收
言语能力	工厂经理	推行企业政策
演绎推理	市场调研	预测需求
归纳推理	经理	管理决策
知觉速度	消防队员	原因调查
空间知觉	飞行员	方向判断
记忆	销售员	回忆客户

很多职业受专业知识能力的限制,例如审计业务中审计师的 CPA 资格,做律师需要取得律师资格证,而这些证书的取得又非常不容易,提高了这些职业的门槛。但同时取得这些职业资格的人大多数比没有取得职业资格的人具有更高的职业能力。职业资格是一个非常重要的专业能力信息来源,也是人员选拔的重要标准。

当然,高智商并不是所有工作的前提条件。事实上,在很多工作中,员工的行为十分规范,很少有机会使他们表现出差异。此时,高智商与工作绩效可以说是无关的。同时,智商是多个分数的总和,加总使得每个专门性能力子项的作用都很不明显，这也使得智商很难普遍预测不同职业的绩效。

同样，我们可以看到，在有关智商的研究中，人们往往容易看到一些极端性的例子，比如下面的马云、盖茨和俞敏洪的例子，这三个人都是企业家中极端的例子。对于创业者，我们可以看到绝大部分的企业以失败或者平庸而告终，但是人们往往容易看到金字塔顶端的一小部分人，对于大量的失败者却不容易看到。同样，这里我们看到的智力对很多同职业、同工种的可比人群的工作绩效的预测依然是稳定的。

案 例

名人的大学

"微软帝国"之父比尔·盖茨

"微软帝国"之父比尔·盖茨19岁从美国哈佛大学退学创业。

盖茨1973年进入哈佛大学，从大一开始，盖茨自觉地主修研究生级别的数学课，而且大都得到A。另外，别人不敢选修研究生的经济学理论课程，他选修了，并在这门课结束时也拿到了A。他痴迷电脑，在哈佛大学期间，盖茨为第一台微型计算机MITSAltair开发了BASIC编程语言。最终，盖茨不得不做出退学的决定。用他的话来说，"我再也不能避而不见了——我必须在学业和事业之间决定取舍。因为作为微软老板，除了必须亲力亲为设计程序和四处宣传推广微软电脑普及应用之外，我还是一个学生，还要应付哈佛大学的法律课程，分身乏术，所以必须做出选择。"据说，退学那天，盖茨一步步倒退着走出哈佛大学的教学大楼，走出哈佛大学的天空，走向另一个热闹的世界。

后来，当有人对他提起退学一事时，盖茨说道："我珍惜我的大学时代，而且在许多方面，我后悔离开学校。我之所以辍学，只因为我当时有个理想——创立第一家微电脑软件公司，而这理想不能搁置。"由于成功经营微软公司，盖茨被美国《时代》周刊评为在数字技术领域影响重大的50人之一。

阿里巴巴的CEO马云

中国最大电子商务网站阿里巴巴的CEO马云，曾是高考复读生。

1984年，有两次高考失败经历的马云几番辛苦考入杭州师范大学外语系——是专科分数，离本科差5分，但本科没招满人，马云幸运地上了本科。

大学里面，马云的英语成绩相当好。1988 年毕业之后，他教了 5 年的英语。但是，即使在当老师的时候，马云仍然有成为一名企业家的冲动。他曾经在杭州成立海博翻译社，也曾经销售过一年的医药，推销对象上至大医院，下至赤脚医生。现在，马云带领下的阿里巴巴已经连续 5 年被《福布斯》评为全球最佳 B2B 网站。

新东方的创始人俞敏洪

俞敏洪 1978 年参加高考，第一次落榜，第二次也落榜，第三次，他考上了北京大学。后来，他创办了“新东方”。

俞敏洪参加了 1978 年的第一次高考，目标是江苏省常熟市地区师专。当时常熟市地区师专外语录取分数线是 38 分，俞的英语只考了 33 分，别的几门也考得不好。就这样，第一次落榜了。

高考失利后，俞敏洪就在家里开手扶拖拉机、插秧、割稻，这样干了两三个月。大队中学的英语老师怀孕回家生孩子，学生的英语课没有人上。校长找到俞敏洪，但他既没有当老师的想法，也不敢去。这时，母亲却认为俞是当先生的料，不应该干农活，于是拼命鼓励儿子去。就这样，年仅 16 岁的俞敏洪成了代课老师。代课时，俞敏洪把业余时间都用在了自学上，准备再参加一次高考。复习了大概八个月以后，1979 年的高考又开始了。俞敏洪报了名。这一年的高考，俞的同学中有两名考上了。俞的总分过了录取分数线，但英语只考了 55 分，而常熟师专的录取分数线变成了 60 分，结果再度落榜。

两度失利之后，俞敏洪报名参加了专门针对外语高考的辅导班。1980 年的高考开始了，英语考试时间是两个小时，俞敏洪仅仅用了 40 分钟就交了卷。分数出来以后，俞敏洪英语考了 95 分。五门功课总分是 500 分，俞敏洪考了 387 分。当年，北京大学的录取分数线是 380 分。8 月底，俞敏洪拿到了北京大学的录取通知书。

一项严谨的综述报告指出，无论什么水平的工作，在言语、算术、空间和知觉能力方面的测验分数，都是工作熟练性的有效预测指标。因此，可以测量具体维度的智力测验对预测工作绩效是十分重要的。我们在大量的公务员考试的内容中，看到的也是有关智力测验的一些内容，智力测验依然是目前人员测评选拔中广泛使用的测验手段。

同时，进行智力测验的选拔时，智力所表明的是统计规律，也就是针对大部分的样本是具有预测力的。但是在针对单个的个体的时候，特别是针对于一些异常数据，比如处于总体的两端（统计处理上是在 3 个标准差以外的)的个体样本,我们很难用这样的统计规律预测行为。

情商

现在与情绪智力相提并论的 EQ (emotional quotient)概念,是巴昂(Bar-on)于 1988 年在他的博士论文中首创的。当时是为了对应于 IQ 而提出来的,他认为 EQ 是一系列有助于个体应对日常生活需要的社会能力和情绪能力,它比 IQ 更能预测一个人的成功。现在一般用"EQ"来表示情绪智力的高低。由巴昂编制的《巴昂情商量表》(*Bar-on emotional quotient inventory*, EQ-i)也被公认是世界上第一个标准化的情绪智力量表。

情商(emotional intelligence):指人们有效地认识情绪、管理情绪、调控情绪,并对他人情绪进行影响和管理一系列情绪、人格和人际能力的总和。

沙乐文和梅耶的理论

1990 年,美国心理学家沙乐文(Salovey)和梅耶(Mayer)首次正式使用情绪智力这一概念来描述对成功至关重要的情绪特征。他们把情绪智力看做是个体准确、有效地加工情绪信息的能力集合。认为"情绪智力是知觉和表达情绪,促进思维,理解和分析情绪,以及调控自己与他人情绪的能力"。因此概括出了情绪智力所包括的四级能力,它们在发展与成熟过程中有一定的先后次序和级别之分。一级能力最基本并最先得到发展,四级能力比较成熟而且要到后期才能发展。这四级能力的具体内容为:

(1) 情绪的知觉和表达能力:从自己的生理状态、情感体验和思想中辨认和表达情绪的能力;从他人、艺术活动、语言中辨认和表达情绪的能力。

(2) 情绪对思维的促进能力:情绪对思维的引导能力;与情绪有关的情绪体验,如味觉和色觉等;对情绪有关的判断和记忆过程产生作用的能力;心境的起伏影响思考能力;情绪状态影响问题解决等。

(3) 对情绪的理解、分析能力:认识情绪本身与语言表达之间关系的能力,例如对"爱"与"喜欢"之间区别的认识;理解情绪所传送意义的能力;理解复杂心情的能力;认识情绪转换可能性的能力等。

(4) 对情绪的成熟调控:根据所获得的信息,判断并成熟地进入或离开某种情绪的能力;觉察与自己和他人有关情绪的能力,调节与别人情绪的关系等。

戈尔曼的理论

1996 年,戈尔曼在《哈佛商业评论》上发表了"情商(emotional intelligence)"一文,系统地论述了情绪智力的内涵、生理机制、对成功的影响及情绪智力的培养等问题,初步形成了他自己的情绪智力理论体系和基本观点。戈尔曼将情绪智力界定为五个方面:

(1) 认识自己情绪的能力;

(2) 妥善管理自己情绪的能力;

(3) 自我激励的能力;

(4) 理解他人情绪的能力;

(5) 人际关系的管理能力。

他认为情绪智力对个体成就的作用比智力的作用更大,而且可通过经验和训练得到明显的提高。

戈尔曼说:"情绪潜能可以说是一种中介能力,决定了我们怎样才能充分而又完美地发挥我们所拥有的各种能力,包括我们的天赋智力。"

此外在 1998 年戈尔曼还在《工作中的情商》(*Working with Emotional Intelligence*)一书中对情绪能力(emotional competence)与情绪智力加以区分。他认为"情绪能力是以情绪智力为基础的一种习得能力,而情绪能力又能使人们在工作上取得出色的成绩"。

情绪智力决定了我们学习那些依赖于情绪智力的实际技能的潜能,而情绪能力则反映了我们通过学习、掌握技能以及把智力应用到工作中时,我们能够意识到的这些潜能有多少。

巴昂的理论

1997 年,巴昂通过自己多年的研究和实践提出了自己对情绪智力的定义。他认为情绪智力是影响人应付环境需要和压力的一系列情绪、人格和人际能力的总和。并且,他还认为情绪智力是决定一个人在生活中能否取得成功的重要因素,直接影响人的整个心理健康。2000 年,巴昂进一步指出,情绪智力是影响人有效应对环境要求的一系列情绪的社会知识和能力。巴昂还对情绪智力和社会智力进行区分,把情绪智力看成是个人管理能力,如冲动控制;而把社会智力看成是关系技能(relationship skills)。巴昂认为,那些能力强的、成功的和情绪健康的个体是情绪智力高的人。情绪智力是随着人的成长而逐渐发展起来的,并且一生都在变化,能通过训练和矫正措施以及通过治疗干预得到改善和提高。情绪智力也与其他一些能成功地应付环境需要的重要因素相联系,比如基本的人格特质和认知能力。

巴昂也提出了自己的情绪智力模型,该模型由五大维度组成:

(1) 个体内部成分(intrapersonal components);

(2) 人际成分(interpersonal components);

(3) 适应性成分(adaptability components);

(4) 压力管理能力成分(stress management components);

(5) 一般心境成分(general mood components)。

这些成分又由15种子成分构成,而它们都是相关的能力和技能。

个体内部成分包含五个相关能力:① 情绪自我觉察;② 自信;③ 自我尊重;④ 自我实现;⑤ 独立性。人际成分包含三个相关的能力:① 移情(empathy);② 社会责任感;③ 人际关系。适应性成分包含三个相关的能力:① 现实检验;② 问题解决;③ 灵活性。压力管理能力成分包括两个相关的能力:① 压力承受;② 冲动控制。一般心境成分包括两个相关结构:① 幸福感;② 乐观主义。

巴昂根据10余年的研究和统计分析,认为前述15种子成分是个人应对生活的能力和个人总的情绪幸福的决定因素,因而是情绪智力最有效、最稳定的成分。已有的研究也支持把情绪智力看成个体取得成功的总体能力和倾向的综合观点。

实践智力(implicit intelligence)

案 例

案例教学方法

案例教学方法在哈佛法学院创立,在哈佛商学院和医学院被广泛应用,以至于成为职业学院的主导方法,也历经了很多变化。兰德尔(Langdell)是首位在哈佛法学院采用案例教学方法的法律教授。从1851年开始,受哈佛校长埃利奥特的支持,兰德尔创造了一种新的培训律师的方法。当时的法律教育基本由讲座组成。学生们阅读大量的论文和教科书,然后用考试的方式评估他们的学习水平,这非常依赖于学生的记忆能力。兰德尔的方法是完全不同的，在他的合同法课程里，他坚持学生们只阅读原始案例，然后根据自己的判断得出结论。他坚信，律师的工作能力是内隐的，核心是对法律原则的理解，然后根据法律原则在具体工作情景中进行判断。这些法律原则是无法通过课本和文字传授的，最好的学习方法是对案例判断过程的模拟和练习，因为这些原则是在这些判例中才得以体现的。法律的表现形式有很多种，但是只要律师掌握了这些原则，就能够把它应用到任何实践情景中。

1908 年，哈佛商学院成立，由盖伊(E. Gay)担任首任院长。盖伊在就职演说中提到，商学院的教授应该采用“一种与法学院的案例教学相类似的方法，重点在课堂讨论，并用讲座和方案陈述为补充，这是一种问题导向的方法”。第二任院长 W. 多纳姆(W. Donham)是一位由案例教学法培养出来的律师，他看到了管理领域使用案例教学的重要性，全力推动哈佛商学院发展案例教学法。W. 多纳姆认为，管理者经常面对不确定的经营环境，他们的主要任务是制定和执行决策。为了达到这样的教学目的，教学案例要能够描述商业情景，让学生在案例练习中抓住关键信息，采取行动，解决问题。他认为，一个商学教学案例应该“提供相关和无关的材料和信息，而不包含已经做出的决策……应该留出让学生自己选择信息、做出决策的空间。”在他的促进下，哈佛商学院教授柯普兰(M. Copeland)出版了第一本市场学案例教材。1920 年，他筹资成立了商业研究局(Bureau of Business Research)，在五年内组织了一批教授写作了大量案例，奠定了案例教学方法在哈佛商学院的主导地位。到 30 年代中期，案例教学方法已经成为美国商学院的主导方法。受福特基金的资助，哈佛商学院举办了多期暑期案例教学研讨班，从 1955 年到 1965 年，200 多位美国顶级商学院的教授在波士顿学习案例教学方法。从 2005 年开始，哈佛商学院对包括中国在内的华语地区的 8 所商学院的教授开设案例教学研讨班，推广案例教学方法。

看完案例教学的这些特点以后，我们来思考以下的几个问题：

- 管理者可以通过课堂培养出来吗？
- 考试和实际的管理问题有什么不同？
- 聪明的孩子工作表现一定好吗？
- 是不是商学院需要培养的能力与传统的智力有所不同？

通过对以上问题的思考，我们可以进一步思考：智力是什么？智力代表什么？实践智力这个概念是美国耶鲁大学的心理学家斯登伯格(Sternberg)

提出的。斯登伯格认为智力是由个体适应、塑造和选择环境所必需的心理能力构成。他把智力分为三种：分析型智力、创造型智力和实践型智力。他认为，传统主流智力所测得的只是分析型智力。智力测验要能有效预测工作的绩效，就应当重视创造型智力和实践型智力，也就是我们平时所说的动手能力的评价。实践型智力是相对一般意义上的分析智力即学术智力而言的。实际工作中存在的问题与考试题有着不同的特征。我们平时需要解决的问题常常有以下一些特点：

• 需要识别问题是什么。现实生活中的问题往往不是直截了当地呈现在工作人员面前的，需要过一段时间才显现出来，并且在大多情况下需要自己去挖掘。

• 问题定义模糊。对于问题的已知条件，没有人把它清楚地列在纸上。需要自己寻求信息去找出这些已知条件。

• 多种解决方案。问题的解决方案是多样的，多种解决方案之间的评价与比较也是模糊的，没有具体的指标表明哪个解决方案好，哪个解决方案差。这一切都因地制宜、因时而异。

• 问题是紧扣日常生活的。在解决问题的过程中，主动参与投入非常重要，这将会决定问题解决的速度与效果。通常并不存在各种各样的解答，而是要人们通过不断的行动去创造新的问题情景，解决新的问题。

斯登伯格等人把内隐知识定义为："是行为定向的知识；是在没有他人直接帮助的情况下获得的；是个体为了达到有价值的目标而掌握的。"具体来说，我们认为，内隐知识具有以下几个特征：

• 现代认知心理学把知识分为两种：描述性知识与程序性知识。与现代人工智能的观点类似，把人的知识分为数据库与查找提取的规则。描述性知识所对应的是数据库中元素的集合，程序性知识对应的是数据提取的规则。实践智力更多的是程序性的知识，是不能够用元素的组合来描述的。

• 在日常生活中，内隐知识具有实用性，它带有非常明显的目标取向。实践智力是针对解决某一个问题而言，在解决问题的过程中体现出来的。因此，目标是实践智力的重要特征，问题解决的情景与过程也是影响实践智力的重要因素。目标是一个不断形成的过程，在实际中不断为自己设置新的目标，是解决问题的关键。

• 人类解决问题是一个不断尝试与探究的过程，在这个过程中利用反馈信息不断对信息进行概括，形成自己的假设，不断进行调整等各个方面的动态能力是实践智力的重要组成部分。

• 任何一种工作都有一定的工作情景,解决问题的能力与个人的各个方面的特征,如判断自信心、人际沟通技巧、行为特征等都有千丝万缕的联系。从这点上讲,实践智力与综合素质的关系非常密切。

• 内隐知识是一种不能言传的知识,通常靠自己去获得,而不能在别人的直接帮助下获得,课堂式的教学与背诵是不能传送这些知识的,要靠自己的探究。在解决过程中才能够体会这些知识,才能够对这些知识进行积累。

实践智力(implicit intelligence):指个体解决现实问题的心理能力,表现为针对具体情景的、目标导向的、解决方案产生的能力,个体针对现实问题变化的动态调整能力和基于个体内隐知识的判断。

我们来看一下斯登伯格对实践智力的测量程序。对于实践智力的测量,首先要选取一系列工作的典型情景。这些工作情景能够代表工作内容,在每一个工作情景下面,一般有 5 ~ 20 个选项。下面是一个测量的情景:

> 你刚刚升为公司的一个重要部门的经理,你的前任刚刚被调到一个比较不重要的岗位上,你知道他被调走的主要原因是部门业绩平平。你的上司希望你能够马上改变部门的形象,并希望能够很快见效。

在这种情景下面,列有一系列的选项,比如"任命值得信任的新人"、"向你的上司报告你取得的进步"、"提倡公开交流"等。这些工作情景与工作行为一般是通过结构化面谈的方法收集起来的。要求被试对这些行为的重要性进行评价。然后根据被试不同方面的评分高低或者被试判断与专家判断的差异对实践智力的各个方面进行评价。

内隐知识在智力理论上的意义是显而易见的。作为实践智力的一个重要成分,内隐知识理论是传统智力理论的重要补充。它不仅拓宽了智力构思,加深了人们对智力的认识,而且它比传统认知能力测试,能够更加有效地预测工作情景中的绩效。同时,实践智力理论也为培训目标、培训方式等提供了进一步的依据。

> 泰罗一直认为他所主张的科学管理只能在车间里学得,在大学课堂上是无法传授的。

培养实践智力的方法之一——案例教学越来越受人们欢迎。大部分优秀的职业学院,普遍认为培养学员职业技能最好的方法是案例教学法。

一个典型的哈佛商学院案例有20页左右,一般有5~10页的图表,提供非常丰富的讨论信息。大多数案例会让学员扮演其中的角色或者做出几个关键决策。劳伦斯(P. Lawrence)教授认为,一个好的案例是把真实的管理情景带进课堂,供学生和教师探索体验决策过程的工具。好的案例必须能够恰当地反映管理决策情景,带有相关难以处理的管理问题,并且很多信息是不完全的或者相互矛盾的。这是为了让学员有发挥的空间,探讨多种可行的解决方案。

加文(D. Garvin)教授认为,这样的案例教学方法培养了学生三个方面的能力。第一,培养了学生对不断变化的商业情景的诊断技能。商业职业教育的目的,并不在于教给学生真理,而是教给学生在新情况下应变处理问题的能力。学员要善于抓住新问题和老问题的联系与区别,思考应对策略。第二,案例讨论的过程培养了学员的沟通和说服技能。管理人员的大部分工作时间用于沟通,这种吸引别人注意、呈现证据、讲述理由的技能是商学院训练的重头戏。第三,也是最重要的,系列案例的训练,培养学员一种思考和决策的习惯。每天多个案例的训练使得学生们习惯于在不确定情景下进行选择和决策,而不是拖延和再思考。正如克里斯藤森(C. R. Christenson)教授所言,案例教学培养的是:“冒风险的勇气,在有限的知识和信息支持下,进行决策和实施行动的习惯。”尽管有时候这种冒险在现实商业判断中是愚蠢的,但是哈佛商学院的案例教学方法并不鼓励谨慎,教授会鼓励学员做出决策和选择。

体质能力

> 为什么姚明的工作不是每个人都能做的？

在要求加工复杂信息的工作中，智力能力起着重要的作用。同时，对于那些技能要求较少而规范程度较高的工作而言，体质能力对于工作的成功很重要。

> **体质能力（physical ability）：即从事体力活动所需要的能力。一些工作的成功要求耐力、手指灵活性、腿部力量以及其他相关能力，因而需要在工作中确定员工的体质能力水平。**

研究人员对上百种不同工作要求进行了调查，最后确定在体力活动的工作方面包括 9 项基本能力，如表 2-4 所示。

表 2-4　基本的体质能力

1. 动态力量	在一段时间里重复和持续运用肌肉力量的能力
2. 躯干力量	运用躯干部肌肉（尤其是腹部肌肉）以达到一定肌肉强度的能力
3. 静态力量	产生阻止外部物体力量的能力
4. 爆发力	在一项或一系列爆发活动中产生最大能量的能力
5. 广度灵活性	尽可能远地移动躯干和背部肌肉的能力
6. 动态灵活性	进行快速、重复的关节活动的能力
7. 躯体协调性	躯体不同部分进行同时活动时相互协调的能力
8. 平衡性	受到外力威胁时，依然保持躯体平衡的能力
9. 耐力	当需要延长努力时间时，保持最高持续性的能力

个体在每项能力中，都存在程度上的差异。而且，这些能力之间相关性极低。不难理解：一个人在某项中得分高并不意味在另一项的得分也高。如果管理者能确定某一项工作对 9 项能力中任一项的要求程度，并保证从事此工作的人员具备这种能力水平，则肯定会提高工作效率。

第五节 人职匹配

案 例

名企选才

微软

任用有冒险精神的人。要想成为微软公司的一员绝非易事,你要对软件有浓厚的兴趣,还要有丰富的想象力和敢于冒险的精神。他们宁愿冒失败的危险任用一个曾失败的人,也不愿要一个处处谨慎却毫无建树的人。另外,工作中善于与人合作也是应聘微软的条件。

英特尔

得3分的人也许更可取。英特尔在人们的印象中是一个不断推陈出新、升级换代的品牌,其创新精神在招聘过程中也有充分体现。英特尔在各高校招聘应届毕业生时,愿意招各科虽是3分却富有创新意识的学生,最好在校期间就完成过颇有创意性的项目。

世界银行

起码要跳过3次槽。对于经常需要考察、验资的银行人员来说,知己知彼非常重要。所以,至少要有3种不同行业的工作经历是世界银行招聘的基本条件。

宝洁

热心社会活动者优先。如果你去宝洁公司的"飘柔"应聘,常常会被问到是否经常参加学校的活动或组织过哪些活动,千万要据实以告。因为,考官会接着问你许多相关的细节问题,如活动的程序、内容、参加的人数、活动过程中的突发事件和你的应变方法等。

日本西武集团

连同父母家人一同考核。日本西武集团总裁堤义明在提升主管人员或高级经理时,一定先跟他的父母和儿女谈话,了解其家庭情况。他认为一个不能让父母、妻子儿女感到安心满足的人是不可能承担企业的重托的。

思考题

- 讨论这些企业考察被选人员有哪些个性?能力指标有哪些?

- 讨论这些公司进行选拔的标准为什么不同?
- 你觉得你适合到哪家公司去工作? 为什么?
- 你觉得在你选择的那家公司工作会快乐吗? 你觉得你目前的学习生活快乐吗?

我们想一想,这些企业为什么要出这样一些“怪招”来选拔人才? 个体在能力方面存在着差异,不同工作对个体也有不同要求。在选拔人才的时候,人事测评的基本假设是人和职务特征相匹配,员工才会取得良好的绩效。其中变量之间的相互关系如图 2-4 所示。

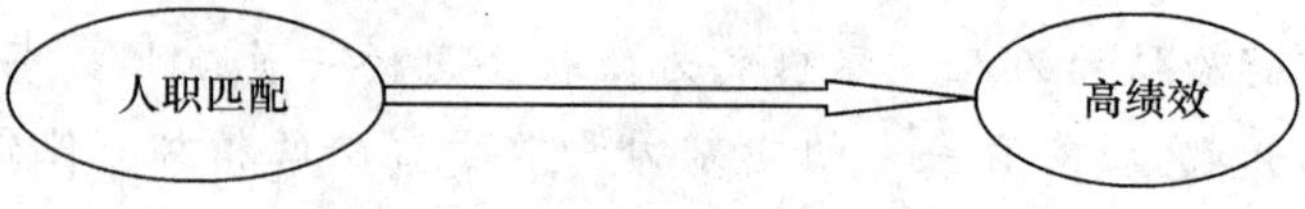

图 2-4　人职匹配与绩效的变量关系

人职匹配理论

人职匹配(P-O fit)理论即关于人的素质特征与职业性质一致的理论。其基本思想是,个体差异是普遍存在的,每一个个体都有自己的个性特征,而每一种职业由于其工作性质、环境、条件、方式的不同,对工作者的能力、知识、技能、个性等有不同的要求。进行职业决策(如选拔、安置、职业指导)时,要根据一个人的个性特征来选择与之相对应的职业种类,即进行人职匹配。如果匹配得好,则个人的特征与职业环境协调一致,工作效率和职业成功的可能性就大为提高。反之工作效率和职业成功的可能性就很低。因此,对于组织和个体来说,进行恰当的人职匹配具有非常重要的意义。进行人职匹配的前提之一是必须对人的个体特性有充分的了解和掌握,而人才测评是了解个体特征的最有效方法。所以,人职匹配理论是现代人才测评的理论基础。

最大性与典型性测验

那么如何能够做到人与职的匹配呢? 我们来看一看能力测评和个性测评的区别与联系。我们可以看出能力测验与个性测验的测评思想是有差别的。在进行能力测评的时候,分数高就意味着能力强,针对专门的工作任务,能力强的人完成的可能性要比能力弱的人更大。他们付出较小的努力就有可能很好地完成任务。所以我们把这一类测验称为最大性测验。

最大性测验(try best test):在规定时间的测评中,让被试尽其所能地完成测评的内容,然后根据分数的高低确定选拔的标准,此类测评称为最大性测验。

在进行最大性测验的时候,我们看到最大性测评有这样一些特点。

第一,最大性测验的评估题目是有正确/错误答案的,被试的反应可以被归为答题正确与否,我们可以针对被试的答题结果进行计分。如果是标准化的反应结果,计分相对比较容易,但是如果是开放式问题,那么计分的方法一般得有结构化的评分标准,同时,对评分者要进行标准化评分操作训练。

第二,一般最大性测验都会有时间限制。由于我们希望被试尽其所能,所以,与公务员考试相类似的,都会有严格的时间控制。最好的最大性测验的结果是我们能够把被试的分数完全区分开,所以,如果满分是100分,那么良好的最大性测评可以得到一个正态分布的结果。在50分左右区域里得到的被试结果最多,而在两侧靠近100分和0分的地方都很少有人能够达到。一个良好的最大性测验是要让绝大多数人,比如98%的被试在规定时间里面不能完成的,这样才能够做到良好地区分不同人。

第三,人们可以进行类似题项的训练,以期望在测评中能够得到更好的成绩。比如TOEFL本身是美国大学作为考察外国学生是否具备在美进行学习的英语能力测评,但是国内很多考试培训机构对题项进行针对性的培训,这时就有可能使得被试的分数比实际能力高,因而使得测评无效。

典型的最大性测验类似高考。高考就是通过测评智力来选拔人才,筛选标准是根据总分来设置录取分数线。这就是最大性匹配的选拔方法,能力有高低,选拔标准是选取综合分数最高的。我们在研究生入学考试、公务员考试中采用的选拔测验都是这样。

那么什么是典型性测验呢?在个性测评中,我们不能说外向的人比内向的人更好,也不能说艺术型的人比企业型的人强。我们只是对人们的类别做了一个划分,并不是用来测量能力的高低。测评答案并无对错之分,测试的目的是测量应聘者的个性是否符合公司的价值观,从而选取适合本公司的应聘者进入下一个环节。这也是一种典型性匹配的选拔方法,个性并无好坏之分,只有适合不适合,选拔标准是选取最适合的。在上面"名企选才"的例子中,各个企业所要选的也是和企业行业特点和企业战略相匹配的人才。所以在典型性测评中,对类别的划分才是关键。个性测评都是典型性测验。

典型性测验(type test):在测评中,让被试尽可能真实地反应自己的意向,然后根据反应结果区别被试类型,此类测评称为典型性测验。

典型性测验有这样一些特点:

第一,测验本身并不一定限制时间,因为我们希望得到有关被试的全部典型信息,所以被试要尽量完成所有题目。在典型性测验中限定时间更多地是为了让被试没有时间去反复推敲,做出更加真实的反应。

第二,迫选题是典型性测验常用的手段。由于我们只希望进行类别的划分,测评本身的重要之处在于对典型反应特征的评估。所以类似 MBTI 的测评,个性测验会把迫选题作为非常重要的获取真实数据的手段。

第三,被试可以伪装自己的反应来迎合主试的需要。由于典型性测验只是对类别的划分,并且在很多情况下可以成为选拔的标准,所以被试很有可能估计主试的需要,然后伪装性地做出反应。这在典型性测验中是很难避免的。

匹配策略

人职匹配理论的关键在于匹配。那么什么是匹配呢?基本的匹配策略有两个方面,我们称之为最大性匹配和典型性匹配,如图 2-5 所示。

最大性匹配指的是总分达到一定水平,与岗位要求相一致。典型性匹配指分数的轮廓剖面与选拔标准相一致。在图 2-5 中,我们看到 4 个特征测评的分数和一条选拔的标准线,而两个候选人在 4 个特征测评分数上面的得分各不相同。

如果按照最大性匹配的策略,我们看到 A 候选人的得分平均数要比 B 候选人高,所以 A 是这个工作更好的人选。

但是如果我们按照典型性匹配策略,B 候选人虽然得分没有 A 高,但是

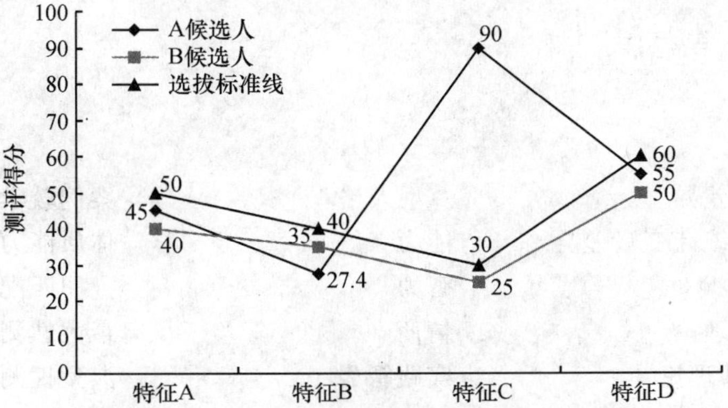

图 2-5　最大性匹配策略和典型性匹配策略

得分的特征轮廓线要比 A 更加匹配,所以 B 候选人应该是更好的人选。

所以,匹配意味着与工作要求的一致。但事实上,在具体的人事选拔中,我们常常会混合使用各种匹配策略,首先是能力标准达到一定要求,然后是类别的匹配。

如果你被录取为一名文字处理人员,而你的能力达不到键盘打字工作的基本要求,那么,无论你的态度多么积极或工作水平多高,最终的工作绩效还是很低。

但最大性匹配也并不意味着能力越高越好。当员工的能力远远超过了工作要求而造成能力与工作要求不匹配时,结果又是另一种情形。工作绩效可能不会存在问题,但同时可能会使组织缺乏效力,员工的满意度降低。员工所得到的薪水反映了个体在工作中的最高技能水平。如果员工的能力远远超过了工作要求,则管理层应付给他更多的薪水。另外,能力水平远远超过工作要求也会降低员工的工作满意度,尤其当员工渴望施展自己的能力时,会因工作的局限性而灰心丧气。所以能力的匹配还意味着恰到好处。

❑ 本章复习要点

个体差异	能力理论
人口统计变量	人职匹配
个性理论	最大性与典型性

本章复习题

专业术语

个体差异	A 型人格	案例教学
人口统计变量差异	能力	体质能力
个性	智力	人职匹配
大五理论	情商	最大性测试
MBTI 理论	实践智力	典型性测试

案例分析(1)

任正非:让洋对手睡不安枕的战略游弋者

当被称为互联网时代的企业——思科正在接受全球传媒和资本市场的广泛赞誉和顶礼膜拜之时,它却不得不为一家来自中国的企业而暗自焦虑,头疼不已。这家企业就是深圳的华为,它的带头人是解放军的一名转业团级干部,因此带有军人作风的任正非(图 2-6)。

图 2-6　任正非

任正非的经历的确让人赞叹。20 世纪 80 年代,他自军队转业之后,就来到了当时改革开放最前沿的深圳,最初也打了几年工。有点积蓄和资源后,他于 1987 年创立华为公司,最初的业务是倒买倒卖,靠代理香港一家公司的 HAX 交换机获利。当时在深圳这种类型的公司一抓一大把,大家活得都不错,很舒服。但任正非的与众不同此时显露了出来,做了两年之后,他放着舒服赚钱的生意不做,却非要自己搞研发,做自己的产品。1990 年,几十个年轻人跟随着任正非来到南山一个破旧的厂房中,开始了他们的创业之路。

如果要评选哪家企业最能代表中国企业在技术研发实力上所取得的成就,毫无疑问就是华为。截至目前,华为在通信核心技术方面已经取得了大量专利,并为此赢得了普遍赞誉。

华为这一成绩与其持续、大规模、不计血本的研发投入有密切关系。华为对外界宣传说,它在研发方面每年的投入为其销售收入的10%。但据说华为的投入远远高于10%,几乎所有能用于研发的钱,都被华为义无反顾地用于技术攻关、科研、搞项目。而且,任正非逼着技术研发部门花钱,你没有把钱花出去,就是你的工作不到位,研发的项目不够深入和广泛。比如说,华为每年将研发资金的1/3用于3G,共耗资40亿元人民币,先后有3 500人参与这一研究项目。这些努力在2003年终于赢得了市场回报。也正因为这样,华为才可以从一开始生产技术含量较低的交换机小厂,发展到现在以生产路由器等高技术含量的网络设备、光通信、数据产品的综合性电信设备提供商。

任正非不修边幅,一身老土的革命同志打扮。这已足够让人惊奇,更令人惊讶的是华为的管理模式仍沿用革命化的团结大动员、唱军歌式的集体行动那一套。这看起来与华为所要打造的网络技术、透明而现代化的高科技企业目标格格不入,却又能和谐地融合在一起。

在营销方式上,任正非领导的华为也令人感到奇特。它几乎从不做广告,对现代企业最重视的公关传播也没有丝毫兴趣。领导华为十几年,任正非几乎没接受过媒体的采访。即便如此,并没有影响华为进入中国顶尖企业行列。华为2003年的销售额高达300亿元,名列我国电子信息百强企业第七名,利润名列第一。

华为的快速成长与中国特定的历史时期有关,它恰好赶上了中国经济大发展的高潮,通信基础设施的大量更新为华为带来了巨大订单。最初,华为是从偏远农村等低端市场做起的,在跨国企业的夹缝中寻求生存的机会,甚至采取了许多特殊的手段。"华为的冬天来临了吗?"任正非喜欢用这样一句话提醒华为。

著名财经作家、《华为真相》的作者程东升评价任正非和华为:"大凡真正的大企业家,首先应该是个思想家,对企业的宏观战略有清晰的认识,以自己独特的思想认识、影响和指导企业的发展。华为之所以成为中国民营企业的标杆,不仅仅因为它用10年时间将资产扩张了1 000倍,在技术上从模仿到跟进又到领先,而是因为华为独特的企业文化,这种文化的背后则是总裁任正非穿透企业纷繁复杂表象的深邃的思想。从产品营销到技术营销再到文化营销,华为做得有条不紊。任正非对企业目标的界定,对企业管理的创新,对智力价值的承认,都开创了中国民营企业之先河。"

资料来源:http://info.news.hc360.com/html/001/002/009/002/66064.htm。

思考题

- 试对任正非的个性特征进行描述。
- 任正非的哪些个性特征促使他取得了成功?
- 成功企业家应具备哪些个性特征?任正非是否具有这些特征?
- 参考《我的父亲母亲》、《华为的冬天》、《北国之春》三篇在互联网上可以找到的文章,阅读后说说你对任正非的印象。

参考答案

从文中我们可以看出任正非做了很多别人眼里的"怪事",所以很多人会认为他是个"怪人"。

但他的这种"怪",正体现出他与众不同的个性,也正是他这种个性,让他取得了非凡的成就。特定环境和特定情景,形成了任正非特定的个性。下面我们从个性形成原因、个性模型两方面去分析任正非的个性。

个性的形成原因有遗传、环境、情景几方面。从遗传方面看,在《我的父亲母亲》这篇文章中,任正非并没有写他父亲的个性和对他的影响,但从他父亲的一些经历上可以看出,任正非的个性还是部分受他父亲的遗传影响。

从环境方面看,那篇文章中也未直接表达出任正非的处世观,他只说了一句:"文革"让他在政治上成熟起来。事实上,父母的遭遇,对任正非有着非常大的影响,当他看着忠实于事业和党的父母仅仅因为家庭出身,始终不能为社会主流所接受,即使比别人多做几倍的工作也无济于事,当风暴来临还是第一批受难者的时候,他明白了一个道理:一定要为社会主流所认可,否则注定一事无成。所以他参军,要把身上的颜色染红。在部队他做了那么多事,没有任何奖励,他能接受,在他心目中,入党比任何奖励都重要。因为能入党,就不仅是被主流所认可,也是为主流所接纳。这方面,任正非做得相当出色,"文革"结束之前,他已经做到干部级别,以他的出身,相信非常不容易。他父亲的迅速平反,跟他入党有莫大关系。

1976 年之前,无论他工作多么努力,多么出色,荣誉与他无缘,而 1976 年之后他的机遇一下从地下到天上,为什么?仅仅是主流潮向变了。主流的力量就是这样强大,几乎没有个人可以抗拒得了。善良的人们往往会说"历史最终会是公正的",但不要忘记,"所有的历史都是当代史",历史对某人某事的评价,永远折射着当代的主流意见。更何况能被历史所记载所书写的人物与事迹,毕竟只占少数。

从情景方面看,任正非恰好赶上了中国经济大发展的高潮。他是从偏远农村等低端市场做起的,在跨国企业的夹缝中寻求生存的机会,但这却也为任正非,为华为带来了无限的商机。

案例分析(2)

甲骨文总裁在耶鲁毕业典礼上的讲话

耶鲁的毕业生们,我很抱歉——如果你们不喜欢这样的开场。我想请你们为我做一件事。请你好好看一看周围,看一看站在你左边的同学,看一看站在你右边的同学。请你设想这样的情况:从现在起5年之后,10年之后,或30年之后,今天站在你左边的这个人会是一个失败者;右边这个人同样也是个失败者。而你,站在中间的家伙,你以为会怎样?

一样的失败者!失败的经历!失败的优等生!

说实话,今天我站在这里,并没有看到1 000个毕业生的灿烂未来。我没有看到1 000个行业的1 000名卓越领导者。我只看到了1 000个失败者。你们感到沮丧。这是可以理解的。为什么,我,劳伦斯·拉里·埃里森(Lawrence Larry Ellison),一个退学生,竟然在美国最具声望的学府里这样厚颜地散布异端?我来告诉你原因。因为,我,劳伦斯·拉里·埃里森,这个星球上第二富有的人,是个退学生,而你不是。因为比尔·盖茨,这个星球上最富有的人——就目前而言——是个退学生,而你不是。因为保罗·艾伦(Paul Allen),这个星球上第三富有的人,也退了学,而你没有。再来一点证据吧,因为迈克尔·戴尔(Michael Dell),这个星球上第9富有的人——他的排位还在不断上升,也是个退学生。而你不是。

恩……你们非常沮丧,这是可以理解的。

现在,让我打击你们一下。我要相当诚挚地指出:你们的文凭不是白拿的。我猜你们中的大多数人已经在这里花费了四五年时光,你们将以各种方式在未来使用你所学的东西。你们已经确立了好的工作习惯。你们已经建立了能帮你沿这条路前进的人际网。你们已经将自己这辈子与"therapy(治疗)"这个词建立了一种联系。一切都很好。因为事实上,你们需要这些。你们将来需要这些有用的工作习惯。你将来需要这种"therapy"。你需要它们,因为你没辍学,所以你永远不会成为世界上最富有的人。哦,当然,你可以,也许,以你的方式进步到第10位,第11位,就像史蒂夫·鲍尔默(Steve Ballmer)。但,我没有告诉你他在为谁工作,是吧?根据记载,他是研究生时辍的学,开化得稍晚了些。

现在,我猜想你们中间很多人,也许是绝大多数人,正在琢磨:"我能做什么?我究竟有没有前途?"当然没有。太晚了,你们已经吸收了太多东西,以为自己懂得太多。你们再也不是19岁了。你们有了"built-in"(固着的)

的帽子,哦,我指的可不是你们脑袋上的学位帽。

所以,现在可能是讨论实质的时候啦,绝不是为了你们,2000 年的毕业生。你们已经不被考虑了。我想,你们就去干那年薪 20 万的可怜工作吧,在那里,工资单是由你两年前辍学的同班同学签字开出来的。事实上,我是寄希望于眼下还没有毕业的同学。我要对他们说,离开这里。收拾好你的东西,带着你的点子,别再回来。退学吧,开始行动。我要告诉你,一顶帽子一套学位服必然要让你沦落……就像这些保安马上要把我从这个讲台上撵走一样必然……(此时,甲骨文 CEO 被带离了讲台)。

思考题

- 你觉得拉里的话有道理吗?为什么?
- 你觉得拉里所举的例子可以否定教育的作用吗?为什么?
- 如何用能力理论去解释拉里的观点?

案例分析(3)

系统——虚拟世界中的能力与个性

在当下中国最火的一款网络游戏中,玩家们遭遇到一个"系统",它正在实行一种充满诱惑力的统治。这个"系统"隐匿无踪,却无处不在。它是一位虚拟却真实的垄断者。"如果没有我的允许,这个国家的一片叶子也不能动。"这是智利前独裁者皮诺切特的声音,悄然回响在这个虚拟世界中。

白天,27 岁的吕洋(图 2-7)是成都一家医院的 B 超检查师。

晚上,她是一个国王,"楚国"的国王——玩家们更乐意按游戏里的名字尊称她为"女王"。在这个虚拟王国中,"女王"管理着数千臣民,他们都是她忠诚的战士。

在一款名叫《征途》的网络游戏中冲杀了半年多之后,吕洋自信看清了这样一个道理:尽管这款游戏自我标榜以古代侠客传统为背景,实际上钱才是在这个虚拟世界中行走江湖最关键的因素。

吕洋受过良好的专业教育,丈夫是生意人,资产殷实。钱对她来说从来不是问题,但她仍然愤愤不平地把这款游戏中一些风头正劲的人称为"人民币玩家"。虽然在游戏中投入了数万元,但她仍然屡战屡败,原因就在于有人比她更愿意花钱。

"女王"其实并不像想象中一样"牛"。几天之后,就在王城外,一个敌人逼近,他骑着鬃毛飞散的烈马,威严得像天上的神,他只问了一句话:"你就

图 2-7　女王吕洋

是那个女王啊?”一个巨大的火球从天上砸下,落单的“女王”还没来得及答话,被“秒杀”了。

吕洋目瞪口呆,短暂的惊愕之后她脑子里只有一个想法,她要升级,要得到最好的装备,她要当真正的王,她要报仇!

她找到“代练使者”,一个代表系统与玩家做交易的虚拟角色,他就站在王城大道边上,答话谦卑而热情,乐意为有钱人服务。吕洋向“使者”支付人民币购买经验值,“使者”则让她迅速升级,从人变成了神。吕洋觉得这么做很值得,在这上面,她“只不过花了千把块钱”。

但是,杀伤力和防护力是由装备决定的,级别只是佩戴相应等级装备的必须条件。就像金庸的小说,内力的修炼是必需的,但一把玄铁剑却可以让杨过无敌于天下。游戏中按照等级不同划分出了 20 等装备,以法师职业为例,武器由最初的柳木杖到最为罕有的至尊杖。此外还有铠甲、头盔、腰带、护腕、项链和戒指等。

这些好的装备都意味着金钱。和别的网络游戏不同,在这里,打怪和接任务不会掉装备。“我都要最好的,”吕洋说,“你只能去系统商店买材料,再找系统铸造商打造,或者你只能去赌。”

“赌”就是“开宝箱”。玩家向系统购买钥匙和箱子,很便宜,一块钱一套。用钥匙点击开启,屏幕上一个光芒闪耀的箱子缓缓打开,各种材料或装备如同赌场大转轮一样排列在箱子里,光圈飞速转动,停下的地方就代表赌到的东西。箱子里经常会有玩家们最希望得到的高级装备,但转动的光圈却往往和他们擦肩而过。

吕洋如今回忆，最疯狂的时候她就像一个赌场里的赌徒，会在屏幕前大声喊叫自己想要的东西，比如"乌木，乌木"，那是一种高级材料，而最后她往往得到的只是一点少得可怜的经验值。"乌木"或者那威力强大的"幽冥戒指"，仍然摆在宝箱里，闪着诱惑的光。

这个世界中还存在着一个"开宝箱"排行榜，每天开宝箱最多的人，可以得到一颗罕有的令人倍增威力的"补天神石"。

这个巧妙的设置具有无穷的诱惑力，总有无数人在疯狂比拼开箱数量。吕洋曾一晚上开过上千个箱子，但始终功亏一篑，总有人比她更为执著，她从没拿到过那颗神奇的石头。

各式各样的排行榜随时闪现，世界英雄排行榜——根据级别和装备带来的威力排序；护国英雄排行榜——根据杀死敌国人的数量排序；国家实力排行榜——根据国家物资和国战胜负记录排序……就像电视里随时出现的脑白金广告，实时变动的排名对野心勃勃的英雄们高频率轰炸，提醒他们在这个严酷的世界里一刻也不能放松。

玩家在不懈地开着箱子，他们有时好运地得到一点好东西，绝大部分时间几无所获，但越是没有收获，他们越是迫不及待地打开下一个箱子。他们每点击一下，就代表一块钱，又一块钱……就像一个永不停歇的沙漏，金钱涓滴成河一般随着每一次点击汇成巨流，流向看不见的系统。

吕洋自认为运气还比较好，"平均开1 000个箱子，好运的话能有十几次拿到好东西。"

由此吕洋成为她现在所鄙夷的"人民币玩家"，上万的人民币被迅速而几乎不被察觉地花了出去。在游戏中，"女王"拥有了可怕的威力，她为自己，也为朋友报仇；她接受请求，为本国的商队护镖；同时她也会和英雄们一起侵入别国。她声誉日隆，跻身英雄之列，在游戏里，她甚至和威猛的帮主"狼烟"喜结连理。当然，也由于她在现实中是一个那么可爱的姑娘，她被推举为楚国的国王。"国王万岁！"人们向她俯首称臣。那是吕洋在征途中的最高点，也唯有在那转瞬即逝的一刻，吕洋觉得自己付出的时间和金钱是值得的。

资料来源：曹筠武、张春蔚、王轶庶，"系统"，《南方周末》，2008.4。

思考题

- 虚拟世界中的个性和能力和现实世界中的个性和能力的差异有哪些？
- 试探究其差异的原因，你觉得虚拟世界中的个性测评应该怎样做？

第三章

知觉与管理决策

- 知觉的基本概念
- 影响知觉的因素
- 知觉偏差
- 组织中的印象管理
- 管理决策
- 决策陷阱

引例 1

马云是如何创建阿里巴巴的

2007 年 11 月,阿里巴巴首次公开招股(IPO)募集资金额超过 15 亿美元,市值高达 260 亿美元。迄今,阿里巴巴已成为中国规模最大的电子商务网站,不少欧美企业通过该网站与中国供货商达成交易。2007 年上半年,阿里巴巴营收为 1.29 亿美元,利润 3 900 万美元。马云还通过与雅虎组建合资公司,使阿里巴巴进入搜索业务。此外,阿里巴巴旗下淘宝网的中国市场规模也超过了 eBay。今年 43 岁的阿里巴巴 CEO 马云的创业经历与其他互联网精英相比,显得格外不同,也因此成为众媒体的关注焦点。

1995 年 4 月创办"中国黄页"网站;1997 年年底,携团队在北京开发了外经贸部官方站点、网上中国商品交易市场等一系列国家级站点;1999 年初,在杭州以 50 万元人民币创业,开发阿里巴巴网站。马云一系列令人瞠目结舌的大手笔,却一以贯之其著名的"疯傻"大侠精神。

大学毕业后,马云被分配到杭州电子工业学院当老师,教英语。1991 年,不甘寂寞的马云利用业余时间,和朋友成立了海博翻译社。第一个月,翻译社收入 700 元,但仅房租一项便要支出 2 000 元。这时候,有人说马云犯傻了,安安稳稳地当大学老师得了,瞎折腾什么!

30 岁的时候,马云成为杭州十大杰出青年教师,校长许诺将来让他当外办主任。但这时的马云,又做了件天大的"傻"事:他放弃了在大学中的美好前程,辞职了!

1995 年 4 月,马云联合朋友,凑了 2 万元,创建"海博网络",这是中国最早的互联网公司之一。公司成立之前,马云曾找了 24 个朋友咨询,有 23 个人说不行,只有一个人说可以试试。但马云却不听"逆耳忠言",坚决行动了。对他的这个举动,朋友们大呼"傻到家了"!

1997 年,在业界已小有名气的马云,接受了国家外经贸部的邀请,带着自己的队伍开赴北京,先后为外经贸部建立了外经贸部官方网站、网上中国商品交易市场、中国招商等一系列国家级站点。在外经贸部的经历,使马云的认识层次又有了一次飞越。在此之前,他只不过是杭州的一个小商人;在此之后,他有了开创大事业的雄心和视野。

1999 年初,马云回到杭州,投入 50 万元人民币创建阿里巴巴网站,让自己的人生进入了新的历程。马云给阿里巴巴网站的定位是:"面向中小企业，做数不清的中小企业的解救者。"对这个决定，许多朋友认为是"疯子的想法"。根据著名的"15%，85%定律"，15%的大客户可以为企业带来85%的赢利，当时著名的亚马逊网站，便主要是为15%的大企业服务。而马云，则选择了85%的小企业。

马云的"疯子设想"却获得了众多风险投资商的认可。他们称阿里巴巴的这种B2B模式，是继雅虎门户网站模式、亚马逊B2C模式和eBay的C2C模式之后，世界互联网的第四种模式。阿里巴巴网站建立仅一个月，便有30多家风险投资商要投资阿里巴巴。经过选择，马云接受了以高盛为首的投资集团500万美元的投资。这笔钱一到账，马云便开始从香港和美国大量引进人才。马云知道，阿里巴巴网站必须是全球性的，因为亚洲的中小企业是卖方，欧美大企业是买方，如果只立足于国内或亚洲，阿里巴巴就变成了没有买家的卖家，单方生意是做不成的。因此，阿里巴巴必须迅速覆盖全球，成为全球性网站。要实现这样的目标，没有海外人才是不行的。引进人才计划完成后，阿里巴巴的高管团队中，除了马云全都来自海外。

1999年底的一天，马云被安排与曾被称为日本首富的软银老总孙正义见面。面对一大屋子人，马云先用6分钟时间陈述了阿里巴巴的目标和理念，他正要继续讲下去，孙正义却走过来说"我已决定投资你的公司"，并决定亲自与马云谈判。

软银每年会收到超过700家公司的投资申请，但只选择其中的70家公司进行投资，而孙正义只会与其中一家最有潜力的公司亲自谈判。这次，孙正义选择了马云。谈判的结果，孙正义决定投资3 500万美元给阿里巴巴，他的理由是："我坚信，一切的成功都是缘于一个梦想和毫无根据的自信……"

马云的故事现在为大家所称道，看完这个故事以后，我们来思考这样几个问题：

- 马云是如何做出决策的？
- 在马云还是一个高校教师的时候，他想到阿里巴巴的成功了吗？
- 马云一开始创办阿里巴巴的时候他想到会取得今天的成功吗？其他人想到了这种商业模式会有这样的成功吗？
- 孙正义是怎么做出决策的？为什么"一切的成功都是缘于一个梦想和毫无根据的自信……"？
- 看了马云的故事后，你对马云做出这样的决策是否感到意外？为什么？
- 人们做出行动和决策的依据是什么？为什么同样一件事情，有人认为可以成功，有人认为不可以？

很多经营决策面临着同样管理情景，不同的管理者有不同的观点，表现出不同的行为，导致不同的经营结果。为什么会有这样的现象？管理者分析管理情景、发现解决方案、采取行动的过程有什么共同规律？在本章节中，我们主要讨论管理者的知觉与决策问题。

第一节　知觉的基本概念

创建"海博网络"的时候，为什么马云问了24个朋友，23个朋友不同意，只有一个人勉强认为可以试一试，而马云还是坚定地看好这个公司呢？在一个经营情景面前，我们很难看到所有的管理者都有一致的意见，而是各执己见，每个人有各自不同的看法。尽管现实世界是客观存在的，但是由于每个人的出发点不一样、观点不一样，所以知觉到的内容也各不相同。我们来看一看什么是知觉？

知觉(perception)：个体为了对自己所在的环境赋予意义而解释感觉印象的过程，知觉是个体选择、组织和解释感觉到的刺激的过程。

尽管客观世界是一致的，但是我们每个人对复杂世界中的各种事物关注程度不一样，每个人的能力、知识背景也不一样，我们得到的理解也是不一样的。所谓知觉，有这样几个方面的特点：

首先是管理者的知觉和管理现实之间并不一定完全一致。在同一时间内，有许多事物同时作用于人的感官，人不可能对所有事物都做出反应，只能对其中的某些事物有清晰的知觉，而忽略了管理情景中的绝大部分的其他信息。管理者对同一情景中的信息是有选择的感知的。

其次，管理者对感知到的信息要有效的组织才能够形成知觉印象。通过感官接受的信息，需要有效地加以组织，才能被认知，必须借助于人们头脑中在过去经验基础上形成的认知框架，也就是在原有的知识基础上形成知觉印象。就如面对股市的K线图,一个投资分析师可以看到买卖的信号,这是由于这些散乱的图形信息在没有这方面专业知识的决策者眼中也许没有什么价值,而依赖于分析师头脑中原有的知识,可以对这些信息进行有效组织,形成判断。

最后,管理者的行为是以这些经过组织的知觉印象为基础的,而不是以原有的客观事实本身为基础。比如裁判的判罚,我们可以看看下面的一个例子,裁判的裁决是基于自身对当时情景的知觉,而不是过程本身。

例　子

第一名裁判

"对于一些球和一些队员之间的碰撞,我是按他们是什么样而判决的。"

第二名裁判

"对于一些球和一些队员之间的碰撞,我是按'我所看到的情况而判决的'。"

第三名裁判

"对于一些球和一些队员之间的碰撞,如果我不判决,他们就没什么事。"

资料来源:S. Robbins,《组织行为学》,北京:中国人民大学出版社,1997年版。

众所周知,无论是足球,篮球,或其他球类比赛,裁判总在比赛过程中扮演着十分重要的角色,而其关键判罚,更是会关系到两队的胜负。著名的马拉多纳的"上帝之手"是一个很典型的例子。

1998年的法国世界杯,阿根廷球员西蒙尼的痛苦表演最终骗得裁判给当时英格兰天之骄子贝克汉姆一张红牌,加深了英阿的球场世仇。

裁判的判罚是否真的公正呢?正如上面的例子中所述,裁判也仅仅是根据自己的知觉做出判断,并不能保证绝对的正确,甚是不同裁判对同一行为的判罚都会大相径庭。

第二节　影响知觉的因素

情人节的校园里,男生给女生送花是一道独特的风景,而在这其中有着许多有趣的情景:有些女生会很开心地收下玫瑰花,有些女生却更喜欢去餐厅庆祝，她们认为花无法带来实惠；也许某个女生喜欢百合花，那么你送她玫瑰就无法使她开心；同样是送花，在美丽的西子湖畔和喧闹的食堂所获的效果会完全不一样。同样一件事情，为什么会有这么多不同的知觉结果呢？其实，很多因素会影响知觉，甚至有时导致知觉错误。研究者综合归纳了这些因素，分为知觉者因素、知觉对象因素和情境因素，如图 3-1 所示。

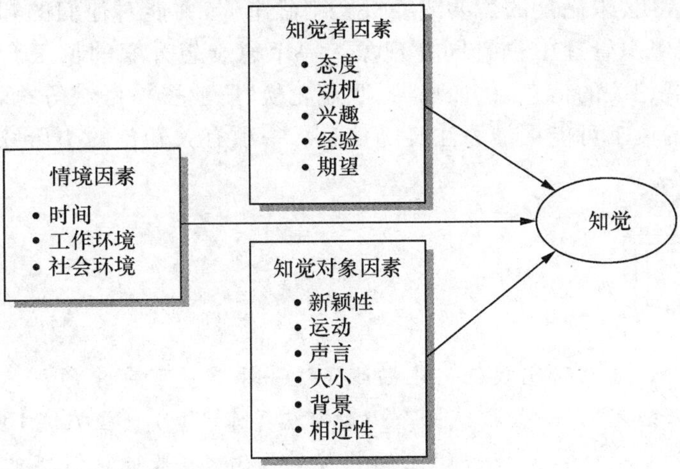

图 3-1 影响知觉的因素

知觉者因素

现在的手机款式越来越丰富了，人们使用相同手机款式的可能性大大降低。但你可曾有如下体验：自己购买一款新式手机后，会突然发现身边有很多人也使用相同款式的手机。这不是购买同样一款手机的人的数目忽然间增加了，而是由于你的购买行为影响了你的知觉，因而使你更有可能注意到它们。这正说明了与知觉者有关的因素会影响知觉的结果。

当人们看到一个事物并试图对它形成印象的时候，个体本身所具有的知识、经验等多方面的因素会影响知觉结果。根据研究者的研究结论，最显著的知觉者因素有态度、动机、兴趣、经验和期望等。

态度

张三喜欢晨练，他认为晨练能够锻炼身体并让人保持良好的作息习惯，是一件一举多得的事情；然而李四却并不热衷于此，他更喜欢在早晨睡懒觉。当学校要求住校生必须进行晨练时，两人会对这同一政策产生截然不同的反应:张三认为学校的政策很好,举双手赞成;李四则认为这个政策非常不合理,是对自己的一种折磨。两个人遇到的是相同的事情,但他们的解释和知觉结果却不相同,这是因为他们对晨练所持的态度截然不同。

动机

研究表明,未满足的需要或动机会刺激个体,并能对他们的知觉产生强烈影响,在组织管理中也有同样现象。一个急于想升职的员工会更加关注与职业发展相关的信息,比如培训、职业轮换、职业资格考试等;而一个关心现金收入的员工可能更加关注奖励信息。一项有关知觉的小研究很好地说明了这一点。

例 子

一项对饥饿的研究戏剧化地描述了这一事实。研究中的被试没有吃东西的时间长短不同,一些被试一个小时前吃了东西,另一些被试16个小时没吃任何东西。给被试呈现一组主题模糊的图片,结果被试饥饿的程度影响到他们对模糊图片的解释。相比吃完东西没多久的被试来说,16个小时没吃东西的被试把图片内容知觉为食物的频率高出很多。

资料来源:S. Robbins:《组织行为学》,北京:中国人民大学出版社,1997年版。

兴趣

同样是面对一处美丽的海滩,画家会认为它是写生的绝佳场所,而企业家则会盘算着如何将它开发成旅游胜地。同样,每当四年一度的足球世界杯到来时,无论男生和女生都会欢欣鼓舞,但原因却很不一样,男生为能看到优雅而秀丽的脚法和水银泻地的流畅配合而心潮澎湃,女生则能为看到帅气的球星而激动。这些例子表明我们注意的中心受到自己兴趣的影响。个体之间的兴趣差异很大,因而即使在同一情境中一个人所注意到的东西会与另一个人非常不同。

经验

过去的经验也同样限制人们的注意力。你所感知的那些事情是与你有关的事。然而,在很多情况下,一个人的过去经验也会减弱其对客体的兴趣。过去从未经历过的事件或物体显然会更吸引我们的注意。当你初次走在欧洲大街上,可能会更注意自己在国内从未见过的行为艺术者,更加关注类似教堂的中世纪建筑,而不是司空见惯的公交车。同样,对于满街跑的汽车,你也有可能更加关注奇形怪状的仿古老爷车,而不是在平时已经很多见的大众汽车。

期望

个人的期望也能使知觉失真,它使你所看到的是你所期望看到的。比如现在很多单位在招聘大学生的时候,事先就抱着"大学生都想事情太理想化"的成见,所以不管校园应聘者是否有很强的实践能力,人力资源部门的人都会认为结果确实如自己所预计的那样。原本固有期望使得人们对有些线索视而不见,而对有些线索非常敏感。

知觉者对象因素

在课堂上,积极发言的学生比安静听课的学生更容易得到老师注意。这是为何呢？事实是:知觉者对象的特点也能影响知觉内容。新奇、运动、声音、大小、背景、相近性以及知觉对象的其他因素都能影响我们的知觉。

举个例子,我们所看到的内容取决于我们如何将图形从背景中分离出来。比如,在你阅读这个句子时看到的内容是白色纸张上的黑色文字,而不是黑色背景下一些形状怪异的白色补丁块,因为你认出了这些白色背景下的黑色形状,并把它们组织起来。

图 3-2 戏剧化了这一效果,上面画面第一眼看起来像个白色花瓶,但是如果把白色作为背景,则会看到两个人的侧面轮廓。下面画面是一组图形,初看时可能认为是在白色背景下的一些黑色模块,但以黑色为背景进一步观察时,看到的是"FLY"这个单词。

我们容易把相互之间联系密切的物体放在一起知觉,而不是孤立地分别知觉它们。例如,由于时间和空间的相近性,我们常常把那些原本不相关的物体或事件联系在一起。假设在午休期间,你留在教室里的电子词典丢失了,而恰巧那个时候只有王五一个人留在教室里,你就很容易认为电子词典丢失事件和王五有一定的联系,虽然事实上他们之间可能是完全无关的。

时间上的顺序也有重要影响。比如,谈到历史上著名的开元盛世,人们很容易将功绩归于当时在位的唐玄宗治世有方。殊不知,唐明皇之所以能取得如此出色的成绩,很大一部分原因是他那被世人冠以"篡唐"罪名的外

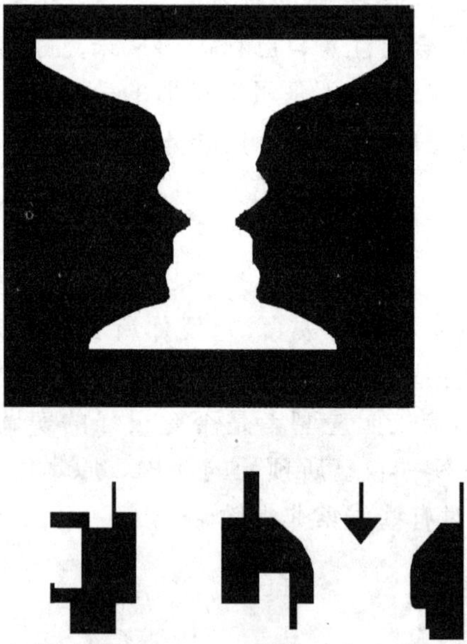

图 3-2 知觉对象图片

祖母武则天之前给他打下了坚实的经济基础,可武则天虽然在文治武功上取得了空前成绩,但她的功劳却因为她不是“李唐”传人和是一位女性皇帝,而受到历史学家和历代儒学大家的质疑。

情景因素

毕业生在求职时,穿着正装去各个写字楼里面试,并不会让人觉得很突兀。然而,如果他参加野外聚会的时候,穿着正装就会显得很突兀,很容易引起周围人的注意。这就是情境影响了你的知觉。除此之外其他情境因素还有工作环境、社会环境等。

前三洋董事长井植薰在出国前到美国领事馆签证的小插曲就体现了社会环境因素所引起的知觉结果变化。他当时所处的情景、对方的外表表现、领事馆的情景,都使得井植薰对知觉对象有了一种强烈的预期,因而导致他对签证官说的是什么反而没有关注。

案　例

关上你的心扉,世界将会一片空白

“我这个人只念过几年小学,虽然当学徒的时候也曾读过几年夜校,但对英语却是一窍不通。曾经有人笑话我,说我连个‘A’字也不认识。要想认识这么个‘A’字倒并不很难,难是难在对我这个至今一口大阪口音的人来说,语言确实好像是一块绝缘体。所以,像我这样的人出国,难免会遭受‘三重痛苦’:不会说,不能读外加听不懂。五官之中唯能不出偏差的,只有鼻子嗅得的味道不会错。初次去美国,我只得带上几位精通英语的同仁去充当我的眼睛、耳朵和嘴巴。记得那年与我同行的是两位理学博士和现任美国三洋公司社长的竹本吉美。他们三人陪着我,就像带着一件活动行李,一切事务都得由他们去对付。临出发前,这三位‘行李搬运工’对我说,恐怕有一个地方非得我自己去听,自己去说不可,那就是神户的美国领事馆。‘你要去签证,领事就会问你一些话。但你不必害怕,等他的话中有停顿,你就回答‘YES’,反正不要说‘NO’就行了。’听了他们的话,临去领事馆前,我足足念了好几十遍‘YES’,自己感到这‘YES’讲得还十分地道。”

“到了领事馆,我认为将要听我讲几声‘YES’的人一定是个男人。谁知接待我的偏偏是个金发碧眼的美女。这可让我感到心里有些发慌。大家都是男人,我厚着脸皮还敢去糊弄一番。面对这位漂亮的异国女性,我怎么开口才好呢?”

“这位美妇人一见到我,就叽里咕噜地说了起来。我只得傻愣愣地望着她,盼着她快点停下来,然后礼貌地插上一个‘YES’。但是,她好像根本不想停,一口气说个没完。好不容易,我等来了一个大喘气,便连忙勇敢地说了声‘YES’。谁知,她一听我说‘YES’,却扑哧一声优雅地笑了起来。”

“‘井植先生,到了这里,你好像连日本话也听不懂啦。’”

“啊,原来这位美妇人压根就没有同我讲英语。她说的是日本话。听上去语音还很亲切。但我当时紧张过了头,只知寻找她讲话的停顿,却忘了去听她到底在讲什么。这种令人捧腹的笑话,后来倒让我总结出一条宝贵的经验:‘关上你的心扉,世界就会变成一片空白’。”

资料来源:井植熏著,陈浩然译:《我和三洋》,上海:上海人民出版社,1996年版。

第三节 知觉偏差

半个世纪以来,研究者一直在研究大脑做决策时的运作方式。无论是实验室研究还是实地研究都揭示出,人们在做出复杂的决策时会不自觉地采用例行程序。这些例行程序,也就是所谓的“经验法则”,在大多数情况下都能够很好地满足我们的需要,也正是这些“经验法则”,使得决策者的信息加工负荷大大降低,能够更有效地处理现实世界中复杂的信息。

西蒙将这种能够提供捷径的非正式的经验法则定义为启发式(heuristics),启发式可以帮助人们用很少的时间和努力达到令人满意的结果,甚至很接近标准决策模型确定的最优方案。但是,在某些情况下,启发式的使用可能会导致一些可预测的系统性偏差。本节主要讨论经验法则所引起的知觉偏差的特点。

选择性知觉

知觉的重要特征是具有选择性。我们并不是不加区别地接受所有眼前的事物,而是受到动机和认知等造成的预期的影响,只集中于环境中的某些方面,忽略其他方面。由于人们处在非常复杂的世界中,周围有过多的刺激,选择性知觉可以使个体用有限的资源去关注那些对自己重要的信息。这可以解释我们前面提到的现象:为什么你更可能注意到与自己相同的手机。任何人、物、事件的突出特点都会提高人们对它知觉的可能性。但是,选择性知觉也可能造成我们的知觉偏差。

选择性知觉(selective perception):当人们面临着复杂情境时,并不能够对知觉对象的每一个特征都有所知觉,而是根据自身知识、经验等,有选择的提取相关特征,形成判断。

案　例

戴尔本和西蒙的经典研究

戴尔本(Dearborn)和西蒙(Simon)曾进行过一项知觉研究,他们的假设是:一个人会选择性地注意刺激的某一部分,而忽略与主体目标和动机无关的其余部分,选择性注意是过去某些特定经历的习得反应。

实验

这个研究的实验对象是23位企业管理人员,他们都受雇于一个大型制造企业,而且参加了一个公司资助的管理人员培训计划。他们都被要求阅读商学院商业政策课程中广泛使用的一个标准案例。这个案例描述了第二次世界大战末期,一家专门从事无缝钢管生产的中型钢铁公司——Castengo钢铁公司的组织和各种活动。这个案例丰富地描述了该公司和钢铁行业的状态和历史(直到1945年),但基本没有做出什么评价。刻意这样做是为了让读者充分掌握具体事实,尽可能地把任务留给读者自己完成。

管理人员在课堂上参与案例讨论之前,教员要求他们就Castengo钢铁所面临的最重要的问题,也就是公司新总裁上任时首先要处理的问题简单地发表了自己的看法。教员要求他们假设自己是公司的高级经理。

这些管理人员的职位比较平均,大致来自公司的三个层次。他们所处的职位属于通常所谓的"中层管理者",也就是大工厂的部门主管,负责公司10组产品中1组产品的产品经理、大工厂的驻厂代表等。23名企业管理人员中有6人掌管销售工作,5人掌管生产工作,4人掌管会计工作,8人掌管其他方面的工作。

数据

研究中所用的数据如表3-1所示:

表3-1　各部门对最重要问题的判断

部门	管理人员总人数	提到的人数		
		销售	组织整顿	人际关系
销售	6	5	1	0
生产	5	1	4	0
会计	4	3	0	0
其他	8	1	3	3
总计	23	10	8	3

提到销售是最重要问题的销售管理人员的比例（83%）和其他管理人员的比例（29%），经统计检验显示有显著差异。而且，提到销售的5个非销售管理人员有3个隶属会计部门，这5个人的职责包括对产品盈利性进行分析。事实上，这种会计活动在讨论时相当受公司的重视，而会计主管和销售部门的产品经理之间保持着频繁而又密切的接触。如果把销售管理人员和会计管理人员结合在一起，那么10个人中有8个人认为销售问题最重要，而其他13个管理人员中，只有2个有这种看法。

提到组织问题（而不是营销组织）的，在5个生产管理人员中有4人，另外还有研发部2人，工厂医务管理人员和销售管理人员各1人，但没有会计主管。提到组织问题最重要的生产管理人员的比例（80%）和其他管理人员的比例（22%），经统计检验显示也有显著差异。对Castengo钢铁公司案例考察表明，该案例探讨的与生产有关的主要议题是工厂经理、冶金技术主管和公司总裁之间关系不明确的问题。

结论

在环境中参与者所感知的方面与他所承担的活动和目标有着明显的联系。群体对组织活动的知觉会有选择性地与他们所代表的利益保持一致。换句话说，当刺激模棱两可时（如前面的钢厂案例），知觉倾向于更多受到个体解释基础（即态度、兴趣和背景）的影响，而不是刺激本身的影响。

资料来源：赫伯特·A.西蒙：《管理行为》，北京：机械工业出版社，2004年版。

晕轮效应

晕轮效应（halo effect）：当个体做出判断时，会被感知对象的某一种突出特征左右，如智力、社会活动力或外貌等，而形成一个总体印象。

人们经常认为，聪明的人会努力工作，蠢笨的人比较懒惰；学生在评价他们的老师时，常常分离出老师某种具体的特征（如热情），并使他们的整体评价受到对这一单独特质的知觉的影响。比如，对一名教师的评价可能是安静、认真、知识丰富、水平很高，但如果他不够热情，则他其他的特点也不会得到很高的评价；对名人的评价也往往会如此，比如德国著名的歌剧作家瓦格纳，他在歌剧创作方面取得了极高的成就，集欧洲歌剧之大成，因此人们在评价他的时候，很容易将他与德艺双馨的艺术巨匠联系起来。殊不知，瓦格纳个人的人品非常不入流，在事业发展道路上不择手段，无所不用。

上述例子都是晕轮效应在生活中的体现。总之，当个体建立了对某种知觉对象某方面的正面印象时，就倾向于认为该人的所有方面都是好的。类似的，当形成对某人某方面的负面印象时，就倾向于认为该人的所有方面都是不好的。

晕轮效应的产生往往是由于在掌握有关知觉对象信息很少的情况下做出的总体判断结果，这也是在日常生活和工作中常见的社会心理现象。了解和研究晕轮效应，有助于克服自己看待别人时的偏见，也有助于了解其他人产生这种偏见的根源。

例　子

《三国演义》中曾与诸葛亮齐名的庞统去拜见孙权，“权见其人浓眉掀鼻，黑面短髯、形容古怪，心中不喜”；庞统又见刘备，“玄德见统貌陋，心中不悦”。孙权和刘备都认为庞统这样面貌丑陋之人不会有什么才能，因而产生不悦情绪。

而事实上，正是由于面貌丑陋这一特点，使得刘备、孙权等人对庞统的才干的认识产生偏差，突出的缺点使得其他方面的特点都没有为大家所看到。

对比效应

对比效应（contrast effect）通常发生在对具有可比性的一个系列知觉对象的评价中。一个典型的例子是在进行人员选拔的时候对一组应试者之间的比较。在进行面试的时候，由于面试是一个个应聘者排队进行的，如果排在该候选人之前的是个平庸的申请者，则可能会有利于对他的评估；如果排在他之前的是个极出色的申请者，则可能不利于对他的评估，不同人之间的反差会表现得非常明显。这对考官最后的选拔录用决策也会表现出强烈的影响。

对比效应(contrast effects):一组知觉对象在某个方面特征上如果有非常明显的差异,那么人们对这些方面的评价容易受到相近对象特征的相互影响。

例 子

批评中的对比效应

“叮铃铃……”班会课的铃声划破了校园的静谧。严某等五位同学迟到一节课后,摆弄着刚理好的平头,汗涔涔的直奔教室。“报告!”五位同学异口同声,一字排开,神态各异。看着这五个全校挂得上号的调皮学生,已经窝着一肚子气的班主任怒火中烧,但又立即想到,上午才讲不许留长发的事,现在便是齐刷刷的短发。短发显得干练、富有青春气息。班主任说了一声“进来!”五个学生十分腼腆的溜上座位,其他同学都安静地注视着班主任,等待着一阵雷鸣电闪、瓢泼大雨。班主任环视了一下教室,脱口问道:“今天班上有什么变化没有?”这一问把同学们搞懵了,顿时窃窃私语,紧张的气氛轻松了许多。“你们看,五位同学对照《中学生日常行为规范》第一项第三条,自觉剪掉了满头长发,多精神!这才是我们青年学生的气派!”班主任话音刚落,全班一阵喝彩。“不过,他们因理发而迟到,耽误了上课,影响了学习,岂不是顾此失彼,当严肃批评。”五位同学羞愧地点点头,其他同学也心悦诚服地笑了。

这就是对比效应的作用。批评是一门艺术,它通过巧妙的方法指出他人的缺点错误,以达到教育的目的。在批评过程中,根据他人他事前后相异的客观现象,运用对比的方法烘托出批评内容,使被批评者感受到某种压力,认识到自己的不对之处,如同把鲜艳和模糊的颜色并列,鲜艳的颜色更鲜艳,模糊的颜色更模糊一样,这就是批评中的对比效应。这一心理学原理用来批评教育学生,具有突出的功效。事实上,一位平素声色俱厉,举止严肃的教师,批评时偶尔几句倾注爱心、温和舒心的话,常会让学生终生难忘。正如泰戈尔在《飞鸟集》中所说:“不是锤的打击,乃是水的载歌载舞,使鹅卵臻于完善。”似水柔情力胜千钧,批评的语言力量不在于声色俱厉之中,而在于深邃的道理与丰富的感情紧密结合，在于用温和的批评之犁去耕耘学生的情感之田。同样，一向宽厚仁慈的教师，一旦勃然大怒，大发雷霆，无疑有“猛击两棍”之效，会使学生受到心灵的震撼，留下深刻的印象。

资料来源：“百度知道”。

投射

一般情况下，我们假定别人与我们相似，这样就很容易判断别人。比如，如果你希望自己的工作富有挑战性并能够自己负责，就可能会假定别人也同样希望如此。或者，如果你是个诚实而可信的人，你可能会想当然地认为别人也同样是诚实可信的。

投射（projection）：用自身的想法、经验、态度去推测他人在面临问题时的想法和态度，从而把自身特点加于别人的行为之上。

投射使人们倾向于按照自己是什么样的来知觉他人，而不是按照被观察人的真实情况进行知觉。当观察者与观察对象十分相像时，观察者会很准确，但这并不是因为他们的知觉准确，而是因为他们常常认为别人与自己相似。同时，投射也会把与知觉对象并不符合的特点强加于知觉对象身上，造成知觉的偏差。

但是同时，投射也会被用于观察被观察者内心的深层动机。投射测验是典型的使用投射原理观察动机、兴趣的方法。

例　子

“我是……”测验

“我是……”测验是一个典型的投射测验。测评的过程是这样的：首先要求被测者在事先没有准备的情况下，在 10 分钟以内写出 20 个以“我是……”开头的句子，用以描述自身的一些行为和特点。然后主试者用事先设计好的编码系统对这些句子中反应“个体——集体”导向的内容进行编码，通过对20个句子的统一编码计分，反应被测对象在“个体——集体”导向特征上的特点。

刻板印象

刻板印象是人们对某个特定群体的共同特征持有的固定观点。刻板印象存在形式通常是：“来自X群体的人拥有Y属性。”例如，认为戴眼镜的人勤奋、害羞、不活跃，老年人不能学习新知识，女职员不善于坚持自己的观点等。刻板印象意味着由于认定了特定群体的所有成员具有类似特征和行为，因此根据某个人属于某个群体成员的身份，推断这个人的特点。

刻板印象（stereotyping）：根据某人所在的群体特征来评价一个人的特点。

刻板印象多数情况下都是负面的。刻板印象常常也有一些依据，并且也有一定的益处。这种手段简化了复杂世界并承认人们之间保持着一致性。使用刻板印象相对来说可能比较容易处理不计其数的刺激。研究表明，人们在思考他人时，倾向于尽量降低所需要的认知努力程度。把某个人归于一群体，假定这一群体的人有类似的特点和行为，据此认为这个人具有群体已知的特点，可以节省详细了解这个人所需要的时间和精力。比如，现在很多企业招聘管理层员工会很关注应聘者的简历中是否有社团组织经验，因为根据其以往经验，有社团经历的人将来的职业发展会表现得比较出色。又如全球顶尖的咨询公司每年招聘都会将重点放在全国最著名的顶级名校，这是因为之前来自那些院校的学生在公司里都表现得非常出色。

显然，刻板印象的问题之一是它们十分普遍，尽管事实上它们可能毫无真实性或完全不相关。这种普遍性仅仅意味着人们在对一个群体虚假的前提基础上，形成了共同的不正确的知觉。在组织中，我们也常常听到一些言语反映了以性别、年龄、种族，甚至是体重为基础的刻板印象，如“女性不会为了晋升而调动工作”，“男性对照顾孩子不感兴趣”，“老年人无法学会新技能”。从知觉角度上看，如果人们期望见到这些刻板印象，那么他们就会知觉到，无论这种刻板印象是否准确。

例　子

你的印象里，一个刑警应该是什么样子呢？他是否应该是精干、严肃、一脸正气、不怒自威？如果一个刑警是一位时尚而漂亮的年轻女性，或是看似作风散漫的青年人，或者行动缓慢的老人，你是否会很吃惊呢？

在德国柏林的地铁检票管理中就有一个有趣的现象：在那里抽查车票的并不是一身职业装的地铁管理人员，而是一些着装十分嘻哈的年轻人。他们从人群中走来，你根本无法想象他们要抽查你的车票。所以往往令初到柏林的人感到诧异。

如果你的上司是个年轻漂亮的女性，你可能会自然而然地觉得她很容易对付，但也许她可能是少有的严厉。

去医院就医，你肯定希望为你诊断的是一位年长稳重的医生。对于年轻的医生，你一定担心他是否是实习生，是否有足够的经验。如果你碰到女外科医生给你做手术你一定非常担心。因为你认为，女性不适合外科手术，所以你担心她的医术。其实恰恰相反，正是因为女性很少成为外科手术医生，因而能成为外科手术医生的女性一定是非常出色的人。

自我实现预言

信念会影响感觉和行动，并最终变成现实。罗伯特·默顿（Robert Merton）将其定义为自我实现预言。默顿指出，如果人们相信银行即将倒闭，纷纷排队去提款，它们的错误信念最终会导致事实；同样，如果人们相信股票将上涨，他们的信念和由此导致的行为可能会造成股票真的上涨。

自我实现预言（self-fulfilling prophecy）：或称皮格马利翁效应、罗森塔尔效应，用于表示人们的预期会影响他们在现实生活中的行动，进而影响实际的行为结果。

在组织中，管理者对个体的预期既影响管理者本人的行为，又影响预期对象的反应。当管理者认为某个雇员有升职潜力时，就很可能花很多时间指导他，给他提供更多的挑战任务，从而培养这一个体走向成功。由于对个体的高预期可以变成现实，管理者可以利用皮格马利翁效应来提高组织生产力。研究表明，当一名经理对一个群体持有高期望时，整个群体都会表现得更好。

例　子

军官选拔中的自我实现预言

有关自我实现预言的一个有趣的描述：

以色列国防部队对105名学习了15周作战指挥课程的士兵进行的研究。研究者告诉这一课程的4名教官，前来培训的学员中有1/3是很有潜力的，1/3是潜力一般的，其余人的潜力是个未知数。

事实上，培训学员由研究者随机分成3类。这一结果证实了自我实现预言的存在。那些被称为很有潜力的培训学员在客观性测验中成绩明显高于其他学员，并表现出更为积极的态度，对他们的领导者也更为尊重，这些假设的潜力较大的培训学员之所以得到了更好的结果，是因为教官期望他们如此。

知　识

皮格马利翁效应

皮格马利翁效应概述

皮格马利翁效应（Pygmalion effect）由美国著名心理学家罗森塔尔和雅格布森在小学教学上予以验证提出。亦称“罗森塔尔效应（Robert Rosenthal effect）”或“期待效应”。

远古时候，塞浦路斯王子皮格马利翁喜爱雕塑。一天，他成功地塑造了一个美女的形象，爱不释手，每天以深情的眼光观赏不止。看着看着，美女竟活了。

1968年，两位美国心理学家来到一所小学，他们从一至六年级中各选3个班，在学生中进行了一次煞有介事的“发展测验”。然后，他们以赞美的口吻将有优异发展可能的学生名单通知有关老师。8个月后，他们又来到这所学校进行复试，结果名单上的学生成绩有了显著进步，而且情感、性格更为开朗，求知欲望强，敢于发表意见，与教师关系也特别融洽。

实际上，这是心理学家进行的一次期望心理实验。他们提供的名单纯粹是随便抽取的。他们通过"权威性的谎言"暗示教师，坚定教师对名单上学生的信心。虽然教师始终把这些名单藏在内心深处，但掩饰不住的热情仍然通过眼神、笑容、音调滋润着这些学生的心田，他们实际上扮演了皮格马利翁的角色。学生潜移默化地受到影响，因此变得更加自信，奋发向上的激情在他们的血管中荡漾，于是他们在行动上就不知不觉地更加努力学习，结果就有了飞速的进步。这个令人赞叹不已的实验，后来被誉为"皮格马利翁效应"或"期待效应"或"罗森塔尔效应"。

于是，皮格马利翁效应也被总结为："说你行，你就行，不行也行；说你不行，你就不行，行也不行。"

资料来源："百度知道"。

第四节　组织中的印象管理

管理者的知觉存在着各种偏差，这些偏差给运用各种手段操纵管理者的印象留下了足够的空间，所以组织中会有各种操纵管理者印象的行为现象，我们称之为印象管理。

印象管理(impression management)：大多数人都想给别人留下良好印象。通过各种方式，控制别人如何看待自己，尽最大努力按照别人的期望表现自己，这种行为被称为印象管理。

个体的印象管理

通常个体非常注意自己在他人心目中留下的印象，特别当他人很重要的时候。对于某些人来说，有意地向外界展示良好印象已经成为生活方式的一部分。这些人不断监控自己的行动，注意他人的反应，调整自己的行为以达到满意效果。这类人自我监控的程度比较高，始终在按照外界的期望和要求规范自己的言行。

什么是中国人所说的“做人”？衡量一个人会不会“做人”的标准是什么？

值得注意的是，一些员工可能会进行消极的印象管理。建立消极印象的方法包括降低业绩、不尽最大努力工作、躲避工作、表现恶劣态度以及宣传自己的弱点等。有时是为了躲避额外的工作或某项特定的任务，也可能是为了被解雇或者吸引别人注意。

例　子

一项研究对找工作的大学生和负责招聘的公司代表之间的谈话进行了录音。大学生的陈述被编码归类，分析他们使用的印象管理技术，结果发现了几种常用的策略及其使用频率，如表3-2所示。

表3-2　印象管理的例子

印象管理	例子	使用频率
自我提升	以适合当前情境的正面方式描述自己(例如“我工作很努力”)	100%
个人故事	描述使自己显得很优秀的过去事件(例如“在我过去的工作中，我会在需要的时候加班到任何时间”)	96%
观点一致	表达对方可能会持有的观点(例如同意面试官所说的话)	54%
自我标榜	声称成功的过去事件有自己的功劳(例如“销售上升中有90%是我的作用”)	50%
他人提升	在陈述中奉承、赞美或恭维对方(例如“我对你们公司近来的业绩增长印象深刻”)	46%
夸大	夸大某一积极事件(例如“我们的部门不仅有所改善，而且是整个公司中最好的一个部门”)	42%
解决障碍	描述面临可能降低成绩的障碍时，如何成功地加以解决(例如“尽管我做了两份兼职工作，我还是获得了平均3.8的绩点”)	33%
辩解	承认个人的不良业绩，但否定其负面含义(例如“我们的团队获胜的次数不是很多，但重要的是我参与了”)	17%
借口	拒绝为个人行动负责(例如“我没有完成申请表是因为就业中心的表已经发完了”)	13%

组织的印象管理

不仅个体需要培养他人对自己的良好印象,组织也需要培养良好的公司形象。组织给人们留下的印象很大程度上影响这些个体与组织的关系。企业有各种外部的关系需要处理,比如与投资者的关系、与媒体的关系、与所在地区政府与公益组织的关系。在处理与这些组织的相互联系的时候,我们可以看到印象管理的手段被普遍使用着。

印象管理不仅被运用于对董事会的印象操作,更有甚者,上市公司运用印象管理的手法,操纵公司的公众印象,引发投资者对股价的高估,获取不当利润,在不规范的市场上获取不正当收入。这是印象管理的典型案例,也就是我们通常意义上所谓的"包装"与"炒作"。

案　例

概念股——资本市场印象管理的杰作

概念股是指具有某种特别内涵的股票,而这一内涵通常会被当作一种选股和炒作题材,成为股市的热点。其有具体的名称、事物、题材等,例如金融股、地产股、资产重组股、券商股、奥运题材股、保险股、期货概念等都称之为概念股。简单来说概念股就是对股票所在的行业经营业绩增长的提前炒作。

(1) 概念股是依靠某一种题材比如资产重组概念、三通概念等支撑价格。中国概念股就是外资因为看好中国经济成长而对所有在海外上市的中国股票的称呼。也有人称中国概念股"就是为了使人相信其谎言而编造的一切谎言"。

(2) 概念股是与业绩股相对而言的。业绩股需要有良好的业绩支撑,概念股则是依靠某一种题材支撑价格。

股市的概念,原本也是一类具有共同特征股票的总称。如奥运概念,指的就是与承办奥运有商业联系的一类公司的总称。这样的概念还有许多,如网络概念、3G 概念,WTO 概念、生物医药概念、整体上市概念、股指期货概念……但是在股市上,概念的内在含义却不仅仅是对某一股票类别的概括,其引申含义是一个市场共识。比如网络概念,在网络成为概念之前,涉及互联网的股票充其量只能称之为一个板块,是一种中性的界定,但成为概念后含义就变了。概念是一个更为积极、含义更为肯定的投资共识。概念类股票的产业背景、投资机会以及未来的前景，投资人会进行非常细致的分析研究并报以极大的信心。

股市概念具有非常强大的广告效应。一只股票自身或许没多大吸引力，可一旦它被纳入某个概念中，就会受到全体投资者的密切关注。如上海梅林(600073)这家公司早期是做罐头食品的，后来也生产了一些矿泉水之类的产品，业绩平平，产品陈旧，关注这家公司的投资者很少。1999 年该公司摇身一变成为了网络概念股，它也的确开办了个电子商务网站，主要是卖矿泉水。于是该股票立刻成了股市共同关注的焦点。

知　识

印象管理是心理学家库利、戈夫曼等人提出的，他们认为一个个体总是希望获得别人和社会的赞同，并想控制社会交往的结果，所以我们每个人都非常注意自己在他人面前和社交场合中的形象。这种形象包括语言、仪态、穿着、动作等。印象管理是一个社会的基本事实，每个人有意无意地都在进行印象管理。

无论我们认为从外表衡量人是多么肤浅和愚蠢的观念，但社会上的所有人每时每刻都在根据你的服饰、发型、手势、声调、语言等自我表达方式判断着你。当你走进一个房间，即使房间里没有人认识你或者以前见过你，但是他们仅仅凭你的外表就可以对你做出 10 个方面的判断，甚至更多：

(1) 你的经济水平；
(2) 你的文化程度；
(3) 你的可信任程度；
(4) 你的社会地位；
(5) 你的老练程度；
(6) 你家族的经济情况；
(7) 你家族的社会地位；
(8) 你的家庭教养；
(9) 你是不是成功人士；
(10) 你的品行。

无论你愿意与否，你都在留给别人一个关于你形象的印象，这个印象在工作时影响你的升迁，在商业上影响你的交易，在生活中影响你的人际关系和爱情关系，它无时无刻不在影响着你的自尊和自信，最终影响着你的幸福感。

美国著名形象设计师莫利先生曾对美国财富排名榜前300位中的100位执行总裁进行调查，97%的人认为懂得并能够展示外表魅力的人在公司中有更多的升迁机会；100%的人认为若有关于商务着装的课，他们会送子女去学习；93%的人相信在首次面试中，申请人会由于不合适的穿着而被拒绝；92%的人认为不会选用不懂穿着的人做自己的助手；100%的人认为应该有一本专门讲述职业形象的书以供职员们阅读。

英国著名的形象公司CMB对世界著名的300名金融公司的决策人调查后发现，在公司中位置越高的人越认为形象是成功的关键，因而就越注重形象的塑造和管理，并且他们也愿意雇用和提拔那些有出色的外表并能向客户展示出良好形象的人。

美国纽约州希腊求斯大学管理系曾对财富前1 000名首席执行官调查，96%的人认为形象在公司雇人方面是极为重要的，尤其是对那些要求可信度高的工作和与人打交道的工作，如市场、销售、金融、律师、会计等。

第五节　管 理 决 策

引例 2

美国在线(AOL)的利润扩张与增长

1992年，美国在线成功上市后，积极推行加速扩张的战略。该公司给数百万用户免费试用它的网络服务。为了发展客户，它还向用户赠送音乐CD、花生糖、免费租看影碟，甚至在联合航空公司的班机上提供免费用餐。在这种扩张战略的推动下，公司用户很快从1992年的155 000个增加到1996年的4 600 000个。

然而，这样的扩张速度是以牺牲利润和控制为代价的。在这段时间里，每发展一名新用户的成本高达400美元。公司决定把这笔庞大的市场营销费用当作资本投入，并分摊到12～18个月里。但是这样的会计处理方式遭到了股东大会的否决。于是美国在线取消了这一做法，并将超过收入部分的3.85亿美元予以勾销。接着，美国在线把收费标准从原来的按小时收费改为包月制，造成在线用户猛增，导致服务中断和系统瘫痪，影响了服务质量。

从1997年开始，美国在线重新把利润作为企业的中心。由于已经在互联网介入服务领域有了一定的品牌影响，管理者大幅度减少了市场营销费用。这时发展一名新用户的成本降到90美元,而新增用户达300万用户。由于规模扩大,接入服务的成本下降了50%。美国在线开发自己的主要市场,与N2K Music、1-700-FLOWERS、Preview Travel以及CUC国际公司等在线零售商签订了巨额广告合同。如Tel-Save花100万美元成为美国在线电信服务的唯一指定供应商。到1998年,美国在线财务报告显示公司再次盈利。它们甚至开始提高用户的月租费,这清楚地表明美国在线已经不愿意为了将来的扩张而牺牲眼前的利润。

资料来源:马克·古思,"互联网里故事多",《财富》,1998.3。

我们思考一下如下一些问题:

- 美国在线经历了哪些主要的经营阶段?
- 在第一个阶段,公司的主要目标是什么?相应的行动和绩效管理规范是什么?
- 在第二个阶段,公司的主要目标是什么?相应的行动和绩效管理规范是什么?
- 考虑以上几个问题后,我们思考什么是经营决策?它有什么样的特点?

在我们分析决策问题情景的时候,我们可以看到管理者面临的问题有这样一些特点:首先,任何一个经营决策都是有目标的,在总体经营决策目标框架下,才会有具体的管理与考核措施。第一个阶段以扩展用户数量为主要目标,所以会通过营销手段,通过每户400美元的营销费用,扩展新用户。而到了1997年以后,利润变成了公司的核心经营目标,所以这时候就不会有那么多的营销费用。其次,任何经营决策都是权衡和取舍的过程,在发展用户数量为主要目标时,势必会牺牲利润等其他一些目标,而在以利润为中心经营政策指引下,用户数量和规模等因素就会受到影响。

我们看一看对决策的基本定义:

决策(decision-making):为实现某一目的而从若干个可行方案中选择一个满意方案的分析判断过程。

决策的定义有几个特点:

• 决策要有明确的目的。西蒙(图 3-3)认为,人们的任何有目标、有意识的行为都可以称之为“决策”,在决定做一件事情的时候就已经排除了其他的一些选项,只要人们有目标地做一件事,他就有了选择的过程。

• 决策一般有若干个可行方案的比较。当管理者面临需要做出行动的情景时,一般来说,这个情景是存在多个解决方案的,而这些解决方案有各自不同的特点,各有得失、各有所长是这些解决方案的总体特点,所以决策是在多个可行方案中选择一个方案。

• 决策要权衡各个方面的选项特征。既然存在各个方面的不同特点,权衡比较的过程就是不可缺少的,管理者在特定的情景下往往关注选项的某一个方面,而不是系统全面地评估方方面面,所以西蒙所提到启发式是在权衡各方面特征时的显著特点。

• 决策贯穿于决策者的行动过程中。事实上,没有决策者能够在一开始的时候就能够预料到事件发生过程中的方方面面。决策总是在行动的过程中不断遇到新的问题,并且在面临这些问题的时候新的可行方案不断产生,决策者要不断进行选择和权衡,采取行动,解决问题。

组织中的管理活动与决策是密切相关的:整个管理过程存在许多决策,也正是这些决策推动了组织的管理进程。管理者在整个管理决策情景中受到很多因素的影响,同时也需要面临很多难题,参与许多问题的处理。我们回想一个典型的决策过程,看看在这个决策过程中决策者面临的问题。

回忆一下你自己填报高考志愿、选择大学时的体验,你是否考虑了所有可能的备选方案?是否列出了所有的评价标准?是否根据这些标准评估了所有的备选方案,从而找到最合适的学校?多数人的回答是否,也就是说,不太可能进行完全理性的决策。同样,组织中的决策也是如此。例如,假设人力资源经理要招聘一名新的接待员,在面试了几名应聘者之后,他可能会选择面试过的人中最好的那名,并停止面试。这名经理不可能去面试所有可能的候选人,然后决定最佳人选,在找到一名足够好的人选之后,他便停止寻找。所以几个典型的经济学前提假设在组织行为事件中无法得到满足。

• 明确目标导向性。经济学假设,决策的最终目标是一个事先可以界定的明确目标,而且这个目标会一直指导决策者的行动。但事实上,管理者在不同阶段面临决策时往往会有不同的目标,而且总体目标和阶段性子目标之间的关系总在不断变化。

图 3-3 赫伯特·A. 西蒙(H. Simon)

资料来源:http://www.wikimedia.org。

• 信息的完备性。经济学假定决策者可以确定所有的有关标准,并能列出所有的可行性方案。它认为决策者有足够的能力对标准和假设进行评估,对所有的可行方案的信息进行系统掌握。但事实上,我们在填报高考志愿的时候不可能掌握全部信息,而要在缺失信息的条件下进行决策。

• 偏好是恒常的。经济学在推演最优解答的时候,假定决策标准和备选方案可以数量化,并能根据个人偏好来排序。除了目标和偏好明确之外,它假定具体的决策标准是恒定的,分配给它们的权重也是稳定的。但事实上,对于决策者而言,保持偏好的恒常性很困难。

• 最优化方案是解决结果。在经济学决策中,理性的决策者将选择评估分数最高的方案。个体决策者有明确而具体的目标;有一套完善的标准系统来确定决策中的相关因素,有一个关于标准的准确等级排列,它非常稳定,不会随时改变。我们假定决策者评估所有选项之后,将选择得分最高的一个备选方案。但是在现实的决策过程中,由于信息的不完全性,决策者并不一定自始至终追求这样的最优解答,而是在获得可以使用的方案后就不会再进一步搜寻更好的方案。

我们来看看西蒙提出的具有历史性意义的有限理性模型。

决策的有限理性模型(bounded-rationality model)

西蒙对经济学假设的第一个挑战是针对完全理性的假设。回想一下我们填报高考志愿的过程,首先我们不可能对所有的学校、专业都有所了解,这受限制于决策者的认知能力。对于有些学校、有些专业,我们不可能收集相关的信息,而对于有些可以收集到的信息,我们也会因为时间、精力或者信息收集成本的问题,而放弃对相关信息的搜索和比较。

一旦确定了某一问题,个体便开始搜寻标准和备选方案,但所列出的标准可能不够详尽彻底。决策者会确定一个有限的表,其中包括一系列显而易见的选项。大多数情况下，它们主要是一些熟悉的标准和经过验证的解决办法。一旦确定了这些有限的备选方案，决策者就开始考察它们。这种考察并不是综合全面的，也就是说，并非所有的备选方案都经过细致评估，只有某一备选方案与当前有效的选项之间差异相对较小时才考虑它。所以决策者本身的信息处理过程是不完全理性的，西蒙称之为有限理性。

有限理性（bounded rationality）：决策者的认识能力和信息加工能力是有限的，不可能掌握全部的信息并选出最佳的选项，他们只能处理一些主要的信息，忽略其他一些相关的信息。

如图 3-4 所示，在一个决策任务环境中存在着很多个备选项目，在进行决策比较的时候，决策者只是考察了他力所能及进行信息处理范围内的方案，而对其他很多可行方案并没考虑。同样在他能够处理的这些信息范围内，他也不是对所有选项都进行考查，而是选择几个他认为可能可以解决这个问题的选项，也就是说这个信息处理范围是由决策者的经验决定的。

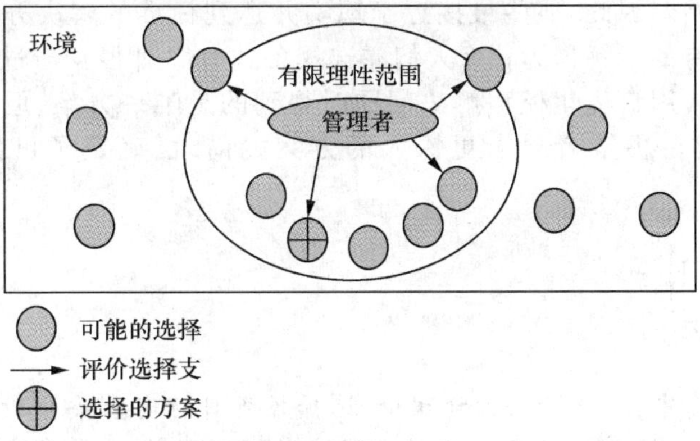

图 3-4　有限理性和满意决策

因此，决策者并不是考虑所有可能的选项，而是考虑那些可用的选项，并选择第一个满足可以接受标准的选项。这就是决策的满意标准。也就是说，决策者通常选择足够好的解决方案，而不会花费更多成本去追求最好的方案。

满意标准(satisfaction criteria):决策者在进行选择的时候并不是一直追求找到最优的解决方案,而是找到能够满足需要的方案就不会再进一步寻找。

西蒙指出:“同人类生活环境的复杂性相比,人类的思维能力非常有限。”因此人类必须愿意“找到问题的足够好的解决方法以及足够好的行动路线”。实际上,人们做决策时,往往追求的是满意(能够满足需要的方案)而不是最优(效用最大的方案)。

满意解决模型中一个非常有趣的方面是,在确定选择哪个方案时,备选方案被考虑的顺序非常重要。如果决策者使用最优化模型,则所有的备选方案按照编好的等级由高到低全部列出。由于考虑所有备选方案,因此在评估它们时最初的顺序无关紧要。每一种潜在的解决办法都会得到充分彻底的评估。但满意解决方式并不如此。假设某一个问题有不止一个解决办法,满意解决模型选择的则是决策者遇到的第一个可接受的方案。由于决策者使用的模型简单而有限,他们一般以明显的、熟悉的、距离现实不远的备选方案开始。因此,那些最接近于现实并达到标准的解决办法最有可能被选择。这有助于解释为什么人们在选择备选方案时很少与过去的决策有太大的差异。用最优化模型解决问题时得到的是唯一方案,但这种情况很少出现,因为在决策者寻求更深入的方案之前,已确定了可接受的解决方案。

例　子

证券投资中,按照价值投资理论,选择投资目标时需要分析期望收益和方差,比较后选择单位风险下能带来最高收益的证券进行投资。可谁都知道,这是个非常庞大的工程,而且需要很多的信息支持。因此很多人一般在遇到评价不错的证券时就会进行投资,不会去分析所有的证券。

著名的咨询公司麦肯锡,在给客户提供咨询方案时,会直接搜索自己的数据库,里面记录了公司之前做咨询时积累下来的模板,这样就能最高效地为客户提供一个满意的解决方案。麦肯锡的一个合伙人就曾说过:“麦肯锡不一定能给客户提供最完美的解决方案,但一定是有效并且迅速的。”

渐进型决策模型

尽管满意型决策极大地简化了整个决策过程，为决策者提供了便利，但在日常的决策实践中还广泛存在着更为灵活的决策风格。有研究者指出，很多经营决策是在来不及做任何分析的情况下做出的，也就是我们通常所说的“拍脑袋”决策。管理者面临的决策问题通常有这样一些特点：

- 高不确定性：通常管理决策问题并不存在确定的选项，有时候甚至连问题的边界也不清晰，只是当前面临着问题，需要有所行动，但是具体的方案和结果都是不明晰的；
- 不可预测的信息：问题情景的变化很快，很有可能在做出决策的一刻，做出决策的依据已经有了变化，问题的前提条件已经有了变化，也有可能在做出决策的时候，已经出现新的制约条件，这个解决方案已经不适用了；
- 可确定的事实与信息非常有限：当前可以确定的信息非常有限，只是在当时条件下做出决策的一瞬间，管理者看到了这样的解决方案，马上就采用了，而有可能很多其他信息根本就没有进入决策者的选择范围，决策者也无法去考查这些信息；
- 时间非常紧迫：管理者能够决策的时间很有限，需要马上做出决定，这是管理决策的通常特点。

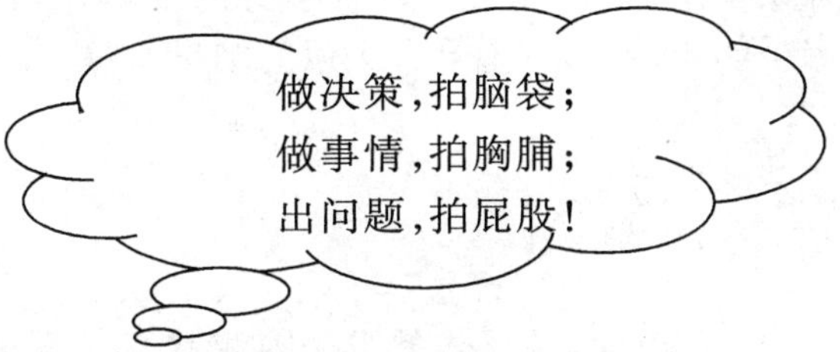

针对这样一些特点，詹姆斯·马奇（James March）（图 3-5）认为，管理者的决策模式应当用所谓的“垃圾罐模型（garbage can model）”来解释。在面临着复杂的决策问题时，管理者的决策就像一个垃圾处理器，各种信息和决策任务就像垃圾一样，源源不断地进入管理者的处理范围。在十分有限的时间内，管理者需要及时处理好这些问题，所以管理者根本来不及比较和分析这些决策方案，而是依据自身的知识经验，直觉地做出反应，把这些“垃圾”打成一个包，处理出去，形成一个垃圾罐。这个时候，新的问题又源源不断地摆在管理者面前，管理者不断打包处理，形成行动方案，而问题也源源不断。这就是典型的“垃圾罐模型”。

图 3-5　詹姆斯·马奇(James March)

资料来源:www. stanford. edu。

渐进型决策模型的另外一个特点是管理者自身的行动是探究、解决管理问题的主要方法。在"有限理性模型"中,理性与决策者自身的分析是解决管理问题的主要途径,管理者在处理决策问题的时候先用自己的分析,主导性地圈定决策的可能答案。行为结果是由分析和事先的理性决定的。但是,在渐进型决策模型中,正是由于决策者本身的不断行动,不断通过自己的探索,重新界定了问题,才创造了管理决策的结果。

例　子

假定我们有三种可能性的决策方案 D_A、D_B和 D_C。如果我们选择了 D_A,放弃了 D_B与 D_C,在执行 D_A的过程中,由于历史条件的不可逆性,即使遇到困难,出现意外,也不可能回过头来,换个方案 D_B或 D_C。实际上,这时由于决策环境的变化,以及 D_A方案的执行也改变了环境。原来意义上的 D_B与 D_C已经不复存在了。最积极的办法就是努力克服不利条件,积极创造有利条件。同时根据实际情况,改进已选定的方案 D_A,并继续执行。所以任何一个决策的最终结果都是在决策行动的相互作用过程中共同创建的结果。最优决策论只根据其中的一个方面,即决策执行之前的决策来谈论最优方案,不考虑决策执行过程在其中的作用,所以其本身就是不充分的最优论了。在这一点上,即使西蒙"有限理性"为基础的"满意决策模型"也同样不能说明人类决策过程的本质特征。

公安局的破案行为就是典型的渐进型决策风格。当案件发生时，警方手头往往只有十分有限的信息，而案件亟待侦破。所以，警方往往会根据手头的信息顺藤摸瓜，见机行事，才有可能破获案件。很多新产品的开发过程也是渐进性的。在初始创立项目的时候，开发者也许并没有能够预料到什么样的产品是成功的，在开发过程中，产品的原型会逐步地出现，进而在市场推广过程中进一步把想法具体化。这点可以从90%以上的新产品开发项目是失败的可以看出。所以，渐进型决策模型是极具实践意义的，人们的行为大多数具有这样一种探索和尝试的特点。

从有限理性模型和渐进型决策模型中，我们可以看到这样一些特点：人们在决策过程中并没有固定模式和统一精确的加工方式，而是依赖于自身所具有的知识、经验而做出直觉反应。所以人们决策的一个统一特点是采用"取巧"的方式更省力地得到解决方案，用西蒙的话来说，这是一种"启发式"，这种方式极大地降低了决策者的信息加工负荷，但同时也导致了决策偏差。

启发式(heuristics)：决策者根据自身知识经验，提取处理决策问题的部分信息，形成决策方案，采取行动的决策方式。

第六节　决策陷阱

制定决策是每一位高层管理人员最重要的工作，也是最为艰难的工作。一个错误决策会抹煞多年辛苦的工作成果。西蒙描述了人们决策的主要模式是有限理性的，很多信息会被忽略，决策者不可能全面加工信息，这种"取巧"的方式在降低决策信息加工负荷的同时也导致了决策偏差。

这些偏差的来源并不在于决策任务或者决策过程的错误，而在于人类大脑思维模式的缺陷。研究人员已经发现人们在决策时大脑思维方式中存在的一系列缺陷。其中一些缺陷，就像对清晰度的经验推断一样，是错觉。在大多数决策中，决策者在面临着这些决策陷阱时很难跳出。我们来看一下这些陷阱如何表现在一些具体的事例中。

过度负荷(over loading)

管理者的决策任务通常是超出人们信息加工能力范围的,尽管有些决策看起来是很简单的、称不上是重大决策。我们可以看一个小小的例子:

案 例

考核为什么会失败

某公司在为生产线工人制定考核标准时,花了很多精力。人力资源部制定了工作态度、工作量、工作质量、工作技能、出勤率、团队合作等 20 多项考核要项。针对要项,又分为 60 多个子要素,而且对每个要素还进行了具体的描述,以便于标准的统一。对于每个描述又赋予不同的权重。

在具体实施的过程中,主管们普遍感到标准明确、易于操作,每次与员工的沟通也由于有具体的分数作为依据而变得简单、容易。但是,令人费解的是,考核非但没有对工作产生积极影响,反而令产量、质量有些下滑!更为严重的是,这种考核方式使得员工在评价成绩上难以拉开差距,大家的结果都差不多,从而导致员工在分数上斤斤计较:"你 87 分是'良好',我 86.5 分为什么就是'一般'"。久而久之,大家开始更加不关注考核了:"你考你的,我做我的,这方面不行,另一方面找补。"

资料来源:张建国:《绩效体系设计》,北京:北京工业大学出版社,2003 年版。

思考题

- 这个考核系统为什么不能得到良好的应用?是系统设计得不够全面吗?
- 为什么主管们感觉这是一个很好的系统,但却用不好这个系统?
- 如果你是系统的设计者,你应该如何去改进这个考核系统?

著名的心理学家 Miller 在 20 世纪 50 年代发表了一篇很有影响的论文《魔数 7》。在这篇文章中他提出了一个人们处理信息的普遍规律:一个人能够同时处理的信息加工模块数量在 7 左右,一般来说在 7 ±2,即 5 ~ 9。有可能有些人信息处理的能力好一些,可以同时处理十多个模块,有些人信息处理能力差一些,能够同时处理四五个。但是同时处理考核表中的 60 多个子要素很显然超出了决策者的信息加工能力。当一个决策者阅读了这个表格中的 60 多个子要素以后,绝不可能在 5 分钟后完全复述这些项目。

所以，过分复杂的表格妨碍了管理者去评价绩效，造成了对考核信息处理的困难。当考核者面临这样一个过度复杂的表格时，会对这个表格进行简化，提取一些他们认为关键的指标进行处理加工。这样每一个管理者在实际使用的时候，表格中能够对考核有影响作用的指标是各不相同的。当我们面临着复杂管理任务的时候，信息的过度负荷是无法避免的困难，对于人们的信息加工能力来说，能够解决的途径只是如何更加有效地利用启发式处理管理任务。

在管理者处理任务的过程中，信息加工能力和能够处理的信息加工负荷是一个非常重要的管理能力指标。现在公司招聘时，为了考察应聘者的信息处理和摆脱决策陷阱的能力，越来越多的大公司开始采用一些案例分析或者公文框测试等测评方法，为的就是考察应聘者能否处理信息过度负荷，做出相对理性和有效的决策。接下来我们看一下具体的决策陷阱是如何表现的。

沉没成本

沉没成本误区(sunk cost)：人们对一个工作方案的决策与评估会受到以往在这个方案上投入的影响。如果一个人在某个方案上已经有了大量投入，那么他很难放弃继续投入。

我们想一想购买股票的决策过程。从2007年夏天，上证指数达到6 000点以后，中国股市一路下跌，很多股票都已经跌至高点时候价格的30%。我们想一想这个问题：为什么很多人都没有办法跳出陷阱，在下跌10%或者50%的时候及时做出止损决策？我们再想一想悉尼歌剧院建设的例子。澳大利亚在1957年对悉尼歌剧院的规划是于1963年完工，预算是700万美元，但悉尼歌剧院的建设一直拖到1973年才完成，最终花费高达10 200万美元。为什么管理者不能及时制止这种预算的超支现象呢？

为了证明以往的选择是正确的，大多数人会选择继续对目前所持有的股票投资、对已开工的项目进行资金追加。即使过去的选择看来已经不再正确，但是为了弥补这些过失，看起来最好的方案是再次坚持原有方案，我们大多数人都曾经陷入这种陷阱。

这是经济学家所说的沉没成本——现已无法挽回的历史投入。在理智上我们知道沉没成本与当前决策无关，但是它仍然会影响我们的决策，导致决策者做出不恰当的决策。我们来看一个沉没成本的典型例子。

案　例

越陷越深的泥潭

假设你是一家医药公司的总裁，正在进行一个新止痛药的开发项目。据你所知，另外一家医药公司已经开发出了类似的一种新止痛药。如果继续进行这个项目，公司有很大的可能性损失 500 万，有很小的可能性会盈利 2 500 万。项目刚刚启动，还没花费多少钱。产品真正能够投放市场还需耗资 50 万。你会把这个项目坚持下去还是现在放弃？请圈出你的选择：

① 坚持　　　　　　② 放弃

资料来源：奚恺元：《别做正常的傻瓜》，北京：机械工业出版社，2005 年版。

通常情况下，当项目启动已经很久，并且已经有了先期投入时，管理者更倾向于继续追加 50 万的投入，但如果项目刚刚开始，则放弃项目对总裁来说更具有吸引力。项目可能带给公司的期望收益在两个情景下是相同的。如果人是理性的，项目启动时间的长短不应该成为决定是否继续投资的影响因素。如果理性分析当前的决策情景，这些因素都不应该成为影响要素。

在银行业，沉没成本的陷阱发生得很频繁，最常见的就是针对一些企业坏账的处理问题。当一个企业的业务遇到麻烦时，银行往往会向它提供更多的资金，希望给这家企业提供复苏所需的喘息空间。但如果这时候是企业的业务模式出现了问题，那这种做法无疑会使得错误继续扩大。

为什么人们无法摆脱沉没成本的影响呢？这是因为人们常常都不愿意承认自己犯了错误，不管是有意识的还是无意识的。首先从人们的情感上来说，人们不愿意对自身的能力和判断进行质疑，同时，在一个组织中，承认个人决策失误可能只是纯粹的个人问题，但是涉及组织的决策事务后则是一个非常公众化的事件，会招致同事或者上级的批评。特别是一些投资决策，如果给企业带来了损失，会是一个显著的污点，并有可能成为竞争对手攻击的弱点。有时候，企业文化也会强化沉没成本陷阱。如果对错误决策的处罚过于严厉，就会促使管理者把那些失败的项目无限期地拖延下去，幻想有一天这些项目还能转败为胜。

管理者应当认识到，项目的成败并不仅仅受到决策的影响，好的决策有时也可能带来失败的结果。很多好主意会以失败告终，可能是项目启动的时间、地点和机会不对，在动态的经营环境中，一切都不可预知，失败是与成功相伴随的经营现象。

如何才能避免沉没成本谬误呢？对有些决策，你需要有意识地抛开沉没成本——不管是心理上还是经济上，沉没成本会扰乱你对决策的思考。不妨尝试以下技巧：

- 找一些与先前决策无关的人，倾听他们对这个问题的意见，反对项目投入的理由和逻辑。
- 要提醒自己，明智的决策也可能造成不良结果，优秀的管理者也不能完全避免判断失误。请牢记沃伦·巴菲特的至理名言：当你发现自己陷入洞中的时候，最重要的一件事就是不要再挖了。
- 警惕沉没成本偏见的影响，因为它不仅会影响你的决策，还会影响你周围人对此的建议。

过于自信

过于自信(over confidence)：在不确定的经营环境中，人们通常对希望执行的计划过于乐观，在自我评价上往往高估自己。

人们在不确定条件下判断和决策时，过度自信是一个非常普遍的问题。当给人们一些常识性问题，要求回答并估计回答正确的可能性时，人们倾向于过度乐观。研究发现，当人们有65%～70%的信心认为自己正确时，实际上正确率只是50%；当人们说自己100%确定时，实际的正确率只有70%～80%。我们看一个在组织工作中过于自信的小例子。

案 例

过度自信的员工

有研究者针对企业中的员工对自己的知觉作了一个小调查。调查的问题非常简单，让员工把企业所有人按照对企业贡献大小进行排序，认为自己在企业里面应该排到什么样的位置。如果用百分数表示，那么应该是排到什么样的百分比。同样类似的问题也会涉及员工的绩效评估，让员工对企业当中所有人的绩效进行一个排序，认为自己应当大致排在什么样的一个位置。表3-3是调查的结果。

表3-3 不同岗位的职员绩效自我评价分布

自我评价	一线员工		工程师	财务人员
	A厂	B厂		
前10%	46%	40%	29%	37%
前25%	26%	28%	57%	40%
前50%	26%	28%	14%	20%
后50%	1%	2%	0	3%
后25%	0	0	0	0
后10%	0	0	0	0
未作答	1%	2%	0	0
合计	100%	100%	100%	100%

从上面的统计可以得出，无论是一般职员还是高级职员，都倾向于高估自己。几乎没有员工会把自己排在50%的排名以后。但事实上，无论排序如何，总会有人排在后面50%的位置。几乎所有人都表现出了对自身业绩和能力的高估。

这也是为什么往往在一个公司里，水平相近的人总觉得对方不如自己，相互看不惯对方，从而常常导致团队工作氛围不和睦。

甚至经验丰富的专业人员，如律师、经理人、经济学家等，都会受过于自信的影响。据调查，68%的民事诉讼律师都认为自己代理的一方会赢得诉讼。但事实上，一定有50%的律师会败诉。在另一个丈夫和妻子做了多少家务的调研中，丈夫和妻子平均认为自己做的家务百分比之和是130%。

一项与过度自信有关的有趣发现是，能力不足会增加过度自信的倾向，那些智力和人际能力最差的人最有可能高估他们自己的成绩和能力。管理者或员工对一个问题掌握的知识越多,他们表现出过度自信的可能性越小。当组织成员考虑自己专业领域之外的问题时,过度自信更有可能出现。

俗语:“一瓶水不响,半瓶水咣荡”

然而,过于自信也具有一定的优点,它往往能使人乐观开心。我们回想在引例 1 中孙正义的这样一句话“我坚信,一切的成功都是缘于一个梦想和毫无根据的自信……”,可以看出过于自信是很多成功管理者的特点。事实上,大多数的管理者都是过于自信的,认为很多人喜欢自己,有一种优越感,这是人们坚持行动的基础,也是人们在不确定的经营环境下获取成功的支柱。

同时,过于自信有利于“自我实现预言”。如果你觉得自己能力不错,善于学习,能够完成某项任务,这种心理暗示将有助你实现目标,并成为一种良性循环,反之就会形成恶性循环。在大学生与管理者的成长过程中,都会有这样的一些特征,自信的人能够得到更多成长机会。

但是同时过于自信也会带来判断与行动的偏差,调整和反思是解决过于自信问题的重要途径。比如及时获得反馈信息或经常反省自己的信念出错的原因,再比如坚持从极端的情况入手,即考虑可能的取值范围的最高值和最低值。在股市的操作中,“止损”和“止赢”的决策历来被认为是非常困难的决策问题,实现设置操作点,然后不断地反思决策调整的参考点,收集全面的信息,是预防过于自信偏差的重要途径。

易利用性、代表性与锚定

易利用性(availability heuristics):决策者往往会根据一些容易想起的典型事例做出判断和决策,称为易利用性启发式。

很多时候这一启发式可以发挥积极作用,但在更多的情况下会导致系统偏差。很多人担心飞机失事,却不太担心驾车发生事故,他们认为乘飞机更危险。但实际情况并非如此。统计显示,美国旅行者在出行同样距离的情况下，发生汽车事故死亡的概率是飞机失事的26倍。之所以有这样的判断偏差，原因在于媒体对飞机失事的渲染，使人们很容易回忆起飞机失事的事例，从而高估坐飞机的危险。那些刺激情绪的、格外生动的或者最近发生的事件更容易被从记忆中提取出来，因而人们会高估这些事件的发生概率。从事说服教育工作的人经常利用人们的易得性偏差，举出一些典型事例来影响人们。

易利用性偏差让某些管理人员进行年度绩效评估时，更重视雇员最近的行为，而不是半年以前的表现，从而导致不可靠甚至不公平的评估。同时，管理者对员工进行绩效评估的时候，也容易只关注突出的事件，而忽略平时的工作行为。

例　子

由于1929年股市大崩盘的痛苦记忆，美国的许多投资者一直担心再次蒙受巨大损失，从而高估股价下跌的概率，一直不敢入市。结果指数却一涨再涨，等到股价涨到很高时，人们才发现自己已经失去了很好的投资机会。

代表性(representative heuristics)：代表性启发式是决策者根据当前刺激或事件与已有范畴或概念的相似程度来进行判断和决策。

使用"代表性"进行判断可能产生的偏差有两个方面。首先是代表性会导致忽略样本大小。在分析事件特征或规律时，人们往往不能正确理解统计样本大小的意义，对总体进行统计的结果才是真正的结果，样本的数量愈接近真实的数量，统计的结果也就愈可信；样本愈小，与真实数量相差愈大，统计结果愈不能反映真实结果情况。

代表性启发是对同类事件以往所出现的各种结果进行统计分析，得到结果的概率分布从而找出发生概率最大的结果，即最可能发生的结果。因此必须考察所有同类事件(总体)或者考察尽量多同类事件(大样本)。但人们往往趋向于在很少数据的基础上很快地得出结论，这就是代表性启发式。

其次,代表性会忽略判断的难易程度,即使面对的是一个复杂的难以判断的问题,也简单地做出判断,或根据不规范的和与判断无关的描述轻易地作出判断,或会忽略掉不熟悉或是看不懂的信息,只凭自己能够理解和熟悉的信息做出判断,但这些忽略掉的信息可能对判断很关键。

例　子

如果你发现自己的邻居比较传统和害羞,你会如何猜测她的职业?做出此种判断的重要依据是她与生意人、医生、服务员、律师、图书管理员等职业成员的相似程度。她跟哪个职业的典型成员更相似,你就会认为她从事那种职业。结果是,你认为她是图书管理员。但是这种代表性启发式可能会出错。因为这种判断或决策往往忽视了基础的比率,即在总人口中特定刺激或事件出现的频率。事实上,在现实中生意人是图书管理员的几十倍,因此你的判断很可能是错误的。

管理者也可能受到代表性偏差的影响,经常根据过去成功或失败的经验,预测新人成功的可能性。如果来自同一所大学的三名员工业绩很差,管理者可能会预测,来自这所大学的应聘者不会是好员工。

又如,对于一个成功地选择了四只好股票的证券分析师,人们会认为他很有才干的,因为成功地选择四只好股票不是一个平庸分析师的代表特征。代表性偏差还表明人们往往信奉"小数规则",即不管样本容量多小,人们总认为它能反映总体。这种"小数法则"往往造成人们高估未发生事件的概率。例如,虽然人们都知道投掷硬币正反面出现的概率均为50%,但如果连续出现多次正面时,人们总是认为接下来出现反面的概率会很大。

研　究

德邦特(De Bondt)和塞勒(Thaler)认为,股市过去的输家会过度悲观,过去的赢家会过度乐观,结果使股价和基本面价值差异很大。这个偏差导致一个明显的结果就是赌徒谬误(gambler's fallacy)。我国股市在历经了空头市场之后狂涨,就是投资者受限于过去既有的想法,预测过度乐观的结果。

你怎么回答下面两组问题?

杭州北高峰高度有2000米吗?
你估计杭州三墩镇的人口有多少?

杭州北高峰高度有6000尺吗?
你估计杭州三墩镇的人口有多少?

如果你和大多数人一样,那么第一个问题中提到的数字会影响你对第二个问题的回答,这就是锚定效应。结果不出所料,研究结果显示,当第一个问题使用较大的数字时,人们在回答第二个问题时就会把数目增加。这个简单的测试说明了一种常见的心理现象——锚定效应:当我们考虑一项决定时,我们的大脑会对最先接收到的信息赋予过高的权重。最初的印象、估计或数据"锚定"了随后的思考和判断。

锚定(anchoring):是指固着于作为起始点的初始信息的倾向。一旦设定了初始值,人们就不能充分调整随后的信息。初始值或起始点可能是由先前的历史问题呈现的方式或者一些情景信息决定的。

"锚"有多种外部表现形式。它们可能非常简单,看似没有大碍,比如某位同事的一句评论或者晨报上公布的某个统计数据。它们也可能颇具隐藏性,比如对某人肤色、口音或衣着的成见。在企业里,常见的"锚"就是过往事件或趋势。营销人员在预测下一年度的产品销售情况时,通常会先参考前几年的销量。这时,过往数据就成了"锚",预测者在这个基点上再根据其他因素做出适当的调整。这种方法虽然可能让决策者做出相当准确的估算,但弊病是对过去的事件赋予了太多权重,而对其他因素的重视不够。在瞬息万变的市场环境下,以历史数据、历史事件为参照可能会导致预测结果与实际情况相差万里,进而误导我们的决策。

在广告人、管理者、政治家、房地产代理、律师等专业领域中,说服技能很重要。因此他们广泛地利用人们的锚定偏差,一开始就采取极端的立场,试图锚定人们的心向或态度。在谈判和访谈中,锚定也很重要。当谈判开始时，锚定也发生了。一旦某人给出一个数字，你就很难忽略那个数字。

决策中的"锚定"效应已经得到了数千次实验的证明。"锚"不仅会影响管理者的决策，也会影响会计师、工程师、银行家、律师、咨询顾问和股票分析师的决策。事实上，没有人能够不受它的影响，因为它实在太普遍了。不过，意识到"锚定"陷阱危害性的管理者可以采用以下方法避开它：

- 经常从不同角度思考同一个问题。尝试采取不同的出发点和方法，而不要死抱着最初想法不放。
- 先进行独立思考，然后再向其他人咨询，以免被别人的想法左右。
- 保持开放的思维。向不同的人了解信息和意见，以拓宽你的参照系，将你的思路推向新的方向。
- 注意不要给你的顾问、咨询师以及你要寻求信息和忠告的其他人"设锚"——尽量别对他们讲述你自己的想法、估计和初步决定。如果你告诉他们太多，他们反馈给你的意见可能正是你自己事先的构想。
- 在谈判中要格外提防"锚定"陷阱。在任何谈判开始之前，都要仔细想一想自己的立场，以避免被对手最初的提议"锚定"。同时，要找机会给对方"设锚"。——比如说，如果你要卖房，你可以先开一个很高但还不至于离谱的价格。

禀赋效应和承诺升级

禀赋效应(endowment effect)：决策会因决策者拥有资源状况的变化而产生变化。

禀赋的问题在微观经济学的选择理论领域很早就有比较详细的研究，但主要集中在对实物商品上，对于决策研究领域的禀赋效应研究，则更多地考虑了个人心理和知觉作用。当人们面对不同的情景时，就可能对同一件事有不同的见解和决策，这在知觉部分也有较为详细的阐述。下面一个非常有趣的实验，验证了在市场中的禀赋效应。

案　例

有研究比较了各类商品愿意支付价格(willing to pay)和愿意接受价格(willing to afford),发现“买价”和“卖价”之间存在着很大的差异。对于同一个公司的估价,如果审计师代表的是收购方,那么他的估价会和他代表出售方时非常不一样。比如针对这样一个问题:

“飞鱼有限公司是一家直销企业,作为一家直销企业,该公司从第三方处获得定期购买的客户名单。飞鱼有限公司的资产负债表上,客户名单作为无形资产出现,并分10年摊销,或至少以每年10%的比率分摊。本年度一开始,该项资产在飞鱼有限公司的资产负债表上的总额达到了4 000万元,并且没有新客户名单出现。飞鱼有限公司把四年前亚洲市场的客户名单的账面剩余价值确认为540万元(是资产负债表中4 000万元的一部分),明显低于预计从这批顾客身上获得的目标收益。”

1. 如果您作为公司的外部审计师,受飞鱼有限公司管理层聘请,您选择对该笔业务的估价作何处理?

2. 如果您被审计署雇用,对飞鱼有限公司进行审计,您选择对该笔业务的估价作何处理?

对于这样两个问题,卖方更容易高估公司本身的价格,而买方更容易低估公司本身的价格。

在市场的连续交易中,禀赋效应会表现得非常明显,通常表现在股票的买卖中,人们倾向于保持现有的股票持有状态,不愿意轻易发生改变。这是由于当人们不持有这种股票时,他们倾向于低估股票的价格,而当人们持有这种股票的时候,他们倾向于高估股票的价格。禀赋效应造成了人们在市场交易过程中的非理性行为,同时伴随着沉没成本等偏差,市场的不理性会表现得非常显著。

承诺升级(commitment escalation):在连续多次的决策中,决策者表现出对以前做出决策方案的不理性坚持,继续加大投入以希望更好的结果。

决策者经常面临的一个难题是:为了获得正面结果,究竟应该放弃一个失败的行动,还是应该增加承诺或投入,以弥补之前的损失。研究表明,当决策过程包括一系列的多个时间点决策时,决策者有一种逐渐升级承诺的倾向。尽管是一个与原定目标不符合的决策,但是当决策者身临其境,参与决策过程时,是很难放弃原有方案的。工程项目预算的不断增加是一个典型的例子。

案 例

悉尼歌剧院的建设

悉尼歌剧院的正式开工始于1959年3月,整个建设过程分为三个阶段:第一阶段(1959—1963)建成底部的基础部分;第二阶段(1963—1967)建成歌剧院著名的顶部架构;第三阶段(1967—1973)进行的是内部装修。

图3-6 悉尼歌剧院

第一阶段:底座建设

第一阶段的建设1958年12月5日就已经开始了,当时负责施工的建筑公司是Civil & Civic。政府由于担心资金或者公众反对,匆匆推动工程上马。然而重大的结构问题仍然困扰着这个设计。到1961年1月23日,在工程实施的47周中遇到了各种意想不到的困难,其中包括恶劣的天气、突发的暴风雨、在开工之前还没有准备好图纸、原合同的变动等。1962年8月31日,底座部分的建设终于完成。被迫提前动工引发了后来的重大问题:底座的圆柱不足以支撑顶部架构,不得不重新修建。

第二阶段:顶部架构

关于顶部架构的建设问题,实际上耗费了从1957年中到1965年末的所有时间。从1957年到1961年,试验了各种不同的顶部架构方案。一个重要的问题是,有一些方案在时间和建造成本上超出预期。1961年10月,尤特佐(Utzon)打电话让阿勒普(Arup)到他位于丹麦的工作室,讨论一个突破性的设计方案。尤特佐改变了整个外壳的设计方案,他在同一个圆球上切割下不同的块,圆拱遵循同一半径圆球的子午线。

这些圆拱被分为不同的部分,然后就像拼装积木一样组合在一起。1962年3月该方案获得通过。制作歌剧院顶部的角,可能进行的是建筑历史上最困难的预制件组装任务。不过仍然有许多问题需要解决,例如每天下午5点的"爆炸"时间,因为支撑顶部的柱子达不到强度要求,不得不炸掉,采用新的、更大的柱子取代。

第三阶段:内部装修

内部装修开始于1963年2月,尤特佐把整个办公室搬到悉尼。然而,1965年政府重组,罗伯特·阿斯金政府宣布整个工程划归公共事务部管辖。这也最终导致了尤特佐的辞职。到此为止工程的建设费用,甚至到当年的10月,仍然只有2 290万美元,还不到总造价的1/4。然而,尤特佐却和澳大利亚政府在设计费用上发生分歧。总之,种种原因使得这位建筑师于1966年离开澳大利亚,从此再没有踏上澳大利亚的土地,连自己的经典之作都无法亲眼目睹。1966年尤特佐辞职的时候,第二阶段的建设还没有完成。他离去之后,接替者是彼特·霍尔(Peter Hall),协同工作的还有其他几位工程师。

悉尼歌剧院最终于1973年正式完工,总造价1.02亿美元。其中第一阶段耗资550万美元,第二阶段耗资1 250万美元,第三阶段耗资5 650万美元,舞台设备、灯光等耗资900万美元,其他耗资1 650万美元。

1957年原本预计的造价是700万美元,而当时预计的完工日期是1963年1月26日。

造成承诺升级的原因很多,沉没成本和禀赋效应的轮流作用是非常重要的原因。在建设这样庞大的工程的时候,预算与实际支出之间的偏差往往是逐步地越离越远。

我们来考察一下这个承诺升级的过程。在工程开始的时候,设计师和政府都对项目进行了预算控制,但是当工程进行到一半的时候,先期投入的资金已经使得决策者的决策情景发生了很大变化，持续的投入变得更加合理。于是，工期比原来预定的工期拖后了10年，原本的预算只是实际造价的一小部分。其实在这个工程预算决策的每一步，都涉及沉没成本和禀赋效应的问题，如果我们从整个发展的过程看，承诺升级的现象是非常明显的。

这样的承诺升级造就了人类历史上最伟大的建筑之一，然而大量的例子会表现在恶性的承诺升级决策中，特别是当连续决策的过程带有竞争性时。在拍卖过程中有着较为广泛的体现。如根据实证研究，拍卖中的赢者魔咒（winner's curse）现象的重要影响因素就是承诺升级。在单方决策的承诺升级中，非理性承诺升级的原因在于个人：人们因为先前的决策是自己做出的而追加投入。在竞争性决策的承诺升级中，其他竞争力量强化了承诺升级过程。

类似的恶性竞争在实际生活中屡见不鲜，我们来体验一下下面的小游戏。

游　戏

疯狂的货币拍卖游戏

游戏的拍卖目标标的为100元现金，任何人可以参与出价或旁观，底价为20元，每次加价以5元为单位。拍卖结束时，出价最高的人获得标的，并支付他的出价，而出价第二高的人也要支付他自己的出价，并且什么也拿不到。

最常见的游戏过程是当报价逐渐逼近100元的时候，大部分人都退出了游戏，只剩下出价最高的两个人在互相竞争。因为谁都不甘心蒙受损失，100元也不再是他们出价的上限，最后的成交结果往往远远超过100元。

通过对这个游戏的仔细考察可以发现，参加出价的人会陷入进退维谷的境地。虽然每次提高出价数额都可能使对手退出，但如果双方都这样想，后果就会很严重。

问题

- 是什么导致了这么不理性的行为？
- 在现实生活中，我们可以看到个人与个人、组织与组织、国家与国家这么不理性的竞争行为吗？举个例子。

框架效应和展望理论

决策的第一步是对问题进行组织和表征，这时知觉过程会对结果产生深远的影响。因为知觉受到问题呈现方式的影响，所以问题信息的组织形式可以对决策者的决策产生很大影响。一种典型的影响模式称之为框架效应。

框架效应(framing effect)：决策结果受到决策问题表征方式的影响。同样的决策问题，当描述框架和参照点不一样的时候，人们对方案的评估是不一样的。

我们来看一看这种效应在现实生活中的典型体现，在下面一个案例中，你会做怎样的选择？

案　例

买惠(HP)普喷墨打印机的问题

情景一：如果你想买一个700元的HP喷墨打印机，但商店告诉你，打印机的价格是700元，如果需要送货上门，你还要再支付50元。你会选择让他们送货上门吗？

① 送货　　　② 不送货

情景二：如果你想买一个750元的HP喷墨打印机，而且商店可以负责送货上门，但是如果你不想送货上门的话，他们可以退给你50元钱。您会选择让他们送货上门吗？

① 送货　　　② 不送货

资料来源：奚恺元：《别做正常的傻瓜》，北京：机械工业出版社，2005年版。

我们对人们的选择做一个统计，一般情况下，人们在情景一下，都会选择自己搬运；而在情景二下，会选择让店家送货上门。如果我们做一个统计检验，这两种情况的选择是差异显著的。但是如果我们仔细思考一下，这两种情况其实对于个人的支出以及店家的收入都是一样的，只是问题情景描述的出发点不一样，容易引起决策者的知觉不一样，从而造成决策结果也不一样。第一个情景设定的价格是700元，另外50元的运费是要付出去的；而第二种情况设定的价格是750元，50元是包含在价格中的，如果能够免去，则是意外得到了50元。所以，人们对这个问题的认识不一样。

另外一个问题是对决策框架的描述。研究表明，人们更加容易接受以收益方式描述的决策问题，并且厌恶风险和损失。问题以收益方式提出的时候，人们是厌恶风险的，但当问题是以避免损失的方式提出的时候，人们却愿意去冒风险。而且，人们倾向于直接接受问题原来的表达方式，而不是以自己的方式重述问题。

案 例

如果你去买一辆价格15万元的车，加上消费税、保险费等其他费用，总共大约在17万元左右。这时商家向你推荐价格在0.3万元的贴膜，具有隔热、防紫外线的功能。你认为这个价格可以接受吗？

如果你有一辆开了5年的捷达汽车，你觉得这是一辆开起来非常顺手的车，一次到汽车修理店，这时商家向你推荐价格在0.3万元的贴膜，具有隔热、防紫外线的功能。你认为这个价格可以接受吗？

在上述问题面前，一般如果车的价格高，那么人们倾向于接受这个贴膜的价格；如果车辆的价格低，人们倾向于不接受贴膜的价格。这时候车价成为一个非常重要的参照点，能够显著地影响人们对贴膜价格的评估。从锚定效应的框架来说，车价本身也成为一个非常重要的锚定点。

同时，框架效应也说明以收益框架和损失框架来描述同样一个问题的时候，人们的决策是不一样的。如果仅从避免损失的角度来考虑问题，决策者可能做出过于冒险的决定，以避免承受确定的损失。这种决策倾向常常导致失败。要避免这种情况出现，决策者应该从不同的角度看待问题，不仅考虑可能带来的损失，还要考虑可能带来的收益。综合描述框架对知觉情景所起到的影响作用，特韦尔斯基（A. Tversky）和卡尼曼（D. Kahneman）提出的展望理论可以描述这种效应。

知　识

展望理论

特韦尔斯基和卡尼曼提出的展望理论(prospect theory)解释了人们如何评估决策方案,以及如何做出决定。展望理论的主要观点如图3-7所示,他们认为,人们对方案的效用评价并不是受方案客观价值决定的线性函数,而是呈S型的曲线变化的。图中横坐标表示事物的客观价值,右边是正值(收益),左边是负值(损失)。纵坐标表示决策者对事物价值的评估,称为效用(utility)。从图3-7上,我们可以看出以下三个特点:

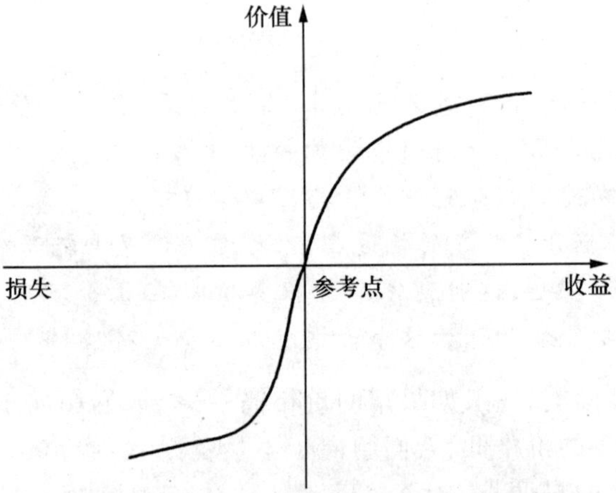

图3-7　展望理论

资料来源:卡尼曼和特韦尔斯基,《科学》(*Science*),1979.3。

1. 效用函数呈S型

从图3-7中可知,收益和损失的效用函数都是曲线,表明客观事物引起的心理价值感并不是与客观状态线性对应,而且变化的速度也不一样。在离参考点比较近的地方,效用的变化非常快,而到了离参照点比较远的位置,效用的变化比较慢。也就是在效用评价上会有这样一个特点:“有”和“没有”会给人们造成很大的差异感觉,但是有1 000和有1 100的感觉差异就不是很大。

2. 在原点附近损失曲线比价值曲线陡峭

人们对损失更加敏感,损失的效用函数比收益的效用函数更陡峭,造成损失比收益显得更突出。也就是说，损失100的负面感受比获得100的正面感受要更强烈一些。特韦尔斯基和卡尼曼认为，这种差异会使得谈判变得很复杂：双方都将自己的让步看成一种损失，而损失比让步带来的好处显得更突出，所以对任何一方，损失都是很痛苦的。所以人们会对造成亏损的时间、因素等牢记在心，错误总是比成绩的影响更加强烈。

3. 参照点的位置

展望理论认为，问题描述上很小的变动就可以改变中心参照点的位置，从而改变人们有关损失和收益的想法，并最终影响决策。如果相对某一参照点，某项结果看来是一种收益，那么决策者会倾向于回避风险，选择比较保守的那个选项；而如果相对另一参照点，某项结果看来是一种损失，那么决策者会倾向于趋近风险，选择比较冒险的那个选项。

实践和实验结果表明，考虑得再充分的决策，都会受到问题的表达方式的影响，框架效应都会出现在问题决策中。避免框架效应的影响，是保证理性决策的重要因素。在避免框架效应的影响过程中，决策者有这样一些基本的策略可以去参考。

首先是不要被动地接受问题情景，而是要按照自身的框架去分析，用多种角度去思考分析。不管这种方式是你提出来的还是别人提出来的，要始终尝试以不同的方式重新表述问题，避免表述方式造成的扭曲。其次在考虑选项价值的时候，尽量综合考虑方案的收益和损失，或者把不同的参照点都包括进去。换位思考是解决片面框架的重要策略。再次，在分析选项的时候，尽量从多个参考点去考虑问题，这样才能够得到更为全面的价值评估。

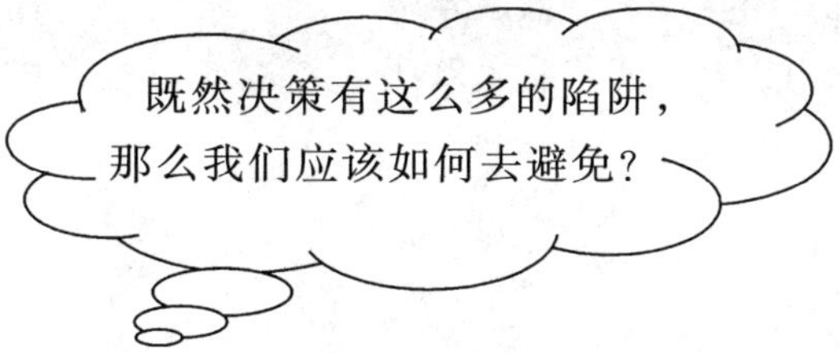

在决策过程的每一个阶段，错觉、偏见以及其他决策陷阱都会影响我们所作的选择。越是复杂、重要的决策越容易受到误导，因为复杂的决策往往涉及动态的情景因素、大量的假设和信息。在决策过程中，各类决策偏差都会产生，而且它们会一起出现，互相放大效果，形成恶性循环，造成决策的强烈偏差。

面临决策时,一个强烈的第一印象可能"锚定"决策者的评价,然后我们可能有选择性地挑选有利的证据来证明我们最初的倾向是正确的。当决策者做出第一步决策后,决策结果带来了一个新的现状。随着沉没成本的积累,我们在陷阱中越陷越深,无法找到恰当的时机重新选择一条可能更好的新路线。这些陷阱会导致很大的决策偏差。

事实上,没有人能够完全避免这些决策陷阱,只有通过客观的数据分析,客观地把握决策情景,不断反思在决策中的偏差,才能够提高决策质量,更好地把握决策。

□ 本章复习要点

知觉的定义
知觉影响因素
知觉偏差
管理决策
决策陷阱

□ 本章复习题

专业术语

知觉
情景因素
晕轮效应
对比效应
投射
刻板印象
有限理性
满意标准
沉没成本
过于自信
禀赋效应
承诺升级
框架效应
展望理论
参照点
易利用性
锚定
代表性
启发式

案例分析

巨人传奇

1982年,安徽淮北青年史玉柱以全县第一的成绩考进了浙江大学数学系。1986年他又考取深圳大学软科学管理硕士研究生。1989年7月史玉柱怀揣本人研制的M-6401桌面排版印刷系统软件,在求售无门的情况下,孤注一掷,用自己全部家产在《计算机世界》做了一则广告。13天后幸运之神临门，2 个月后赚进 10 万元，社会首次对他的聪明才智和奋发努力给予了回报。

对市场的敏感和惊人的胆略，使这位曾经一贫如洗的学子，又将 2 个月赚来的 10 万元，如数投入广告，4 个月后，10 万元变成 100 万元。

正值亲朋眼热之际，这位不安分的拥资百万的学子突然消失得无影无踪。5 个月后，这个身高 180 公分、体重瘦成不足 120 斤的"怪人"出现在高科技企业的摇篮——珠海。原来这位连妻子离家出走也不在乎的科技狂人，躲在深圳大学的学生公寓里用 150 天的时间研制成了 M-6402 文字处理软件系列产品。他到深圳成立了新科技公司起名"巨人"，并向媒体宣称巨人要成为东方的 IBM。第二年巨人以产品实用和营销奇特为特点，编织了中国电脑行业的最大连锁销售网络，盈利千余万元。到 1992 年，巨人已拥资上亿，成为电脑行业的领头军。李鹏三顾巨人，江泽民手书"中国就应该做巨人"。

1992 年，一家知名媒体对北京、上海、广州等十大城市的万名青年进行了一次问卷调查，其中一个问题是"写出你最崇拜的青年人物"，答案是第一名比尔·盖茨、第二名史玉柱。这位有"十大优秀科技企业家、十大改革风云人物……"等桂冠的当代青年偶像，连续开发了中文手写电脑、中文笔记本电脑、巨人传真卡、巨人中文电子收款机、巨人财务软件和巨人防病毒等电脑系列产品，前景一片光明。

然而，正如事后（2001 年 2 月 3 日）史玉柱本人向《新民周刊》吐露的那样："在顺境的情况下头脑就发昏了。"这是"中国社会从计划经济向市场经济过渡时期的浮躁，都想发大财，想当大老板"。

想发大财，想当大老板的冲动，使这位已经做了大老板的科技界草莽英雄，一连做出几个错误决策。把预期的利润当成实际的收益，以此为基础，来设定自己的规划。

第一个，也是最致命的决策错误是建造巨人大厦。

1992 年史玉柱的巨人净资产 1 亿多，可以流动的现金不足一千万，预计 1993 年利润 3000 万。史玉柱决定建造公司的办公楼——巨人大厦，初定 38 层，总投资 2 亿元。按照建设周期 3 年计算，2 亿投资已经很吃力了。好在高手策划，在广东和香港卖得楼花 1.2 亿，预算收支平衡不成大问题。

但是躁动使得巨人大厦一再改变设计，楼层一长再长，从 38 层到 54 层，从 54 层到 64 层，从 64 层到 70 层。每次增加楼层的同时，建筑标准都水涨船高，上一个台阶，建筑预算从 2 亿涨到 12 亿，资金缺口是整个巨人净资产的十倍。

为了挣够这十个亿的现金,史玉柱豪气万丈一连做出第二、第三个错误决策。

多种经营方针伸向保健品和药品领域是第二个扩展决策,如果抱着平常心态,不能算作战略决策失误。况且巨人脑黄金保健品,初期一炮打响,为史玉柱赚取了成亿的现金。

真正的错误在于对市场容量和公司管理能力的错误估计,以及对速战速决大兵团作战营销方式的迷信。这种方式,是史玉柱到珠海初创公司,推广汉卡时成功经验的延伸和非理性复制。他挟自己青年偶像名声和利用当时社会上很多人暴富心理,一次性组建万人开发、营销队伍,同时推出电脑、保健品和药品三大系列 30 多个新品,以军、师、团、营的军队建制,投入数亿元向全国发动中国有史以来广告密度最高的产品推销活动。在这种排山倒海的广告推销活动和数以万计狂热的青年营销人员煽动下,高峰时期,全国有 50 万家商场柜台上摆有巨人产品;巨人集团的全资子公司从原来的 38 家,一下子发展到 228 家,配套工厂达到 150 家,直接和间接受史玉柱这个"总司令"指挥,打着巨人集团军旗号的"战士"数以十万计。

这种德国"闪电战"式的疯狂行动,在那个乡乡村村都圈地搞开发区的疯狂年代取得了意想不到的效果。史玉柱总动员令下达才 15 天,竟然收到 15 亿元的巨人商品订单,在那疯狂的半个月里,连对企业指导一向谨慎的《人民日报》也以商业奇迹连续发了四次长篇通讯报道。

然而,商品市场终究不是强权压迫的战场。"闪电战"后的巨人,陷入难以言状的混乱局面。事隔不久,索赔、侵权官司、卷包逃跑……内外交困,70 层的大厦尚未出土,"巨人"轰然倒地,史玉柱债务缠身,只得逃之夭夭,销声匿迹。

"巨人"回来了,史玉柱是"模子"。在媒体若隐若现地跟踪史玉柱四五年后,2001 年第 7 期《新民周刊》终于寻得机会,将复出的史玉柱作为封面人物。这篇专访登了 16 幅照片,问答的文字,明确透露了这几年风行宁沪的无锡建特公司的"脑白金"老板就是巨人"脑黄金"老板史玉柱。

此次史玉柱复出的背景是经过五年"卧薪尝胆"和暗中奋斗,终于偿还了巨人的债务,想重新做一个堂堂正正的男子汉。经过刻骨铭心的危机后,他在企业决策程序和投资策略方面有了深刻体会:"年轻没有经验,本人驾驭这样一个企业的能力还不具备",摔跤是他和他的"领导班子本身的缺陷决定的"。

当记者问到今后企业的风险时，史玉柱没有明确回答："我已经经历过这么深刻的危机，今天，我决策任何一个项目时，都会作最坏打算，都会先估算一下，如果发生亏损，损失会超过我净资产的1/3吗？如果超过1/3，再大的诱惑我也不干，而在过去，我是想到做什么，就不考虑其他。"

思考题

- 史玉柱第一次成功的决策是什么？他为什么这样做？
- 第二次成功的决策是什么？他的决策行为有什么风格？
- 史玉柱的错误决策是什么？为什么会失败？
- 史玉柱进入了什么样的决策陷阱？如何来预防？

参考答案

史玉柱的成功决策在于他对市场的敏感性，他没有采用最优化决策，甚至是满意决策，更多的是一种直觉式的决策，以小搏大，风险高。

史玉柱第一次的成功决策是在其苦心研制的 M-6401 桌面排版印刷系统软件求售无门的情况下，孤注一掷，将自己全部家产在《计算机世界》做了一则广告。13 天后幸运之神临门，2 个月后赚进了 10 万元。他这样做的重要原因在于他对自己开发出来的产品的市场前景有着坚定的信心，所有的精力和财力都投入宣传营销当中。

史玉柱第二次的成功决策是继续研制 M-6402 文字处理软件系列产品，并成立新科技公司"巨人"。在这次决策中，史玉柱的决策风格是典型的直觉型，他没有太多的顾虑，仅仅是感觉到其产品仍有相当大的市场开发空间，就不遗余力地进行拓展，并取得了成功。此后，史玉柱的经营风格和决策模式深受前面两次成功的影响，对市场决策强烈的启发式模型已经在他的头脑中强烈形成。

在此后的经营中，史玉柱陷入两种典型的决策陷阱——承诺升级和过于自信。以巨人大厦的建造为起始点，为了维护之前的决策的正确性，史玉柱陷入了承诺升级，使公司的资金链陷入困境。为了摆脱困境，史玉柱又接二连三地做出了更冒险的决策。而过于自信在其中起到了推波助澜的作用，由于对产品市场和自己团队能力的过于自信，史玉柱一次次做出大胆的决策，在承诺升级的陷阱里越陷越深。

第四章

激励过程与人员管理

- 激励的基本概念
- 内容型激励理论
- 过程型激励理论
- 激励的整合模型

引例

微软的激励机制

微软的名字诞生于1975年。1977年2月3日,比尔·盖茨和保罗·艾伦签署了一个非正式协议,比尔·盖茨占有公司份额的64%,保罗·艾伦占有36%,而此前两个人的份额为60:40。1978年,比尔·盖茨的年薪是1.6万美元,是公司中最低的工资,这种把自己塑造成“劳模”的伎俩后来为许多软件公司的老板所采用。

微软的初期形式是合伙人制,到1981年7月1日,微软才正式注册成为一家公司。起初,公司股票只有少数人拥有:盖茨、艾伦分别占有股份的53%和31%,鲍尔默占8%左右,拉伯恩占4%,西蒙伊和利特文约占不到2%。由于股票只发给盖茨最亲密的伙伴,因此许多在公司干了多年的人,对股票分配方式怀有不满。

为平息不满,1982年,公司开始发放年度奖金,并给员工配股。但并非人人都能得到股票,按计划规定,要得到股票需等一年,然后在4年之间分8等份支付。当时原始股份只有95美分,一般新雇用的软件工程师可得到2500股,来得早的则得到更多些。有了股票,公司取消了加班费,因此反而引起许多员工抱怨。一名员工说,当时他分得的股票,一直是家里人的笑料。不过,到1992年年初,这些原始股每股已上涨千倍以上,达到1500美元。那些保留全部2500股的程序员,已拥有了近四百万美元。

公司奖赏员工的方式基本成形,一块是工资,一块是公司股票认购权,一块是奖金。公司通常不付给员工高薪,也拒绝支付加班费。但是到90年代,各类补偿金数目可观,因为股价总在不停地往上蹿。其补偿金具体为:高达15%的一年两度的奖金、股票认购权以及工资购买股票时享受的折扣。一名雇员工作18个月后,就可获得认购权中25%的股票,此后每6个月可获得其中的12.5%,10年内的任何时间都可兑现认购权。每两年还配发新的认购权,雇员还可用不超过10%的工资以85折优惠价格购买公司股票。

微软还建立了晋级制度,在技术部门和一般管理部门建立了正规的升迁途径。首先,每个专业里设立“技术级别”,级别用数字表示,起点是本科毕业的新员工为9级或10级,高至13、14、15级。对于程序员,13级已是非常之高。级别反应员工表现和基本技能,也反映经验阅历。同时级别与报酬直接挂钩，开发人员属于报酬最高的一类。从其他公司跳槽或挖墙脚来的资深开发员可以不时协商工资额，使工资超过本级别的平均水平，因为开发人员是软件公司的"主角"。

资料来源：卢盛忠主编：《管理心理学案例集萃》，杭州：浙江教育出版社，2003 年版。

从这个例子可以看出，如何激励员工，使员工与公司共享目标和愿景，是企业在经营管理中需要解决的一个重要问题。微软获得的巨大成就，从某种角度而言，离不开其成功实施的股权分配政策和清晰的晋级制度，这是激励员工的重要手段。

我们思考一下这样几个问题：

- 为什么微软能够成为一个成长非常迅速的公司？是什么促使人们努力工作，以至于放弃休息？
- 微软的薪酬方式与行业特征有什么相关？
- 为什么要给程序开发人员以不同的待遇？
- 比尔·盖茨为什么要领取企业中的最低工资与最大股份？
- 股权激励的方式与给加班工资的激励方式有什么不同？
- 在发放股权的时候为什么要有时间与批次的限制？
- "技术级别"的作用是什么？

微软的股权分配政策使得员工真正将自己的利益与公司的整体利益紧密地联系在一起，个人奖赏的全面实现依赖于公司的迅速发展。同时，股权认购权的时间性特点也使得员工更愿意留在公司长期工作。微软所在的行业是人才流动性非常强的软件行业，稳定的人力供应无疑是成功的重要因素之一。开发人员是微软的核心，他们的技能高低直接影响企业的绩效，因此必须充分激励他们努力工作并且不断提高自身的能力。数字化的技术级别让开发人员清楚地认识到自己的位置，也为其提供了努力的目标。比尔·盖茨作为微软的领导者，他的言行影响着制度的实施、员工的工作动力。他领取企业中的最低工资与最大股份，就是向员工表示他将个人利益与企业利益捆绑在一起，鼓励大家一起为企业的成长而努力。

激励的作用原理是什么？
究竟有哪些因素会影响激励的效果？
我们又该如何选择合适的激励手段呢？

本章我们将分别学习内容型激励理论和过程型激励理论，掌握各种激励理论的原理，了解激励手段在实践中的具体运用。

第一节　激励的基本概念

在讨论激励理论之前，我们首先需要明白学习激励理论的意义。为什么要学习激励理论？它能给我们的工作学习带来什么样的影响？事实上，激励是一个与绩效紧密联系的概念。激励是为了使员工获得更高的工作绩效。

激励是指个体愿意通过高度的自身努力来实现某个组织目标的意向。个人能力与个体需要的满足是激发激励的基础。组织可以通过设计适当的外部奖酬形式和工作环境，以一定的行为规范和惩罚性措施，借助信息沟通，来激发、引导、保持和规划组织成员的行为，以有效地实现组织及其成员个人的目标。

激励（motivation）：个体愿意通过高度持续的努力实现某个组织目标的意向。

了解了激励之后，我们再来看工作绩效。除了激励之外，能力与机会是影响工作绩效的另外两大重要因素。也就是说，我们可以把工作绩效理解为由能力、机会与激励共同构成的函数，三者的关系如图 4-1 所示。在这里，能力、机会与激励分别针对工作中的不同方面：能力是指员工的天赋与接受的培训，机会是指组织资源与组织支持，而激励则是指员工的主观努力程度。

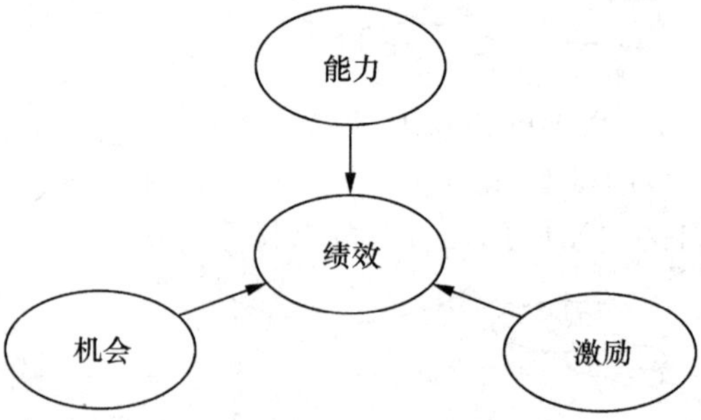

图 4-1　影响绩效的因素

那么,激励与工作绩效之间是什么样的关系呢?我们来看一个简单的例子。在我们身边往往存在着这样两类人:一类人能力很强也有很好的机遇,但是对工作缺乏热情;另一类人虽然能力稍弱,遇到的机会也很一般,但是他们永远充满干劲,对工作无比热忱。结果,后者获得了比前者更成功的事业。这说明了什么?说明激励对工作绩效具有积极的正效应,受到激励的人往往具有相对较高的绩效。

案　例

吴士宏,曾被誉为中国的"打工皇后",相信大家都很熟悉。1975 年,年轻的吴士宏从一名医护人员做起,自学通过高等教育自学英语考试,随后于 1985 年 7 月进入 IBM 公司。从勤杂人员做起,后通过 IBM 的严格考试转入专业队伍,历任大客户销售代表、销售经理、IBM 华南地区市场经理,1995 年任 IBM 华南分公司总经理,并由此开始为大家所了解。1998 年 2 月,吴士宏受聘于微软中国公司总经理,登上职业经理人的一个高峰。1999 年 12 月 1 日,吴士宏加入 TCL 集团。到 TCL 之后的她,却不复往日辉煌。TCL 高层本想借助吴士宏长期在 IT 产业的经验,实现 TCL 从传统家电产业向信息家电产业的战略转型,但是结果并不理想,消费者依然满足于传统家电。对比 IBM 时期和 TCL 时期的吴士宏,我们不妨思考一下,是什么造成了她的绩效差异?不难发现,IBM 时期的吴士宏,事业处于起步阶段,没有高学历,没有大企业的工作经验,只能从事最基础的勤务工作。为了摆脱自己的弱势地位,赢得别人的尊重,吴士宏铆足了劲,她要走得更远,要出人头地。这个时期的她,有着明确而远大的目标,对生活和工作无疑充满了热情和动力。知识储备不足没关系,经验缺乏没关系,一点点地学习,一点点地积累,坚持不懈的她终于一步步地接近了自己的目标。

思考题

- 我们想一想吴士宏为什么在医院、微软、TCL以及后来的三星有不同的业绩?
- 哪些因素决定了不同阶段的吴士宏的不同业绩?
- 组织环境是如何决定吴士宏的工作业绩的?

我们常说:时势造英雄。其实反过来何尝不是?英雄往往懂得为自己创造有利的环境。所以说,是时势造英雄,还是英雄造时势,二者是辩证的关系。从上面的例子中,我们看到了激励的强大力量。因此,对于企业而言,要想提升整体运营状况,管理者就必须关注激励问题,懂得运用合理的手段激发员工的工作动力。

再来看看我们自己。各位可以比较一下自己和身边的小学同学、初中同学或者高中同学的发展,为什么有的人一路考上了名牌大学,有的人却早早地结束了学业?考上名牌大学的同学有着高于常人的智商吗?回答显然是否定的。那么这中间是什么因素在起作用呢?考上名牌大学的同学是不是通常都有着明晰的理想和对于自己理想的坚定信念?正因为此,他们会对自己将来的发展有所规划,为了实现理想尽全力地投入学习中,最大限度地利用好自己手里的资源,最终在学业上取得成功。他们没有什么过人的能力,但他们往往有着更高的拼搏精神。

需要、动机与行为之间的关系可以用图4-2来表示。未满足的需要导致个体产生紧张感,紧张感继而转变成行为的动机,继而个体会通过寻求合适的行为来满足之前未被满足的需要。一旦需要得到满足,紧张感便被解除,与此同时个体又会产生新的、更高级的、未满足的需要,形成持续的循环。

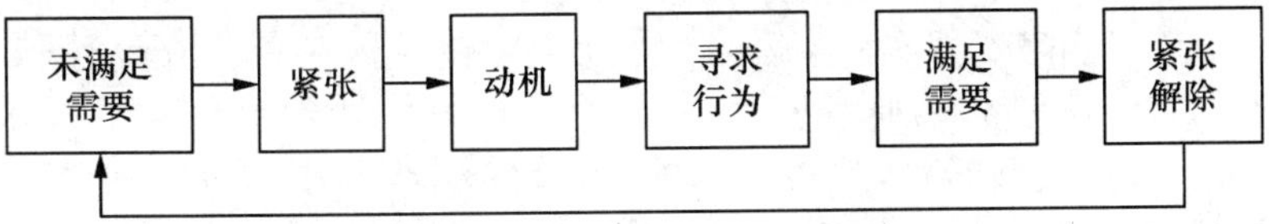

图4-2 需要、动机与行为之间的关系

需求是动机的源泉,这点在图4-2中表现得很明显。如果一个员工没有什么需求,那么对于管理者而言也就没有办法去把握、引导、激励员工了。如果需求已经产生,那么员工就会产生相应的工作紧张,此时,可以引导员工完成相应的活动,以解除需求紧张。

案 例

许利强的烦恼

许利强两年前加入杭州第X建筑工程公司。他是个绘图员,35岁,高中毕业后进入一个三年制的技术学校,在该校完成学业,并获得大专学历后,他就一直从事绘图工作。12年内他曾在四个建筑公司工作过。许利强来第X建筑工程公司时,他以前老板给他的推荐信可真不怎么样。但第X建筑公司还是雇用了他,因为该公司非常缺人手。由于当地建筑业的繁荣,该公司的工作非常繁忙,结果忽视了营造相互支持、管理有序的工作环境。公司总经理汪涛上次就员工的工作业绩进行了一次正式谈话,并就职业选择提了建议。以前,公司在周末有早点下班的习惯,但现在,周末提前下班已经很久没执行了。晚上与周末加班已成常事。结果因为不能承受时间压力和员工不足导致的工作压力,员工间的关系变得很紧张。

总的来讲,公司对许利强最近的工作表现感到很意外。以前,他工作很努力且工作质量一直非常好,而且他通常自愿参加一些项目,并提出了许多改善工作环境的建议,事实表明这些建议非常有见地。但在过去的几个月,他明显地懈怠了。他对他的工作不再那么积极,有几次发现他在工作台上打瞌睡。另外他与设计师就最近几个项目的指标与设计顺序发生了激烈的争吵。

不仅如此,许利强对他办公室的同事抱怨说:"这儿没人尊重我的工作,我只是个工作速度很慢的绘图员。我懂得的并不比那些很牛气的建筑师们少,但我文凭不够,他们一点也不尊重我的意见,而我也被钉死在这该死的工作上。更让我难受的是,我的妻子不得不去找份晚上的工作以补贴家用。我是这个公司报酬最低的人之一。"一个同事问许利强为什么不去读个学位,他说:"你说得到轻松,按揭贷款购房,经常加班工作,要做一个好爸爸与好丈夫,再加上去夜校?行了吧,现实点!"

资料来源:魏江、严进:《管理沟通》,北京:机械工业出版社,2006年版。

思考题

- 许利强的工作为什么会出现问题?是因为能力、机会,还是激励?
- 为什么许利强一开始的工作积极性很高?
- 许利强的工作积极性为什么在后来下降了呢?
- 如果你是管理者,如何采取工作措施?

在这个案例中,建筑公司在许利强的原老板给的推荐信很不怎样的情况下,还是录用了他,这也许在一定程度上激发了许利强的努力意愿,使他希望在新环境中实现组织目标和个人理想。工作初期的许利强表现出了很强的工作动力,包括自愿参加项目、提出具有建设性的建议等。

但是,一段时间后,许利强的工作绩效大为下降。很显然,这并不是由于组织机会和个人工作能力的变化而产生的,此时的组织机会和个人能力都没有变化,但是激励大大降低了。这是很典型的新员工与组织的"蜜月期"度过以后的变化,激励的降低使得工作绩效大大降低。那么为什么激励会在短时间内有这么大的波动呢？不同的激励理论从多个角度可以做出解释,而作为管理者,也可以根据不同的理论建议给出适合于本组织、本人的解决方案。

第二节　内容型激励理论

> 至人无已,神人无功,圣人无名。
>
> ——庄子《逍遥游》

没有需求的人是不能引导管理的,想要成功实施激励,就必须了解什么东西能够使一个人采取某种行为。庄子在《逍遥游》里面提到逍遥的人是无所求的,也就意味着无法管理。内容型激励理论便是研究如何从需求入手,通过满足需求来激励、调动人的积极性。内容型激励理论包括马斯洛(图 4-3)需求层次理论、赫茨伯格双因素理论和麦克利兰成就动机理论等。

图 4-3　阿伯拉罕 · H. 马斯洛
(Abraham H. Maslow)
资料来源:www. nndb. com。

马斯洛的需求层次理论

提到激励,人们往往最容易想到的就是涨工资、发奖金,通过金钱来提高员工的干劲。那么,是不是每次金钱激励都能奏效呢？答案是显而易见的,因为我们发现不看重金钱的人不在少数。那么,在什么情况下我们该选择金钱激励？对不适用金钱激励的人又该采用什么手段呢？我们来看马斯洛提出的需求层次理论(hierarchical needs theory)。

金钱能激励今天的大多数员工吗?

通过对1 000多种需要的分析,马斯洛将人的需求归纳为5个基本的方面,依次为生理需求、安全需求、社交需求、尊重需求和自我实现需求。同时马斯洛认为需求的满足有一个逐层发展的过程,低层级需要是人们希望首先得到满足的,当这些低层级的需要得到满足以后,人们就会转向高层级的尊重和自我实现的需要。马斯洛认为只有高层级的需求才能够持续地激发人们的工作积极性。低层级的需要很容易得到满足,而高层级的需要永远不会得到最终满足,将持续地激励人们工作。

我们看一看不同层级的需求分别指哪些方面。生理需求是最低层次的需要,是一个人为了生存下去,对衣、食、住等基本生活条件的需求。很显然,在一切需求中,生理需求是最优先的,个体得以生存是追求更高层次的需求的基本前提。

生理需求(physiological needs):一个人为了生存下去,对衣、食、住等基本生活条件的需求。

在生理需求之上的是安全需求。安全需求是指个体对人身安全、就业保障、工作和生活环境安全、经济上的保障等需求。当一个人的生理需求得以满足,他就开始希望生活变得安定、有保障。可以想象,生活在惊恐和不安中的个体很难产生工作的积极性。

安全需求(safety needs):个体对人身安全、就业保障、工作和生活环境安全、经济上的保障等需求。

在安全需求之上的是社交需求。社交需求是指个体对爱情、友谊的需求，是一种希望被关爱的需要。人是社会性动物，需要与人交往，被社会所接纳，成为团体中的一员，并且希望在人际交往的过程中，获得他人的关心与爱护，否则就容易情绪低落，失去生活的积极性。

社交需求（social needs）：个体对爱情、友谊的需求，是一种希望被关爱的需要。

在社交需求之上的是尊重需求。尊重需求是指个体对拥有稳固地位的需求，是一种希望得到别人认可，被他人所尊重的需要。如果说关爱意味着被接纳，那么在这基础上，个体希望能进一步得到更高的评价，受到别人的尊重甚至景仰。自尊心的满足是自信的来源，自尊心受到伤害的人往往会产生消极的情绪，认为自己无用而沮丧、消沉。

尊重需求（self-esteem needs）：个体对拥有稳固地位的需求，是一种希望得到别人认可，被他人所尊重的需要。

自我实现需求是最高层次的需求。自我实现需求是个体对实现自身潜能的需求，是一种希望成为自己所期望的人，完成自己力所能及的一切事情的需要。当前四个层次的需求得到基本满足，个体自我实现的需求就会被激发。这种需求能对个体产生强大的推动力，促使个体通过持续的努力，不断接近自己的目标，最终实现自己的理想。

自我实现需求（self-realization needs）：个体对实现自身潜能的追求，是一种希望成为自己所期望的人，完成自己力所能及的一切事情的需要。

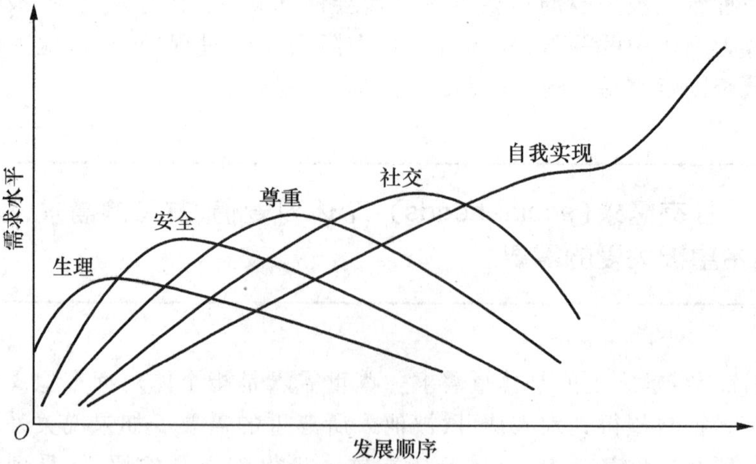

图 4-4　需求层次理论

这五大层次的需要被划归为两类。其中,生理需求和安全需求被归为低级需求;社交需求、尊重需求和自我实现需求被归为高级需求。只有高级需求是有持久激励效果的。

马斯洛还指出,每个需要层次必须得到实质的满足后,才会激活下一个层次。一旦某个层次的需要等到满足后,它就不再具有激励作用了。换句话说,当一种需要得到满足后,下一个层次的需要就会成为主导需要。个体的需要是逐层上升的。根据需求层次理论,如果你想激励某人,就必须了解这个人目前处于哪个需求层次上,并重点满足这一层次或者这个层次之上的需要。我们看看下面的例子中,需求是如何逐步产生变化的。

案　例

A 的故事

A 具有某著名医学院校肿瘤免疫学博士学位,在攻读博士学位期间,便有创造性的科研成果,某一技术居国内领先水平。南方某生物制药公司得到这一信息,不惜派专人多次同 A 接触,许诺了房子、车子、金钱等待遇,终于在众多竞争对手中将 A 请到了本公司的开发研究室做研究员。面对丰厚的待遇、较好的实验工作条件,加上领导的关心,初来乍到的 A 心里暗暗发誓:一定努力工作,争取早日将自己的成果转化成产品,为公司做出应有的贡献。A的上司即开发研究室主任是一位留美归来的教授,主攻神经生物学,现在正承担本公司一项神经科学基因工程新药的开发研究工作。不知是出于本专业的需要,还是其他原因,主任提议让A先暂缓开展肿瘤方面的研究,而协助他加快神经科学的研究。这一方案竟也被主管开发的副总批准。一半出于无奈,一半出于尊重领导,A便成了主任的助手。

一年过去了,A自己的科研迟迟不能开展,他为此很伤心。有时夜深人静,面对豪华的住宅,待妻儿入睡以后,一个人常常独坐阳台,手捧酒杯,矛盾至极。走吧,好像说不过去,这么好的待遇,领导待他也不错,不走吧,眼看自己的事业就要荒废了。A一天天消瘦,一天天萎靡不振,他也向有关领导反映了问题,但未能引起公司足够重视。

终于有一天,A的一位同学从国外回来,见此情景便痛陈利害关系,让他立即离开。惶恐的A第二天便向人力资源部递交了辞职报告。人力资源部经理十分吃惊,直接将这一问题反映给总裁。总裁亲自着手调查此事,弄清原因之后,一面竭力挽留A,一面立即调整科研计划。A留下来专心从事自己的研究工作,经过一年半时间的努力,成果正式上报,即将成为药品。总裁为A庆功,同时将A送到国外深造一年,以备将来承担更重要的工作。

思考题

- 房子、车子、金钱对A而言,属于什么层次的需求?能对A产生激励作用吗?
- A未得到满足的需求是什么?分析A辞职的原因。
- 假设你是该公司的总裁,你会如何解决A的激励问题?

作为一名还在学校求学的学生,房子、车子和金钱对你而言有吸引力吗?我想答案是肯定的。对每一个正在找工作的毕业生都是有吸引力的,小A也不例外。

但是为什么后来又变得不重要了呢?什么发生了变化?

时过境迁,一个人的需求是由多种需求组合的,在某个阶段,也许某种需求是主导,但是到了另一个阶段,也许会发生显著变化。当较低层次的需求得到满足的时候,另外一种更高层次的需求就会占主导,而最高层次的需求是可以永恒的。工作一年后的小A,生理需求、安全需求、社交需求以及尊重需求都在很大程度上得到了满足,对他不再具有激励作用,取而代之的是自我实现需求,对开展自己研究工作的强烈渴望。这种需求是能够指引A在以后的工作中持续努力的原因,所以,激发员工真正的高级需要是引导员工持续努力的真正因素。

赫茨伯格的双因素理论(two-factor theory)

在本节开始之前,先让我们做一个简单的小测试吧!

测试主题

您想从工作中得到什么?

因素列表

1. 一件有趣的工作
2. 一位好上司
3. 对我的工作认可和赏识
4. 发展的机会
5. 满意的个人生活
6. 一种有声望或地位的生活
7. 工作责任
8. 良好的工作条件
9. 合理的公司规则、规章、程序和政策
10. 通过学习新东西得到发展的机会
11. 一项我可以做好并获得成功的工作
12. 工作稳定性

要求

1. 请根据自己的情况,给上述 12 个因素打分(1 ~ 10:10 为非常想得到,1 为不想得到)

2. 计算得分:因素 2、5、6、8、9、12 累计;因素 1、3、4、7、10、11 累计。

从上面这个测试,我们可以得出什么结论呢?事实上,因素 2、5、6、8、9、12 为一类,我们称之为保健因素;因素 1、3、4、7、10、11 为一类,我们称之为激励因素。

那么,究竟保健因素的含义是什么?激励因素又意味着什么呢?

下面我们就来具体地介绍双因素理论。双因素理论,也称为保健-激励理论,是美国心理学家赫茨伯格在20世纪50年代提出的激励理论。赫茨伯格认为,个体对待工作的态度会决定工作的成败。

要理解双因素理论,首先必须了解满意感的定义。

满意感(satisfaction):组织成员态度的一个部分,对自己工作的感情反应,影响到工作行为,表现为对于出勤率与离职率的影响。

传统观点认为,满意的反面就是不满意。但是,赫茨伯格通过对9个企业中的203名工程师和会计师进行调查后,得出了与传统观点不同的结论。他发现使受访人员不满意的因素大多和他们的工作环境有关,而使他们感到满意的因素则通常与工作本身相关。根据调查结果,赫茨伯格提出:"满意"的反面是"没有满意",而"不满意"的反面是"没有不满意"。

保健因素,就是趋向与不满意相联系的因素。保健因素得到满足不能使员工感到满意,但是如果保健因素没有得到满足,员工会感到不满意。保健因素通常与工作的外部条件相关,包括公司政策、监督管理、人际关系、工资报酬、工作条件等。

保健因素(hygiene factor):趋向与不满意相联系的因素。保健因素得到满足不能使员工感到满意,但是如果保健因素没有得到满足,员工会感到不满意。

激励因素则是趋向与满意相联系的因素。激励因素得不到满足不会导致员工不满意,但是如果激励因素得到满足,则能使员工感到满意。激励因素通常与工作本身相关,包括工作成就感、工作本身、责任、晋升成长等。

激励因素（motivation factor）：趋向与满意相联系的因素。激励因素得不到满足不会导致员工不满意，但是如果激励因素得到满足，则能使员工感到满意。

根据赫茨伯格的观点，导致工作满意的因素与导致工作不满意的因素是相互独立的。如果管理者仅仅试图消除工作中的不满意因素，那么往往只能使得工作场所变得更加和谐，却未必能对员工产生推动力。安抚员工和激励员工必须通过不同的手段来实现。为了激励员工，管理者应该强调与工作有关的因素及由此产生的直接结果，例如晋升机会、个人发展机会、赞誉、责任以及成就等，这些内在回报才能真正激发员工的工作激情，如图 4-5 所示。

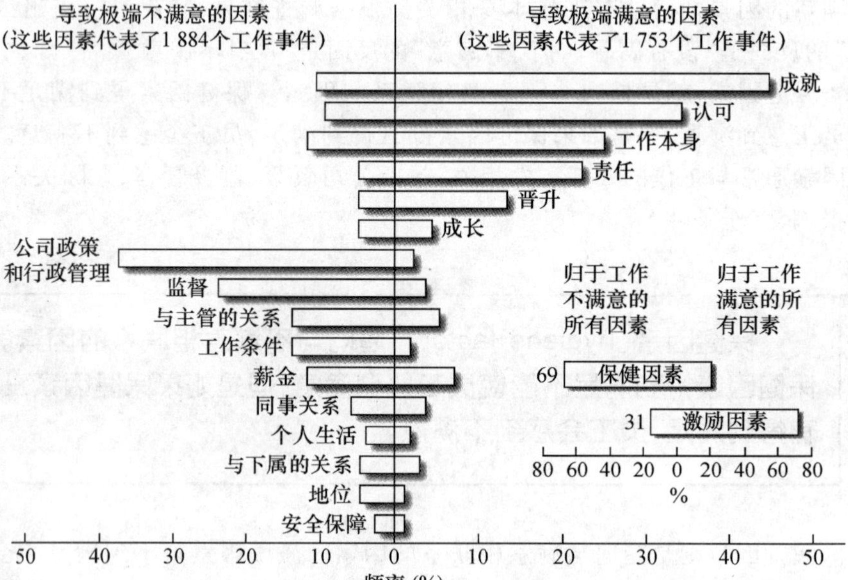

图 4-5　双因素理论中的不同因素

同时，在图 4-5 中我们也可以看到，很难说哪一类因素绝对地属于激励因素或者保健因素。比如薪水，如果把它看成是满足生活需求的经济来源，那么就是一种保健因素，但是如果看成对工作成就的认可、个人劳动价值的象征，那么可以认为它是一种激励因素。因素类别的划分并不是绝对的，管理者如何引导下属来看待公司的奖励很重要。

双因素理论对当前工作设计思想依然有着相当的影响。赫茨伯格（图 4-6）发表在 1966 年的《哈佛商业评论》上的文章依然是该杂志影响力最大的文章之一。

图 4-6　弗里德里希 · I. 赫茨伯格
（Frederick I. Herzberg）
资料来源：www. iecn. org。

思考题

回顾本章前面关于小 A 的案例，思考下列问题：

- 案例中哪些是保健因素？哪些是激励因素？
- 根据双因素理论，设计一份激励方案。

一年之后的小 A，拥有豪宅、车子、对自己不错的领导，却一天天萎靡不振。很显然，薪水报酬、工作安全感、人际关系对他而言都只是保健因素，这些需求的满足只能让他没有不满意，却不具备激励作用。真正的激励因素是他自己的研究工作，也就是成长机会、成就感、希望被认可的需求，对于小 A 而言，从事自己感兴趣的专业研究，才是最大的激励因素。这也是小 A 孜孜以求的目标。

在这里，我们也可以想一想，双因素理论和需要层次理论有什么共同点？事实上，激励因素和高层次需要有着紧密的联系。在激励因素所描述的要素里面，大量项目是与自尊和自我实现的需要相关联的。

麦克利兰成就动机理论

丈夫只手把吴钩，意气高于百丈楼。
一万年来谁著史，三千里外欲封侯。
定须捷足随途骥，哪有闲情逐野鸥。
笑指芦沟桥畔月，有人从此到瀛洲。
——李鸿章

这首诗中的"一万年来谁著史，三千里外欲封侯"广为流传，李鸿章借着这两句诗表达出自己欲干出一番大事业，留名千古的宏伟政治抱负。这种意气风发的状态，这种志愿至今仍在引导着很多人一辈子不懈的努力，他们渴望成为时代的精英，在不断奋斗并且一步步接近目标的过程中，他们感到自身的价值得到了最大的实现，也体会到了最大的成就感。

图 4-7　麦克利兰(D. McClelland)

资料来源：www. mcclellandmedia. com。

那么，具体来说，人们可以从哪些事件中获得成就感？各位同学觉得做的哪件事是自己最有成就感、最为得意的？我想不同的人会给出不同的答案，也许是赢得了某次重要的大赛，也许是成功地组织了某次活动，也许是成功竞选上了学生会主席，等等。成就动机理论希望解决这样一个问题，一个优秀的管理者，要有哪些方面的成就需要。

成就动机理论是美国心理学家麦克利兰(图 4-7)在 19 世纪 50 年代初提出的激励理论的一部分。成就动机理论认为管理者的需要与一般人的需要内容有些不一样，马斯洛分析的 1 000 多种需要是基于人类学分析的基础，并不是针对管理者。但管理者以下方面的需求才是最主要的:成就需要(needs for achievement)、权力需要(needs for power)与合群需要(needs for affiliation)。

成就需要是指追求卓越、实现目标、争取成功的内驱力。有些人对获取成功具有强烈的渴望,他们努力奋斗是为了获得个人成就,而不是为了成功所带来的报酬。

成就需要(N-ach):追求卓越、实现目标、争取成功的内驱力。

具有高成就需要的人追求的是个人成就感,而不是成功之后得到的荣耀与奖赏。他们总是渴望把事情做得比以前更完美、更有效。具有高成就需要的人往往喜欢能够发挥独立解决问题能力的工作环境,希望得到对他们工作情况的不断反馈。同时,他们倾向于承担中等程度的风险,当他们估计成功的机会为50%时干得最出色。他们对成功有一种强烈的渴求,但是也非常担心失败。如果目标过高,则成功的机会过小,令他们难以体会成功的喜悦;而如果目标过低,则不能从成功中得到较多的成就满足。如果成功和失败的机会相当,他们就得到最好的机会去体验通过努力来获得的成就感和满足感。归纳总结如图4-8所示。

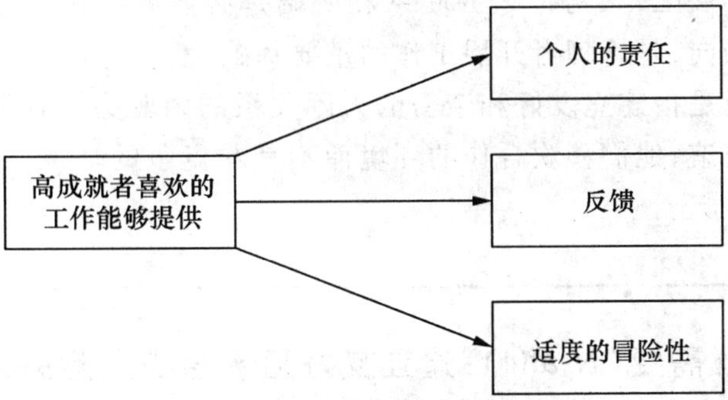

图4-8　高成就需要者与工作匹配

高成就需要是优秀的管理者必须具有的素质之一。麦克利兰认为,高成就动机的人是最佳的领导者,但是他可能对员工要求过严,因为他会把员工也一概当作高绩效标准驱动的人。他们喜欢单兵作战,或者与其他高手合作。但是在组织中,只具备高成就需要对于一个优秀的管理者是不够的。

那么,其中的原因是什么呢?

除了成就需要以外,还有另外两个方面需求是一个优秀的管理者应该具备的。权力需要是指使、影响他人的内驱力。权力需要强烈的人希望自己能对他人产生较大的影响力,他人的决策或者行为会因为这种影响而发生一定程度的改变。

权力需要(N-pow):使别人行为与其他条件下有所不同,影响他人的内驱力。

权力又可以被分为两种类型,个人权力(personal power)与制度权力(institutional power)。高个人权力的人倾向于去引导和影响他人,产生个人的影响;高制度权力的人乐于汇集他人努力去实现组织目标。高权力需求的人喜欢竞争、受地位取向影响的职位。他们喜欢在组织中产生影响。管理者在组织中开展工作,与他人的联系和协调是必要的。权力需求是一个管理者必需的倾向,是管理者开展工作的重要基础。

合群需要是指建立友好和亲密的人际关系的内驱力。合群需要强烈的人努力获得友谊,他们喜欢合作的环境而不喜欢竞争的环境,而且希望人与人之间十分默契。

合群需要(N-affil):建立友好和亲密的人际关系的内驱力。

具有高合群需要的人非常重视人际关系,渴望被他人接受和喜爱。在工作中,他们循规蹈矩合乎规范,致力于构建并保持一种互相信任、互相理解的人际关系。与强烈竞争的环境相对比,他们更喜欢合作。很显然,他们非常适合客户服务、客户关系这一类的工作岗位。在组织中营建良好的组织文化、和谐的工作气氛,对于管理者也是一个重要的工作,所以合群需要的高低对一个优秀的管理者也是很重要的。

只具有高成就需要的人往往不能成为一个优秀的管理者,但是可以成为优秀的技术开发人员、优秀的销售员。高成就需要者往往过于关注自己的成就,而对于一名优秀的管理者而言,应该重视的是帮助他人实现目标。成就需要可以通过训练来得以激发。

合群需要和权力需要不如成就需要那样得到广泛的研究,但这两者也和成功管理密切相关。优秀的企业在选人时,并不单纯关注对方成就需要的高低,能够在一个团队中与其他成员配合开展工作,也是很重要的要求。以宝洁为例,其面试通常由 8 个核心问题组成,其中就包括与合群需要和权力需要相关的问题:请举例说明在完成一项重要任务时,你是怎样和他人进行有效合作的;请举例说明你在一项团队活动中如何采取主动性,并且起到领导者的作用,最终获得你所希望的结果。在管理活动中,具备相应的合群需要和权力需要也是成功管理不可缺少的因素。

针对管理者的成就需要测验,通常采用主题统觉测验(TAT 测验)来进行测量。也就是根据投射测验的原理,让被试就自己的经验讲述一个故事。通过对这个故事的分析,受过训练的主试对故事内容进行评分,得出测评结果。

小练习

主题统觉测验

Theme Association Test (TAT)练习

准备工作

1. 请安排三个人作为评审官,评审官首先学习下面的"计分标准",讨论对计分标准操作的程序。

2. 针对一个事例,评审官先试用评分标准,三个人讨论得出一致性评价后再核实评分标准。

3. 被测者按照要求回答:"你觉得到你目前的职业生涯为止,最得意的一件事情是什么？详述其起因、经过、结果等具体环节。”

4. 要求被测者现场抽题，准备半分钟后现场回答，5 分钟内答题完毕。评审官可以进一步追问具体的事件细节和动机，以获取更丰富的资料。

5. 评审官单独评分，然后讨论评分结果，确定被测者的需求倾向。

计分标准

成就需要是指下列几项在事件中出现：

- 事件提到卓越的标准，事件人物希望获胜，并且有达成目标的描述；
- 事件人物有着独特的成就，例如：艺术创作；
- 事件人物拥有长远目标。

权力需要是指下列几项在事件中出现：

- 事件人物的行为展现他们的权力，例如：攻击他人、威胁、责备、犯罪等；
- 事件描述有关于某人提供帮助、支持、建议给另一人；
- 事件描述某人试图控制别人；
- 事件人物试图说服或影响他人，与人争论，而且并非希望达成共识或了解；
- 事件人物试图让别人对他有较佳的印象；
- 事件人物的行动带来对方强烈的正向或负向的情绪，例如：快乐、敬畏、害怕、尊敬、嫉妒等。

合群需要是指下列几项在事件中出现：

- 事件人物关心并且建立、维系与另一人的正面情感关系，例如：朋友友谊、夫妻关系、亲子关系的计分必须是提到正面品质的关系；
- 事件描述某人喜欢其他人或被另一人所喜欢，或是原本的关系被破坏所带来的难过、受伤；
- 事件提及亲和活动，例如：聚餐、重逢、团圆、团聚等活动。

第三节　过程型激励理论

内容型激励理论研究了行为产生的原因，有助于管理者明确什么是员工想从工作中得到的，以便选择相应的奖励措施来满足员工的需求。但是，内容型激励理论未能解释人们的行为是如何形成的，又是如何发展的，以及行为与员工满意度、工作绩效之间的关系。管理人员不但要判断一个人的动机，还需要知道动机如何转化为组织所希望的行为，以便通过为这种转化提供相应的条件来引导员工的行为，这就是过程型激励理论研究的重点。过程型激励理论包括期望理论、公平理论、归因理论和强化理论等。

期望理论

期望理论(expectancy theory)，又称作“效价-手段-期望理论”，由美国心理学家弗洛姆(V. Vroom)(图4-9)于1964年提出，是影响最为深刻广泛的激励理论之一。

图4-9　弗洛姆(V. Vroom)

资料来源：www.yale.edu。

期望理论认为，人是具有理性的，对于生活和事业的发展有既定的信仰和基本预测；个体决定采取哪种行为与这种行为能给他带来什么结果、结果对他的重要程度相关，个体就是根据某种结果实现的可能性和相应奖酬重要性的估计来决定是否采取某种行为。员工在工作中总是渴求满足一定的需要并设法达到一定的目标。这个目标在尚未实现时，表现为期望。这时目标可以产生激励效果，激励的大小取决于目标价值(效价)和达到目标可能性(期望)的乘积。用公式表示就是：

$$\text{激励} = \text{效价} \times \text{期望}$$

这里的激励指调动员工积极性、激发员工努力的程度。这个公式说明：假如一个人把某种目标的价值看得很大，估计能实现的概率也很高，那么这个目标激发动机的力量越强烈。

期望理论与效价、工具性及期望这三个概念紧密相关，要理解期望理论，首先要理解这些概念。效价是指个体对某种结果的效用价值的判断，是某种目标、某种结果对于满足个人需要的价值；工具性是指达到个体的终极目标的工具；而期望则是指个体实现某种结果的可能性。

效价(valence):个体对某种结果的效用价值的判断,是某种目标、某种结果对于满足个人需要的价值。

案　例

效价与效用

效用(utility)最初起源于经济学研究。效用是指对于消费者通过消费或者享受闲暇等使自己的需求、欲望等得到满足的一个度量。在期望理论中,效价指的是实现目标本身对满足个人需求的程度。无论是效用还是效价都是一个心理概念,只存在于个体的心理评价中。我们可以看一个例子:

中一个200万的彩票大奖和得到一台电视机,对各位来说效价是什么?各位更倾向于哪个?对于大多数人来说,200万的彩票大奖更有价值,因为大家都知道用200万的一小部分就能购买一个电视机,就得到了电视机的效价。

那么中一个200万的彩票大奖和你的健康呢?我的一个朋友曾经说过,他们公司的工作模式是"40岁以前用健康挣钱,40岁以后是花钱买健康"。他们公司的几个副总由于工作疲劳患上了各种职业病,但是他们的收入都很高。你觉得这种生活模式和工作模式你愿意接受吗?为什么?你觉得哪些价值是对等的?这其实完全是一种心理判断。

效价是交换的基本机制,只有对等,或者你觉得划得来,你才会接受交换。效用被经济学家们用于构造无差异曲线,无差异曲线反映了个体在维持一定水平的满足状态时需要的不同商品的数量组合。这同样存在于人们对两个不同商品的价值评估,也是一个心理概念。

效价是存在于人们心理中的,市场价格上万的LV包在你眼里值多少?你认同它的设计,承认它作为一种身份和地位的象征,从而愿意花费自己3个月甚至更长时间的薪水去购买?还是在你看来,它不过是打着名牌的幌子,实则和大街上几十块钱的包没差别,你宁可拿去海吃一顿,也不会考虑去买一个?一套阿玛尼的西装通常的价格在万元左右,它和千元的杉杉西服你觉得哪一个更值？如果和一套价格在千元以内的 NIKE 运动服呢？大家知道 NIKE 的所有产品都是贴牌生产，都不是 NIKE 公司做的。为什么一套与之类似的运动服才上百元呢？你觉得哪一个更值？

同样的东西，在不同人心中的价值是不同的。任何目标的达成都需要付出努力，在期望理论中，效价便是指值不值得你花这样的努力去做。

期望理论中另外一个重要的概念是期望，是人们根据过去经验判断自己达到某种目标的可能性的大小，即能够达到目标的概率。目标价值大小直接反映人的需要动机强弱，期望概率反映人实现需要和动机的信心强弱。

在上面一个中彩票的例子中，大家都知道中彩票的可能性很小，从概率上计算是几万分之一，几乎不可能，也就是期望很小。

期望（expectancy）：个体对实现目标结果可能性的心理估计。

有趣的是，无论是“效价”还是“期望”，都是心理上的，为什么买彩票的人这么多？为什么玩老虎机的人那么多？因为他们认为他们可以达到目标。事实上，如果你是一个理性的人，计算一下就可以知道，组织卖彩票的公司不可能设计一个亏钱的彩票品种。全世界没有一个赌场会因为输钱而关门，一个会理性计算的人游戏一开始就可以意识到规则本身是肯定对你不利的，你在玩一个总体上是输的游戏。但是每一个参加赌博的人都会认为自己比别人更加幸运。心理上对这种可能性的估计要比事实上高得多。

人们心理上的这样一种期望很重要，这就是为什么一个领导者能够把员工的气氛调动起来的原因。改变了员工对这个任务的效价和期望的认识，人们就变得动力十足。如何改变人们对期望和效价的认识，对于一个领导者而言至关重要。我们想一想每一个寿险推销员在参加了晨会以后都会信心十足，为什么？这是因为领导者的演讲改变了他们的认识，包括对实现目标的效价和期望的认识。

工具性(instrumentality):个体通过实现一阶目标来达到二阶终极目标,这时个体追求的一阶目标就是工具与路径。

工具性有一个重要的方面是这种可能性的大小,也就是期望。中彩票基本不可能,所以我相信大多数的同学不买彩票。这对于工作来说也是一样,如果不可能得到奖励,那么就没有必要努力去做。工具性的另外一个意义是"路径",也就是要怎么做才可能达到结果。工作者要看到每一步进步的可能性,先取得什么,后取得什么,才有可能达到最后的成功和终极目标。根据期望理论,要有效地激励个人,需要正确处理以下三种关系,如图 4-10 所示:

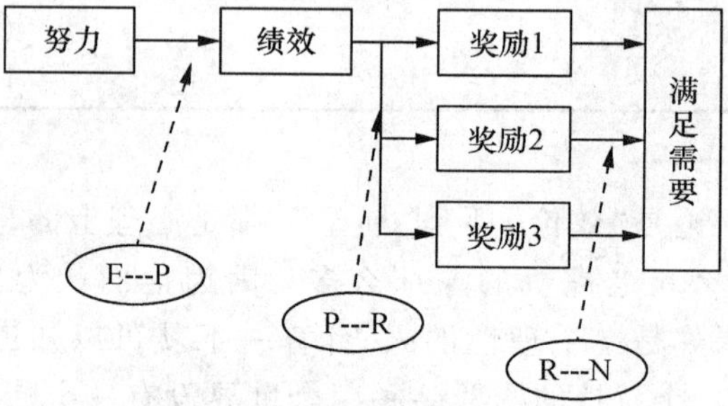

图 4-10 期望理论的激励过程

努力与绩效的关系

指个体感到通过一定程度的努力可以达到某种工作绩效的可能性。人总是希望通过一定的努力能够达到预期的目标,如果个体主观认为通过自己的努力达到预期目标的概率较高,就会有信心,就可能激发出很强的工作热情,但如果他认为再怎么努力目标都不可能达到,就会失去内在的动力,导致工作消极。例如,小明是个在班里成绩倒数的孩子,他爸爸许诺:如果他在最近的一次考试中获得第一,就给他买一个他喜欢的玩具。这对小明而言,显然是缺乏激励作用的,因为以他现有的基础,即便他非常努力,也不可能达到爸爸的要求。

绩效与奖励的关系

指个体相信达到一定绩效水平后即可获得理想结果的程度。人总是希望取得成绩后能够得到奖励，这种奖励既包括提高工资、奖金等物质奖励，也包括赞誉、工作成就感、同事的信赖、威望提升等精神奖励，还包括得到晋升等物质与精神兼而有之的奖励。如果他认为取得绩效后能够得到合理的奖励，就可能产生工作热情，否则就可能没有积极性。例如，小明平日的成绩还不错，他爸爸许诺：如果他在最近的一次考试中获得第一，就给他买一个他喜欢的玩具。假如爸爸的承诺可以兑现，这无疑是对小明具有激励作用的，但如果爸爸经常只说不做，那么原本可以通过努力考取第一的小明也就失去了积极性，因为即使达到了要求也没有奖励。

奖励与满足个人需要的关系

指从工作中可以获得的结果或奖赏对个体的重要性程度。人总是希望获得的奖励能够满足自己某方面的需要。然而由于人们各方面的差异，他们需要的内容和程度都可能不同。因而，对于不同的人，采用同一种奖励能满足需要的程度不同，能激发出来的工作动力也就不同。例如，小明平日的成绩还不错，他爸爸许诺：如果他在最近的一次考试中获得第一，就给他买玩具 A，但其实小明想要的是玩具 B。那么，虽然小明通过努力考取第一的可能性很大，爸爸也是个言而有信的人，可是奖励并不能很好地满足小明的需要，小明的积极性还是很难被激发出来。

最后，我们再来回顾一下本章开头的引例——微软公司的激励制度。事实上，这套激励制度的成功可以通过期望理论得到解释。微软的员工只要对公司怀着高度的忠诚，长期留在企业认真高效地工作，就能每隔一段时期得到股票认购权等不同程度的经济奖励，而这些奖励能大大提高他们的生活品质，同时微软的良性发展也使得他们作为员工倍感骄傲和自豪。如果努力与绩效的关系、绩效与奖励的关系、奖励与满足个人需要的关系都得到很好的满足，员工自然能产生高涨的工作热情，努力与企业共同发展。

思　考

回顾关于许利强的案例，思考下列问题：

- 许利强为什么会丧失工作的动力？
- 为什么他原来有很强的动力，到后来却没有动力了？
- 许利强是怎么看待目标和努力之间的关系的？

我们可以通过期望理论中提及的三种关系，来理解许利强对工作越来越消极的原因。许利强虽然没有很硬的教育背景，但是并不缺乏能力。他可以通过自己的努力，完成一些有难度的工作，但是上级并没有给他这样的机会。一开始，他工作热情很高，工作质量也很好，但是他并没有因此获得奖励。当他相信这样工作下去永远达不到自己的目标——改善生活、赢得尊重后，自然就再也不愿意努力工作了。

公平理论

> 孔子曰："丘也闻有国有家者，不患寡而患不均，不患贫而患不安。盖均无贫，和无寡，安无倾。"
>
> ——《论语》

公平理论(equity theory)由美国心理学家亚当斯(J. Adams)于1965年提出。分配公平感是公平理论的核心所在。所谓分配公平感，是指人们对组织中资源奖酬的分配，尤其是涉及自身利益的分配是否公正合理的个人判断和感受。

公平理论认为，人是社会人，一个人的工作动机不仅受绝对报酬的影响，还受到相对报酬的影响。每个人都会把自己所得的报酬与付出劳动之间的比率与其他人进行比较，也会把自己现在的投入产出比率与过去的投入产出比率进行比较，并且根据比较的结果决定今后的行为。如果个人比率(报酬/贡献)与他人比率相等，他就会认为公平、合理，从而心情舒畅，努力工作。否则，就会感到不公平，降低工作积极性。个人历史比率比较也会产生同样心理。

比较的过程可以用公式表示为：

$$\frac{O_p}{I_p} = \frac{O_r}{I_r}$$

其中,p代表自己,r代表参照者,O代表产出(薪酬、机会、发展等),I代表投入(努力、能力、经验、技能等)。

在公平理论中,个体用来与自己进行对比的参照对象是十分重要的变量。它可以划分为三个类型:“他人”、“系统”和“自我”。“他人”包括同一组织中从事类似工作的其他个体,也包括朋友、邻居和同行。人们通过在工作中听到的消息、在报纸杂志上看到的消息,将自己的收入与他人进行比较。“系统”指组织中的薪酬政策,以及这些制度的操作和管理等。组织在薪酬分配方面的所有规定,构成了这一部分的主要内容。“自我”指每个员工自己付出与得到的比率。它反映了员工个人过去经历及交往活动,并受到员工过去的工作标准及家庭负担程度的影响。员工具体选择哪种参照对象,与员工能得到的有关参照对象信息以及他们感到自己与参照对象的关系有关。

根据公平理论,管理者必须对员工的投入给予恰当的承认,否则员工就会产生不公平的感觉。当员工觉得自己受到了不公平待遇时,为了消除由此产生的紧张不安,他们往往会采取以下办法:

• 在认识上改变对自己具备条件(包括努力、能力、教育程度、年龄等,即“投入”(inputs))与取得报酬(即“产出”(outcomes))的评价。例如改变对自己的能力估计,由过高到适当。

• 改变对别人的评估。例如,由于对别人水平估计过低,就可能会感觉别人收入偏高。现在提高对该人水平估计,再与自己相比,就不会觉得不公平。

• 采取行动,改变自己的O/I比率。如找一个收入更高的工作,或消极怠工,减少贡献。

• 另选比较对象,改变参照点。比上不足,比下有余。取得主观上公平感使心理平衡。

• 采取行动,改变他人的O/I比率。如向上级申诉理由,或要求与他人比高低。

• 其他表现。如发牢骚,泄怨气,制造人际矛盾等。

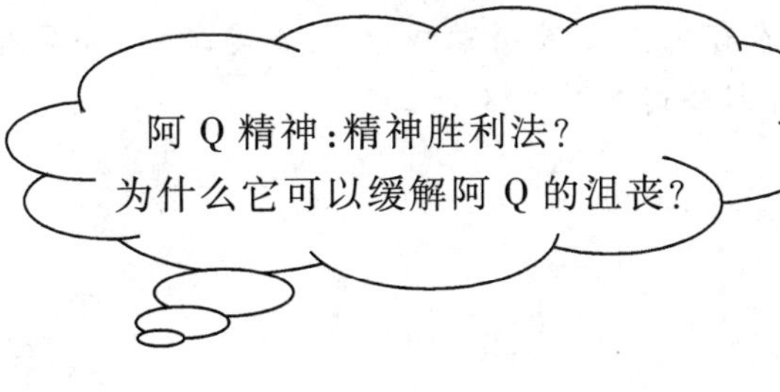

公平理论提出的基本观点是客观存在的,也能对我们的管理工作产生指导意义。但是我们要想一想:什么是公平?你觉得什么是公平的呢?公平本身具有很大的主观性,公平与否在很大程度上是由个人的知觉决定的。

- 它与个人的主观判断有关。上面公式中无论是自己的或他人的投入和报偿都是个人感觉,而一般人总是对自己的投入估计过高,对别人的投入估计过低。

- 它与个人所持的公平标准有关。上面的公平标准是采取贡献律,也有采取需要律、平均律的。例如有人认为助学金应改为奖学金才合理,有人认为应平均分配才公平,也有人认为按经济困难程度分配才适当。

贡献律 $\frac{O_p}{I_p}=\frac{O_r}{I_r}$

平均律 $O_p=O_r$

需要律 $\frac{O_P}{N_P}=\frac{O_r}{N_r}$

- 它与绩效的评定有关。我们主张按绩效付报酬,并且各人之间应相对均衡。但如何评定绩效?是以工作成果的数量和质量,还是按工作中的努力程度和付出的劳动量?是按工作的复杂、困难程度,还是按工作能力、技能、资历和学历?不同的评定办法会得到不同的结果。最好是按工作成果的数量和质量,即用明确、客观、易于核实的标准来度量,但这在实际工作中往往难以做到,有时不得不采用其他的方法。

- 它与评定人有关。绩效由谁来评定,是领导者评定还是群众评定或自我评定,不同的评定人会得出不同的结果。由于同一组织内往往不是由同一个人评定,因此会出现松紧不一、回避矛盾、姑息迁就、抱有成见等现象。

思考题

- 假如现在你有机会去 A 公司或者 B 公司工作,公司待遇如表 4-1 所示。你会选择在哪家公司工作?为什么?

表 4-1　A 公司和 B 公司的待遇

	公司 A	公司 B
你	3 000 元	3 500 元
他人	2 500 元	4 000 元

从上面这张表中，我们可以很清楚地看到 A 公司和 B 公司的差别：在 A 公司，你的绝对薪水低于 B 公司，但是你相对薪水却高于同在 A 公司的其他员工；在 B 公司则正好相反。这个选择其实等同于你内心的公平标准：你更倾向于用绝对薪水来衡量你的价值还是相对薪水。

从某个角度而言，我们也可以把这个选择理解成很多毕业生在就业时都在考虑的问题：是选择好待遇还是选择好的发展前途？在 A 公司，绝对薪水不算高，但是比同事高的相对薪水意味着你高于别人的价值得到了承认，在这家公司也许你会得到重用。而在 B 公司，绝对薪水高，但是你的相对薪水低于同事，这意味着你不被认为有什么过人之处，得到重用的可能性就远低于 A 公司。

● 回顾章前许利强的案例，为什么他会觉得他和建筑师之间很不公平？比较的标准是什么？

通过许利强的抱怨："我懂得的并不比这些很牛气的建筑师们少，但我文凭不够。"我们可以发现他认为自己的能力不输别人，却仅仅因为学历的限制而没有得到同等的待遇，包括尊重、经济报酬等。为什么会觉得不公平呢？因为他们干着类似的工作，都是在画图纸，但是许利强却没有看到很多不类似的地方，比如责任、设计创意等。

在他看来，自己完全有能力做得和建筑师一样好。公司在工作任务分配、意见采纳、薪水级别等方面的设定应该参照个人能力，而学历并不能真实地反映个人的能力，因此按学历分等的做法是不公平的，自己没有得到应有的承认。

归因理论

归因理论（attribution theory）首先由奥地利的社会心理学家海德（F. Heider）在其 1958 年出版的《人际关系心理学》中提出。他主张从行为结果入手探索行为的原因，将个人行为产生的原因分为内部和外部两大类。内部原因是指个体自身所具有的、导致其行为表现的品质和特征，包括个体的人格、情绪、心境、动机、需求、能力、努力等；外部原因指个体自身以外的、导致其行为表现的条件和影响，包括环境条件、情境特征、他人影响等。

归因主要包括三个部分：

- 心理活动的归因：人们的心理活动应归结为什么。
- 行为的归因：根据人的外部行为和外部表现对其内心的心理活动进行推论。
- 对人们未来行为的预测：根据行为的表现预测他们在以后有关情景中的行为。

1972 年，韦纳（B. Weiner）在海德研究的基础上，提出能力、努力、任务难度和机遇是人们在解释成功或失败时知觉到的四种主要原因，并将这四种主要原因分成原因源和稳定性两个维度。根据原因源维度，可以将原因分成内部原因和外部原因；根据稳定性维度，可以将原因分为稳定原因和不稳定原因。在韦纳看来，不是原因本身，而是原因所具有的特性或结构决定了人们会有什么样的情绪、动机和行为反应。韦纳的归因理论把归因过程与成就动机紧密结合起来，从而构建了完整的动机和情绪的归因理论，如表 4-2 所示。

表 4-2　韦纳归因模型

	稳定	不稳定
外源	任务难度	机遇
内源	能力	努力

韦纳通过一系列的研究，得出了一些归因理论中最基本的结论：

- 如果个人将成功归因于能力和努力等内部因素时，他会感到骄傲、满意、信心十足；而将成功归因于任务容易和运气好等外部原因时，产生的满意感则较少。
- 如果个人将失败归因于缺乏能力或努力，则会产生羞愧和内疚；而将失败归因于任务太难或运气不好时，产生的羞愧感则较少。
- 个人归因于努力比归因于能力，无论对成功或失败均会产生更强烈的情绪体验。因为努力而成功，会体会到愉快；因为不努力而失败，则会体验到羞愧；努力了却失败也应受到鼓励。
- 在付出同样努力时，能力低的人应得到更多的奖励。
- 能力低而努力的人受到最高评价，而能力高而不努力的人受到最低评价。

根据韦纳的归因理论，员工本人在追求事业成功方面，应当在可控的内源因素上多下工夫，提高自己的能力和工作热情，而管理者则应在不可控的外源因素上多创造条件，为职工成功提供良好的机会与外部环境，并客观地评价其成果。

案　例

在一个海边小镇，有一个老头独自居住在一个偏僻的海边小屋内。不知从何时起，经常有一群调皮的孩子从远处的镇上跑到海边玩耍，他们发现了独居的老头，就经常用石头砸老头的木屋，跟他捣蛋。老头当然气愤苦恼，也尝试了说教、喊骂等方式，结果总无济于事。终于有一天，老头想出了个法子。在小孩子又一次准备丢石头的时候，老头和蔼地将他们叫到身边对他们说："现在我倒挺喜欢你们这样跟我闹着玩的，这样吧，以后你们每天都来，每次来我给你们 2 元钱。"孩子们听了很开心，本来就喜欢这样，现在又有零花钱拿，何乐而不为呢？这样，孩子们每天大老远地跑去丢石头，然后从老头那里换取 2 元钱。过了一星期，老头对孩子们说："我手头的钱有点紧，下次来只能给你们每人 5 毛钱了。"孩子们听后闷闷不乐，从 2 元降到 5 毛，总让人不舒服，之后去的人数减少了大半。又过了一星期，老头对孩子们说："现在我自己的生活都有困难了，下次你们来我一分钱都不能给你们了。"孩子们听后很不高兴，之后再也不去向老头屋子丢石头了。

资料来源：奚恺元：《别做正常的傻瓜》，北京：机械工业出版社，2005 年版。

小孩子为什么一开始的时候非常愿意去扔石头但是到了后来却不愿意了呢？因为在开始扔石头的时候，这是一种游戏。孩子们虽然没有对扔石头做出明确的归因解释，但是他们觉得这是一件很好玩的事情，他们自己希望来扔石头，这是一种内部的归因。老头的做法是诱导了孩子们的归因。在给孩子们发了 2 元钱以后，这样一个有趣的游戏变成了打工，扔石头的原因是为了这 2 元钱了。这是一个显著的外部诱因，导致孩子们对这件事情的认识转变了。按照韦纳的理论，内部诱因更能激发工作的积极性，而外部诱因不能激发工作的积极性。当孩子们的认识转变以后，归因也就变化了，所以工作动力也产生了变化。

美国社会心理学家凯利则对归因理论进行了另一种形式的扩充和发展。他提出，可以使用三种不同的解释说明行为原因：(1) 归因于从事该行为的行动者;(2) 归因于行动者的对手;(3) 归因于行为产生的环境。这三个原因都是可能的,而要找出真正的原因,需要借助三种行为信息:

前后一贯性

行动者在不同的时间内是否表现得前后一致。例如,某位员工今天上班迟到了,而他之前也经常表现得非常自由散漫,则该员工的迟到行为一般会被作内部归因。反之,如果某行为的前后一贯性不显著,则观察者可能会把原因归于外部因素。

情景一致性

行动者是否在任何情境下都对同一刺激物做出相同的反应。例如,某位运动员一直以来比赛成绩良好,但在最近一次比赛中却发挥很糟糕,则该失利行为的情景一致性低;而如果他一直以来训练成绩良好,一上赛场却每每发挥失常,该失利行为的情景一致性就高。一般来说,行为的情景一致性越高,观察者越倾向于对该行为作内部归因。

人员一致性

其他人对同一刺激物是否也做出与行动者相同的反应。如果每个人面对相似的情境都有相同的反应,我们就说该行为表现出人员一致性。例如,所有走相同路线上班的员工都迟到了,则该迟到行为的人员一致性就高;如果走相同路线的其他员工都准时到达了,只有一名员工迟到,则该迟到行为的人员一致性就低。人员一致性越高,我们就越倾向于对行为进行外部归因。

凯利还研究了归因中的错误或偏见。他指出,尽管我们在评价他人行为时有充分的证据支持,我们仍然倾向于低估外部因素的影响而高估内部或个人因素的影响,他称此为基本归因偏见。基本归因偏见在我们的日常生活中很常见,比如当销售代表的业绩不佳时,销售经理总是倾向于将其归因于下属的懒惰而不是客观外界条件的影响。此外,个体还有一种倾向,喜欢把自己的成功归因于内部因素,比如能力或努力,而把失败归因于外部因素,比如运气,这称为自我服务偏见。

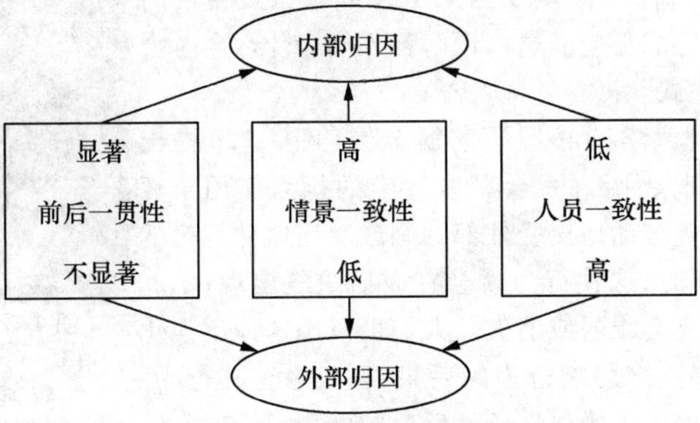

图 4-11 凯利的归因过程

基本归因偏见(fundemental bias):评价他人的行为时,低估外部因素的影响而高估内部因素的影响。

自我服务偏见(self-service bias):把自己的成功归因于内部因素,而把失败归因于外部因素。

强化理论(reinforcement theory)

很多人在童年时期,都有过戴小红花的经历。回忆一下当时的场面,是不是满怀着自豪、美滋滋地体味着老师和父母对自己的肯定?是不是心里暗暗下定决心,下一次要做得更好,拿更多的小红花呢?

这其实是一种对行为的强化,通过奖励保持和加强积极行为。这样的例子在我们的身边数不胜数,每个学期发放的各类奖状、班干部的任职机会等,其实都是强化理论的实际运用。

强化理论是和条件反射理论密切联系在一起的。巴甫洛夫在用狗作为研究对象进行研究后，发现当某个外部刺激发生的时候，会引起特定的反应。这可以解释人们为什么会学会特定的反应模式。

但是哈佛大学的心理学家斯金纳（图 4-12）提出人们为了达到某种目的，会采取一定的行为作用于环境，而不是一直被动地接受外部的刺激。当这种行为的后果对他有利时，这种行为就会在以后重复出现；不利时，这种行为就会减弱或消失。人们可以用这种正强化或负强化的办法来影响行为的后果，从而修正其行为。由此，斯金纳提出了操作性条件反射的概念。

图 4-12　斯金纳（B. F. Skinner）

资料来源：www.wikimedia.org。

操作性条件反射（operant conditioning）：个体通过自身行动，产生一定的行为结果，从而产生行为与结果之间的联系，并且习得相应的行为。

强化理论主要着眼于如何引导人的行为，使它朝着组织所希望的方向进行。所谓强化，是指人的行为之后产生的某种结果会使以后这种行为发生的可能性增大。人具有学习能力，通过改变其所处的环境，可以保持和加强积极的行为，减少或消除消极行为，把消极行为转化为积极行为。据此，强化理论提出了以下几种行为改造策略：

正强化

对正确的行为及时加以肯定或奖励。正强化可以导致行为的继续，条件是所给予的奖励必须是员工所喜欢的。例如，企业用某种具有吸引力的结果（如奖金、休假、晋级、认可、表扬等），表示对职工努力进行安全生产行为的肯定，从而强化职工进一步遵守安全规程进行安全生产的行为。

负强化

通过人们不希望的结果的结束，而使行为得以强化。负强化可增加某种预期行为发生的概率，而使一些不良行为结束或消退。例如，上学迟到的学生都被老师批评了，不想受到批评的学生就会努力做到不迟到。

消退

对某种行为不采取任何措施，既不奖励也不惩罚。那么，原来形成的反应就会逐步减弱，员工为之做出的努力也随之减少。一种行为得不到强化，那么这种行为的重复率就会下降。例如，企业曾对职工加班加点完成生产定额给予奖酬，后经研究认为这样不利于职工的身体健康和企业的长远利益，因此不再发给奖酬，从而使加班加点的职工逐渐减少。同样，对于负面的行为，企业如果不再认为这种行为是负面的，那么就会撤销对这些行为的批评，这些原本的负面行为也会逐步出现。

惩罚

当原本企业希望奖励的行为反而受到了批评时，员工的行为就受到了惩罚，这种行为就会快速消退。比如，员工为了完成销售任务，没有经过领导批准与客户一起搞了一次联谊活动，但是管理层认为这违反了公司规定，给予了相应处分。这就是一次惩罚。尽管员工是为公司销售做出的努力，但是反而受到惩罚，那么类似行为可能会大大减少。

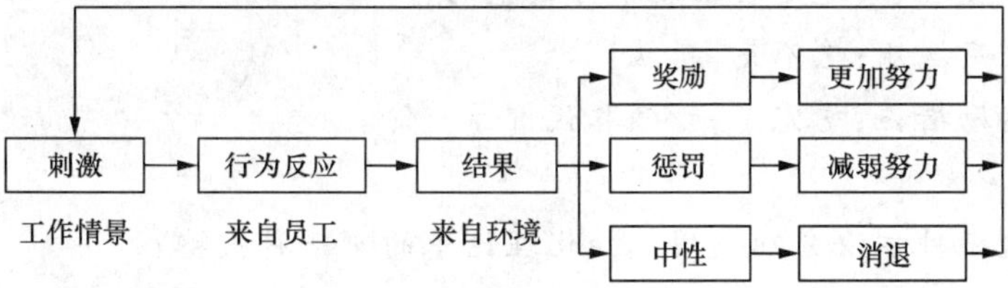

图 4-13　工作动机强化过程

图 4-14　班杜拉 (Bandura)

资料来源：www. stanford. edu。

奖励和惩罚中，每一次奖励和惩罚就是一次强化。就像在学校读书时，大家都很关注什么样的同学得到了奖学金，什么样的同学得到了保送推荐，其实这都是强化。而在企业中，如果管理者由于疏忽奖励了本不应该奖励的事件，那么组织原本制定的原则就会受到挑战，员工会认为这些组织制度只是表面的，而认定存在所谓的“潜规则”。

但是班杜拉（图 4-14）发现，其实人们的很多学习行为不需要亲身体验，而是通过直接的观察，或者通过组织中流传的一些故事就可以学习很多工作习惯。我们通常说榜样的力量是无穷的，人们对于榜样的学习就是一个典型的社会学习的过程。

社会学习理论(social learning):个体不仅通过亲身体验进行学习,还通过观察、阅读和听取发生在他人身上的事情而学习。

案 例

快餐店的苦恼

有一个老板开了一家自助餐店,由于物美价廉,很受大家欢迎。但是由于利润薄,顾客多拿而吃不完的食物成了一项很大的成本开支。老板为此很苦恼。某人对此开出了3个管理处方:

1. 不置可否,这是自助餐不可避免的;
2. 制定规矩:吃不完,罚款!
3. 奖励措施:吃完了,可领取代价券一份。

问题

- 这三种方法分别使用了强化理论中的哪一种策略?
- 分析三种方法的优劣。
- 如果你是老板,你会选择哪一种方法?为什么?

方法一采取了消退的策略,既不奖励也不惩罚。但是这个方法显然对节约食物没有什么帮助,没有任何奖惩措施,那么大家依旧会按照原来的习惯,继续浪费。

方法二采取了惩罚的策略,对浪费食物的行为进行处分。虽然罚款确实能在一定程度上减少人们浪费食物的行为,但是另一方面,作为一家快餐店,这样的惩罚措施容易引起顾客的不满和纠纷,对正常营业产生影响。

方法三采取了正强化的策略,对不浪费食物的行为进行奖励,这个方法是最合理的。一方面,人们会因为想得到奖励而减少浪费行为;另一方面,得到代价券奖励的顾客再次光顾该店的可能性大大增加。如果我们联系知觉一章中的内容,我们可以发现正面框架下的描述更容易为人们所接受,这样的代价券措施也就容易得到良好的效果和认可。

目标设置理论

案　例

假如你即将参加一场考试,下列哪种方式会具有更大的激励效果呢?

老师 A 对你说:"只要尽力而为。"

老师 B 对你说:"只有考试成绩达到 90,总评才有优。"

美国马里兰大学教授洛克(图 4-15)发现,外来的刺激都是通过目标来影响动机的。目标能引导人们的注意,使人们根据难度的大小来调整努力的程度,并影响行为。他于 1967 年最先提出"目标设定理论"(goal setting theory),认为目标本身就具有激励作用,目标能把人的需要转变为动机,使人们的行为朝着一定的方向努力,并将自己的行为结果与既定的目标相对照,及时进行调整和修正,从而实现目标。

图 4-15　洛克(E. A. Locke)

资料来源:American Psychologist,2002.9。

目标有两个最基本的属性:具体程度(specific)和难度(difficulty)。目标设置理论认为,具体的目标会提高工作成绩;另外,困难的目标一旦为人们所接受,将会比容易的目标导致更高的工作绩效。工作目标的具体化、挑战性以及反馈信息对工作成绩有着十分重要的影响。

为了达到目标而工作的愿望是工作动机的主要源泉之一。有关目标设置的研究表明,作为激励力量,设置具体而有挑战性的目标比其他激励手段具有优越性。这种目标比泛泛的目标如"尽最大努力"能产生更好的效果。目标的具体化本身就具有内在推动力。

所以,后人在目标设置的要求中,列明了 SMART 的准则。设置目标看似一件简单的事情,但其实好的目标在设置时满足以下五点要求并不容易。这五点是这样的:

- S 代表 specific，要求目标必须是具体的；
- M 代表 measurable，要求目标的执行必须是可测量的；
- A 代表 aligned，要求目标与总体目标之间具有相关性；
- R 代表 reachable，要求目标必须是可实现的；
- T 代表 time-bounded，要求目标必须具有明确的截止期限。

▪ “我要好好学习，天天向上”—— 不是一个 SMART 目标

▪ “我要在 5 月 31 日前，记住并能拼写出 300 个英文单词”——是一个 SMART 目标。

▪ 针对团队的一个 SMART 目标——“在 6 月 30 日前，本部门 销售额达到六百万，并将客户的数量发展到一千名。”

▪ “在本世纪末，将一个美国人送上月球。”

——美国总统的 SMART 目标

另外与之相关联的，在目标的设定和完成的过程中，另外一些概念也会影响目标管理的效果。

承诺

承诺是指个体对目标的认可，认为目标重要，并持之以恒地为达到目标而努力。研究发现，合理制定的目标与个体参与设定的目标可以加强对目标的承诺，而个体参与制定的有难度的目标可以激发持续的努力和坚持。

反馈

有反馈的目标更能够提高绩效。目标给人们指出应达到什么样的目的或结果，同时它也是个体评价自己绩效的标准。反馈则告诉人们这些标准满足得怎么样，哪些地方做得好，哪些地方尚有待改进。良好反馈可以使得

人们及时调整策略,跟进目标。

自我效能感

自我效能感(self-efficacy)的概念由班杜拉提出,指的是员工针对完成具体任务的信心。当个体对某个任务的自我效能感强的时候,对这个目标的承诺就会提高。这是因为高的自我效能感有助于个体长期坚持在某一个活动上,尤其是当这种活动需要克服困难、战胜阻碍时。高自我效能感的人比低自我效能感的人坚持努力的时间要长。

第四节　激励的整合模型

激励理论整合模型是在考虑了员工能力和工作机会的基础之上,结合当代激励理论,构成的一个完整模型,它为全面理解员工在企业的行为动机提供了依据。

模型以期望理论为基础,说明当员工意识到努力与绩效、绩效与奖励、奖励与个体目标的实现之间有密切的关系时,会提高努力程度来取得较好的个人绩效,从而获得组织奖励,实现个体目标。当个体目标得到实现时,员工的满足感油然而生,满意度也因此得到提高。

从模型可以看到,员工的绩效水平不仅取决于员工的努力,还受员工能力、组织评估系统客观性和公正性以及工作设计的影响。在努力程度一定的情况下,为了取得高绩效,个体必须拥有工作所需要的能力。为了提高能力,员工期望企业能够提供培训。同时,员工也希望绩效评估系统是公平合理的,不合理的评估不仅不能激励员工,还会让员工产生消极行为,减少努力程度。员工的绩效需要得到及时的反馈,比如表扬与鼓励、组织奖励等,它们会对员工行为产生正强化,提高员工努力程度。员工也会将自己获得的奖励与他人相比较,衡量其所得奖励是否公平,这涉及企业管理制度与用人机制等方面的公正和公平。另外,员工还会衡量组织奖励是否能满足其生理、安全、社会、尊重和自我实现五个层次的需要,尤其是占据主导地位的需要。

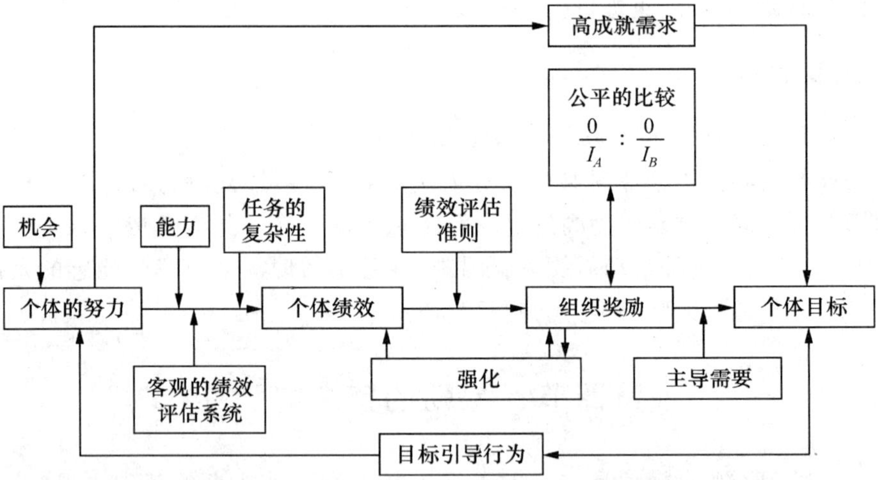

图 4-16 激励理论整合模型(波特–劳舍模型)

❑ 本章复习要点

激励
需求层次理论
双因素理论
成就动机理论
期望理论
公平理论
归因理论
强化理论
目标设置理论

❑ 本章复习题

专业术语

激励
需要层次理论
尊重需要
自我实现需要
双因素理论
保健因素
激励因素
成就需要
合群需要
权力需要
期望理论
效价
期望
工具性
公平理论
归因理论
基本归因偏见
自我服务偏见
强化理论
操作性条件反射
社会学习
目标设置理论

案例分析(1)

瑞信公司

瑞信公司是一家大型的电子设备制造企业,历史比较悠久。公司非常注重生产过程的优化和成本控制。公司设立了信息控制中心来搜集研究企业内部生产过程中的有用信息,以便组织能协调运行。但这一措施在执行中发生了问题,以下是制造部两位基层主管暗中的对话:

女:"信息中心整天在想什么,不停地发调查表,填一份就要几个小时,谁受得了!"

男:"你真的去填那些表?有空啊?还不是对付对付算了,你知道别人怎么填的?二车间的老李每下一张表,大家抓一次阄,谁填谁倒霉。"

女:"但是……"

男:"没事的,说真的,工厂总要生产,大家都忙着填表,谁还来搞生产,再说这种东西上头真的要看吗?搞搞也就自生自灭了。就算追究下来,法不责众,也不会怎么的。"

其实公司这样做,也并不是简单地为了监控各个部门,分管生产的周副总努力推行这一措施,正是因为公司有数项重要合同,对交货时间要求非常严格。刚才还有一个客户来询问。经过这段时间,周副总也看出了调查上来的信息问题,这使他陷入了沉思……

资料来源:郭毅、阎海峰:《组织行为学》,上海:高等教育出版社,2005年版。

问题

- 如果你是周副总,你会怎么办?
- 解释大家为何在调查时漫不经心?
- 请就确保产品按时完工及信息收集的方式提出建议。

参考答案

1. 目标设置

在这个案例中,之所以会出现员工对调查表敷衍了事的情况,是因为开展这项工作的目标没有被大家所接受。填表的员工不知道信息中心进行调查的目的,自然把填表视为一项没有意义的、无助于企业整体绩效的事情,不可能好好去做。

要想取得员工的配合,必须先让他们接受调查的目标,或者安排他们参与目标的设置,提高他们的积极性。同时,员工应该及时地向信息中心反馈信息,促进目标的实现。

2. 期望理论

根据期望理论,效价是决定个体努力程度的一个重要因素。一旦个体认为结果对他毫无吸引力可言,必然会采取消极态度。在这个案例中,员工看到不配合信息中心进行调查也没有什么关系,自然认为不值得为这件事情付出努力。

作为公司管理人员,要使员工得到激励,就必须让他们意识到:辅助信息中心完成调查是很有意义的事情,能对公司的长远发展产生重要影响。同时,可以配合一些个人奖励措施,提高员工的积极性和工作质量。

3. 强化理论

如何确保在产品按时完工的同时又能收集到必需的信息呢? 强化理论为我们提供了思路。

正强化。我们可以通过奖励某些员工的优秀表现来鼓励大家进步,比如给他们发些额外的奖金。让其他员工意识到,只要愿意配合并做出合理安排,能够实现生产和填表两不误。

负强化。对某些表现特别差的员工做出警告甚至处以一定数额的奖金扣罚,那么不想被警告或罚钱的员工就会主动配合信息调查工作。

案例分析(2)

安利营业代表报酬及奖励制度

安利于1998年7月率先获得国家对外贸易经济合作部、国家工商行政管理局及国家国内贸易局的正式批准,在中国采用自设店铺并雇佣推销人员的方式经营。安利在全国主要城市设立店铺,产品明码标价,直接服务消费者,亦设有营销队伍帮助推广产品、服务顾客、开拓市场。

安利营业代表报酬计算方法

安利营业代表的工作主要是通过产品示范、说明,帮助公司推广产品,促成顾客与公司交易,营业代表不须向公司购入任何存货,只需依照公司制定的统一顾客价,按顾客的要求,提供订货、送货服务;凭借亲切、周全的售前、售后服务,帮助公司建立稳固的顾客群。

营业代表每售出一件产品可获该产品定价的20%(税前)作为顾客服务报酬,按月由公司支付至指定的银行账户(若营业代表以8折优惠价服务优惠顾客,则不能获得顾客服务报酬)。此外,安利每月会从净营业总额中统拨21%作市场开拓经费,营业代表无论是以产品定价或以8折优惠价销售产品,每月均可按个人销售的产品的净营业额获公司发放最高达21%的销售佣金。

净营业额反映安利营业代表实际的销售业绩，是以产品标价减除顾客服务报酬或折扣优惠乘以净营业额换算比率计算出来的。

安利产品的净营业额换算比率有以下3种：

安利产品的净营业额换算比率

产品/辅助用品	净营业额换算比率
喷雾瓶、塑料瓶、压取器，防漏量杯盖、丝婷蛋白定型水喷筒	42.5%
雅蜜*系列、雅姿*系列、丝婷*系列	71%
其他产品	85%

注：安利喷雾瓶喷头、所有产品资料、企业资料、音像品、宣传品并不计算净营业额，亦不设折扣优惠。

举例

营业代表陈先生某月向顾客销售了10瓶丝白*洗衣液、25瓶雅蜜润肤露、10个塑料瓶，他的月计净营业额是：

丝白*洗衣液	
(75－15)×85%×10	＝ 510(元)
雅蜜*润肤露	
(73.8－14.76)×71%×25	＝1 048(元)
安利*塑料瓶	
(5－1)×42.5%×10 ＝ 1.7×10	＝ 17(元)
合计	＝ 1 575

在2000—2001安利财政年度(由2000年9月1日至2001年8月31日止)，营销人员每月的净营业额达到1 400元以上，即可获颁发3%～21%的销售佣金。

安利产品的净营业额佣金率

净营业额	佣金率
70 000	21%
49 000	18%
28 000	15%
16 800	12%
8 400	9%
4 200	6%
1 400	3%

假如某位营业员在某月份销售了定价为3 000元、净营业额为2 040元的产品，则他除可获得600元（3 000元×20%）顾客服务报酬外，亦可获得销售佣金61.20元（2 040元×3%）。他当月的总收入合共为661.20元。

为循序渐进地提升营销人员的生产力，在2001～2002安利财政年度（由2001年9月1日至2002年8月31日止），3%～21%销售佣金的相对净营业额将调整至1 600～80 000元的水平。

在随后的财政年度，安利将会根据市场的情况，就销售佣金的相对净营业额，逐年做出调整，以平衡通货膨胀的影响，保障营销人员的收入水平。由于市场竞争激烈，安利产品价格的升幅不一定能够追上通货膨胀的幅度，营销人员必须不断提升其生产力，方可维持相同购买力的收入水平。

安利奖励制度

当营业代表有良好的工作表现时，公司便会邀请他成为"见习营业主任"，协助公司发展业务，支援营业代表的销售工作。见习营业主任可按业绩获得以下的晋升机会：见习营业主任、营业主任（银章、金章）、高级营业主任（直系、红宝石、明珠、蓝宝石）、营业经理（翡翠）、高级营业经理（钻石）。

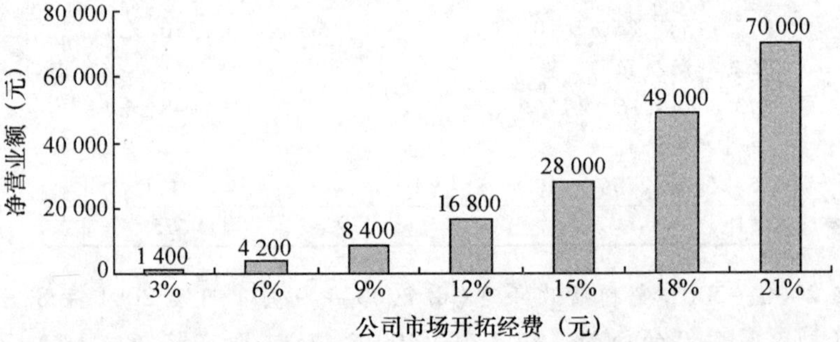

安利公司的净营业额和市场开拓经费

经验有价，劳动有价。辅导、带动新人开展工作，将心得和经验与之分享当属有偿劳务，而在从事产品推广与培训的过程中，会产生各项直接和间接的费用，包括：交通费、差旅费、交际费、电话费、办公用品费等（上述费用简称业务推广费），所以公司会按营业员提供的劳务、效益，给予合理的劳务奖金，并在一定条件下，承担业务推广费。安利会把21%市场开拓经费，在支付个人销售佣金后的余额发给营业主任及经理作为劳务奖金。

例如：通过你的培训和辅导，某月部门内的营业代表A、B及C分别取得2 000元、3 000元及5 000元净营业额的业绩，那么，以部门10 000元的总业绩水平计算，已经达到9%的业绩水平。公司会从市场开拓经费中拨出

900 元（10 000 ×9%），颁发销售佣金给 A、B、C 和劳务奖金给你。

安利的辅导劳务奖金

市场开拓经费	900 元		
销售佣金	A	2 000 ×3%	= 60 元
	B	3 000 ×3%	= 90 元
	C	5 000 ×6%	= 300 元
	合计	450 元	
劳务奖金	900 元 -450 元 =450 元		

假如您做不好培训、支援营业代表的工作，您的收入会逊于部门内的其他人员。所以在安利公司，你必须努力工作，持之以恒，帮助营业代表建立一个稳固的消费群，不断提升部门销售业绩，你的收入才会随之增长。

例如：某月部门内的营业代表 A、B、C 及 D 分别取得 2 000 元、5 000 元、10 000 元及 12 000 元净营业额，那么部门的总业绩是 29 000 元（15%），公司会从市场开拓经费中拨出 4 350 元（29 000 元 ×15%），颁发销售佣金给 A、B、C 及 D 和劳务奖金给你。

通过不断努力，部门的总业绩可以达到最高佣金率 21%，这是安利公司发展史上的一个重要里程。安利会从净营业额另拨 6% 作为各项目月度及年度奖金，以奖励营业主任及经理在开拓市场，培训、支援营业代表工作上的成绩。对于通过稳健实干、守规经营取得指定业绩的营销人员，安利还会颁发一系列的奖章及提供旅游奖励，以奖励绩优部门领导多方面的贡献。

奖励表扬

通过颁发奖衔来肯定勤奋向上的人们的成就是不少商业机构及学术、体育、文教组织的普遍做法。为表扬安利营销人员在不同阶段的成就，安利设有银章、金章、直系、红宝石、明珠、蓝宝石、翡翠、钻石等奖章颁发给营业主任及营业经理。当然您在争取各项奖章时必须注意打好基础，并持续努力，否则所得的荣誉可能只是昙花一现。

奖金奖励

安利公司的各项报酬、奖金，全部以基于需求的产品销售业绩为计算基础，与加入时间先后或奖衔高低无绝对关系。各营销人员取得奖金的机会均等，奖金来自公司划拨的市场开拓经费，是公司正常营运开支的一部分。安利颁发给营销人员的奖衔及奖金花红包括下列各项：

领导奖金　假如你所在部门的总业绩达到最高佣金率 21%，你就可晋升为营业主任，并可获银章一枚，以兹纪念。取得银章奖章的营业主任，将有基本资格取得4%领导奖金，详情如下：若个人部门总业绩保持在70 000元净营业额水平，可得其负责带领的其他21%部门总业绩的4%作为领导奖金；假若其个人部门总业绩介乎28 000～69 999元之间，安利也会酌情发放奖金。如果您在任何连续12个月内有3个月取得银章业绩，则可获得金章奖励；在任何连续12个月内有6个月（其中三个月为连续月）取得银章业绩，则可获晋升为高级营业主任及直系奖章。根据安利公司的经验与电脑分析，取得上述业绩的高级营业主任每年的税前平均收入约95 000元。

红宝石奖金　假如你带领的部门在一个月内取得净营业额140 000元以上的业绩，则可获公司另拨净营业额的2%作为红宝石奖金，高级营业主任更可获红宝石奖章。

明珠奖金　假如在同一个月内，通过你成功的培训、带领，有3个部门达到21%最高佣金率，你便有机会获公司颁发的1%明珠奖金，高级营业主任更可获明珠奖章。若发展稳健，取得上述业绩的高级营业主任每年的税前平均收入约135 000元。若在同一财政年度内，个人部门业绩有6个月达28 000元净营业额以上，并于相同月份培育两个相同部门符合21%业绩，高级营业主任可获蓝宝石奖章（在个人部门业绩未达28 000净营业额的月份，若除两个合格部门以外，另有第三个合资格部门也同时达到21%业绩，也可计为一个合格月份）。

翡翠花红　假如你负责培训、带领的3个部门能够在同一财政年度内有6个月保持21%业绩，你则将晋升为营业经理，并获颁翡翠奖章，还可分享公司当年拨出的0.25%年度翡翠花红。一个稳健的营业经理每年的税前平均收入约400 000元。

钻石花红　假如你负责培训、带领的6个部门能够在同一财政年度内有6个月保持21%业绩，你便可晋升为高级营业经理，并可获钻石奖章，你更可分享公司当年拨出的0.25%的年度钻石花红。一个稳健的高级营业经理每年的税前平均收入约700 000元。

行政钻石花红　假如你负责培训、带领的7个部门都能在同一财政年度内有6个月保持21%业绩，你便可分享公司当年拨出的0.25%的年度行政钻石花红。

旅游奖励

安利每年都会举办各类旅游研讨会，邀请符合业绩标准，并严格遵守《安利营销人员营业守则》等有关规章制度的安利营销人员免费出席，让来自各地的绩优人员聚首一堂，交流业务心得与经验，并直接与安利高层管理人员沟通，为更好地做好未来的销售工作加油打气。安利（中国）自开业以来，曾经在泰国曼谷、芭堤雅、香港、意大利罗马及美国奥兰多举行旅游研讨会。

备注

1. 上文所述的收入数字是安利（中国）根据市场开拓经验及电脑模拟计算的中肯评估；再者，文中所述的税前收入并未扣减业务推广费，各营销人员每月实收金额须视个别年、月份真正业绩计算。安利公司并不保证一定的收入水平。

2. 安利并不是一个致富捷径。上文所述的各项奖衔、奖金，均需要营销人员努力工作，假以时日建立稳固的消费群，方可获得。根据安利市场开拓经验，营销人员一般需要非常积极、踏实地工作两年的时间，方能成为一个稳健的高级营业主任，要成为营业经理及高级营业经理，则需要努力工作3～5年。

3. 除上述的奖章、奖金外，安利每年均会根据市场的具体情况，制订年度特别奖励计划，以符合市场发展不同阶段的需要。

思考题

1. 查阅安利公司网站 www.amway.com.cn，并查阅有关安利直销模式的相关资料。

2. 分析在整个“安利营业代表报酬及奖励制度”中，公司鼓励营业代表的哪些具体工作行为？

3. 按照相关激励理论，解释“安利营业代表报酬及奖励制度”设计考虑的基本原理，以及如何约束激励营业代表的行为。

4. 与3个人寿保险推销员谈一谈，比较保险的营销制度与安利的直销制度之间的异同。

参考答案

在“安利营业代表报酬及奖励制度”中，对应具体的条款，我们可以发现公司基本鼓励这样几种行为：

（1）销售公司产品，并保证在一定价格以上。初级的营业代表的佣金表现在顾客服务报酬中，这20%的费用包括市场拓展、营销费用、渠道、送货等一切费用。营业代表对这20%的费用有自主权。为保证一定的费用空间，营业代表得保证以一定的价格销售产品，但同时也拥有打折、促销等其他一些权力。

(2) 带领团队销售公司产品,并持续保持销售行为。由于安利是采用血缘关系建立的营业代表网络,那么不断鼓励营业代表发展“下线”,并辅导团队产生业绩是公司不断发展的动力。所以,从不同净营业额的市场开拓费用的比率变化与分配体系中,可以看到公司鼓励营业代表帮助他们的下线开拓业务。他们的利益是共生的,从安利的辅导劳务奖金表中可以看出,“下线”比“上线”更早得到销售佣金,但是“上线”也从“下线”的销售中获益。

(3) 不断改进所带领的团队和部门销售业绩。公司设立不同级别的奖金奖励,鼓励营业代表不断晋级。

如果用相关的激励理论去解释,我们可以看出以下理论是可以解释相应的激励效果的。

(1) 期望理论和公平理论。“安利营业代表报酬及奖励制度”是在营业代表会议上宣讲,并在公司制度中公开的。这些目标对于每一个营业代表而言都是很明确的,这就相当于把绩效考评方案明确地告诉了每一个营业代表。期望理论对行为的调节作用很明显。其次,公开透明的制度使得营业代表看到每一个人的起跑线都是一样的,费用制度也很明确,公平使得大家都会去努力工作。

(2) 需要层次理论。公司设立了很多奖励奖金,这不仅仅是物质奖励,更是一种荣誉。旅游奖励更是如此。参加这些旅游研讨会,既是经验交流,更是一种无上的荣誉。

(3) 强化理论。公司在制度中不断强调:“当然你在争取各项奖章时必须注意打好基础,并持续努力,否则所得的荣誉可能只是昙花一现。”公司在考核业绩的时候也是分月度、财政年度考核,并调整考核标准,这时刻在告诉营业代表,奖励是和绩效直接相关的。

(4) 目标设置理论。公司的制度本身是一个具体、详细的目标,难度层级同时配合宣讲会的方式,明确了目标路径,使得目标很有效。

第五章

管理沟通

- 管理者的工作
- 沟通的基本过程与要素
- 沟通焦虑
- 有效沟通的要点
- 互动式沟通分析

引例

英国首相如何说“不”

你求别人一件事，对方不肯，最令你难堪的不是事情没办成，而是自己遭到拒绝，失了面子。别人求你一件事，你不好意思拒绝，主要原因也是怕伤了别人的自尊。

历史上，很多成功的领导人都精通拒绝的艺术，在说“不”的同时，还能给足对方面子。19 世纪英国首相狄斯雷利就是一个这样的人。

有个野心勃勃的军官一再请求狄斯雷利加封他为男爵。首相知道此人才能超群，也很想跟他搞好关系，但军官尚未达到加封条件，因此狄斯雷利无法满足他的要求。有一天，首相把军官单独请到办公室，对他说：“亲爱的朋友，很抱歉我不能给你男爵的封号，但我可以给你一件更好的东西。”

狄斯雷利放低声音说：“我会告诉所有人，我曾多次请你接受男爵的封号，但都被你拒绝了。”

消息传出，众人都称赞军官谦虚无私、淡泊名利，对他的礼遇和尊敬远超过任何一位男爵。军官由衷感激狄斯雷利，后来成了首相最忠实的伙伴和军事后盾。

首相的聪明就在于，他明白军官真正需要的不是一个男爵头衔，而是封爵之后的巨大荣耀。狄斯雷利虽然拒绝了加封的请求，却送给军官一个更大的面子。

在看完英国首相的例子之后，让我们来思考以下几个问题：

- 狄斯雷利为何可以让军官欣然接受拒绝？
- 在与该军官沟通时应该注意什么？
- 如果你是首相，你会如何处理这个问题？

从案例中我们可以发现，首相狄斯雷利了解军官的真正需求，通过与军官面对面的沟通，使他欣然接受了自己的决定，既拒绝了军官的请求，又使军官得到了自己想要的。良好的沟通者需要比对方更加了解他自己，并能够用适合对方的方式去打动对方。

本章将详细介绍管理沟通的相关内容。

第一节 管理者的工作

管理的过程是一个通过发挥各种管理功能,充分调动人的积极性,提高机构的效能,从而实现企业共同目标的过程。这需要沟通、指导和授权。

图 5-1 亨利·明茨伯格
(Henry Mintzberg)

资料来源:www. businessworldindia. com。

我们想一想,管理者从事的工作是什么?亨利·明茨伯格(Herry Mintzberg)(图 5-1)在哈佛商学院做博士论文的时候曾经观察记录了大量经理人员的工作行为,结果发现,管理者很少在一整段时间内从事同一种工作。他们大量的工作时间不断地被别人打断,平均连续处理同一个事件的时间大约在 3~5 分钟。他们总是不断地在和别人打交道,和不同的人联系,和他们说话,和他们开会。管理者并不是什么事情都通过自己的手去完成,而是通过别人去完成自己的想法。所以管理者大量的工作是与不同的人打交道,如表 5-1 所示,在明茨伯格列出的管理者的 3 个方面 10 种不同的角色工作中,所有的角色都是以沟通活动为主的。

所以,管理者的工作就是决定做什么,然后借别人之力去完成工作,是一个通过别人的手完成自己意愿的过程,如图 5-2 所示。首先,管理者的重要活动是做决策。正如西蒙所说:"管理就是决策。"在经营活动中需要制订经营计划,选择经营方案。然后是执行决策的过程,也就是如何组织人们把相关工作完成。在这个执行过程中,主要包括三个环节:沟通、指导和授权。

沟通

这个环节管理者的工作是要让对方明白做什么样的工作,怎么去做,并培养对方完成工作所需的能力、素质和条件。所以在这里管理者起到了一个老师的作用。管理者需要从对方可以理解的角度,描述所要完成的工作,并且引导对方逐步按照要求完成工作。

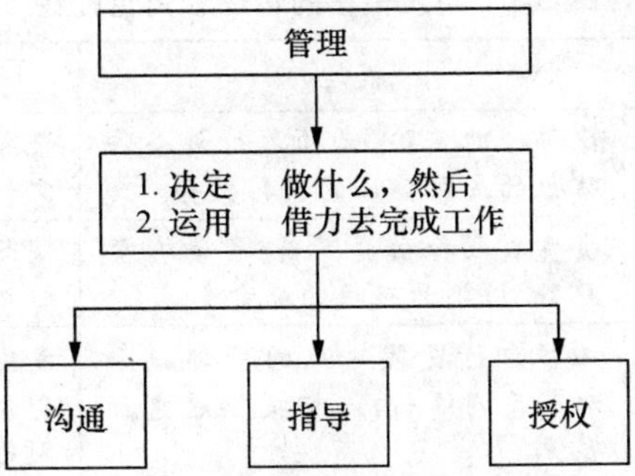

图 5-2　管理者的工作

指导

这个阶段管理者的工作是激发对方工作的动力，让他们自愿去完成相应的工作，并且在工作中找到相应的成就感。管理者在这个阶段的工作就像一个教练，不断地鼓动对方去完成任务，并且充满干劲地做好工作。这时，员工的士气是决定工作绩效的主要因素。

授权

当员工具备了完成工作的能力和相应的工作动力之后，管理者就可以不投入时间精力，让员工自己去完成相应的工作。所以，这个阶段管理者所要做的最重要的工作是放手让员工去做，做到良好授权，但同时又对工作进程有一定程度的控制。

知　识

亨利·明茨伯格(Henry Mintzberg)这位杰出的管理研究者认为：管理者的行为可以通过考察管理者在工作中所扮演的角色来恰当地描述。通过对总经理从事的各种活动进行研究，明茨伯格发现总经理在工作过程中实际上充当着各种角色。他把这些角色分成 3 类共 10 种：人际关系方面的角色 3 种，信息方面的角色 3 种，决策方面的角色 4 种，如表 5-1 所示：

表 5-1 明茨伯格的管理者角色理论

大类	角色	描述	特征活动
人际关系方面	挂名首脑	象征性的首脑,必须履行许多法律性的或社会性的例行义务	迎接来访者;签署法律文件
	领导者	负责激励和动员下属;负责人员配备、培训和交往的职责	实际上从事所有的有下级参与的活动
	联络者	维护自行发展起来的外部接触和联系网络;向人们提供恩惠和信息	发感谢信;从事外部委员会工作;从事其他有外部人员参加的活动
信息传递方面	监听者	寻求和获取各种特定的信息(其中许多是即时的),以便透彻地了解组织与环境;作为组织内部和外部信息的神经中枢	阅读期刊和报告;保持私人接触
	传播者	将从外部人员或下级那里获得的信息传递给组织的其他成员——有些是关于事实的信息,有些是解释和综合对组织有影响的人物的各种价值观点。	举行信息交流会;用打电话的方式传达信息
	发言人	向外界发布有关组织的计划、政策、行动、结果等信息;作为组织所在产业方面的专家	举行董事会议;向媒体发布信息
决策制定方面	企业家	寻求组织和环境中的机会;制订"改进方案"以发起变革;监督某些方案的策划	制定战略;检查会议决议执行情况;开发新项目
	混乱驾驭者	当组织面临重大的、意外的动乱时,负责采取补救行动	制定战略;检查陷入混乱和危机的原因
	资源分配者	负责分配组织的各种资源——事实上是批准所有重要的组织决策	调度、询问、授权;从事涉及预算的各种活动和安排下级的工作
	谈判者	在主要的谈判中作为组织的代表	参与工会进行合同谈判

从明茨伯格的研究中我们知道,管理者在工作中充当着各种角色,他们处理一件事情平均只有 3 ~ 5 分钟,而大量工作是通过与他人简单几分钟的谈话完成。所以,管理者的工作离不开沟通。从某种意义上讲,沟通就是管

理的本质。人际间的相互交往,与上司、下属和周围人之间的协调、决策、计划、组织、领导和控制都离不开信息的沟通。管理活动的实践表明,管理者约70%的时间用于与他人沟通,剩下30%左右的时间用于分析问题和处理相关事务。由此可见,管理者很有必要掌握与他人沟通的技能。管理,如同其他一些职业一样,不仅需要专业的知识和技能,而且越来越需要与他人沟通的能力。

什么是沟通?

每个组织中的员工从早上工作开始,就会有各种各样的沟通活动,与人谈话、开会、打电话等,通常,我们常见的沟通活动如下,让我们想想这些沟通活动的共同特点有哪些。

- 开会;
- 说话;
- 打电话;
- 写报告;
- 传真;
- BBS;
- E-mail。

沟通(communication):通过一定方式在不同个人或群体间传递信息,并获得对方理解的过程。

著名组织管理学家巴纳德(C. Bernard)认为:"沟通是把一个组织中的成员联系在一起,以实现共同目标的手段。"没有沟通就没有管理。沟通活动贯穿在各种管理活动中,可以说需要协调的管理活动都离不开有效的沟通。

比如对于项目管理,项目管理是为一个相对短期的目标去计划、组织、指导和控制公司的资源。进一步说,项目管理就是利用系统的管理方法将职能人员(垂直体系)安排到特定的项目(水平体系)中去。

比如,企业要进行ISO9000的贯标工作,企业内部从员工到中层管理、高层管理等多个层级的人员可能都要被整合进来(打破层级区隔),包括财务、生产、研发、物流、销售等所有部门都要有人参与(打破部门区隔),为了实现成功贯标这个目标,大家共同工作一段时间。在这段时间里面,不同的人员分别负责职能有关的部分,同时又要根据负责人的要求安排自己的计划、进度,提供有关资源,并与其他部门就某些问题进行协作。

案 例

难搞的同事

一个月以前,迪亚广告公司的一个银行大客户要求杜贝(迪亚公司创意总监)在一个月内制做一张大的宣传地图,使它的客户可以很容易地找到该银行自动提款机的位置。创意部门当时正忙于为这家银行制作一系列电视宣传广告,觉得时间上很紧迫。看到杜贝沉吟着面露难色,站在一旁的客户总监姜维生怕失掉或得罪这个来之不易的大客户,赶忙告诉客户,由于创意部正在忙于为他们制作一系列电视广告,他本人将亲自督促地图事宜。

看到客户部替创意部答应下来这份差事,杜贝很不高兴,客户走后就和姜维争执起来:"客户部并不知道制作地图需要多长时间,怎么能信口答应客户的要求呢?一个月之内我们创意项目组根本无法抽出时间来做客户所要求的宣传地图!"

但是姜维的口气更为强硬:"如果我们公司不做,多的是广告公司来和我们抢生意,我们就有可能逐渐失去这个客户,你知道客户部拉来一个大单(客户)有多难?你不能做我们客户部做好了!"

一个星期后,在迪亚公司的一次策划会上,杜贝假装随意地问一个客户部员工:"自动提款机项目进行得怎么样了?"

"正在制作中。"这位员工知道两位总监之间的争执,有点戒备地回答。

杜贝点点头,尽管他在客户部里没有看见任何"制作中"的迹象。随后杜贝"主动"提出创意部从客户部接手这个项目,但被姜维断然谢绝:"项目绝对不成问题,客户部有能力搞定这件事。"又两个星期过去了,杜贝又一次向客户部提及自动提款机项目,姜维依然面无表情地回答:"项目正在制作中。"看到客户部反应这么冷淡,杜贝也懒得管"闲事",干脆再也不过问了。

在客户开始提出要求的一个月后,杜贝、姜维和银行高级管理团队坐到一起，开了一个简短的例会，会上银行行长问姜维自动提款机地图的事。

姜维很明显变得紧张不安，他完全忘了那个项目的事情。他转向杜贝求助："告诉我，项目进展如何？"杜贝明白姜维想让自己肯定，尽管项目耽搁了，但实际上，还是处于"制作中"的。但是杜贝决定对姜维之前的强势态度反戈一击，选择说实话："我没有参与这个项目。"姜维脸色一阵发青。

当他们回到自己的公司时，事情闹得越发不可收拾。姜维气势汹汹地冲进创意部的办公室，开始激烈地长篇演说，内容不外乎团队精神是多么重要，创意部是怎样不顾公司的声誉之类。但杜贝阴沉着脸，始终一言不发。

随后的合作中，只要有客户投诉或客户要求终止合同，姜维就会把问题推到创意部门。他们两个人以及他们两人领导的团队逐渐变得势同水火。

资料来源：《人力资本》，2007 年第 2 ~ 3 期。

思考题

- 是什么使得这两个部门最终变得势如水火呢？
- 描述这两个部门的矛盾发展的过程。
- 如果你是迪亚广告公司的总经理，如何破解这两个部门之间的矛盾呢？

看完这个案例以后，我们想一想这样一个问题：是什么使得这两个部门最终变得势如水火呢？企业中，不同职能部门之间的冲突是很普遍的。由于职能的差别，每个人只能接触组织的一小部分，而对组织的大部分运作过程缺乏了解。图 5-3 是当前许多公司采取的组织结构。在各管理层次之间总存在着"等级或威望"的鸿沟，在组织的工作单元之间也存在许多职能鸿沟。如果我们把管理鸿沟加在职能鸿沟上就会发现，公司被分成许多独立的业务组织，它们由于害怕泄露信息会增加对手（其他部门/职能）的实力，所以拒绝彼此间的沟通联系。在项目管理中，项目经理的主要工作便是沟通和协调水平与直线组织的各项活动，使这些孤立的工作单元（操作岛）为了共同的目标而进行跨职能沟通。

但是我们想一想，部门之间的矛盾也会有一个形成和发展的过程，事实上，两个部门之间的不同观点在第一次谈这个项目的时候就存在，而不合适的部门间沟通方式使得矛盾进一步发展。那么我们看看这些差异的基础在哪里？发展的过程又会怎么样？

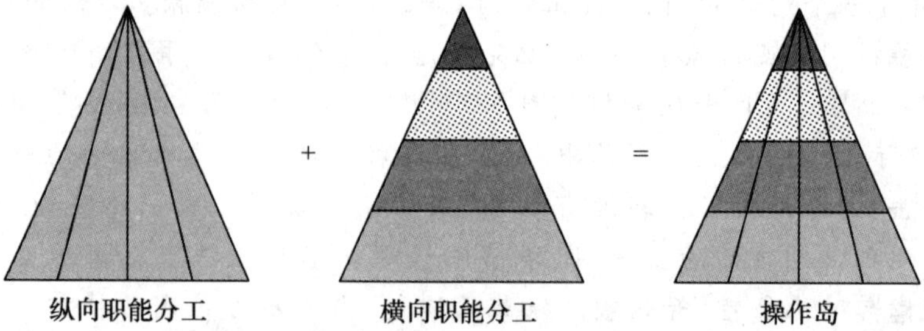

图 5-3 组织中的"操作岛"

练 习

小 世 界

大家都身处一个规模庞大的学校组织中,我们来测一测您对这个规模庞大的组织了解程度如何。

请拿出一张白纸,回忆一下在这一年中,您和您所在学校中的哪些人打过交道,一起工作相处的时间有多少。

然后按照频次由高到低的顺序,先列出一个您在这一年中打过交道的人员的名单,然后分别对应每一个打过交道的人,列出他们大约占用你工作时间的比例。

把列在最前面的10个人的时间比例累加起来。一般来说,排在最前面的10个人的时间比例可以占到80%以上,也就是尽管我们在一个组织中工作,但是我们所了解的组织只是其中的一部分,大部分的信息来自于我们打交道的这个小圈子,我们只了解这个组织的一小部分。

由此,我们看出,一个大型的组织其实被分成若干个看似相互联系,但是实际大部分时间都是分离的"操作岛",如图5-3所示。由于横向与纵向的职能划分,所以组织操作岛内的活动相对比较集中,而与操作岛外的联系相对薄弱,每一个岛都是相对独立的工作单元。人们对各自岛内的看法和工作都是比较认同的,而对其他部门的活动并不是很了解。

同时,每个组织的单元都有外人不了解的潜规则,而这些潜规则在很大程度上主导了组织的活动。我们可以反思一下常有的部门间的矛盾,在一个生产企业,比如饮料灌装生产线上,通常会有几个班组在工作:生产班组、设备检修班组、质量管理班组。他们的职能各不相同:生产班组的目标是要求生产线充分运转,及时完成生产指标;设备检修班组的目标是要求设备的维护和保养,保证机器能够正常运转;质量管理班组的目标是要使生产出来的产品符合质量标准。由于三个班组的目标不一样,对生产要求、安排和机器使用都会产生不一致的意见,所以存在不同的观点在这个时候是很正常的。

第二节　沟通的基本过程与要素

事实上,在沟通过程中,没有任何两个人可以做到观点和信息的完全一致,这种差异是造成沟通偏误的基础。我们先来做一个小游戏,看一看人们之间的知识经验差异是如何造成沟通偏差的。

游　戏

沟通小游戏

做这个游戏的目的是为了模拟命令执行的过程。有这样几个不同的角色:请教师作为命令政策的发布者,学员按照自愿分成一对一配对的小组。其中,一个人扮演上司的角色,另外一人扮演下属的角色。

在游戏中,上司和下属手中各拿一张形状相同的纸,教师发布一些总体性的动作指导意见,然后上司指挥下属确保动作执行一模一样。但是在操作过程中,要求双方背对背,闭上眼睛,只允许语言的交流,而不允许视觉信号的交流。

教师只重复两遍指令而不回答任何问题,教师的指令如下:

- 请在右上方角上撕去一个正方角,然后对折;
- 请在左下方角上撕去一个直角三角形,再对折;
- 请在右下方角上撕去一个圆弧形,然后对折;
- 展开,对照一下。

上司逐一向下属布置执行的具体方案,允许采用各种不同的语言描述,但是不允许睁眼查看。最后,双方比较摊开以后的纸的形状差异。

思考题

- 沟通是什么?
- 沟通有哪些环节?

- 沟通有哪些过程？
- 良好的沟通对沟通者有哪些要求？
- 良好的沟通有哪些外部条件？

通常在这个游戏中，双方摊开以后纸的形状能够做到完全一致的不超过30%。我们可以思考这样一个问题，其实在现实组织工作中，任何一个工作任务都会比这个游戏中涉及的工作任务复杂。但是为什么这样一个简单的任务会出现这么高的差错率呢？原因在哪里？

为了解答这个问题，我们首先得理解什么是沟通，沟通有哪些基本的环节，哪些环节容易产生问题，这些偏差应该如何预防。

沟通的过程与要素

详细了解和掌握一般沟通的过程，对于深入理解管理沟通具有重要作用。我们可以把沟通当作一个过程或流程看待。如果在这个过程中存在偏差或障碍，就会出现沟通问题。在沟通过程中，首先是有信息发送者和信息接受者双方，信息的传递和接收是在这两方之间进行。然后，信息有一个传递的过程，信息首先被编码，转化为可以传递的信号形式，然后通过传播媒体传送至接受者，由接受者将收到的信号转译回来，转化成为可以被理解的信息，并对信息做出反应。这样信息的意义就从一个人那里传给了另一个人。但是这个过程并没有结束，信息接受者会对信息传递的结果做出反馈，在这时，信息发送者和信息接受者之间的关系互换，信息发送者发出反馈信息，信息接受者进行解码，理解反馈的含义。

整个沟通的过程如图5-4所示，形成一个封闭的循环，在循环的过程中，沟通过程主要包括以下几个要素：

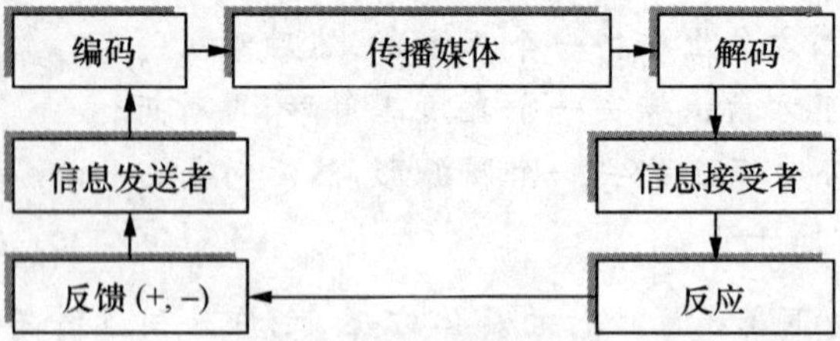

图5-4　沟通的过程

信息发送者与接受者

在沟通过程中，信息发送者与接受者（sender and receiver）是不可缺少的，并且这二者的关系经常会发生互换。对于一个管理者而言，信息的发送者往往是自己。管理者有各种各样的沟通任务，包括与上司确定工作任务，向同级同事协调工作内容，安排工作计划，向下属布置工作任务等。这些都是管理者作为信息发送者的角色需要处理的任务。

同时，管理者在考虑这些沟通任务的时候，也需要考虑信息接受者有什么样的特点。信息接受者有可能是一个人，也可能是一个群体，也可能并不是特定指定的人，而是公众接受者。作为管理者，在这些沟通任务中，应该充分考虑自身和信息接受者的特点和两者之间的差异。在沟通过程中，充分考虑信息接受方的特点，合理组织信息和表达方式，是达到沟通目的的关键。通常对于信息接受者，管理者需要考虑这样一些问题：

第一，确认“他们是谁”，接受信息的这些人有什么样的特点。这个问题分析的目的在于解决“以谁为中心进行沟通”。由于沟通的对象很有可能是一群人，或者公众的群体，他们可能各自有着不同的需求。了解“他们是谁”，先要对他们进行分析，要站在他们的立场上想想怎么样沟通才是有效的。

第二，针对沟通主题，要了解他们希望通过这次沟通获得什么？有些信息接受者可能希望了解一个概念和大致意向，有些接受者可能希望了解更详细的细节数据，有些接受者可能更加关注论证过程与方法。所以，沟通者应考虑对方实际需要什么信息，而不要只考虑能为他们提供什么信息。

第三，分析在沟通的风格、渠道和格式方面，他们更加偏向于哪一种。具体地讲，在风格偏好上，要分析对方在文化、组织和个人的风格上是否有偏好。如正式或非正式、直接或婉转、互动性或非互动性交流形式。

第四，了解他们处在组织中的具体位置和关系。如果你沟通的对象是一个组织，那么你对这个组织的沟通也许从某些个人开始，经过多次与这个组织打交道才能达到你最终的沟通目标。这时你要看到在组织中，不同人所扮演的不同角色。有些人可能仅仅做一个引路人，有些人可能主要处理技术方面的问题，有些人可能做出关键的决策或者产生很大的影响。信息发送者首先要对这些特点进行深入的分析。

在前面的“沟通游戏”中，对扮演“上司”和“下属”的人要有所分析。主要是“信息发送者”的上司应该考虑针对这个任务，对于一些通常的操作动作的界定,你的“下属”是如何理解的。“下属”也应该和“上司”沟通一下他经常说的一些术语有什么具体操作含义。

对动作和操作做一些事先的明确界定也是有必要的,具体的动作中包含一些共同的参照信息,特别是对于“对折”一词会有很多不同的理解,“上司”和“下属”有必要考虑对方是如何理解这个词语的。在界定明晰的基础上,针对术语进行规范的操作,这样才能够保证这个游戏的顺利完成。

编码与解码(coding and decoding)

编码是信息源(发送者)将其信息与意义符号化,编成一定的文字等语言形式或其他形式的符号。解码则恰恰与之相反,是接受者在接受信息后,将符号化的信息符号还原为信息与意义,并理解其内容与含义的过程。

完美的沟通应该是传送者的信息经过编码与解码两个过程后,形成要传递信息和接受信息的完全吻合,也就是说,编码与译码完全“对称”。对称的前提条件是双方拥有相同或类似的背景、经验及相同或类似的编码系统。如果双方在这些方面存在不一致,则在解读信息与正确理解其内在意义的两个过程当中必定会出现误差,容易造成沟通失误或失败。因此,传送者在编码过程中必须充分考虑接受者的经验背景,注重内容、符号对于接受者的可读性。而接受者在译码过程中也必须考虑传送者的经验背景,这样才能更准确地把握传送者意欲表达的真正意图,正确全面地理解收到的信息的本来意义。

同样的一个符号,在不同编码系统中就代表不同的含义。同样是摇头和点头,在不同文化领域中的含义就不一样。比如在我们中国是“摇头不算点头算”,但是在保加利亚却是“点头不算摇头算”。

在前面的“沟通游戏”中,对于我们需要传递的动作信息,比如“对折”这样一个词语,对应的就是一个动作的编码,但是由于每个人的编码系统不一样,对于几种不同的动作,我们都可以编码成“对折”。同样,对于一个传递的信息“编码”,我们也可以解码成几个不同的动作。如图 5-5 所示,其实我们再想一想,对折的方式可能还不止这么一些,向内折向外折都有可能。

这种编码和解码的不一致是造成沟通偏误的重要原因,而且在反馈核对的时候双方都有可能认为对方已经理解了所要传递的意思,而动作的操作却完全不一样。在游戏过程中,因为我们有几次对折的过程,那么有可能出现一次差错以后,双方操作的结果差距就会越来越大,操作双方的“上司”和“下属”仍然认为结果在预料之中,直到最后核对的时候才发现动作的差距。

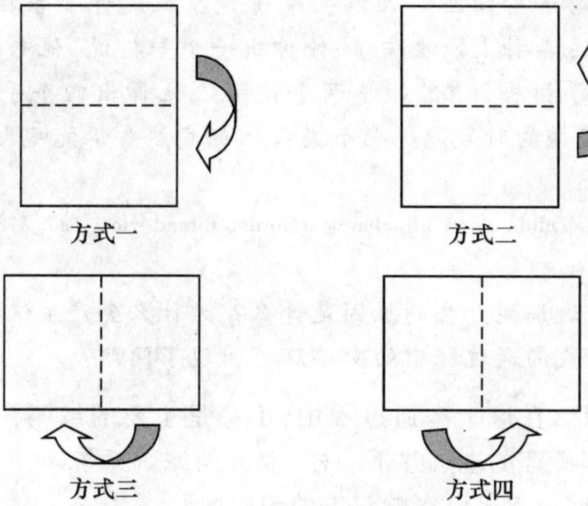

图 5-5　对折的动作编码

除了我们所提到的这个简单的小游戏中表现出编码之间的不一致，我们可以看看在下面这个笑话中，编码不一致是如何产生影响的。

案　例

手势沟通

一个旅游团的大巴士车路过一片农田的时候，车上的老外看到窗外农民在锄草时用英文对导游说："中国的农民太有环保意识了，宁可用锄头锄草也不用农药，我要和他沟通一下！"女导游惊诧地说："你们怎么沟通啊，他不懂英文的，我来帮你吧！""不用，谢谢，我们的手势是相通的，地球本身就是一个村子而已！"

于是导游看到老外下车后走到农民跟前，两人比划了一阵手势后，老外兴冲冲地回来了："中国的农民素质真得很高！"导游问他："你们聊了些什么啊？"老外说道："我伸出一个大拇指意思是'我们生活在一个地球，我尊敬你如此地热爱环保事业！'这个农民伸出两个手指告诉我'地球有南北两极'，我伸出四个手指告诉他'地球有四大洋'，他伸出七个手指意思是说'地球有七大洲'，我伸出九个手指告诉他'太阳系有九大行星'，他伸出一个食指告诉我说'都围绕一个核心在旋转！'"老外兴奋地一口气说完这些话。

导游十分怀疑老外的一面之词，更无法想象一个普通农民会和老外这样沟通！于是导游下车询问农民以弄个清楚。农民听了导游问其究竟，生气地说："这个白毛杂种太能吹牛了，他伸出一个手指说'他一顿能吃一个馒头'，我伸出两个手指告诉我'能吃两个馒头'，他伸出四个手指说'能吃四个'，我告诉他'我饿的时候能吃七个馒头'，他竟然告诉能吃九个，我就指着他让他滚！"

资料来源：http://club.china.alibaba.com/forum/thread/view/187_21863375_.html。

思考题

- 案例中沟通偏误产生的原因是什么？为什么会产生这些偏误？
- 老外和农民沟通过程中的哪些环节出现了问题？

这是一个笑话，在这个沟通过程中，手势是主要的编码，对于同样的手势，老农民和外国游客的理解并不一样，双方的编码系统不一样造成了沟通的偏误。那么哪些因素可以影响双方的编码呢？

首先是双方的知识经验背景。双方的知识经验决定了他们将如何去认识一些术语、信号和概念，在他们把编码转化成为具体信息的时候知识的影响是至关重要的。知识是沟通者内化的信息，知识经验决定了信息加工处理的过程。其次是双方当前的需求和资源禀赋，当人们有某些特别需求的时候，就会对编码过程产生影响。最后是双方的价值观念和兴趣。所以对编码的分析要做到对沟通方的了解。

信息

信息（information）事实上是经过信息源编码的物理产品。当我们说的时候，说出的话是信息；当我们写的时候，写出的内容是信息；绘画的时候，图画是信息；做手势的时候，胳膊的动作、面部的表情是信息。同样我们可以想一想，为什么现在的人们做报告、项目计划陈述的时候都习惯用 PPT。试想 20 年以前，人们是如何做这些事情的？信息呈现的方式有什么不一样？

信息传递与信息表达的方式有很大关系。在做上面那个"沟通游戏"的时候，所要传递的信息是动作信号，图像表达就是比文字更加合适的方式。我们想一想，刚才我们采用了背靠背、闭上眼睛、只许用语言信号去传递信息的方式，沟通的难度增加了很多。所以对于沟通者传递信息，合适的信息结构与合理的表达方式很关键。

我们思考这样一个问题，对于大多数管理人员都需要面对的项目报告，应该是怎么样一种组织方式比较合适。不同的表达方式会得到不同的效果，而不同的人表达也会取得不同的效果。当 1979 年三洋电机的海内外总销售额突破1兆日元大关时,三洋电机描述“1兆”的概念如下面案例所示。看过以后我们想想这样的描述和简单地说“1兆”有什么区别。显然,生动形象的表述可以让人们对信息留下更深刻的印象,有效地传递信息。信息的表现形式会很大程度上影响沟通的效果。

案 例

1兆日元

假如我们把这1兆日元同时间联系起来,比如说1兆秒等于多少年,那么你大概就会被这个数字吓一跳。1年有365天,每天有24小时,每小时有60分钟,每分钟有60秒。最后,你可以计算出,1兆秒等于31710年!如果再假定,一个人1秒钟可以赚1元钱,那么等他日夜不停地赚到了1兆日元时,时间已经过去了300多个世纪,比整个人类迄今为止的文明史还要长出5~6倍来。如果我们再设想把一个日元的硬币一个个地叠起来,那么1兆日元的硬币足足可以叠成100万公里的长度,这个长度等于地球赤道的25倍,足足可以从地球到月亮打个来回。

资料来源:井植熏著,陈浩然译:《我和三洋》,上海:上海人民出版社,1996年版。

传播媒体

传播媒体(media)指传送信息的媒介物,也称作通道。当信息被组织以后,需要通过合适的媒介才能够实现传递。比如上面井植熏的这段话,印在书中通过书本的发行传递是一种媒介方式;通过给员工的现场讲话进行传递也是一种方式;通过录音、广播等传递是一种影响面更加广泛的方式。但是这些传递的方式影响的人群不一样,适合传播的信息内容也不一样,效果也不一样。

我们通常所用的媒介和渠道有哪些呢?最为常用的沟通渠道是面对面的谈话,这是信息交流最直接、信息最丰富的渠道。通常我们在办公室中还有电话、传真、文件这些常用沟通手段,对于这些手段,信息传递的丰富性就受到影响。但是如果我们看企业和客户的沟通,广告、促销活动、产品渠道的覆盖、印刷宣传海报材料等都可以成为沟通手段。随着信息技术和网络技术的发展,信息沟通渠道越来越丰富,企业可以选择传统的报纸、杂志、电视、广播等作为沟通的媒介,也可以选择网络(包括电子邮件、视频、短信等)

作为渠道。

信息传播媒体本身由信息的发送者选择,也会遵循一定的传播规律,掌握传播媒体的规律会给管理者带来强大的影响力。最典型的沟通渠道的选择表现在企业与目标客户之间的沟通,媒体选择会影响到产品销售的结果。试想这样一个问题:如果你的公司生产一种有效的治疗青少年近视的药品,那么,你应该选择什么样的渠道和媒体来传播产品信息?如何去影响客户人群呢?信息发送者要选择合适的传播媒体,对于20岁左右的年青群体来说,网络渠道可能是比较好的方式,而对于50岁以上的中老年群体来说,报纸和电视是比较好的信息载体。同时应该看到在购买决策中,不同人群分别起到不同的作用。

我们来看一个典型的例子,网游《征途》选择的传播媒体和以往的网游比如《传奇》有什么不一样?《征途》在传统媒体中类似消费品营销的手法和人员推销、买断终端渠道的手法有什么作用?

案 例

《征途》的传播媒体

"网络游戏的营销方式是国内所有产业中最落后的。"史玉柱曾不止一次抨击国内网络游戏公司不太注重地面推广,"这个行业的人不注重消费者研究"。

正是依靠强大的广告攻势和地面营销队伍的推动,史玉柱经营的保健品业务长期以来一直处于行业第一的地位。在拥有多年脑白金业务经验的史玉柱看来,"市场营销的关键是空军和陆军的配合","空军"就是广告的轰炸,"陆军"就是地面营销队伍的推进。

在征途网络的成长过程中,史玉柱也在众多电视媒体投放了广告。而且在这种"陆空配合"思想的指导下,征途网络从成立开始就不断在全国各地设立办事处,对旗下的游戏产品进行推广。

"我们的目标是在全国1 800个县设立办事处。"史玉柱透露。相比网易和金山来说,史玉柱旗下保健品业务遍布全国各地的销售渠道,可以为网游业务的渠道建设带来便利。"只要需要,我们可以一夜之间在全国5万个网吧刊登征途网络的广告。"史玉柱称。这种借助地面人海战术进行推广的优势相当明显。据称,征途网络的营销人员每天都会到网吧等渠道了解自己的海报是否被覆盖，而网易的营销队伍一般需要一个星期才能完成上述工作。

作为推广的一种手段，征途网络的庞大营销队伍还会在全国各地开展各种活动来推广旗下网络游戏产品。“我们有时会在周末包下全国各地5万家网吧让玩家来玩。”史玉柱称。在包场的当天，这些网吧只能提供《征途》一款游戏供玩家玩。这样，不仅提高了征途网络公司的收入，同时还抢夺了竞争对手的市场份额。

在史玉柱看来，网络游戏产业同保健品一样，都是利润比较高的行业，可以支撑其庞大的销售渠道。实际上，这些地面推广人员的收入是同其业绩挂钩的，公司本身需要支付的额外成本并不高。

“网络游戏行业的很多公司都不太注重二、三线城市。”在史玉柱看来，国内一线城市的人口才几千万，虽然处于金字塔的顶端，但是整个市场规模有限，而二、三线城市聚集了数亿人口，只要推广得好，其市场空间相当大。这也是史玉柱在经营脑白金等保健品业务时探索出的中国国情。

“我不会去主打一线城市，下面的总量要比一线城市大很多。”史玉柱称。实际上，在北京、上海等一线城市里，网易和盛大等市场先行者所占的市场份额已经相当高，整个市场的推广费用也随之水涨船高。“在一线城市的很多网吧去贴广告画是要付钱的，但是在二、三线城市基本上不需要。”史玉柱说。

在一线城市里，很多玩家都是在自己家里玩游戏，史玉柱的地面推广队伍也派不上用场，但是在二、三线城市，众多的玩家都是在网吧里玩游戏，这也是史玉柱的营销优势所在。

事实上，二、三线城市也给了征途网络足够好的回报。上海市广电局的一份统计报表显示，2006年，征途网络的营业收入为6.26亿元。2007年，其市场发展速度更快，市场流传的数据是，2007年3月份，征途网络的月运营收入超过1.6亿元，月净利润超过1.2亿元。以此计算，该公司一季度营业收入将超过4.8亿元，净利润将超过3.6亿元。

资料来源：www.tom.com。

思考题

- 《征途》营销的对象和目标客户是哪些人？
- 公司是如何选择传播媒介的？公司是如何组织实施有效沟通的？
- 公司是如何分析评估这些媒体的沟通效果的？

在这个案例中，与传统网络游戏厂商的目标不太一样，《征途》把它的影响目标界定在二、三线城市的网吧游戏玩家。界定这样的市场营销目标，首先在于其不是其他网游厂商的营销重点，是一个市场空隙，同时因为这个空隙足够大，如果能够运作得好，市场总量要比一线城市更大。另外，选择在网吧的理由是这些地点的目标消费者集中，沟通效果的成本效益更好。

明确定义了市场目标以后，公司采用了多种手段去沟通影响消费者。与其他网游公司有区别的是公司采用了快速消费品营销中经常采用的营销网络。用店面广告去造成视觉冲击，用店面的铺货、网吧渠道的买断来拉动人气，用人员的推销去推动销售。可以说《征途》采用了很多消费品采用的沟通渠道。普通的消费者容易接受这种沟通的渠道，具体生动，而且容易受到影响。这与只采用网络广告的一线城市的营销不一样，二、三线城市的消费者更容易接受这样的形式。这种沟通的媒介更容易到达消费者那里，而且更容易把产品销售出去。

所以，一个高明的信息沟通者可以根据信息内容的特点选择传播媒介。我们想一想在折纸游戏中，我们的传播媒体是什么？也许仅仅是口头的语言，语言媒介也许是不适合传播动作信息的。如果能够借助一些共同的视觉信号，那么沟通就要有效得多。同样我们也可以想一想语言适合传播什么样的信息？手势适合传播什么样的信息？每一个问过路的人都会有这样一种感觉，听别人描述了半天还是不明白具体的路应该怎么走，而画一张图的效果要比说上几句效果好得多。为什么地图、GPS 对地点路途的表示效果比问路要好得多？因为方向、地形等信息用图像方式传播会更加有效。但是如果我们要表达鼓动性的战斗檄文，那么语言文字的效果就会表现出来了。

反馈

反馈(feedback)是指接受者把收到并理解了的信息返送给发送者，以便发送者对接受者是否正确理解了信息进行核实。为了检验信息沟通的效果，即接受者是否正确、完全、及时地接受并理解了所需要传达的信息，反馈是必不可少和至关重要的。在没有得到反馈以前，信息发送者无法确认信息是否已经得到有效的编码、传递、解码与理解。

小游戏

单向沟通与双向沟通

请教室中刚才做“沟通游戏”的“上司”和“下属”换一下角色，同时把教室中的小组分为两大组。

请“下属”面对黑板，“上司”背靠黑板，“下属”指挥上司画黑板上的图案。两大组分别做以下两个任务：

（1）单向沟通：背对着别人按照你的描述画图 5-6A，画时按从上到下的顺序，不许提问！（限时 6 分钟）

（2）双向沟通：背对着别人按照你的描述画图 5-6B，画时按从上到下的顺序，可以提问！（限时 10 分钟）

思考题

- “下属”（指挥者）谈自己的感想，并对“上司”（画图人）提问进行评价。

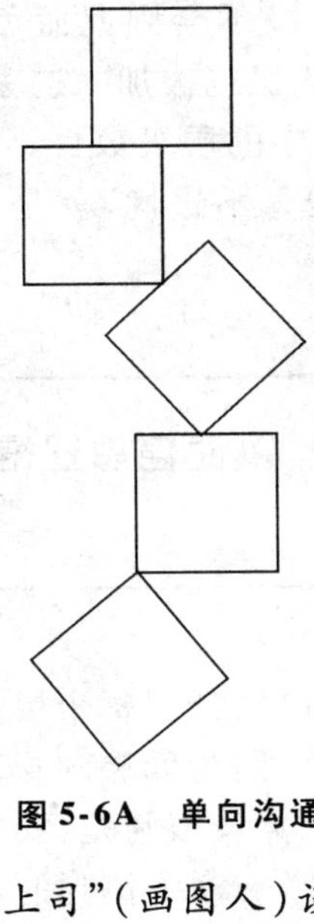

图 5-6A　单向沟通

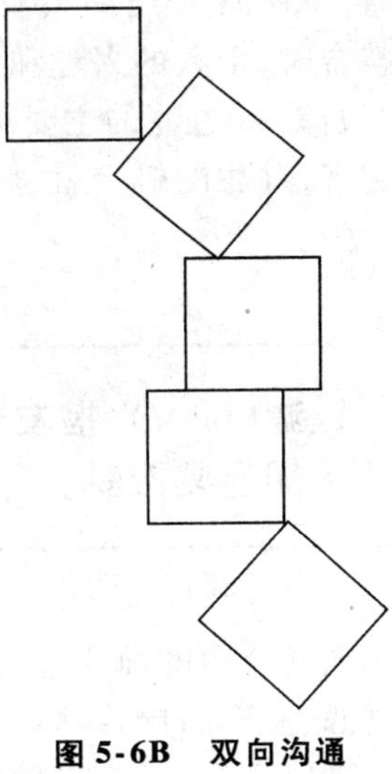

图 5-6B　双向沟通

- “上司”（画图人）谈自己的感想，并对“下属”（指挥者）回答的问题进行评价。
- 谈谈在沟通过程中方位性的术语。

做完上面的练习以后，我们可以发现双向沟通的效果要比单向沟通好得多，双向沟通更加能够保证信息的准确传递。

沟通过程中的大部分因素都有造成信息失真的潜在可能性，并因此使完美精确的沟通目标受到影响。如果编码不认真，发送者发出的信息就会出现失真。如果传播媒介选择不利或噪音过高，也会使沟通失真。另外，个人的偏见、知识水平、知觉技能、注意广度、解码的认真程度等因素都在一定程度上使接受者对信息的解释与发送者的想法产生差距。

反馈可以使得信息发送者及时调整信息发送内容，减少信息发送偏误。由此，我们可以想一想反馈对于不同形式的沟通效果的影响。为什么任务很多的时候需要当面沟通？E-mail的沟通和当面沟通有什么不一样？反馈的存在使得沟通成为双向的，双向沟通的效果要比单向沟通的效果好，这也是为什么下发文件和讲座效果不一样的原因。

所以，对于管理者而言，保持良好的反馈渠道的畅通是非常有必要的。但是当反馈信息在组织中进行传递的时候，信息往往会发生扭曲，使得管理者无法得知真实的情况。比如，一名管理者告诉上级的信息都是上级想听到的东西，这名管理者就是在过滤信息。

这种现象在组织中经常发生吗？当然很多。当信息向上传递给高层经营人员时，下属常常压缩或整合这些信息以使上级不会因此而负担过重。在进行整合时，个人的兴趣和自己对重要内容的认识也被加入进去，并因此导致了“过滤”。过滤的主要决定因素是组织结构中的层级数目。组织纵向的层级越多，过滤的机会就越多。现实生活中“报喜不报忧”就是典型的信息过滤行为。

过滤(filter)：指发送者有意操纵信息，以使信息显得对接受者更加容易接受。

通用电气公司的前任总裁曾说过，“由于通用电气公司每个层级都对信息进行过滤，使得高层管理者不可能获得客观信息，因为低层的管理者以这种方式提供信息，才能获得自己想要的答案。这一点我很清楚，我曾经也在基层工作过，也曾使用过这种手段。”这与在“知觉”一章中提到的印象管理相类似。

案　例

命令的传递

1910年,美军部队在一次传递命令中出现了如下情况:

营长对值班军官:"明晚8点钟左右,哈雷彗星将可能在这一地区上空出现,这种彗星每隔76年才能看见一次。命令所有士兵穿着野战服在操场上集合,我将向他们解释这一罕见的现象。如果下雨的话,就在礼堂里集合,我将为他们放映一部有关彗星的影片。"

值班军官对连长:"根据营长命令,明晚8点哈雷彗星将在操场上空出现。如果下雨的话,就让士兵们穿着野战服前往礼堂,这个罕见的现象将在那里出现。"

连长对排长:"根据营长的命令,明晚8点,非凡的哈雷彗星身穿野战服在礼堂中出现。如果操场上下雨的话,营长将下达另一个命令,这种命令每隔76年才会出现一次。"

排长对班长:"明晚8点,营长将带着哈雷彗星在礼堂中出现,这是每隔76年才会有的事。如果下雨的话,营长将命令哈雷彗星穿上野战服到操场上去。"

班长对士兵:"在明晚8点下雨的时候,著名的76岁的哈雷将军将在营长的陪同下身穿野战服开着那辆"彗星"牌汽车经过操场前往礼堂。"

资料来源:http://post.baidu.com/f? kz=9568883。

在这个笑话中,很显然,谁也没有故意扭曲信息的意思。但是,通过几次传递,信息却已经面目全非了。因为每一次传递就意味着一次过滤,信息自然地就加上了传递者自己的意思,而经过多次传递,这样的差错会表现得更加明显。

在知觉一章中我们看过知觉的一些特点,这样造成了沟通过程中容易产生的偏误。10个人到大街上站一个小时,回来提问他们看到了什么,结果会如何?肯定不会完全相同,甚至会极不相同,为什么?他们的注意力和心理背景不一样,影响了他们对信息的获取。这种知觉会使得企业的员工对同一件事产生不同的看法。

比如说,经理去拜访业务人员的客户,有的业务员认为这是公司在支持自己的工作,但有的业务员会认为这是公司对自己的不信任。此所谓仁者见仁智者见智，人们对同一个事物，由于每个人有着不同的知识背景，看到的内容都不一样。在传递的过程中表达的内容也会有所不同。看下面一幅漫画：

三郎教子

资料来源：李崇武画，http://jllcw. blog. sohu. com。

从漫画中我们可以看出，老婆拿出《儿童教育学》是想让老公不要打孩子，要讲究教育方法，但是老公却以为老婆支持自己打孩子，拿出书来当工具。为什么两人对同一句话或行为做出了不同的理解？原因在于二者在教育孩子方面的观点不同：老婆认为教育孩子要讲究方法，不能使用暴力，而老公却认为要教育孩子就得打。不同的态度产生了选择性知觉，进而没有达成有效沟通。

第三节　沟通焦虑

有效沟通的另一个主要障碍是：大约5%～20%的人有某种程度的沟通焦虑或紧张。多数人害怕在人群面前讲话，沟通焦虑会造成更多的沟通问题，造成信息发送者不能专注于信息内容，信息接受者无法专心于对方传递信息的含义。

大部分的沟通焦虑发生在人与人之间的口头沟通过程中，或者在他们使用电话进行沟通的过程中。特别是当人们需要在人群或者公众面前进行公开讲话的时候，人们普遍会感觉焦虑与紧张。对不希望看到对方否定态度的信息，人们会依赖于信件、短信或者备忘录传递信息，即使打电话或者当面沟通迅捷快速，这并不是由于这些方式更加有效，而是由于沟通者在使用这种方式的时候不感到焦虑。

例　子

99%的人，包括著名的职业演说家在内，发表演说时都有不同程度的恐惧和紧张。当处在这样的场合时，人们会感觉脉搏加快，呼吸加速，身体处于应激状态，这时人的思维和反应都可能加快，活动的能量也会明显增加。

那么如何才能够应对沟通过程中的焦虑呢？首先要以正确的心态面对焦虑。焦虑是人们面对沟通的正常反应，如果您在演讲前感觉紧张、心跳加速，这种状态也表明您的身体正准备进入战备状态，您的思维、活动的速度都在加速，这是一种正常的状态，只是表明您准备好了。有关工作紧张与焦虑的研究表明，适当的焦虑状态是能够促进工作绩效的，演讲也一样。

但是过度的焦虑会影响正常水平的发挥，调节紧张与焦虑的状态是克服沟通焦虑第二个需要考虑的方面。如何能够克服沟通过程中的焦虑呢？通常有这样一些手段可以考虑：

- 充分准备。在沟通前对自己要表达的内容充分熟悉，梳理表达思路，做到对所讲内容心中有底。
- 提前到达，熟悉场地和听众。这有助于演讲者缓解压力，组织如何针对听众的沟通策略。
- 自我提示。演讲者事前应该有充分的信心对自己说，您比任何一个听众都了解所讲的主题，通过系统的思考和梳理，表达思路会比任何一个听众清楚。
- 印象管理。对自己可能对听众的相信程度、印象产生的影响进行估计，比如穿着、头衔、用语习惯等对听众容易造成什么样的印象进行分析，尽可能用演讲以外的因素提升听众印象中的专业程度。

第四节　有效沟通的要点

沟通是让对方理解并接受你的观点，所以对方是你考虑的核心。有效沟通的本质是换位思考，因此首先要有正确的沟通心态。其次，为了让对方能够更好地理解，在沟通信息的组织上要全面对称、简明清晰并注重礼节。

最后,有效的沟通是双向的,在这个过程中不仅要注意自己的表达,更要积极倾听,这既是解决问题的有效方式,也是提升自我意识的有效工具。我们来看看如何正确地管理沟通的要点。

正确的沟通心态

良好的沟通是一切工作得以顺利开展的基础,没有这个基础,一切如空中楼阁,无法实现。只要是与人打交道的过程,沟通都是最为重要的工作。沟通可以决定一个人的影响力,沟通可以决定管理者的执行能力,沟通最终可以决定成败功过。如何才能建立良好沟通呢?最基本也是最重要的,就是沟通者的心态。什么样的心态才能构筑良好的沟通呢?

认识差异、消除差异

首先我们来想一想,为什么要沟通?沟通存在的基础是什么?我们在谈到沟通过程时,看到一个基本特点是没有任何两个沟通双方是完全相同的,而沟通的目标是要双方了解这些不同之处,然后对需要解决的问题提出处理方案。所以,在沟通的时候,任何一方都要理解和接受这些差异,正确地看待这些差异,而不是期望对方和自己一样或者一定要接受自己的观点。正是有了这些差异,双方才需要沟通,而且双方都可以从沟通过程中得到学习与成长。

有了这样的基本心态认识以后,沟通者要看到只有求同存异才能促进沟通的继续,沟通的目标才能达到。所以,在与对方进行沟通的过程中,善于发现对方的优点,更多地从促进双方合作的角度看待对方的言行,是沟通者需要调整的第二步心态。我们来看一看下面的例子,想一想心态是如何影响团队成员之间的相互作用的。

案　例

团队的转变

在团体中常碰到的问题是难以克服本位主义,团队气氛中如果充满着批评、指责,将会使每天的上班像进入战场,进入炼狱般的煎熬。

在一次训练活动中,有位主管分享他们公司如何处理团队冲突的故事。他说:"以往在我们主管会中,最常听到的话是互相批评、互相攻击,场面热闹。像'因为生产部未按时交货,所以业绩没有完成';'因品质设计不良,产生顾客部抱怨与退货’；‘因业务下单交期太短，中间插单、改单……造成生产不顺’……很多的‘因为你的……不对，所以造成我的……不能做事’，或者是‘都是因为你没有配合，我的……所以无法完成’。每次会议都为相互间没有配合好的事，或这段期间的缺失问题争辩不休。”

“经过几次会议，有一天，刚回国接任的总经理终于忍不住了，在会议上当场用力拍桌子，把正在争辩中的主管们吓了一大跳。总经理说：‘从现在开始大家改变报告内容，不用再报告别人有什么错误或损失而责备别人，在会议中只能报告两个内容：① 在本周内哪些部门、哪些人对你有什么贡献？② 检查你自己还有哪些未做好或不足之处，接下来你要如何改进？”

这位主管欣喜地说下去：“之后的第一次会议，大家都很不习惯，以往只注意别人有什么缺点不能与我配合，不曾注意别人对我会有什么贡献。而总经理要求在会议上要报告别人对我有哪些贡献。在全场一阵鸦雀无声之后，好不容易有人挤出来说：‘谢谢你陈经理，那天在会议室，你为我倒茶！’总经理也接受这种做法。”

几次以后，会议的气氛转变了，公司的内在气氛也奇怪地随之改变了。每次主管在会议中报告的别人对他的帮助愈来愈多，表示感谢之外也对自己的不足做了检讨，带来了感谢感恩的气氛，也带动了自我检讨、负责的工作态度，团队凝聚力也增强了。

这位主管得意地说：“这是因为在会议上，对别人表示感谢是肯定别人对我实质的帮助，对自己的检讨是对自己不足的奖励。但是过了二个月又有进一步的发展，在会议中大家发现：如果只有你感谢别人，而没有别人感谢你，那代表什么意思？因此，促进了每个人在注意别人对我有什么贡献之余，也主动去找机会协助别人，找为别人服务贡献的机会，团队凝聚力就在这个过程中形成了。”

思考题

- 本位主义的根源是什么？在你所在的组织，本位主义是如何表现的？举一个例子。
- 为什么一开始人们总是只关注别的部门的不足？
- 总经理的建议改变了什么？部门之间所做的工作内容有所不同吗？为什么部门之间相互的看法会有些改变？
- 为什么团队的凝聚气氛会逐步地形成？

从上面的案例中我们可以发现，心态起到了很大的作用。我们来想想为什么这种心态会影响沟通过程呢？我们在“知觉”一章中谈到了知觉的偏差,有些典型的知觉偏差会影响沟通的过程。

由于"选择性知觉"的原理,当人们心态有变化的时候,人们所看到听到的内容也会不一样。仁者见仁,智者见智。人们看问题的角度不一样,看到的内容也会不一样。在上面一个例子中,由于每个部门职能不一致,又同在一个组织中,所以肯定是有些工作对其他部门有促进,有些工作可能与其他部门的配合并不到位。由于本位主义的影响,人们容易看到其他部门的不足而忽略贡献,所以开会的时候相互指责、相互抱怨是很正常的。

总经理要求大家只讲其他部门的贡献和自己的不足,这就改变了人们关注的焦点。就像我们在知觉一章中提到的"框架效应",对同一个情景,如果认识的参照点改变了,那么对这个情景的认识也可能有很大改变。当大家都被要求去找别人的贡献和自己不足的时候,参照点就很不一样了,人们也就更容易看到部门间的合作因素。

由于沟通是一个互动的过程,在群体开会的时候,这种现象会表现得更加明显。由于群体之间的相互作用,人们的认识会相互激发,每个人的心态也会在这个过程中逐步调整。心态与认识之间的互动会渐渐地被放大,所以用正确的心态认识自身与他人之间的差异是促进良好沟通的第一步。

> 海纳百川,有容乃大;
> 壁立千仞,无欲则刚。
>
> ——林则徐

平常心与归零心态

本位主义与成见是在组织沟通中很常见的问题,那么如何才能够更好地预防由于差异而引起的沟通障碍呢?借用林则徐的这副对联,我们可以看到古人对于这个问题的态度。首先是平常心态,平常心就是要以客观和科学的态度,看待得失、成败、荣誉等问题,不迷失自我,突出自我的优秀,创造自我价值,也为组织创造更高的价值,不为自己已经取得的荣誉地位等所拖累。

有人可能有很高的地位,可能拥有很多的财富,具有渊博的学识……但是在我们日常沟通的过程中,常常会出现沟通双方在地位、文化、素质、学识方面不在同一水平线的情况。此时,如果优越方不能把自己放低归零,以一种平常心去聆听、理解的话，沟通双方就会产生误解，沟通下来的效果通常也不理想。

团队是由具有不同家庭、社会、教育背景的成员组成的，团队里每个人的生活方式、工作方式以及价值观都存在很大的差异，进而导致不同的行为表现。这些不同的行为表现在不同的人眼中可能会有不同的看法，如果这些对他人的评价中带有对个人特征的评价，那么，成见就会产生，沟通者需要调整正常的心态去客观地面对被评价的事物。

例　子

在一个团队里，不论是一个项目的小团队还是一个大到上万人的企业大团队，都会出现这种心理不平衡的现象：

——他比我还差，但为什么总是有更多的鲜花和掌声？（怨恨和不平衡的心理）

——我不是告诉过你应该按照我的说法去做吗？（把自己的做事方式强加于别人）

——这是哪个星球的人啊，这样的行为简直是我们团队的耻辱！（偏见、鄙视的态度）

……

同理心与换位思考（perspective taking）

什么是同理心（empathy）？中国人说"将心比心"，"己所不欲，勿施于人"，也就是从对方的角度出发考虑问题。简单的理解就是要学会换位思考，凡事要站在对方的角度思考，了解对方的基本需求并认同对方的立场，这是进入愉快沟通的第一步。我们看一看下面的小例子。

案　例

将心比心

有两个妇人在聊天。

其中一个问道："你儿子还好吧？"

"别提了，真是不幸哦！"这个妇人叹息道，"他实在够可怜，娶个媳妇懒得要命，不烧饭、不扫地、不洗衣服、不带孩子，整天就是睡觉，我儿子还要端早餐到她的床上呢！”

“那女儿呢？”

“她可就好命了。”妇人满脸笑容：“他嫁了一个不错的丈夫，不让他做家事，全部都由先生一手包办，煮饭、洗衣、扫地、带孩子，而且每天早上还端早点到床上给她吃呢！”

案例中同样的状况，得到的却是两种全然不同的看法。由此可见，当我们分析问题的角度不同时就会产生不同的心态。多站在别人的立场看一看，或换个角度想一想，很多事就会不一样，得到的会是另一种体会，也会了解得更多，可以有更多包容与理解。在了解、包容与理解之后，才能得到别人相同的回报，随之得到的就是彼此的尊重、支持与合作。那么如何才能够实现换位思考呢？

基蒂·洛克在《商务与管理沟通》一书中，认为在沟通过程中，要做到换位思考，必须问自己这样三个问题：

- 对方需要什么？
- 我能给对方什么？
- 如何把“对方需要的”和“我能提供的”有机结合？

具体在操作的过程中，有以下 6 个方面的技巧：

- 不要强调你为对方做了什么，而要强调对方能获得什么或能做什么。以正面或中立的立场，强调对方想要知道的内容。
- 参考对方的具体要求或指令。
- 除非你有把握对方会感兴趣，否则尽量少谈自己的感受。在大多数商务场合，个人感受都是与业务无关的，应略去，除非是在贺信或慰问信中可以表露个人的情感。
- 不要告诉对方他们将会如何感受或反应。让别人告诉自己应该如何感受，特别是断言不准确时，会自然导致关系的疏远，因此避免就对方的感受或反应加以判断。当要告诉对方一个好消息时，直截了当会更好。
- 涉及褒奖内容时，多用“你”而少用“我”，褒奖的内容与双方都相关时应尽量用“我们”。也就是尽量把叙述重点放在对方，而不是你或你的公司。
- 涉及贬抑的内容时，避免使用“你”为主语，以保护对方的自我意识。否则，会使对方有受攻击或侮辱之感，所以尽量不用。一种方法是用指代对方所属群体的名词代替“你们”或“你”，因而对方就不会感到坏消息是专门针对他的。

注重倾听(listening)

游　戏

活动目标

1. 学习人际沟通的基本态度(技巧)——倾听。

2. 体会“倾听”与“反馈”在人际沟通时所产生的效果。

活动程序

1. 三人一组,未满三人者,则分派到他组,成四人一组。

2. 每组三人(或四人)轮流当说话者(一次一人)、倾听者(一次一人)、与观察者(一至二人),每人皆须分别当过三种角色,体会每种角色的立场与感觉。

3. 三种角色的任务如下:

说话者:在五分钟内主动引发各种话题。

倾听者:只扮演听与响应的角色,不主动引发任何话题。

观察者:不介入说话者与倾听者的对话,只负责观察两人的对话情形。

4. 事后讨论:每人皆当过三种角色后,小组成员做经验分享的活动,说话者与倾听者分享彼此的感觉,观察者则说出所观察到的情形。

活动时间:约需 25 ~ 30 分钟

备注:在人际沟通中,并不只是把自己的意见、想法表达出来,更重要的是也要用心听对方所传达的信息,如此才能真正达到双向沟通的目的。这种倾听的能力,是一种基本的沟通态度,也是一种可习得的技巧。

谈及沟通,人们往往把它等同于掌握读、写、说的技能,但我们往往忽略了另一种重要技能——倾听。事实上,在每天的沟通过程中,倾听占有重要地位。我们花费在倾听上的时间,要超出其他沟通方式许多。有学者曾做过统计,人们一天大概 70% 的时间用于沟通,各种沟通活动所占的比例如图 5-7 所示:

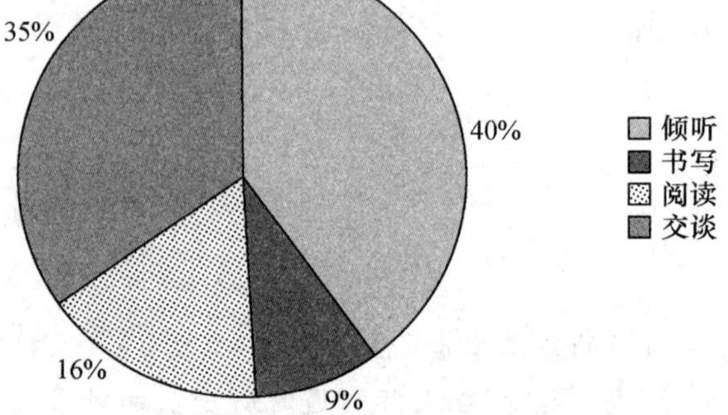

图 5-7　沟通技能比例

从图 5-7 我们得知，在沟通活动中，倾听占 40%，书写占 9%，阅读占 16%，交谈占 35%。可能正因为我们每天用于倾听的时间如此之长，以至于我们忽略了其重要性，认为这是再简单不过的事。但是，坐下来想一想，我们有多少次误解了别人的话，又有多少次没弄懂对方的意图，我们从别人谈话中获得了多少信息？倾听是管理者必备的素质之一，理论与经验都告诉我们：是否善于倾听是衡量一个管理者水平高低的重要标志。成功的管理者，一般来讲，大多是善于倾听的人。

案　例

日本"松下电器"的创始人松下幸之助把自己的全部经营秘诀归结为一句话：细心倾听他人的意见。松下先生用自己的实际行动证实了倾听的重要性。在商品批量生产前，他会充分倾听各方面人员的设想和意见，在此基础上确立下一步经营目标。由于松下先生能充分认真地听取各个层次的意见，所以处理问题时总是胸有成竹，当机立断，表现出敏锐的判断力。

在畅销书《亚科卡传》中，亚科卡先生也曾对管理者的倾听有过精辟的论述："我只盼望能找到一所能够教导人们怎样听别人讲话的学院。毕竟，一位优秀的管理人员需要听到的至少与他所需要说的一样多，许多人不能理解沟通是双方面的。"他认为管理者必须鼓励人们积极贡献，使他们发挥最大干劲，虽然你不可能接受每一项建议，但你必须对每一项建议做出反应，否则，你将听不到任何好的想法。他总结说："假如你要发动人们为你工作，你就一定要好好听别人讲话。一家蹩脚的公司和一家高明的公司的区别就在于此。作为一名管理人员,我最开心的莫过于看到这样的情景:由于管理者倾听了某位员工所遇到的问题而使这个被公认为一般或平庸的员工发挥了他应有的作用。"

测　试

测试您的倾听习惯

回答下面问题,回答"是"或者"否",并记下自己的答案。

1. 我常常试图同时听几个人的交谈。
2. 我喜欢别人只给我提供事实,让我自己做出解释。
3. 我有时假装自己在认真听别人说话。
4. 我认为自己是非言语沟通的好手。
5. 我常常在别人说话之前就知道他要说什么。
6. 如果我没兴趣和别人交谈,我常常通过注意力不集中的方式结束谈话。
7. 我常常用点头、皱眉的方式让说话人了解我对他所说内容的感觉。
8. 常常听别人刚说完,我就紧接着谈自己的看法。
9. 别人说话的同时,我也在评价他的内容。
10. 别人说话的同时,我常常在思考接下来我要说的内容。
11. 说话人的谈话风格常常影响我对内容的倾听。
12. 为了弄清对方所说的内容,我常常采取提问方法,而不是进行猜测。
13. 为了理解对方的观点,我总会很下工夫。
14. 我常常听到自己希望听到的内容,而不是别人表达的内容。
15. 当我和别人意见不一致时,大多数人认为我理解了他们的观点和想法。

计算您的得分

- 4,12,13,15 是;其余为否。
- 计算与上面答案不同的题目个数,乘以7,然后用105相减,得最后得分。
- 91~105,有良好倾听习惯。
- 77~90,还能提高很多。
- 低于76,倾听能力较差,要多下工夫。

总结上面15个项目中的行为,如果一个沟通行为有利于沟通进一步继续,使得对方愿意进一步谈话,那么一般来说,这是良好的沟通行为;如果这个行为有利于更加仔细真实地把握沟通信息,那么这是一个非常好的沟通行为。我们来看看在具体的倾听过程中,一般需要注意哪些内容。

专心与排除干扰

好的倾听者并不是天生的,而是想办法学会如何有效地倾听。好的倾听者并不是非要有很高的智力和教育水平及社会地位,跟其他任何一种技巧一样,良好的倾听习惯来自于实践和自律。要保持专注的心态去倾听别人的讲话。在与别人交谈时要排除有碍于倾听的环境因素,如尽量防止别人的无谓打扰及噪声打扰等。

明确倾听目的

你对你要倾听的目的越明确,就越能够掌握它。事先的考虑促使我们积极参与人际交流,使得你的记忆更加深刻,感受更加丰富。在开始沟通前,需要明白这次谈话的目标是什么?哪些信息有利于目标的达成?哪些行为可能会妨碍达到目标?

合适的目光接触

眼睛是心灵的窗口,谈话双方如果没有及时的目光接触将会严重地阻碍良好的沟通。在谈话过程中,倾听者要注意用目光征询对方的意见,及时和对方用目光交换意见。避免不恰当的角度、墨镜等外部条件影响目光的交流。目光交流也不是压迫性地直视对方的眼睛,而是双方目光的短暂接触。

及时地用恰当动作和表情给予呼应

用各种对方能理解的动作与表情,表示自己的理解,如微笑、皱眉、迷惑不解等表情,给讲话人提供准确的反馈信息以利其及时调整,还应通过动作与表情,表示自己的感情,表示自己对谈话和谈话者的兴趣。但并不需要幅度过大的表情,因为这经常会干扰沟通过程。同时,避免一些分心的动作和手势,比如在手上摆弄一些小东西,或者习惯性的动作、干扰行为等。

复述、笔记以及适时适度的提问

对对方的谈话进行恰当的复述和记录,有利于核实信息内容,有利于把自己没有倾听到的或没有倾听清楚的事情彻底掌握,同时也有利于讲话人更加有重点的陈述和表达。恰当的提问还有利于对方更好地组织与表达信息。

第五节　互动式沟通分析

那么在双方交谈的过程中,如何引导和把握谈话的过程呢?互动式沟通分析(PAC 理论)是由加拿大的伯恩(Berne)在其《心理游戏》一书中提出的一种提高人际交往能力和促进信息沟通的方法,又被称为交互作用分析(transactional analysis,TA),用于分析沟通双方的交互过程。卢盛忠对 PAC 理论进行了总结,认为互动式沟通分析理论主要包括以下内容。

沟通的状态

PAC 理论将人相互交往的心态分为三种:家长式自我心态(parent ego state, P)、成人式自我心态(adult ego state, A)、孩童式自我心态(child ego state, C)。这三种状态是一个人在其成长过程中逐步形成的,这也是心理结构的组成部分。两个人在相互交往时,会采取这三种心态的一种。

家长式自我心态

表现出保护、控制、呵护、批评或指导倾向。有时我们也可在人们所使用的字眼中看出一个人的家长式自我心态。比如:"你应该"、"你必须"、"我比你知道的要多",或批评别人,想照顾别人,觉得别人的需要比自己的需要还重要等。

成人式自我心态

表现出理性,精于计算,尊重事实和非感性的行为,试图通过寻找事实、处理数据、估计可能性和展开针对事实的讨论等方法来更新决策。这种人的行为表现为:待人接物冷静,慎思明断,尊重别人。这种人讲起话来总是:"我个人的想法是……"

举例来说:当你读一本书的时候,看到一些资料,不带情绪地判断适不适用于自己身上,这时你就在成人式自我心态中。如果你很生气地说:"这些家伙根本不知道自己在说什么!"这时你可能处于批评的家长式自我心态或生气的孩童式自我心态中。工程师设计草图、法官办案、医师诊病,都是成人自我心态运作的典型例子。这是一种可观察的状态,不带感觉地接收资料,修改资料,并根据这些资料有所反应。

孩童式自我心态(child ego state)

像婴幼儿的冲动,表现为服从和任人摆布。当一个人的人格结构中孩童式自我心态成分占优势时,其行为表现为遇事畏缩、感情用事、喜怒无常、不加考虑。这种人讲起话来总是"我猜想……","我不知道……"。

比如与男朋友吵架时,因生气而哭泣或不理人,都是孩童式自我心态运作的典型例子。它是一个人表现出孩童行为,如感情的、自私的、好玩的、哭泣的、操纵的行为等。

交互作用的类型

在现实生活中,人与人之间的交互作用有两种基本形式:平行性和交叉性。这些交互作用发生在一个人的三种自我心理状态与另一个人的三种自我心理状态之间。当刺激线与反应线平行时对话会继续下去。当二者不平行时,人际交流就会受到影响,信息沟通就会出现中断。

平行性交互作用

当两个人之间的信息交流属于互应关系,如父母与父母之间、父母与孩子之间、父母与成人之间的交往,都是平行性交互作用(如图 5-8 所示)。它能够使对话融洽地进行下去。

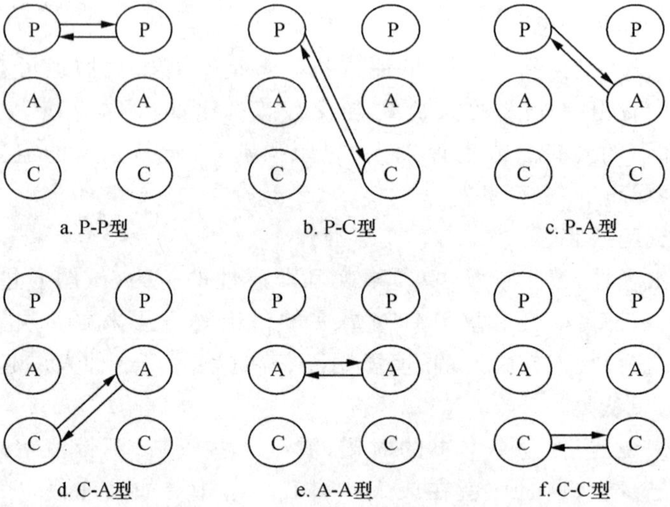

图 5-8　平行性交互作用

(1) 父母——父母(如图 5-8a)。例如,甲:“一项有效的维修计划总是能降低成本的。”乙:“我一贯认为,小洞不补,大洞吃苦。”

(2) 父母——孩子(如图 5-8b)。例如,甲:“一项有效的维修计划总是能降低成本的。”乙:“是的,先生。”

(3) 父母——成人(如图 5-8c)。例如,甲:“一项有效的维修计划总是能降低成本的。”乙:“问题就是新厂商提供的零件不如原来厂家的耐用。”

(4) 孩子——成人(如图 5-8d)。例如,甲:“下个月的生产任务我一定完成不了。”乙:“不会,你上个月任务完成得很好。”

(5) 成人——成人(如图 5-8e)。例如,甲:“老王,这次干部考察主要有哪些方面?”乙:“主要是德才两个方面。”

(6) 孩子——孩子(如图 5-8f)。例如,甲:“我想虽然旷工两天,头儿也会给我全勤奖。”乙:“我猜头儿对你也得这么做。”

如果主管以家长对孩子的模式开始交流，员工往往会以孩子的心态做出反应。不幸的是，传统的上级——下属式关系往往会出现家长——孩子式的交互作用，特别是当发出指示或进行评估时。如果主管的行为主要以这种交互作用模式进行，人际沟通效果将会降低。

交叉性交互作用

当刺激线和反应线不平行时，则是交叉性交互作用。例如，主管问："小吴，你认为我们应如何处理订单的推迟交货问题?"主管努力按照成人对成人的模式来对待员工，但是员工不是以成人对成人的模式回答，而是以孩子对家长的模式说："那不关我的事。你拿了钱，该由你来做主。"当出现交叉式交互作用时，沟通往往被堵塞，不会得到令人满意的结果。这类交互作用有以下几种（如图 5-9 所示）。上面的例子属于 b. AA-CP 型。

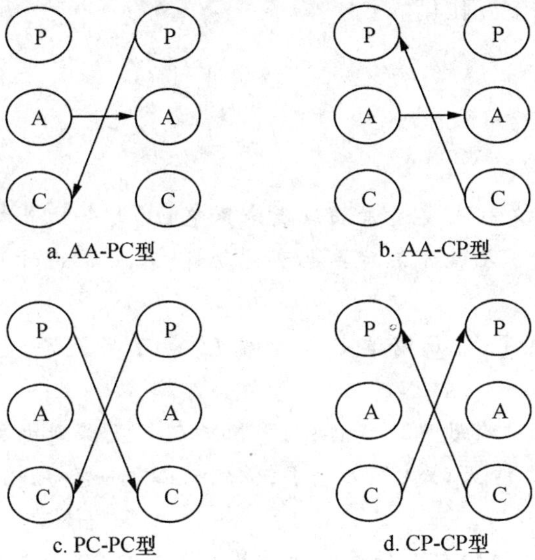

图 5-9　交叉性交互作用

（1）AA-PC（如图 5-9a）。例如，甲："我很乐意帮助你。"乙："得了，你自己的事还没有做好呢。"

（2）AA-CP（如图 5-9b）。例如，甲："小吴，你认为我们应如何处理订单的推迟交货问题?"乙："那不关我的事。你拿了钱，该由你来做主。"

（3）PC-PC（如图 5-9c）。例如，甲："快去打扫一下办公室的卫生。"乙："你少指使我，你又不是领导。"

（4）CP-CP（如图 5-9d）。例如，甲："你的报告写得不好，我不愿改。"乙："那我拿回去，你自己写好了。"

根据以上分析,可见人们交往中起主导作用的是三种心理状态中的一种。当乙方接收信息后,按照甲方的期望做出反应,则这种交互作用是属于“平行性”的;如果乙方反映出乎甲方的期望,这种交互作用属于“交叉性”的。交叉性的交互作用将会导致关系紧张。

一般来说,工作中最有效的交互作用是成人对成人型的交互作用。这种交互作用促使问题得到解决,视他人同自己一样有理性,降低了人们之间感情冲突的可能性。当然,其他平行性的交互作用也能令人满意地发挥作用。例如,如果主管想要扮演家长的角色,员工想要扮演儿童的角色,他们之间也可以形成一种比较有效的工作关系。但是在这种情况下,员工无法成长、成熟,不知如何贡献自己的想法。因此,虽然其他平行性的交互作用确实能发挥作用,但在工作中能够得到最优结果并且最不可能带来问题的是成人对成人的交互作用。

案　例

一对新婚不久的夫妻请亲朋好友来家吃饭,丈夫忙着招呼客人,妻子下厨做饭。妻子上了几道凉菜后再也不见动静,客人等的时间长了,丈夫感觉在客人面前丢面子。

丈夫:(等急了,冲厨房里的妻子喊道)等了半天了,怎么菜还没上来?(P心态)

妻子:(本来心有歉意地想解释,手忙脚乱却没得到丈夫的谅解,不由地态度也强硬起来)今天的煤气火太小,你们耐心等一会儿吧,着急也没有用。(P心态)

丈夫:有这么招待客人的嘛?快点给我上菜!(P心态)

妻子:吵什么吵,没看我这忙着呢,等等吧。(P心态)

丈夫:你快点,再不快,别怪我在众人面前不给你面子!(C心态)

妻子:你敢?我还怕你不成!(C心态)

于是双方争吵起来,朋友们赶忙来劝架,结果一场聚会不欢而散。

用PAC心态理论加以分析,发现:丈夫本来是请客吃饭,因为让客人等了半天有失面子而生气,转入了P心态。妻子本来想解释但看到丈夫在众人面前不给自己面子,也不体谅自己而产生反感,于是心态也转为P心态。这第一回合P-P交往中,双方发出的信息都是合理的,但以命令的口气,方式欠妥。第二个 P-P 交往中,也是如此。第三回合转入了不良的 C-C 心态,本来一件很平常的事最终因双方的态度而发生争吵。这件事如果双方开始的时候态度都温和一点,表达的方式都理智一点,完全可以避免最终不良行为的发生。

资料来源:http://www.blogcn.com/u2/41/85/winnietigger/blog/38793125.html。

在与他人交往中,要了解自己和对方的行为出自哪一种心理状态,然后争取消除信息交流中的心理障碍,避免发生交叉性交流沟通,使信息畅通无阻。沟通过程中的一个重要原则是尽量以成人的自我状态控制自己,并以成人的语调、姿态和行为对待别人,同时作为管理人员,要鼓励和引导对方进入成人的自我状态。

□ 本章复习要点

沟通的定义与基本过程
正确的沟通心态
有效沟通的技能
有效倾听
沟通焦虑
互动式沟通分析

□ 本章复习题

专业术语

沟通
操作岛
信息发送者
信息接受者
媒介
反馈
过滤
沟通焦虑
同理心
倾听
互动式沟通分析
家长式自我心态
成人式自我心态
孩童式自我心态

案例分析

庞升东的风险资本(VC)融资成功的经验

"真实地描述自己的客观状况,真实地描述自己的竞争对手,千万不要想着套 VC 的钱去做其他的事情,只要你有这种想法,就很难与 VC 结缘了。"我觉得这是和 VC 打交道的核心要义。

51.com 和红杉资本签订投资意向书是在 2005 年 2 月,距离与红杉的第一次接触不到 2 个月时间,距离 51.com 的推出(2005 年 8 月 18 日)也不到半年。期间双方沟通顺畅,没有什么轰轰烈烈的故事。事后回想起来,还是可以总结一些与 VC 成功合作的经验,与各位同业共勉。

练好内功

与红杉接触之前,我们对风险投资并不是特别急迫,因为有以前创业积累的上千万资金,足以保证公司创业初期的发展。因为有基础资金保障,所以我们能够在产品完善、企业运作方面投入大量的精力,我认为这也是红杉看重我们的一个原因。

我们首先打造了一个能让红杉中国一眼就看得懂的商业模式,这是红杉能快速决定投资于我们的重要原因。51.com 与全球最大的同类网站 MySpace 很相似。MySpace 目前在 Alexa 全球排名中稳居前十位,2005 年默多克旗下的新闻集团以 5.8 亿美元将 MySpace 收归麾下,因此红杉很看好我们的模式前景。

其次,我们拥有一支精干的管理团队,团队中有分别来自摩托罗拉、盛大、中科院、华为、新浪、搜狐等知名企业的精英,很多都是非常有经验的业内人士。我自己在 1998 年就进入网络业,曾是一个成功的个人网站站长,做了互联网五六年,切身体验了互联网业的盛衰成败,而且有成功创业经历,在战略判断上没有什么大问题;首席运营官王兴华,1991 年中国科技大学毕业,15 年 IT 企业运营经验,能准确把握行业的发展趋势;执行总裁杨冰是"海归",曾效力于三九集团、摩托罗拉,担任过高层管理人员,综合管理能力很强。在人员招聘上我们实施推荐奖励政策:"凡是给 51.com 推荐人才被聘用的,万元重谢。"并将其印在我的名片上,吸引了不少真正的人才加盟。

最后,我们的团队执行力很强。我于 2005 年 3 月,耗资 98 万元购得域名 51.com,8 月 18 日正式推出,12 月 29 日就已经跃入世界权威媒体调查机构 ALEXA 全球网站 500 强,每天固定在线的人数超过了 20 万,网站流量、内容更新速度和注册用户等一些指标数据的上升速度都在业内排名领先。目前,网站每天的日记和照片上传量达到 120 万页。我们这样的团队赢得了红杉对我们的信任。

2005 年 12 月份,我们开始考虑吸引风险投资的事情,也才开始写商业计划书。由于上海风险投资比较密集,平时与风险投资机构或多或少都有过接触和交流,这为我们后来与红杉的接触起到了较好的铺垫作用。

结缘红杉

2005 年 12 月中旬,我应邀参加清科创投在上海四季酒店举行的"第五届中国创业投资年度论坛"。当时有 100 多家风投机构参加,我们参会的目的并非完全为了寻找风投,主要是想看看我们这个项目、我们这个团队是否能引起风投的注意,好为以后的融资做准备。

我和我们的首席运营官王兴华带的商业计划书一共只有9页,封面直接简明扼要地写了我们的“定位”,告诉别人我们要做什么。VC们一般都很忙,而且不同的VC对不同的市场感兴趣,比如红杉就对社区比较感兴趣,其他的就不一定看好。我们直接写明我们要做的事情,可以帮他们节省很多时间。

我们当时就是在一个狭小的空间里做一件事,但是定位很准,而且很专注。我们强调51.com是一个服务青少年的社交网络,主要针对20~30岁之间的人群。我们有非常清晰的定位,有执行力很强的团队,在事实数据基础上订立自己的发展计划,这些都是红杉很欣赏的特质。我们当时就已经有四五十人,规模已经不小了,而有些企业还没开始做,口气就很大,给风投的感觉就是有点浮夸。

和其他与会者不同的是,我们充分利用了可以展示自己的机会,将自己的商业计划书往VC们的桌子上放,特别是前两排最知名公司的VC。整个上午的会议就只有我们一家公司往VC们的桌子上放计划书,到了下午,很多公司效仿,但我们的领先效应已经出现了。当时,我们注意到红杉的张帆将计划书翻了5页,我们想:“有戏了!”

“相恋订婚”

那次会议后,红杉并不是第一家和我们谈合作的,会议当天下午,就有两家投资公司找我们谈。红杉的沈南鹏是第二天给我发的消息,表示对我们有兴趣,希望能够沟通交流,随后我们就开始了密集的磋商。

我们为什么最终选择了红杉,而不是其他风投呢?

首先,要优先考虑国内有自主决定权的VC。很多风投,特别是总部在国外,凡事都需要与海外总部请示的风投,决策程序比较长,效率就会打折扣,也会给以后的合作带来影响。但红杉资本中国基金是有独立自主权的。他们的决策程序非常快,谈的也比较主动,很快就开始考察,随后可以很快做决定。我欣赏这种方式,对我们来说,时间就是成本。

其次,要选择一个与自己行业领域相符合的风投,如果其合伙人有企业管理经验的最好。因为他们会利用自己丰富的经验和广泛的人脉关系,不仅提供企业发展需要的资金,还会为企业的发展提供其他产业支持。红杉的沈南鹏就是位经验非常丰富的企业家,是携程网及如家连锁酒店的创始人;而张帆对WEB 2.0的情有独钟在业界是出了名的。张帆曾经明白地说过:"以后社区+搜索的 Web 2.0 模式仍然是红杉资本关注的重点范围之一。"红杉是一个对互联网非常了解的 VC,无论在产品还是策划方面,都给予了 51.com 难得的启发。我以前一直觉得 VC 对企业运营不了解,但是和红杉的接触让我修正了这一看法,"51.com 我的朋友我的家"就一说法就是出于红杉。在投资 51.com 之前,他们已经迅速地投资了奇虎网和大众点评网,这也是我们选择红杉的理由之一。

事实上,红杉中国的投资风格也使我们的沟通更加顺畅,他们的企业经验在我们双方近 6 个月的谈判中也充分显示出来,有企业管理经验的 VC 会尊重企业的经营自主,不会随意干涉,而同时为我们提供非常宝贵的人力以及策略的支持。比如,他们会提醒我们,到了哪个阶段,什么比较重要,尤其需要招聘哪些人才。特别是给我们一些大的合作牵线搭桥,比如 51.com 和空中网的合作,就是红杉帮忙介绍的。

从第一次在论坛上与红杉接触,到最后确定基本意向,我们只用了不到 2 个月的时间,效率非常高。

这 2 个月中,我们大概谈了六七次,有一个星期他们到我们这里考察了三次。有几次是他们请我们核心团队吃饭聊天,因为他们比较忙,很多时候就是利用这样的时间了解我们的团队。有几次是来我们公司,看看公司的运作情况。有一次是我去北京,当时沈南鹏、张帆以及他们所有的合伙人都在,我想大概那是谈判比较接近尾声的征兆吧!

他们这种考察看上去比较随意,实际上很谨慎,而我们的准备工作也丝毫不能马虎,细节决定成败。我们有很强的后台支撑,有确切的数据提供给他们,用自己的实力说话。与红杉近半年的接触中,51.com 从 2005 年 12 月的全球网站 500 强跃升到全球网站 200 强,各项业务数据以月 60% 的速度迅猛发展。从创业起,短短 8 个月时间,51.com 已经成为中国最大的 blog 交友社区,现在每月新增用户 100 万,视频、图片和文字的更新速度和活跃程度明显高于同类网站。

当时外界有传闻,说我是用夸张了的数据来吸引风投,但我很清楚,风投机构的合伙人都是这方面的行家,对行业的了解有时候胜过我们自己。所以千万不要抱着欺骗的心态去和他们打交道,否则肯定逃不过他们的眼睛。

400 万美元是如何确定的

我们和红杉签订的正式合作协议中,第一期投资金额是 400 万美元。外界很多人都认为红杉对我们已经比较慷慨了,事实上,当时这个数额是我们自己定的，那我们为什么不多融资一点呢?

一方面，当时我们并不是很缺钱，我们认为融资400万美元已经达到我们的目标了。而且这种融资额度也赢得了他们对我的信任，从而为我们营造了宽松的发展环境。他们对51.com没有任何指标和与盈利相关的计划安排，这样使得我们可以集中精力服务客户，着眼长远。否则融资过多，肯定会遇到他们的资金套现压力，从而不得不更重视短期的业绩，有时候就会损害长期的发展目标。

另一方面，这也是一种策略，第一次融资过多会比较轻易地稀释股权，降低自己的控股地位。而且分次融资还可以逐步抬高自己的估值，价格往往是越追捧越高，这样即使后面融资更多，但占到的股份却有可能更少，反而加强了自己的控股地位。所以我认为，融资的时候需要一种自信，好的项目会有很多风投争着抢，不要担心后续融资。

红杉投资对我们来说只是一个开始，最近我们又开始了第二轮融资。我很有信心，只要我们把51.com经营好了，我们的团队真诚合作，相信红杉之后会有更多风投跟进的。

融资沟通心得

在与风投沟通的过程中，有些心得与大家分享：

(1) 发E-mail仍然是有效的，尽管80%甚至90%以上的E-mail会被否决，但是找VC本身就很难，只要得到了一个回复就很成功了，何况关系到自己要达成的理想。

(2) VC们的名片要充分使用。庞升东的个人经验告诉他，那些名片上的邮箱都是VC们本人接收的。

(3) 第一次E-mail不要超过100字，而且最好在邮件标题上就注明具体字数。这是一种换位思考，VC的时间都非常宝贵，他们没有精力去看长篇大论。庞升东给红杉的初期邮件一直遵循着这一点，备受红杉合伙人的推崇。

(4) 有人引荐非常有效，只要有这样的资源，就尽量利用。

(5) 商业计划书不要太长，做成PPT的话10页足够了。计划书需要向对方传达三点：一是市场有多大，也就是所选的商业模式饼有多大；二是我能啃到多大的饼，光有大饼，而自己只能吃到一小口，肯定是不行的；三是要告诉对方为什么我能吃到饼，这个时候要首先向对方介绍自己的团队，其次才是经营策略，因为经营策略再好，没有执行力强的团队来执行，也是没有用的。

(6) 适度纠缠，比如打电话是不受欢迎的，但是也要尝试，要主动多出击。

资料来源:http://www.mybizchina.com/Finance/ShowArticle.asp? ArticleID=19029。

思考题

- 在以上的沟通情景中,沟通的信息发送方和信息接收方各是什么?媒介是什么?传递的信息是什么?
- 细读案例最后的"融资沟通心得",谈谈6条体会如何体现了"换位思考"这一原则?
- 简略分析在整个沟通过程中双方沟通发展的一些主要阶段。

参考答案

获取风险投资,对于创业者、风险投资而言都是一个复杂的沟通过程。创业者会努力去寻找风险资本,风险投资家也会努力去寻找好的项目,这对双方都是一个非常困难的过程。

良好的沟通是一切工作得以顺利开展的基础,庞升东融资成功与有效的沟通是分不开的。沟通是让对方理解并接受你的观点,所以对方是你考虑的核心。有效沟通的本质是换位思考。在案例中我们可以发现,庞升东等人站在VC的角度考虑问题,了解他们最关心哪些问题,知道他们时间宝贵,没有精力看长篇大论,因此他们采取了相应的策略来促成有效沟通,比如E-mail标题明确、计划书简洁明了、强调重点等。

通过案例我们可以看出,同样的沟通内容,如果采取不同的沟通策略会产生不同的沟通效果。沟通的本质是换位思考,因此沟通策略主要是站在对方的角度考虑问题,也就是同理心。首先是了解对方需要什么,自己的信息可以满足对方什么样的需求,如何以最为有效的方式表明自身的价值。

此外,我们也发现庞升东在与红杉投资沟通的过程中始终以诚相待,沟通内容没有虚假成分,且用自身实力说话,正是具有优势的沟通内容配以良好的沟通策略促成了双方的有效沟通。

小练习

表5-2用于改进您的沟通习惯,请您和一位比较熟悉您的朋友参加。

先请您的朋友填写在与您沟通的过程中他喜欢或者不喜欢的行为细节,然后和您谈一下这些细节具体指什么。也就是填写表格中"喜欢的"和"不喜欢的"两列。

然后针对您的朋友列出来的特点,列出您希望改进的对象和目标,在两周内集中改进其中的两个目标,然后再集中两周时间改进另外两个目标,等到把所有的整改目标都整改完毕,再请您的这位朋友检查进度。

表 5-2 沟通习惯改进表

	喜欢的	不喜欢的	改进	
			对象	目标
目光接触				
脸部表情				
特殊习惯				
整体态度				
语气				

第六章

管理工作团队

- 群体
- 团队及其工作的特点
- 团队发展的阶段模型
- 团队发展中的群体动力

引例

小矮人的故事

相传在古希腊时期,有7个小矮人因受到可怕咒语的诅咒,而被关到一个与世隔绝的城堡里。他们住在一间潮湿的地下室里,找不到任何人帮助,没有粮食,没有水。这7个小矮人越来越绝望。

小矮人中,阿基米德是第一个受到守护神雅典娜托梦的。雅典娜告诉他,在这个城堡里,除了他们呆的那间房间外,其他的25个房间里,一个房间里有一些蜂蜜和水,够他们维持一段时间,而在另外的24个房间里有石头,其中有240块玫瑰红的灵石,收集到这240块灵石,并把它们排成一个圈的形状,可怕的咒语就会解除,他们就能逃离厄运,重归自己的家园。

第二天,阿基米德迫不及待地把这个梦告诉了其他的6个伙伴。伙伴们愿意和他一起努力。开始的几天里,几个人想先去找些木材生火,这样既能取暖又能让房间里有些光线。而另外几个想先去找那个有食物的房间;还有人想快点把240块灵石找齐,好快点让咒语解除。由于无法统一意见,于是决定各找各的,但几天下来,大家都没有成果,反而筋疲力尽。

失败让他们意识到应该团结起来。他们决定,先找火种,再找吃的,最后大家一起找灵石。这是个灵验的方法,他们很快在左边第二个房间里找到了大量的蜂蜜和水。在经过了几天的饥饿之后,小矮人们狼吞虎咽了一番,解决了温饱问题后,他们开始寻找灵石。

为了提高效率,阿基米德决定把7个人兵分两路:爱丽丝和苏格拉底各带一组,3个人继续从左边找,另4人则从右边找。当然事情并不像想象中那么顺利,先是苏格拉底和特洛伊那组,他们总是嫌另外一个组太慢。后来,当过花农的梅里莎发现,大家找来的石头里大部分都不是玫瑰红的;最后由于地形不熟,大家经常日复一日地在同一个房间里找石头。大家的信心又开始慢慢丧失。

阿基米德非常着急。这天傍晚,他把6个人都召集在一起商量办法。可是,交流会刚刚开始,就变成了相互指责的批判会。

性子急的苏格拉底先开口:"你们怎么回事,一天只能找到两三个有石头的房间?"

"那么多的房间,门上又没有写哪个有石头,哪个是没有的,当然会找很长时间了!"爱丽丝答道。

“难道你们没有注意到，门锁是圆孔的都是没有的，门锁是十字形的都是有石头的吗？”苏格拉底反问道。

“干吗不早说啊？害得我们做了那么多无用功。”其他人听到这儿，似乎有点生气。

经过交流，大家才发现，原来他们有些人可能找准房间很快，但可能在房间里找到的石头都是错的；而那些找得非常准的人，往往又速度太慢。他们完全可以将找得快的人和找得准的人组合起来。于是，这7个小矮人进行了重新组合。并在爱丽丝的提议下，大家决定开一次交流会，交流经验和窍门。然后把很有用的那些方法都抄在能照到亮光的墙上，提醒大家，省得再去走弯路。

在反复的沟通和通力协作下，小矮人们终于找齐了所有的240块灵石，成功地解除了诅咒，重新回到了温暖幸福的家园。

小矮人们解除诅咒的过程可以看做是一个团队由组建走向成熟，并最终完成任务的过程。在这个过程里，他们为了共同的愿望，分工协作，不断地磨合，相互学习并通过积累经验，完成了仅仅依靠单独个体不可能完成的任务。

团队是组织提高运行效率的可行方式，它有助于组织更好地利用雇员的才能。管理人员发现，在多变的环境中，团队比传统的部门结构或其他形式的稳定性群体更灵活，反应更迅速。团队的优点是：可以快速地组合、重组、解散。

但对于许多团队或是群体而言，$1+1<2$ 的情况也是普遍存在的。群体和团队究竟是怎样组织并发生作用的，它的特点及影响因素是什么？本章就这些疑问展开讨论。

在看完“小矮人”的故事以后，我们思考一下这样几个问题：

- 这些小矮人在没有听说雅典娜的梦的时候，他们面临着什么样的任务情景？他们这帮人有什么特点？
- “雅典娜的梦”对这伙人来说有什么样的总体目标？有哪些分解目标？
- 为什么一开始大家筋疲力尽地争论了几天？为什么会有这些争论？这几天对小组有什么作用？
- 火种、食物和灵石之间的关系是什么？分别对小组有什么意义？
- 在经历了一段时间的分组工作后，那天晚上的会议有什么作用？会议前和会议后小组的工作模式和效率有什么变化？

- 小组的工作阶段是什么？阿基米德和其他几个小矮人承担的工作有什么不一样？

这些问题，您都可以在本章找到答案，现在，让我们一起来开始关于管理工作团队的学习吧！

第一节　群　　体

我们在生活中常常接触到不同的群体，对于群体我们并不陌生。在组织行为学中，群体的研究角度非常广泛，对于群体的定义不下上百个，其中应用比较广泛的定义如下：

群体（group）：是为了实现某个特定的目标，两个或两个以上相互作用、相互依赖的个体的组合。

通常，群体可以分为正式群体和非正式群体。正式群体（formal group）是指由组织结构确定的、职务分配很明确的群体。在正式群体中，一个人的行为是由组织目标规定的，并且是指向组织目标的。非正式群体（informal group）是那些既没有正式结构，也不是由组织确定的联盟，它们是员工为了满足社会交往的需要在工作环境中自然形成的。

那么这两类群体还可以再细分下去吗？

答案是可以的。我们还可以把群体细分为命令型、任务型、利益型、友谊型群体，其中命令型和任务型群体多见于正式组织中，而利益型和友谊型群体是非正式的联盟。

命令型群体（command group）由组织结构规定。它由直接向某个主管人员报告工作的下属组成。

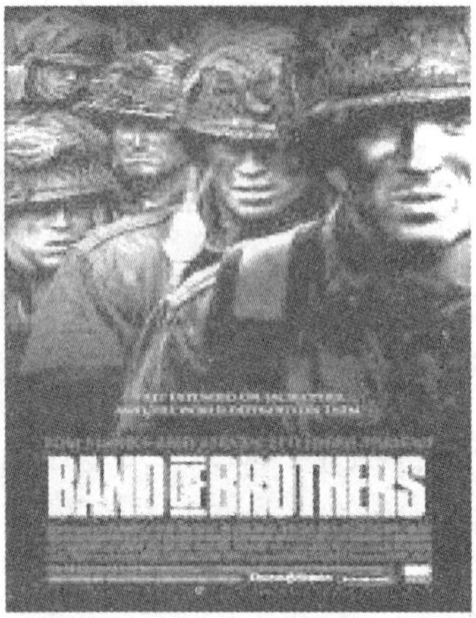

资料来源:《兄弟连》剧照。

《兄弟连》中所描写的美军 101 空降师 506 团 E 连就是一个直接向连长温特斯负责的命令型团队。

再比如,一个小学的校长和他管辖的 50 名教师就组成一个命令型群体;一个公司的部门经理和他下属的 5 位工作人员也组成一个命令型群体。

任务型群体(task group)也是由组织结构决定。它是指为完成一项工作任务而在一起工作的人。但任务型群体的界限并不仅仅局限于直接的上下级关系,还可能跨越直接的命令关系。例如,如果一个在校大学生违反了校规,那么就需要在教务主任、学生处处长、保卫处处长、学生辅导员之间进行协调和沟通。这些人员就组成了一个任务型群体。应该指出,所有的命令型群体都是任务型群体,但因为任务型群体可以由来自组织各个部门、各个层次的人组成,因此,任务型群体不一定是命令型群体。

资料来源:《拯救大兵瑞恩》剧照。

电影《拯救大兵瑞恩》中性格迥异的八人小分队就是一个典型的任务型组织:队长米勒上尉,忠实的豪沃斯军士,胆小的翻译官厄本下士,敬业的军医迪克·魏德,调皮的鲁宾军士,善良的卡帕佐军士,冷峻的狙击手杰克逊。为了完成深入敌后拯救瑞恩的艰巨任务,本来是属于不同单位的他们团结在米勒队长周围,组成了一个任务型团队。

案　例

NBA 全明星队

东西部 NBA 的全明星队是典型的任务群体。每年的 NBA 全明星赛都是一场精彩纷呈的表演赛，目的是为了愉悦球迷。因此进入球队的明星球员都是各队当家主力球员，教练也是球迷投票选出的。但在这样群星闪耀的球队中，没有直接的命令关系，因为教练只是一个协调人而不是通常意义上的领导者，他的首要任务只是协调各巨星的上场时间，而非制定和贯彻战术。

那些属于或不属于前两种群体的人，都可能加入利益型群体（interest group）。在利益型群体中，大家是为了某个共同关心的特定目标而走到一起来的。

例如当我们国家的房改政策出台的时候，往往以工作的时间作为划分人群的标准：比如1998年以前参加工作的可以享受房改政策。在浙江大学的住房补贴政策中，对2000年以前、2003年以前，以及2006年以前参加工作的，都有不同政策，这时就会形成不同利益群体。

群体往往是由于其成员具有某些共同的特点而形成，我们把这种基于成员共同特点而形成的群体称为友谊型群体（friendship group）。这种群体往往是在工作情境之外形成的，他们所赖以形成的共同特点可能是年龄相近、同一所大学毕业、政治观点相同，等等。

例如，大学里的兴趣社团、各地的天文爱好者协会、棋牌协会等。再比如，有些公司内部的桥牌协会。

非正式群体通过满足其成员的社会需要而发挥着重要的作用。由于工作场地和任务联系的密切而导致交往比较频繁，我们可以看到员工们在一起打球，一起开车上下班，一起吃午餐，一起在茶水间度过休息时间。应该认识到，即使员工之间的这种相互作用是非正式的，但它对员工的行为和绩效的影响是深远的。

加入群体的原因

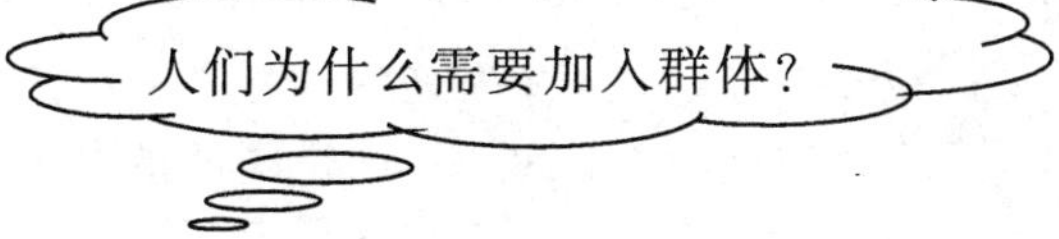

人们加入群体的原因多种多样，常见的往往是以下几种：

安全需要：通过加入一个群体，能减少个体独处时的不安全感。个体加入到一个群体之后，会感到自己更有力量，自我怀疑会减少，在威胁面前更有信心。

地位需要:加入一个被认为是很重要的群体,个体能够获得被别人承认的满足感。

情感需要:群体可以满足其成员的社交需要。人们往往会在群体成员的相互作用中,感受到满足。对许多人来说,这种工作中的人际作用是他们满足感情需要的基本途径。

权利需要:许多时候,权利需要是一个人无法实现的,只有在群体活动中才能实现。

实现目标的需要:有时,为了完成特定的目标需要多个人共同努力,需要集合众人的智慧、力量。在这种时候,主管人员就要依赖正式群体来完成目标。

更多有关需求的内容,请参考本书第四章的需求层次理论

第二节　团队及其工作的特点

团队的定义

团队(team):由两个或两个以上的人组成的一个共同体,该共同体合理利用每一个成员的知识和技能协同工作,解决问题,达到共同的目标。

团队应该是一个小规模人群(从3~25人),团队中的人应当相互认识,相互作用,并把每个人看做一个单元。团队对完成工作任务具有整合效用。团队可以理解为T——together,E——everyone,A——achieve,M——more。

他们在一起能够做到的比单个人更多,这是团队的共同特征。

那么团队和群体有区别么?

答案是:有。群体与团体不是一回事。团队和群体有着根本性区别,群

体可以向团队过渡。图 6-1 明确展示了工作群体与工作团队的区别。

• 群体	• 团队
—目标:单个相加	—目标:集体绩效
—责任:个体取向	—责任:集体取向
—协同:一般中性	—协同:积极配合
—技能:随机结合	—技能:相互补充

图 6-1　群体与团队的区别

在第一节中,我们把群体定义为:两个或两个以上相互作用和相互依赖的个体,为了实现某个特定目标而结合在一起。在群体中,成员通过相互作用,共享信息,做出决策,帮助每个成员更好地承担起自己的责任。工作群体中的成员不一定要参与到需要共同努力的集体工作中,他们也不一定有机会这样做。因此,工作群体的绩效,仅仅是每个群体成员个人贡献的总和。在工作群体中,不存在一种积极的协同作用,不能使群体的总体绩效水平大于个人绩效之和。

团队则不同,它通过其成员的共同努力能够产生积极协同作用,其团队成员努力的结果使团队的绩效水平远大于个体成员绩效的总和。

这就可以解释为什么现在许多组织围绕工作团队重新组织工作过程。管理人员这样做的目的,是期望通过工作团队的积极协同作用,提高组织绩效。

案　例

“携程”团队四人的分工协作

1999 年,携程网创立之时,四位创始人依据各自的经历大体定下了人事架构。沈南鹏出任 CFO,他此前是德意志银行亚太总裁。季琦和梁建章相继出任 CEO,季琦此前创办上海协成科技,擅长市场和销售,主外。而梁建章此前是甲骨文中国区咨询总监,擅长 IT 和架构管理,主内。最后加入的范敏,此前是上海旅行社总经理和新亚酒店管理公司副总经理,则出任执行副总裁,打理具体旅游业务,而后逐步升任 COO 以及 CEO。

从性格方面来讲,季琦有激情、锐意开拓。沈南鹏风风火火,一股老练的投资家做派。而梁建章偏理性,用数字说话,眼光长远。范敏则善于经营,方方面面的关系处理得体。四人特长各异,各掌一端。

范敏曾用一个比喻来形容四个创始人的定位:"我们要盖楼,季琦有激情、能疏通关系,他就是去拿批文、搞来土地的人。沈南鹏精于融资,他是去找钱的人。梁建章懂IT、能发掘业务模式,他就去打桩,定出整体框架。而我来自旅游业,善于搅拌水泥和黄沙,制成混凝土去填充这个框架。楼就是这样造出来的。"

团队的广泛适用为组织创造了一种潜力,能够使组织在不增加投入的情况下,提高产出水平。不过,应该注意,我们说的是"潜力"。建立团队不是变戏法,并不能保证一定产生积极的协同作用。仅仅把工作群体换种称呼,改称工作团队,不能自动地提高组织绩效。在本节的后面部分,我们将论证,成功的或高效的工作团队所具有的一些共同特征,如果管理人员希望通过运用工作团队来提高组织绩效,就要先保证他们的工作团队具有这些特点。

团队的分类

根据团队的存在目的,可以对它们进行分类。在组织中,有3种类型的团队比较常见:问题解决型团队、自我管理型团队、任务型团队。

问题解决型团队(problem solving team)

在团队刚刚盛行的时候,大多数团队的形式是很相似的。这些团队一般由来自同一个部门的5~12个人组成,他们每周用几个小时的时间碰头,讨论如何提高产品质量、生产效率和改善工作环境。我们把这种团队称为问题解决型团队。

在问题解决型团队里,成员就如何改进工作程序和工作方法互相交换看法或提供建议。但是,这些团队几乎没有权力根据这些建议单方面采取行动。

自我管理型团队(self-management team)

问题解决型团队的做法行之有效,但在调动员工参与决策过程的积极性方面,尚嫌不足。这种欠缺导致企业努力建立一种新型的团队——自我管理型团队。这种新型团队实现了真正的独立自主,它们不仅注意问题的解决,而且执行解决问题的方案,并对工作结果承担全部责任。

自我管理型团队通常由10~15人组成,他们分担了以前自己的上司所承担的一些责任。一般来说,他们的责任范围包括控制工作节奏、决定工作任务的分配、安排工间休息等。彻底的自我管理型团队甚至可以挑选自己的成员,并让成员相互进行绩效评估。这样,主管人员的重要性就下降了,甚至可以被取消。

案　例

通用电气公司的自我管理团队

通用电气公司实行的就是自我管理团队制度。该公司设在宾夕法尼亚格罗夫城的机车发动机厂大约有 100 个团队,它们负责工厂的大多数决策:有权安排检修工作,决定工作日程,采购常规性的控制设备。如果一个团队不打报告就花掉 200 万美元,工厂经理也不会担惊受怕。

但仍然需要注意的是,虽然有些组织采用了自我管理型团队,但结果却令人失望。对自我管理型工作团队效果的总体研究表明,采用这种团队形式并不一定带来积极效果。例如,在这种团队中,员工的满意度的确有所提高,但是,与传统的工作组织形式相比,自我管理型团队成员的缺勤率和流动率偏高。这些现象的具体原因尚不清楚,需要深入研究。

任务型团队(task team)

这种团队由来自同一等级、不同工作领域的员工组成,他们来到一起的目的是完成一项任务。许多组织采用跨越横向部门界线的团队形式已有多年。

案　例

任务攻坚队和委员会

在 20 世纪 60 年代,IBM 公司为了开发卓有成效的 360 系统,组织了一个大型的任务攻坚队,攻坚队成员来自于公司的多个部门。任务攻坚队其实就是一个临时性的多功能团队。同样,由来自多个部门的员工组成的委员会是多功能团队的另一个例子。

任务型团队是一种有效的方式,它能使组织内(甚至组织之间)不同领域的员工交换信息，激发出新的观点，解决面临的问题，协调复杂的项目。当然，任务型团队的管理不是管理野餐会，在其形成的早期阶段往往要消耗大量的时间，因为团队成员需要学会处理复杂多样的工作任务。在成员之间，尤其是那些背景不同、经历和观点不同的成员之间，建立起信任并能真正的合作也需要一定时间。在本章后面，我们将讨论一些方法，有助于管理者促进和建立成员间的信任关系。

高效团队的基本要求

合适的团队规模

最好的工作团队规模一般比较小。如果团队成员多于 12 人，他们就很难顺利开展工作。他们在相互交流时会遇到许多障碍，也很难在讨论问题时达成一致。一般来说，如果团队成员过多，就会损害团队的凝聚力、忠诚感和相互信赖感，而这些却是高绩效团队不可缺少的。所以，管理人员要塑造有成效的团队，就应该把团队成员人数控制在 12 人之内。如果一个自然工作单位本身较大，而你又希望达到团队的效果，那么可以考虑把工作群体分化成几个小工作团队。至于为什么团队的规模会影响团队绩效，我们将在本章的第四节做出解释。

图 6-2　微软 MSN Messenger 开发小组成员合影

成员的能力搭配合适

要想有效地运作，一个团队至少需要三种不同技能类型的人。第一类，具有技术专长的成员；第二类，具有解决问题和决策技能，能够发现问题，提出解决问题的建议，并权衡这些建议，然后做出有效选择的成员；第三类，善于聆听、反馈、解决冲突及其他人际关系技能的成员。

如果一个团队缺少以上三类成员，发挥绩效潜能是不可能的。对具备不同技能的人进行合理搭配极其重要。在团队规模一定的情况下，一种类型的人过多，另两种类型的人自然就少了，团队绩效可能会降低。

但在团队形成之初，并不需要以上三方面的成员全部具备。在必要时，一个或多个成员去学习团队所缺乏的某种技能从而使团队充分发挥其潜能也是可行的。

分配角色以及增强多样性

在本书前面的章节中，我们证明了人们的人格特质各有不同，如果员工的工作性质与其人格特点一致，其绩效水平容易提高。团队内的角色分配也是如此。根据团队的不同需求，挑选团队成员时，应该以员工的人格特点和个人偏好为基础，综合考虑。高绩效团队能够给员工适当地分配不同的角色。

案 例

球队的角色分配

长期使球队保持优势的篮球教练知道如何挑选富有前途的队员，识别他们的优势与劣势，并把他们安排到最适合他们才能的位置上，赋予他们能为球队做出最大贡献的机会。

教练们能够认识到，一个好的球队需要具有多种技能的成员，如强力得分手、3分球投手、进攻组织者等。成功的球队具有能够胜任关键位置的球员，并能够在了解球员技能和爱好的基础上，把他们配置到各个合适位置上。

英国教授贝尔宾(Belbin)认为，没有完美的个人，只有完美的团队。人无完人，但团队却可以是完美的团队，只要适当地拥有如下各种角色：

协调者(coordinator)的典型特征是沉着、自信、可信赖、有控制局面的能力。协调者的积极特性是对各种有价值的意见不带偏见地兼容并蓄，看问题比较客观。他能够被容忍的弱点是：在智力以及创造力方面并非超常。在团队中的作用有：时刻想着团队的大目标，明确团队的目标和方向；选择需要决策的问题，并明确它们的先后顺序；帮助确定团队中的角色分工、责任和工作界限；总结团队的感受和成就，综合团队的建议。协调者要确保团队资源得到最佳利用。

塑造者(shaper)的典型特征是思维敏捷、坦荡、主动探索。塑造者的积极特性是积极、主动、有干劲,随时准备向传统、低效率、自满自足挑战,有紧迫感,视成功为目标,追求高效率。他能被容忍的弱点有:好激起争端,爱冲动,易急躁,容易给别人压力;说话太直接,虽然塑造者总是就事论事,却经常伤人不伤己。在团队中的作用是:寻找和发现团队讨论中可能的方案;使团队内的任务和目标成形;推动团队达成一致意见,并朝着决策行动。塑造者一旦找到自己认为好的方案或模式,就会希望团队成员都采纳这一方案或模式,因此他会强力地向团队成员推销自己认为好的方案或模式。塑造者经常自觉不自觉地在团队中扮演一个二领导的角色。虽然他可能不是名义上的领导(一般协调者是领导),但塑造者却常常给人二老板的感觉。承担这种角色的人设立目标,确定事务的轻重缓急,从而保证团队的目标清晰,方向准确。

创新者(plant)的典型特征是有个性、思想深刻、不拘一格。积极特性是:才华横溢、富有有创造力、想象力、智慧;知识面广、善于打破常规、解决困难问题。创新者能被容忍的弱点为:高高在上、不重细节、不拘礼仪。在团队中的作用是:提供建议;提出批评并有助于引出相反意见。承担这种角色的人能为团队所面临的主要问题带来新的突破性的思想和见解。

监督者(monitor/evaluator)的典型特征是清醒、理智、谨慎。积极特性为:讲求实际、冷静、有战略眼光、有判断力、看事情全面、善于做出判断。监督者能被容忍的弱点有:缺乏鼓动和激发他人的能力;自己不容易被别人鼓动和激发;缺乏想象力,缺乏热情。在团队中的作用有:分析问题和情景;对繁杂的材料予以简化,并澄清模糊不清的问题;对他人的判断和作用做出评价。基本上监督者就是那种喜欢给别人泼冷水的人。监督者们靠着其强大的分析判断能力,敢于直言不讳地提出和坚持异议。监督者对于一个成功的团队是非常必要的,因为监督者就是团队的守门员。一个没有守门员的球队没法赢得比赛。

实干者(company worker, or implementer)的典型特征是保守、顺从、把想法变为行动、务实可靠。实干者的积极特性为:有组织能力、实践经验,工作勤奋,有自我约束力。他能够被容忍的弱点为:缺乏灵活性,应变能力弱;对没有把握的主意不感兴趣,有些固执。在团队中的作用是:把讨论和建议转换为实际步骤;考虑什么是行得通的,什么是行不通的;整理建议,使之与已经取得一致意见的计划和已有的系统相配合。实干者是好的执行者,能够可靠地执行一个既定的计划,但却未必擅长制订一个新的计划。承担这种角色的人接收概念并将之转为实际的步骤,制订计划并执行。

资源收集者(resource investigator):典型特征为:性格外向、开朗、热情、好奇心强、联系广泛、消息灵通,是信息的敏感者。他的积极特性为:有广泛联系人的能力,不断探索新的事物,勇于迎接新的挑战。他能够被容忍的弱点有:兴趣不稳定。在团队中的作用为:提出建议,并引入外部信息。一个很好的比喻是:资源收集者就是团队的天线,用来接收外界信号。通过他可以接触持有其他观点的个体或群体。资源收集者擅长参加磋商性质的活动。资源收集者与外部的思想、发展以及资源之间的联系对团队很有用。

凝聚者(team worker)的典型特征是擅长人际交往、温和、善解人意、乐于助人,是人际关系的敏感者。凝聚者的积极特性有:有适应周围环境以及人的能力,能促进团队的合作,倾听能力最强。他能够被容忍的弱点是:在危急时刻往往优柔寡断,一般是中庸的人。在团队中的作用:给予他人支持,并帮助别人;打破讨论中的沉默;采取行动扭转或克服团队中的分歧。承担这种角色的人促使团队以和谐的方式运作,给有缺点的团队成员以支持,同时培养团队的士气和精神。

完善者(finisher)的典型特征是勤奋有序、认真、有紧迫感、吃苦耐劳、尽职尽责、严肃、善于发现错误、守时。他的积极特性为:理想主义者,追求完美,持之以恒。他能够被容忍的弱点有:常常拘泥于细节,不洒脱,有时过度忧虑,不愿授权他人。在团队中的作用有:强调任务的目标要求和活动日程表;在方案中寻找并指出错误、遗漏和被忽视的内容;刺激其他人参加活动,并促使团队成员产生时间紧迫的感觉。这种角色注重细节,承担这种角色的人确保所有工作都按计划完成。

除了以上8种角色外,团队可能还需要某些方面的专家,这种角色的人会给团队带来特殊的宝贵技能,他们负责把专业知识贡献出来。一般来说,这些人不会担任团队的其他角色。

(注:贝尔宾团队角色问卷明细请见本章附件二)

如果强迫人们去承担团队中的各种角色,大多数人都能够承担得起任何一种角色,但通常人们非常愿意承担的只有两三种。管理人员有必要了解个体能够给团队带来贡献的个人优势,根据这一原则选择团队成员,并使工作任务分配与团队成员偏好的风格相一致。通过把个人的偏好与团队的角色要求进行适当的匹配,使得团队成员可能和睦共处。许多时候,团队不成功的原因就在于具有不同才能的人搭配不当,导致在某些领域投入过多,而在另一些领域投入不够。

具有对于共同愿景的承诺

是否每个成功的团队都具有共同的愿景呢？

答案是肯定的。不但如此，成功团队的愿景还必须是其成员渴望实现的、有意义的。这种愿景是一种远见，比具体目标要宽泛。有效的团队具有一个大家共同追求的、有意义的愿景，它能够为团队成员指引方向、提供推动力，让团队成员愿意为它贡献力量。

案　例

成功的团队都有共同愿景

苹果电脑公司中，设计开发麦金塔什(Macintosh)计算机的团队成员几乎都渴望开发一种用户适用、方便可靠的机型，这种机型将给人们使用计算机的方式带来一场革命。开发出时尚、动感的电子产品，而不是单一地追求功能。史蒂夫·乔布斯的目标是生产充满激情的产品。

再比如，土星公司的生产团队的推动力和凝聚力来自于这样一种共同目的：制造出一种美国汽车，在质量和价格上都能与最好的日本汽车进行竞争并取得成功。

成功团队的成员通常会用大量的时间和精力来讨论、修改和完善一个在集体层次和个人层次上都被大家接受的愿景。这种共同愿景一旦为团队所接受，就像航海学知识对船长一样——在任何情况下，都能起到指引方向的作用。

建立具体目标

成功的团队会把他们的共同愿景转变成为具体的、可以衡量的、现实可行的绩效目标。目标会使个体提高绩效水平，目标也能使群体充满动力。具体的目标可以促进明确的沟通，它们还有助于团队把自己的精力放在达成有效的结果上。

什么是好的目标呢？请参考第四章激励理论中的目标设置理论。

有效的领导与团队结构

目标决定了团队最终要达成的结果。但高绩效团队还需要有效的领导和团队结构提供方向与焦点。确定一种大家认同的方式，才可能保证团队在达到目标的过程当中团结一致。

在团队中，对于谁做什么和如何保证所有的成员承担相同的工作负荷问题，团队成员必须取得一致意见。另外，团队需要决定的问题还有：如何安排工作日程；需要开发什么技能；如何解决冲突；如何做出和修改决策；如何决定成员具体的工作任务内容，并使工作任务适应团队成员个人的技能水平。

所有这些，都需要团队的领导和团队结构发挥作用。有时，这些事情可以由管理人员直接做，也可以由团队成员通过扮演其他角色来完成。

避免社会闲散

这是一个与群体规模有关的最重要发现。这个发现使下面的逻辑遇到了挑战：即群体作为一个整体的生产力，至少等于群体成员个体生产力的总和。

社会闲散（social loafing）：是指一种倾向，即一个人在群体中工作不如单独一个人工作时更努力。

一般人对群体的刻板印象是，群体精神会激励其成员更加努力地工作，从而提高群体的整体生产力。

20 世纪 20 年代末，德国心理学家瑞格尔曼在拉绳实验中，比较了个人绩效和群体绩效。他原来认为，群体绩效会等于个人绩效的总和，也就是说，3 个人一起拉绳的拉力是 1 个人单独拉绳时的 3 倍，8 个人一起拉绳的拉力是1个人单独拉绳时的8倍。但是,研究结果没有证实他的期望。3人群体产生的拉力只是1个人拉力的2.5倍,8人群体产生的拉力还不到1个人拉力的4倍。

其他一些用相似的任务重复瑞格尔曼的研究基本上支持了他的发现。许多时候,群体规模的大小与个人绩效是负相关。就总的生产力来讲,随着群体规模的扩大,群体成员个体的生产力变低。

为什么存在这种社会闲散效应呢?

一种解释是群体成员认为其他人没有尽到应尽的职责。如果你把别人看做是懒惰或无能的,可能就会降低自己的努力程度,这样你才会觉得公平。另一种解释是群体责任的扩散。因为群体活动的结果不能归结为具体某个人的作用,个人投入与群体产出之间的关系就很模糊了。在这种情况下,个人就会降低群体的努力。即:当个人认为自己的贡献无法衡量时,群体的效率就会降低。

案　例

三个和尚没水吃

传说古时候有一个活泼伶俐的小和尚住在山上一座小庙里。他勤快地到山下挑水,自己喝够了,就往菩萨手中的净瓶里灌水。净瓶里的柳枝活了。他夜里不让老鼠来偷东西,生活过得安稳自在。

不久,来了个长和尚。他一到庙里,就把半缸水喝光了。小和尚叫他去挑水,长和尚心想一个人去挑水太吃亏了,便要小和尚和他一起去抬水,两个人只能抬一只水桶,而且水桶必须放在扁担的中央,两人才心安理得。这样总算还有水喝。

再后来,又来了个胖和尚。他也想喝水,但缸里没有水。小和尚和长和尚叫他自己去挑,结果胖和尚挑来一担水,立刻独自喝光了。从此谁也不挑水,三个和尚就没水喝。大家各念各的经,各敲各的木鱼。观音菩萨面前的净水瓶也没人添水,柳枝枯萎了。夜里老鼠出来偷东西,谁也不管。结果老鼠猖獗,寺院破败不堪。

这就是一个和尚挑水吃,两个和尚抬水吃,三个和尚没水吃。

工作群体中这种社会闲散效应对于组织行为学意义重大:如果管理人员想借助群体的力量,来强化士气,他们就必须提供衡量个人努力程度的手段。否则,管理人员就应该权衡一下群体可能带来的生产率的下降程度是否可以接受。

但是我们应该注意到,这种结论带有西方式的偏见,它与个人主义文化是紧密联系的,像美国和加拿大这样的国家是由个人主义支配的,个人主义主宰一切,社会闲散现象可能比较突出。在个人主要受群体目标激励的集体主义社会里,这种结论就不一定适用了。例如,一项关于美国员工、中国员工、以色列员工(后二者都是集体主义国家)的比较研究发现,中国员工和以色列员工没有出现社会闲散的倾向。事实上,中国员工和以色列员工参与到集体中时,工作绩效比单独工作时绩效要高。

我们还要看到,高绩效团队通过使其成员在集体层次和个人层次上都承担责任,可以消除这种倾向。成功的团队能够使其成员共同为团队的目的、目标和行动方式承担责任。团队成员很清楚:哪些是个人的责任,哪些是大家共同的责任。高绩效团队通过以下方式清除这种倾向:

1. 适当的绩效评估与奖励体制

为了使团队成员在集体和个人两个层次上都具有责任心,传统的以个人导向为基础的评估与奖酬体系必须改变,才能合理充分地衡量团队绩效。

个人绩效评估、固定的小时工资、个别激励等突出个人激励的方式与高绩效团队都是不一致的。因此,除了根据个体的贡献进行评估和奖励之外,管理人员还应该考虑以群体为基础进行绩效评估、利润分享、小群体激励及其他方面的变革,来强化团队的奋进精神和承诺。

2. 相互信任

高绩效团队的一个特点是:团队成员之间相互高度信任。也就是说,团队成员彼此清楚各自的个性特点与能力,相信各个成员的正直与支持。

案 例

华为的"狼群"

20 年来,华为取得的业绩是骄人的,在中国企业史上可谓是一个独一无二的例子。华为需要依赖一种精神把这样一个巨大而高素质的团队团结起来,使企业充满活力。华为找到的因素就是团队精神——狼性。

华为非常崇尚“狼”,而狼有三种特性:其一,有良好的嗅觉;其二,反应敏捷;其三,发现猎物集体攻击。华为认为狼是企业学习的榜样,要向狼学习“狼性”,狼性永远不会过时。

华为的“狼性”不是天生的。现代社会把员工团队合作精神的问题留给了企业,企业只有解决好了才能获得生存、发展的机会。华为对狼性的执着是外人难以理解的。

任正非在《至新员工书》中写道:“华为的企业文化是建立在国家优良传统文化基础上的企业文化,这个企业文化黏合全体员工团结合作,走群体奋斗的道路。有了这个平台,你的聪明才智方能很好发挥,并有所成就。没有责任心,不善于合作,不能群体奋斗的人,等于丧失了在华为进步的机会。”华为非常厌恶的是个人英雄主义,主张的是团队作战,“胜则举杯相庆,败则拼死相救。”

“胜则举杯相庆,败则拼死相救”是华为狼性的体现。在华为,对这种狼性的训练是无时无刻不存在的,一向低调的华为时时刻刻把内部员工的神经绷紧。相互信任,相互扶持,华为在这一点上做得很好。

资料来源:摘自《中国营销传播网》。

团队内部信任

但是,从个人关系中不难知道,信任是脆弱的,它需要很长时间才能建立起来,却又很容易被破坏,破坏之后要恢复又很困难。另外,因为信任会带来信任,不信任会带来不信任,所以要维持一种信任关系就需要管理人员处处留意。

信任有几个方面呢?

判断一个人是否值得信任可以从以下五方面考虑:(1) 正直(integrity):诚实,可信赖;(2) 能力(competence):具有技术技能与人际知识;(3) 一贯(consistency):可靠,行为可以预测,在处理问题时的判断力保持一定水平;(4) 忠实(loyalty):愿意为别人维护和保全面子;(5) 开放(openness):愿意与别人自由地分享观点和信息。

就团队成员之间的信任关系而言,这五个维度的重要程度是相对稳定的,通常其顺序是:正直 > 能力 > 忠实 > 一贯 > 开放。而且,正直程度和能力水平是一个人判断另一个人是否值得信赖的两个最为关键的特征。一般人把正直看得很重。因为,如果对别人的道德和基本的诚实情况缺乏把握,信任的其他维度就没有意义了。能力水平也被看得很重,原因大概是团队成员为了顺利地完成各自的任务,需要与同伴相互帮助。

信任感如何培养呢?

关键是要建立团队的信任气氛。管理人员和团队领导对团队的信任气氛具有重大影响。因此,管理人员和团队领导之间首先要建立起信任关系,然后才是团队成员之间的相互信任关系。下面是几种用来培养信任感的方法:

(1) 表明你既是在为自己的利益而工作,又是在为别人的利益而工作。我们每个人都关心自己的利益,但是,如果别人认为你利用他们,利用你的工作,利用你所在的组织为你个人的目标服务,而不是为你的团队、部门、组织利益服务,你就很难得到信任。

(2) 成为团队的一员,用言语和行动支持你的工作团队。当团队或团队成员受到外来者攻击时,维护他们的利益,这样做会表明你对你的工作群体是忠诚的。

(3) 开诚布公。人们所不知道的和人们所知道的都可能导致不信任。如果你开诚布公,就可能带来信任。因此,应该让人们充分了解信息,解释你做出某项决策的原因,对于现存问题坦诚相告,并充分地展示与之相关的信息。

(4) 公平。在进行决策或采取行动之前,先想想别人对决策或行动的客观性与公平性会有什么看法。在进行绩效评估时,应该客观公平、不偏不倚。在分配奖励时,应该注意平等性。

(5) 说出你的感觉。那些只是向员工传达冷冰冰的事实的组织管理人员与团队领导,容易遭到员工的冷漠与疏远。说出你的感觉,别人才会认为你是真诚的、有人情味的,他们会借此了解你的为人,并更加尊敬你。

(6) 表明指导你进行决策的基本价值观是一贯的。不信任有时候来源于不知道自己面对的将是什么。花一定的时间思考你的价值观和信念，让它们在你的决策过程中一贯地起指引作用。一旦你了解了你的主要目的，你的行动相应的就会与目的一致，而你的一贯性能够赢得信任。

（7）保密。人们信任那些可以相信和依赖的人。因此，如果别人告诉你一些秘密，他们必须确信你不会同别人谈论这些秘密，或者说，不会泄漏这些秘密。如果人们认为，你会把私人秘密透露给不可靠的人，他们就不会信任你。

（8）表现出你的才能。表现出你的技术和专业才能以及良好的商业意识，能引起别人的尊敬。应该特别注意培养和表现出你在沟通、团队建设和其他人际交往等方面的技能。

符合以上要求的好团队真的存在么？

案　例

《西游记》团队分析

《西游记》中的师徒四人在各方面差异巨大，可这四人竟能相处得很融洽，而且完成了去西天取经这样的艰难任务，非常难得。如果缺少他们中的任何一个角色，可能都完不成西天取经的任务。因为他们四个人优势互补，实现了团结协作。

唐僧是这个团队的最高领导，他毫无武功，别说妖魔鬼怪，就连最普通的山贼都抵抗不了。但他对西天取经有着坚定的信念，同时他做人低调、亲和，能够把大家团结在一起，当然更主要的是有一位能力更强的观世音愿意让他做领导。这些对于一位领导来说就足够了。他运用自己的强硬管理方式和制度（紧箍咒）来管理团队，并且通过“软权力”和“硬权力”的结合来调动整个团队。虽然唐僧性格有时优柔寡断，偶尔不明是非，但从根本上讲，几个徒弟很佩服他。

孙悟空本领高强，而且此人社会资源极其丰富，性格本身有点“猴急”，个人素质非常优秀，通常唐僧布置的任务他都能高效率地完成。他能力出众,是四个人中本领最高的一个,一路上降妖除魔立功不小。但孙悟空也有很明显的缺点:个人英雄主义严重,无视组织的纪律和制度,很难受管制。所以本领更高的观世音为他设了紧箍咒,保证了他能够服从并协助整个团队最后成功。

猪八戒有本领但比不上孙悟空,而且七情六欲旺盛,偶尔还办错事。但在整个团队中,他起了不小的作用。猪八戒在整个团队中除了搞活气氛外,同时肩负调节内部矛盾的作用。在唐僧与孙悟空几次闹矛盾,孙悟空一气之下回花果山时,唐僧作为最高领导拉不下脸亲自请徒弟回来。所以在这种时候就需要猪八戒屡屡说好话,希望唐僧原谅大师兄,然后又前往花果山请回孙悟空。除了有协调众人之间关系的作用,猪八戒本人幽默、滑稽,还充当着润滑剂的角色,功不可没。没有猪八戒的团队是残缺的。组织中类似于他的侧重沟通、协调关系的角色都是极其重要的。

沙僧则朴实无华、工作踏实。他兢兢业业、克己本分,是劳动的模范。他虽然没有孙悟空的卓越能力,也没有协调关系者的润滑本领,但是他所做的工作却是最基础的,也是不能缺少的,他肩负着团队的日常性任务,踏实而努力工作。

这四个人在团队中分别扮演了不同的角色。唐僧起着凝聚和完善的作用,孙悟空起着创新和推进的作用,猪八戒起着信息和协调的作用,沙和尚起着实干的作用。这个由不同角色组建的团队,虽然也有分歧、有矛盾,但是,他们有着共同的目标和信念,那就是去西天取经。在关键时候他们总能相互理解和团结一致,最后形成了一个有力量的团队。

第三节 团队发展的阶段模型

我们一直以为,大多数群体的发展遵循一种特定的顺序,而且我们了解这种顺序。事实上,我们错了。最近的研究表明,群体的发展没有什么标准模式可言。在本节中,我们就对大家比较熟悉的群体发展"五阶段模型"和"间断平衡模型"进行评述。

五阶段模型

从20世纪60年代中期起,人们大都认为,群体的发展要经过五个阶段的标准程序,如图6-3所示,这五个阶段是:形成阶段、震荡阶段、规范化阶段、执行任务阶段、终止阶段。

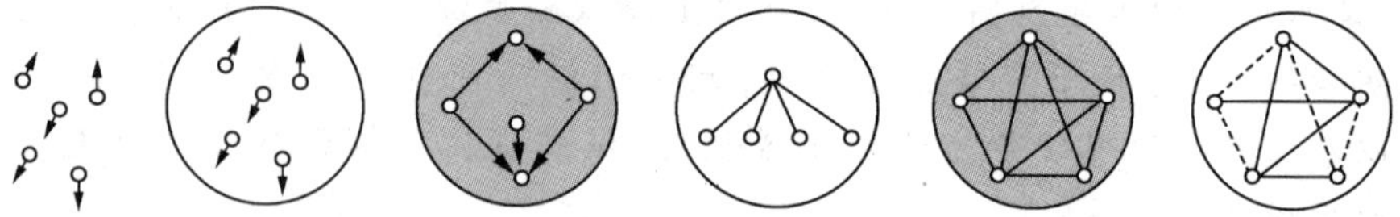

图 6-3　五阶段模型

第Ⅰ阶段:形成(forming)。在该阶段,群体的目的、结构、领导都不确定。群体成员各自摸索群体可以接受的行为规范。当群体成员开始意识到自己是群体中的一员时,这个阶段就结束了。

第Ⅱ阶段:震荡(storming)。这是群体内部大量出现冲突的阶段。群体成员接受了群体的存在,但对群体加给他们的约束,仍然予以抵制。同时,对于谁可以控制这个群体,还存在争执。当这个阶段结束时,群体的领导层次就相对明确了。

第Ⅲ阶段:规范化(norming)。在这个阶段中,群体内部成员之间开始形成亲密的关系,群体表现出一定的凝聚力。这时群体成员会产生强烈的群体身份感和友谊。当群体结构稳定,群体对于什么是正确的成员行为达成共识时,这个阶段就结束了。

第Ⅳ阶段:执行任务(performing)。在该阶段,群体结构已经开始充分地发挥作用,并已经被群体成员完全接受。群体成员的注意力已经从试图相互认识和理解转移到完成手头的任务上来。

引例中的小矮人们经历了这些阶段吗?
分别表现在哪些行为上?

第Ⅴ阶段:终止阶段(adjourning)。对于长期性的工作群体而言,执行任务阶段是最后一个发展阶段。然而,对暂时性的委员会、任务小组等工作群体而言,因为这类群体要完成的任务有限,所以,还存在一个终止阶段。在这个阶段中,群体开始准备解散,高绩效不再是压倒一切的首要任务,注意力放到了群体的收尾工作。这个阶段,群体成员的反应差异很大,有的很乐观,沉浸于群体的成就中;有的则很悲观,惋惜在共同的工作群体中建立起来的友谊,不能再像以前那样继续下去。

五阶段模型的许多解释者都带有这样的假设:随着群体从第Ⅰ阶段发展到第Ⅳ阶段,群体会变得越来越有效。虽然这种假设在很多情况下可能是成立的,但使群体有效的因素远比这个模型所涉及的因素来得复杂。在某些条件下,高水平的冲突可能会导致较高的群体绩效。所以,我们也可能会发现这样的情况:群体在第Ⅱ阶段的绩效超过了第Ⅲ和第Ⅳ阶段。同样,群体并不总是明确地从一个阶段发展到下一个阶段。事实上,有时几个阶段同时进行,例如震荡和执行任务就可能同时发生。群体甚至可能返回到前一个阶段。因此,即使是这个模型的最强烈的支持者也没有假设所有的群体都严格地按照五阶段发展。

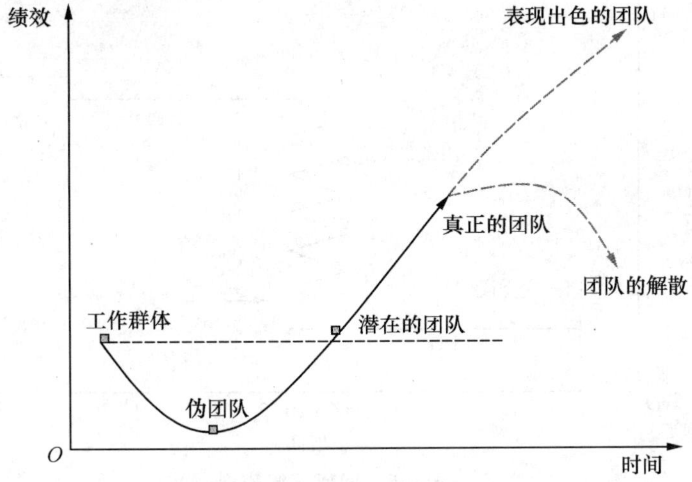

图 6-4　团队发展的行为曲线

在理解与工作有关的行为时,五阶段模型的另一个问题是它忽视了组织环境。

例如,一项关于飞机驾驶员的研究发现,3 个陌生人被指定同时驾驶一架飞机飞行,他们在首次合作的 10 分钟内就成为高绩效的群体。促使这种群体高速发展的因素是飞机领航员的强烈的组织环境。这个环境提供了群体完成任务所需要的规则、任务的定义、信息和资源。他们不需要五阶段模型所预测的那些过程,如形成计划、分配角色、决定和分配资源、解决冲突、建立规范。组织中大多数的群体行为发生在强烈的组织环境中。

间断平衡理论(punctuated equilibrium model)

正如我们在本节开头所说的,群体的发展并非都经历相同顺序的发展阶段。但同时,研究人员在对十多个任务型群体进行了现场和实验室研究之后发现,群体的形成和变革运作方式在时间阶段上是高度一致的。应该特别指出的是,研究发现:(1) 群体成员的第一次会议决定群体的发展方向;(2) 第一阶段的群体活动依惯性进行;(3) 在第一阶段结束时,群体发生一次转变,这个转变正好发生在群体寿命周期的中间阶段;(4) 这个转变会激起群体的重大变革;(5) 在转变之后,群体的活动又会依惯性进行;(6) 群体最后一次会议的特点是活动速度明显加快。这些发现如图 6-5 所示。

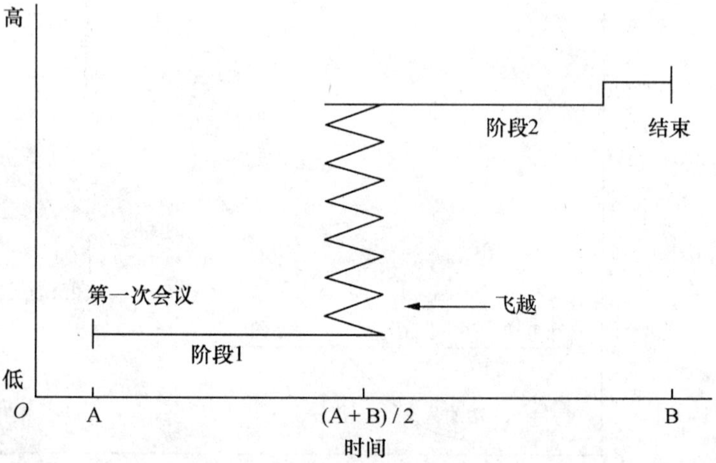

图 6-5 间断平衡模型

群体成员的第一次会议决定群体的发展方向。在第一次会议上,群体成员完成其项目所需要的行为模式和假设的基本框架得以形成。这种框架甚至在群体存在的最初几秒钟内就可能出现。

引例中的小矮人们经历这个模型的阶段吗?那天傍晚的会议起到了什么作用?

一旦这种框架确定,群体的方向就变成了白纸黑字,而且在群体寿命的前半阶段不太可能重新修订。这一阶段是依惯性进行群体活动的阶段,也就是说,群体倾向于静止,或者被锁定在一种固定的活动上。即使获得对初始模式和假设形成挑战的新创意,群体也不可能在第一阶段实施这些创意。

一个更有趣的发现是,每个群体都在其寿命周期的同一时间点上发生转变,即正好在群体的第一次会议和正式结束的中间阶段,尽管有些群体完成一个项目只用一个小时,而有些群体要用6个月。看起来,好像每个群体在其存在时间的中间阶段都要经历危机。这个危机点似乎起着警钟的作用,促使群体成员认识到,时间是有限的,必须迅速行动。

这个转变标志着第一阶段的结束,其特征集中于迅速的变革,抛弃旧的模式,采纳新的观点。这个飞越阶段对于群体非常重要,它实现了对第二阶段的发展方向的转变调整。

下面陈天桥的例子就是对飞跃期重要性的一个佐证。当企业遇到瓶颈时,陈天桥本人意识到了问题,企望通过引入外部经理人实现从第Ⅰ阶段到第Ⅱ阶段的飞跃。但由于没有能够成功地管理飞跃期,最终调整失败。不但企业的弊端没有得到改变,而且也没实现发展方向的调整。可见,飞跃期对于团队的发展至关重要。

案 例

陈天桥的偏执:家族式管理不败论

陈天桥曾不止一次表示:世界上最先进的管理就是家族式管理。他也不止一次地想表达盛大如今的风光,全是家族企业的"功劳"。

但就在很多专家与媒体准备将盛大的家族式管理归纳为经典案例时,它的家族式管理却失去了应有的"魅力"。2006年5月17日,盛大公布了2006年度第一季度财务报表。财报显示,盛大公司本季度净营业收入较去年同期下降31.3%,本季度网络游戏净营业收入(包括MMORPG收入和休闲游戏收入)较去年同期下降29.9%,本季度净利润为1 180万元人民币(150万美元),去年同期净利润为2.20亿元人民币。

盛大业绩的飞速下滑引起了人们对陈天桥"家族式管理不败论"的重新讨论。创业型的公司依靠个人能力,成长性的公司依靠伙伴能力,成熟的公司依靠组织能力。而盛大一直奉行的却是陈天桥的"英明领袖式"家族式管理。盛大的"盒子计划"是一个很好的例证。尽管此计划一开始就不被看好，盛大高层也普遍反对，但是陈天桥“不执行就走人”的强硬态度把盛大转向了开拓IPTV产业(后来改称数字家庭娱乐、互动娱乐)的道路。而在这过程中，迫于形势的压力，盛大“盒子计划”一改再改，最终走向破灭的边缘。

陈天桥显然也认识到了这些问题，相继引进了唐骏等几位拥有丰富管理经验的高层，并于2005年成立了盛大军校，强制其家族管理成员进行两个月的学习。但为时两个月的学习，并没有让盛大的家族成员成熟起来，引进的几位高管在家族成员的强势对峙下，也逐渐离去。留给陈天桥的是对家族式管理的深深思索。

资料来源：《当代经理人》，2006年7月。

第二阶段是一个新的平衡阶段，或者说又是一个依惯性运行的阶段。在这个阶段中，群体开始实施在其转变时期创造出来的新计划。群体的最后一次会议的特征是：以迅速的活动来完成工作任务。

我们可以用这种模型来描绘一次新产品改进(开发)过程。在第一次会议上，基本的时间表就能制定出来。来自研发、生产、销售等不同部门的群体成员进行相互了解，并一致同意，完成项目的全部时间为9个星期。群体成员对新产品的总体要求进行讨论和辩论。

从这时起，群体成员开始定期相聚，以保证活动的顺利进行。但是，大约在项目进行到第4周和第5周时，问题出现了。群体开始重视批评意见，讨论变得更加开放，群体重新定位，并采取一些积极的行动，试图进行变革。如果群体进行了正确的变革，那么在接下来的四五周中，群体完成项目的水平肯定是一流的。群体的最后一次会议，一般在项目将近结束时召开，会议时间比平时的会议时间都要长。在这次会议上，群体成员就最后的所有遗留问题进行讨论，并做出决定。

总之，间断平衡理论的特点是：群体在其长期依惯性运行的存在过程中，会有一个变革时期，这一时期的到来，主要是由于有群体成员意识到完成任务的时间期限和紧迫感而引发的。如果运用群体形成的五阶段模型的术语，那就是，群体通过其形成和规范化阶段的结合而开始存在，接着经历一个效率较低的执行任务阶段，随后是震荡阶段，然后是一个高绩效阶段，最后，来到结束阶段。

第四节　团队发展中的群体动力

工作群体不是一群无组织的乌合之众，是有结构的。群体结构塑造着群体成员的行为，使我们有可能解释和预测群体内部大部分的个体行为以及群体本身的绩效。其中值得注意的影响群体结构的因素有：角色、规范、群体规模。

角色

角色（role）：指人们对在某个社会性单位中占有某个职位的人所预期的一系列行为模式。

莎士比亚说：世界是一个大舞台，所有男人和女人都不过是舞台上的演员。运用同样的比喻方法，可以说，所有的群体成员都是演员，每人都扮演一种角色。如果我们每个人都只选择一种角色，并可以长期一致地扮演这种角色，对角色行为的理解就简单多了。但是很不幸，许多时候，我们都要被迫扮演多种不同角色。应当认识到，如果我们想要理解一个人的行为，关键要弄清他现在扮演的是什么角色。

案　例

李威的多重生活

李威是杭州一所高校的教师和副系主任，同时又是某科技公司的总经理。在工作中，他要扮演多种角色：大学的雇员、大学的中层管理人员、授课教师、所在研究所的负责人、三个研究生的导师、科技公司的法人代表等。下班后，他要扮演的角色就更多了：丈夫、父亲、儿子、教师篮球队主力中锋、杭州曲艺俱乐部会员等。

其中的许多角色是相互兼容的，有些则是相互冲突的。例如，李威的教师身份，会不会影响到他作为一个公司法人做出裁减雇员的决策？由于最近科技公司的一项业务发展需要，他不得不调往上海开发新的市场，但其家人却非常希望他留在杭州。他的工作角色要求，应该在丈夫和父亲角色要求面前让步吗？

应该认识到的是，不同的群体对个体的角色要求不同。像李威一样，我们每个人都需要扮演多种不同的角色,我们的行为随着我们所扮演的角色的不同而不同。李威在星期天早晨去曲艺俱乐部的行为与他同一天下午在高尔夫球场上与客户进行非正式交流的行为肯定是不一样的。

角色认同

角色认同(role identity):个人的态度、行为与当时角色要求的一致性。

人们如果清楚地认识到环境条件需要他们做出重大改变,他们就能够迅速地变换自己所扮演的角色。

例如,某公司的生产部和维修部门经常发生矛盾,因为尽管都在生产线上,但不同主管的注意点不一样。生产部关注产量,希望在有限时间内产出更多合格品,而维修部关注机器设备的正常运转;生产部会抱怨维修部门影响生产,在忙的时候保养机器,而维修部会说生产部的人素质很差,总把机器搞坏了,不遵守操作规则。这种例子屡见不鲜。

角色知觉

角色知觉(role perception):一个人对于自己在某种环境中应该做出什么样的行为反应的认识。

我们做出某种行为反应,是以我们对于别人希望我们怎样做的认知为基础的。

我们的这些认知是从哪里得来的呢?

应该说，这些认知往往来自于我们周围的多种刺激，如我们接触到的朋友、书本、电影、电视等。

例如，浙江大学的每一位大一新生都需要接受为期一个月的新生入学教育，学习并了解如何从一名高中生转变为大学生。再比如，在贸易和专业领域设立学徒制度，目的就是让初学者观察一位专家，从而学会按照别人所期望的方式行动。

角色期待

> **角色期待(role expectations)：别人认为你在一个特定的情境中应该做出什么样的行为反应。**

一个人的行为方式在很大程度上由个体做出行为反应的背景所决定。比如说，我们会认为社会名流地位优越、举止高贵，而足球队的教练则富有进取精神，灵活机动，善于激励自己的球员。在同样的文化背景中，如果我们听说一个大学教授在酒吧兼职做服务生，我们肯定会很惊讶，因为我们对于大学教授和酒吧服务生的角色期待差别太大了。当角色期待集中在一般的角色类别上时，就成为角色定式或刻板印象了。在工作场合，心理契约这个概念，有助于我们更好地理解角色期待。

> **心理契约(psychological contract)：组织中每一个成员和不同的管理者及其他人之间，在任何时刻，都存在的一种没有明文规定的期望。**

心理契约是美国著名管理心理学家沙因(E. H. Schein)在20世纪60年代提出的一个名词。在施恩看来，心理契约包括两部分内容：一是员工个人目标与组织目标的契合关系；二是员工在经过一系列由投入、回报循环之后，与组织形成的情感上的契合关系，体现在员工对组织的依赖感和忠诚度上。简言之，即企业能清楚员工的发展期望，并尽量提供条件满足这种期望，而每一位员工都相信企业能实现他们的期望，并为企业的发展全力奉献。

事实上，正是这种心理契约规定了对每个角色的行为期待。一般来说，雇员期待雇主公正地对待自己，提供可以接受的工作条件，清楚地表达工作任务，对员工的工作表现给予反馈。雇主期待雇员工作态度认真，听从指挥，忠于组织。

如果心理契约中蕴含的角色期待没得到满足，会发生什么事情呢？

如果是雇主没能满足雇员的角色期待，雇员的绩效和工作满意度就会受到消极影响。如果是雇员没能满足雇主的角色期待，结果可能是受到某种形式的纪律处罚，甚至被解雇。心理契约甚至可以被看做是组织行为的权威决定者，其中蕴涵的角色期待十分重要。

知　识

津巴多模拟监狱实验

这个角色实验是由斯坦福大学的心理学家菲利普·津巴多（Philip Zimbardo）和他的同事完成的。他们在斯坦福大学的心理学系办公大楼地下室里建立了一个“监狱”，以每天15美元的价格雇用了24名学生来参加实验。这些学生情绪稳定、身体健康、遵纪守法，在普通人格测验中，得分属正常水平。实验者对这些学生随意地进行了角色分配，一部分人为“看守”，另一部分人为“罪犯”，并制定了一些基本规则。然后，实验者就躲在幕后，看事情会怎样发展。

两个礼拜的模拟实验刚刚开始时，被分配做“看守”的学生与被分配做“罪犯”的学生之间，没有多大差别。而且，做“看守”的人也没有受过专门训练如何做监狱看守员。实验者只告诉他们“维持监狱法律和秩序”，不要把“罪犯”的胡言乱语（如“罪犯”说“禁止使用暴力”）当回事。为了更真实地模拟监狱生活,“罪犯”可以像真正的监狱中的罪犯一样,接受亲戚和朋友的探视。模拟看守8小时换一次班,而模拟罪犯除了出来吃饭、锻炼、去厕所、办些必要的其他事情之外,要日日夜夜地呆在他们的牢房里。

“罪犯”没用多长时间,就承认了“看守”的权威地位,或者说,模拟看守调整自己,进入了新的权威角色之中。特别是在实验的第二天,“看守”粉碎了“罪犯”进行反抗的企图之后,“罪犯”们的反应就更加消极了。不管“看守”吩咐什么,“罪犯”都唯命是从。事实上,“罪犯”们开始相信,正如“看守”经常对他们说的,他们真的低人一等,无法改变现状。而且每一位“看守”在模拟实验过程中,都做出过虐待“罪犯”的事情。例如,一位“看守”说:“我觉得自己不可思议……我让他们互相喊对方的名字,还让他们用手去擦洗厕所。我真的把‘罪犯’看做牲畜,而且我一直在想,我必须看住他们,以免他们做坏事。”另一位“看守”补充说:“我一到‘罪犯’所在的牢房就烦,他们穿着破衣服,牢房里满是难闻的气味。在我们的命令面前,他们相对而泣。他们没有把这些只是当作一次实验,一切都好像是真的,尽管他们还在尽力保持自己原来的身份,但我们总是向他们表明我们才是上司,这使他们的努力收效甚微。”

这次模拟实验相当成功地证明了个体学习一种新角色是多么迅速。由于参加实验的学生在实验中表现出病态反应,在实验进行了6天之后,研究人员就不得不终止了实验。应该注意,参加这次实验的人都是经过严格挑选的神智正常、情感稳定的人。

从这个监狱模拟实验中得出什么结论呢?参加这次实验的学生,就像我们大多数人一样,是通过大众传播媒介和自己的亲身经历,如在家庭(父母与孩子)、学校(老师和学生),以及在其他包含有权和无权关系的场合,学习到了关于罪犯和看守的角色内容。在这个基础上,这些学生能够不费力地、迅速地进入与他们原来的身份迥然不同的假设角色中。在这个例子中,我们可以看到,人格正常、没经过新角色要求训练的人,也会非常极端地表现出与他们所扮演的角色一致的行为方式。

角色冲突

当个体面临多种角色期待时,就可能会产生角色冲突。在极端情况下,可能包含这样的情境:个体所面临的两个或更多的角色期待是相互矛盾的。

角色冲突(role conflict):个人面对多种角色期盼时,如果个体服从一种角色的要求,那么就很难服从另一种角色要求,因而造成角色冲突。

前面讨论的李威所扮演的多种角色中,就有一些是相互冲突的。李威必须调和他作为丈夫和父亲的角色期待与作为公司主管的角色期待之间的矛盾。一方面前者强调家庭稳定,关心妻子和孩子,使他留在当地的愿望很强烈;另一方面,他所担任的公司主管的角色要求他到上海去。这样,他作为丈夫和父亲的角色期待与他作为公司主管的角色期待就发生了矛盾。

所有的人都曾经经历过,而且还要继续经历角色冲突。从我们的立场看,更值得关注的问题是:组织内部不同的角色期待带来的角色冲突是怎样影响组织行为的。

角色冲突会增强个人内部的紧张感和挫折感。面对角色冲突,个体可以做出多种行为反应。例如,个体可以采取一种正规的官僚式反应,这样,角色冲突就可以依靠能够调节组织活动的规章制度来解决。例如,一个办公室员工面临公司办公室主任和工厂厂长给予他的多种角色期待之间的冲突,他决定按自己顶头上司的要求做事。此外,个体还可以采取其他行为反应,例如退却、拖延、谈判,或是重新定义事实或情况,使角色期待趋于一致。

规范

在公共场合,雇员不能批评他们的老板。为什么?

这是因为:规范。规范让成员们知道自己在一定的环境条件下,应该做什么,不应该做什么。从个体的角度看,群体规范意味着,在某种情境下群体对个体的行为方式的期望。群体规范被群体成员认可并接受之后，它们就可以用最少的外部控制影响群体成员行为。不同的群体、社区的规范不同，但不管怎样，所有的群体都有自己的规范。

规范（norms）：群体成员共同接受的一些行为标准。

群体的正式规范是写入组织手册的，规定着员工应遵循的规则和程序。但组织中的大部分规范是非正式的。

例如，你用不着别人告诉你就知道，在老板来视察时，不能跳起来扔纸飞机，也不能无休止地和同事闲聊。同样，我们都明白，在参加求职面试时，谈到自己对以前的那份工作不满意的地方时，有些事情不应该谈（如，在工作中难以与同事和上司处好关系），但有些事情谈起来就比较合适（缺乏发展的机会，工作不重要或者没有多大意义）。事实证明，即使是没有工作经验的学生也知道，在这种面试中，有些答案比其他答案更符合社会期望。

不论哪种规范都可以对群体成员产生影响。例如，华为基本法就是华为公司的规范，这个规范影响着所有华为公司成员的行为，让每一个人都感受到华为的咄咄逼人。它是一个正式规范。同样，人们也可以感受到政府机关工作的按规章制度办事，这其中有一部分原因是政府机关工作中的非正式规范。

规范的一般类型

一个工作群体的规范就像一个人的指纹一样，每一个都是独一无二的。但就大多数工作群体而言，规范还是可以划分出一般的类型。

第一类群体规范大多与群体绩效方面的活动有关。群体通常会明确地告诉成员们，他们应该多努力地工作，应该怎样去完成自己的工作任务，应该达到什么样的产出水平，应该怎样与别人沟通等。这类规范对员工个人的绩效有巨大的影响。它们能够在很大程度上调整仅根据员工的能力和动机水平所做出的绩效预测。

案 例

华为基本法（节选）

第四章　基本人力资源政策

一、人力资源管理准则

二、员工的义务和权利

（员工的义务）

第六十三条　我们鼓励员工对公司目标与本职工作的主人翁意识与行为。

每个员工主要通过干好本职工作为公司目标作贡献。员工应努力扩大职务视野，深入领会公司目标对自己的要求，养成为他人作贡献的思维方式，提高协作水平与技巧。另一方面，员工应遵守职责间的制约关系，避免越俎代庖，有节制地暴露因职责不清所掩盖的管理漏洞与问题。

员工有义务实事求是地越级报告被掩盖的管理中的弊端与错误。允许员工在紧急情况下见机行事，为公司把握机会，躲避风险，以及减轻灾情作贡献。但是，在这种情况下，越级报告者或见机行事者，必须对自己的行为及其后果承担责任。

员工必须保守公司的秘密。

（员工的权利）

第六十四条　每个员工都拥有以下基本权利：咨询权、建议权、申诉权与保留意见权。

员工在确保工作或业务顺利开展的前提下，有权利向上司提出咨询，上司有责任做出合理的解释与说明。

员工对改善经营与管理工作具有合理化建议权。

员工有权对认为不公正的处理，向直接上司的上司提出申诉。申诉必须实事求是，以书面形式提出，不得影响本职工作或干扰组织的正常运作。各级主管对下属员工的申诉，都必须尽早予以明确。

第二类群体规范是群体成员的形象方面的。包括如何着装，对群体或组织表现出忠诚感，在何时应该忙碌，何时可以聊聊天。有些组织制定了正规的着装制度，有些则没有，但即使是没有这类制度的组织，组织成员对于上班时该如何着装，也有些心照不宣的标准。个人表现出对群体或组织的忠诚感是很重要的。例如,在许多组织中,公开寻找另一份工作,尤其是专业技术人员和高层经营管理人员,被看做是不合适的。

案　例

某房地产公司的员工仪容仪表规范

1. 服饰

员工在工作时间必须按规定着装,着装应保持端庄、整洁、得体、大方。

- 外衣应平整,衬衣应整洁,领子应挺括。
- 穿衬衫时,须扣紧袖口,男员工要将衬衫的下摆扎在裤内。
- 男员工穿着衬衣时提倡系领带,领带外露时领带夹应处在第三至第四纽扣之间。
- 工作时间不得穿广告衫,男员工不得穿无领服装、西装短裤;女员工不得穿超短裙及露腹短衫。
- 工作时间穿皮鞋,不得穿拖鞋或拖式凉鞋。男员工不得穿露脚趾凉鞋;女员工不得裸脚穿鞋。皮鞋要擦亮。
- 员工必须按规定佩戴工作标牌,挂于胸前。
- 员工佩戴饰物必须得体。工作时间男员工不得戴项链、手链。女员工戴耳环不宜过大,耳环上不得悬挂坠物。戒指不可超过一枚。

2. 仪容

要求整洁、美观、大方。

- 不留长指甲,不涂深色指甲油。
- 男员工须刮净胡须,女员工淡妆上岗。
- 男员工不留长发,发角侧不过耳,后不过领。女员工不得梳奇异发型,头发不得染色。工作时间应将头发梳理整齐。

第三类群体规范为非正式的社交约定。这类规范来自于非正式群体,主要用来约束非正式群体内部成员的相互作用。例如,群体成员应该与谁一起吃午饭,上班时和下班时应该与谁交友等,都受这些规范的制约。

最后一类群体规范与资源的分配有关。这类规范主要涉及员工报酬、困难任务的分配、新型工具和设备的分发等。

规范中的“怎样”和“为什么”

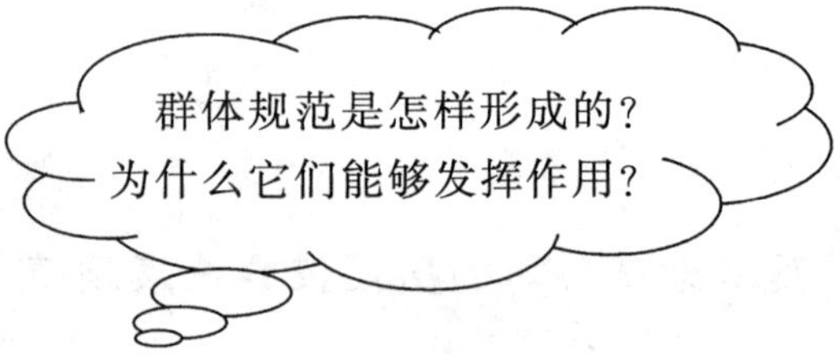

一般来说，规范是在群体成员掌握使群体有效运作所必需的行为的过程中，逐步形成的。当然，群体中的一些关键事件可能会缩短这个过程，并能迅速强化新规范。

大多数群体规范是通过以下四种方式中的一种或几种形成起来的：

（1）群体成员所做的明确的陈述。这位做出陈述的群体成员通常是群体的主管或某个有影响力的人物。例如，群体领导可能具体地强调，在上班时不得打私人电话或者喝咖啡，休息的时间不得超过15分钟。

（2）群体历史上的关键事件。这种事件通常是群体制定某种重要规范的起因。例如，在工作中，一个旁观者离机器太近而受了伤，从这以后，群体就有了这样的规范：群体成员应当时时刻刻注意，除操作者之外，任何人不得进入离机器1米之内的地盘。

（3）内部私人交谊。群体内部出现的第一个行为模式，常常就为群体成员的期望定下了基调。例如，学生中友谊群体的成员在第一次上课时，就坐在一起。如果以后上课时，有人坐了“他们”的位子，他们就会感到恼怒。

（4）过去经历中的保留行为。其他群体的成员在进入一个新群体时，会带来在原群体中的某些行为期望。这就可以解释，为什么工作群体在添加新成员时，喜欢吸收那些背景和经验与现在群体相近的成员，因为这种新成员所带来的行为期望，与现在群体中业已存在的行为期望可能比较一致。

不过，群体并不是为每一种可能出现的情境都制定规范，群体主要制定一些对自己很重要的规范。

> 那么，是哪些因素决定着一种规范的重要性呢？

一般来讲，重要的规范都符合以下几个标准：

(1) 它能促进群体的生存。群体当然不愿意失败，因此群体着力于强化那些能够增加成功机会的规范。这就意味着，它们要尽力保护自己不受其他群体或个人的干扰。

(2) 它能增加群体成员行为的可预测性。能够增加预测性的规范，可以使群体成员相互预测彼此的行为，从而能够做出适当的反应。

(3) 它能够减少群体成员中令人尴尬的人际关系问题。一种规范如果能够保证群体成员的满意感并尽可能防止人际摩擦，这种规范就是重要的。

(4) 它允许群体成员表达群体的中心价值观，澄清代表群体身份的标志。这样的规范能够鼓励群体价值观和群体身份的表现，有助于强化和维持群体的存在。

从众

作为群体的一个成员，你肯定渴望被群体接受，这样，你就会倾向于按照群体的规范做事。大量事实表明，群体能够给其成员施加巨大压力，使他们改变自己的态度和行为，与群体标准保持一致。

> 那么，个体是不是接受所有他们所在的群体给予他们的从众压力呢？

很明显，不是。因为人们通常参加多个群体，而这些群体的规范是不相同的。在有些情况下，这些规范还可能互相矛盾。

那么在这种情况下，个体该怎么办呢？答案是：他们遵从自己认为重要的群体的规范，这些群体可能是他们现在已经参与的，也可能是他们希望以后能够参与的。这种个体认为很重要的群体,是参照性群体。

参照性群体(reference group):个人用来作为评价自身、别人或社会事件标准的社会共同体。

参照性群体的特点是:个体了解这个群体中的其他人;个体认为自己是这个群体的一员或者渴望成为这个群体的一员;个体感到这个群体中的成员对自己很重要。参照群体的定义也可以看出,不是所有的群体都能给予其成员相同的从众压力。

从众(conformity):个人因受群体的压力,改变初衷而采取与多数人一致的意见和行为。

与盲从不同,从众者不一定认为别人的意见或行为正确。它的产生原因很复杂,其中有对事物本身认识模糊、群体人数多、内聚力强、个体在群体中的地位与能力低等情境方面的原因,也有智力低、情绪不稳定、缺乏自信、害怕权威等个性方面的原因。

群体对其成员的从众压力,以及对于群体成员个人判断和态度的影响,在阿希的经典实验中得到了充分证明。

阿希把七八个被试组成一个小群体,并让他们都坐在教室里,要求他们比较实验者手中的两张卡片。如图 6-6 所示,一张卡片上有 1 条线段,另一张卡片上有 3 条线段,3 条线段的长度不同。这 3 条线段中有 1 条和第一张卡片上的线段长度相同。线段的长度差异是非常明显的。在通常条件下,被试判断错误的概率小于 1%,被试只要大声说出第一张卡片上的那条线段与另一张卡片上 3 条线段中的哪一条长度相同就可以了。但是,如果群体成员开始时的回答就是错误的,会发生什么情况呢?群体要求的从众压力,会不会导致不知情的被试改变自己的答案,以求与群体其他成员一致呢?阿希想知道的就是这一点。为此,他做了这样的安排:让群体其他成员都作错误回答,而这一点是不知情的被试不知道的。而且,阿希在安排座位时,有意让不知情的被试坐在最后，最后做出回答。

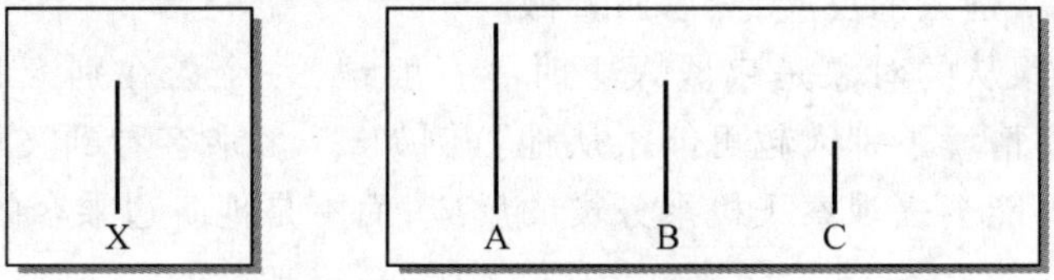

图 6-6　阿希实验用图例

实验开始后，先做了几套类似练习。在这些练习中，所有被试都做出了正确回答。但在做第 3 套练习时，第一个被试做出了明显错误的回答，例如，回答图 6-5 中的 C 线段与 X 一样长。下一个被试也做出同样错误的回答，再下面的人都是如此，直到不知情的被试为止。不知情的被试知道，B 与 X 长度相同，但别人都说是 C，他面临的选择是：(1) 公开地说出与群体中其他成员不同的答案；(2) 为了与群体中其他成员的反应保持一致，而做出一个自己坚信是错误的答案。

阿希获得的结果是：在多次实验中，大约有 35% 的被试选择了与群体中其他成员的回答保持一致，也就是说，他们知道自己的答案是错误的，但这个错误答案与群体其他成员的回答是一致的。

阿希的实验结果表明，群体规范能够给群体成员形成压力，迫使他们的反应趋向一致。我们都渴望成为群体的一员，而不愿意与众不同。我们可以把这个结论进一步展开：如果个体对某件事情的看法与群体中其他人的看法很不一致，他就会感到很大的压力，驱使他与其他人保持一致。

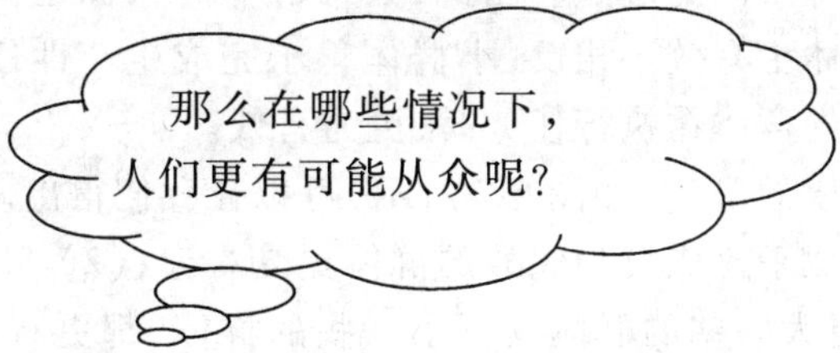

在以下情况下，人们更可能从众：

(1) 当情境模糊不清时。这是非常关键的因素，决定着人们在多大程度上会以别人作为信息的来源。当你不确定什么是正确的反应、适当的行为、正确的观点时，最容易受到他人的影响。你越是不确定，就越会依赖他人。

(2) 当情况处于危急时刻。危急是另一个促使人们以别人作为信息来源的因素，而且常常与模糊情境同时发生。在危急时刻，我们通常没有时间可以停下来思考应该采取什么行动,但我们又需要立即行动,因此我们就很自然地去观察别人的反应,然后照着做。

(3) 当跟从的对象是权威人士时。一般地,一个人在别人眼里越有权威,则在模糊情境下别人越可能跟从他。例如,一名乘客看到飞机的引擎正在冒烟,他可能会去观察飞机乘务员的反应,而不是他身边乘客的反应。

群体规模

群体规模能够影响群体的整体行为吗?

答案很明确:能,但其影响力取决于你所考察的群体的目标。

当群体规模增大时,我们可能要考虑的问题是:(1) 群体资源增加,但这些资源并不一定是有用的资源;(2) 群体成员不同点也增多,成员各自的特长难以发挥;(3) 群体人数增多,成员参加活动和得到奖励的机会减少;(4) 需要做大量的组织工作,以协调成员的活动;(5) 群体成员之间的冲突会增多;(6) 成员之间彼此了解的程度会越低。

有些事实表明,小群体完成任务的速度比大群体快。但是,如果群体成员都参与了解决问题的过程,则大群体比小群体表现得好。把这个结论转换成数字可能多少有点风险,但我们可以利用一些参数,12 个人以上的大群体更善于吸收多种不同的观点。因此,如果群体的目标是调查事情的真相,那么应该是大群体更有效。相反,小群体善于完成生产性任务。因此,成员数量在 7 人左右的群体在执行任务时,更为有效。

有关群体规模的研究(如图 6-7 所示)可以让我们得出两个结论:(1) 成员为奇数的群体似乎比成员为偶数的群体更受欢迎;(2) 5 人或 7 人群体在执行任务时,比更大一些的群体或更小一些的群体,都更有效。群体成员为奇数,在投票时就能降低发生僵局的可能性。而且,由 5 个人或 7 个人组成的群体足以形成大多数,允许发表各种不同意见,同时,又可以避免与大群体相关的一些弊端,如少数人占据统治地位、发展小团体、禁止某些成员参与决策、在决策时拖延时间等。

★ 群体规模应视群体任务性质而定，任何群体都有上下限。

★ 当人数到达一定程度时，效率最高，而超过这个度，效率会急剧下降。

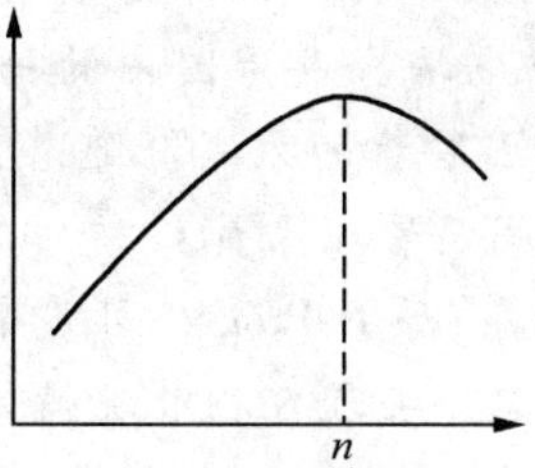

图 6-7　群体规模和工作效率

□ 本章复习要点

群体的定义、特征及类别
团队的概念
团队与群体的区别
团队的分类
高效团队的基本要求
社会闲散与责任心
团队发展五阶段模型
间断平衡理论
团队管理者在不同阶段的管理重点
角色及其相关概念
规范及其分类
从众与参照性群体
群体规模与群体的关系

□ 本章复习题

专业术语

群体
团队
社会闲散
信任
团队发展五阶段模型
间断平衡理论
角色
角色认同
角色知觉
角色期待
心理契约
角色冲突
规范
从众
参照性群体

案例分析

eSoft 公司的高层

eSoft 公司是 20 世纪 80 年代后期崛起的软件公司，公司经过十多年的发展，已经成为国内软件行业的龙头企业。公司总经理田海山一手创立公司，并且把它培育成为国内的一流民营软件企业。公司管理人员的任命主要采用自己培养的方式。随着国内软件企业竞争的加剧，eSoft 开始从企业外部引进高层管理人员。

1999 年，原 D-Prog 公司首席工程师田乐、海山计算机有限公司总经理杨荣等高级职业经理人相继跳槽 eSoft。2000 年 8 月，随着原 SAS 中国区总裁执行助理黄庆出任 eSoft 分管市场的副总裁，eSoft 的管理团队基本建立。

田海山眼中的三个高级经理

做事快、粗线条的黄庆

黄庆来 eSoft 的目的主要是想把自己在外企的管理经验和知识积累带到国内企业做出一番事业，这是田海山所需要的。

“我崇尚开放式的管理，希望员工能积极、主动地以一种团队执行的方式去工作，而不是说仅依靠一些规章制度，或者依靠领导天天盯着他去干活。”

黄庆中意的管理方式是目标管理：工作交代下去，就很少再去管执行任务的人，只等结果。“我只是给他们定目标，然后他们按目标去实行就可以了。”黄庆说。这是很典型的外企管理方式。不过，田海山很快发现，黄庆的这种管理风格在 eSoft 有些行不通。原因是，目标管理的前提是目标执行者必须有很高的素质，每个人都能明白自己应该做什么事，应如何做，另外也需要管理者对目标定义清楚并要加以指导。岗位责任明确，目标才能贯彻。结果，黄庆的管理方式尽管使手下工作起来很轻松，但在落实上却打了折扣。

“员工更需要得到领导的具体指导。原来我也会给他们定下一个目标，规定一个时间完成，但我会经常问问员工，他们有什么困难，帮他们解决。”

认真、务实的田乐

“以前所在的公司那种类似‘传统国企’的企业文化让我无法真正融入。”尽管田乐这么表态，但他对 eSoft 外企式的管理风格仍然有些水土不服。“‘传统国企’有它优秀的地方，譬如规章制度、人文文化、员工福利方面的建设等，这些跟 eSoft 的激情管理实际上能够很好结合。eSoft 很开放，富有创新精神，但还需要以稳健的工作来保障。”田乐说。

田海山提倡“激情管理”，重视员工的冲劲。田乐的到来形成了对组织的补充，就是通过重视平时的培养，使员工的“冲劲”有持久的生命力。太讲规矩会僵化，没规矩也难成方圆。

规矩就是岗位职责。田乐管辖的是一群“难管”的研发人员，目标管理是比较讨人喜欢的。但在田海山眼里，田乐在实施目标管理的同时，更注重去培养队伍，加强沟通与交流，夯实基础管理。

“我希望能把中国传统的优秀的东西利用起来，同时把外国的管理模式导入进来。但是导入过程只能是循序渐进的过程，并且要有所扬弃。”田乐说。

讲究、系统的杨荣

做事讲究方法，喜欢构筑严密的体系、完整的制度，是田海山对主管服务的副总经理杨荣的评价。“以前 eSoft 比较小，管理流程比较简单，多属‘人治’。现在，公司已是一家有 50 多家分公司的企业，且在境外上市，就需要一个大架构下的管理，需要建立一个‘法制的国度’。”

企业规模不大的时候，因为人少，上下沟通也比较方便，可能是一个经理就说了算，大家一说就有了默契。但是当员工成为一个很大的群体时，他们的沟通就不是“语言”这种简单的沟通了，而是要用制度、流程来保证员工在工作中的相互协调。

杨荣在 eSoft 服务这条线上进行了整体的管理改革。从服务总部一直到全国的服务分部，进行了系统的重新规划、建章、建制、建流程。

副总们眼里的田海山

由于手下诸将的管理理念和企业文化背景不统一，双边或多边交流出现问题在所难免。田海山对管理层讲求沟通管理。“在一些牵涉部门与部门之间的合作上，或者对事情不同的看法上，会有问题出现。关键是问题出现后迅速地得到解决。我们管理层很重视通过一个会议来解决问题。大家在会上畅所欲言，广泛地交流与沟通，问题迎刃而解。”

田乐：田总天天见

“我在原来公司干了几年，也有一定职位，但没有被老总单独接见过一次。”田乐说，“但在 eSoft，老总经常会组织员工探讨内部管理、产品规划、市场策划等，大家完全可以畅所欲言。”在田乐眼里，田海山与员工那种无距离感也能说明一个问题：企业经营是大家的事，必须充分调动基层员工的积极性，增强他们的参与意识，这样才能充分发挥集体智慧，降低决策风险，创造更大的经济价值。这实际上从一个侧面反映了 eSoft 的企业文化。

杨荣：田总在重塑

田海山是宽容和开放的，他的管理也是如此。“现在公司在重塑管理，田总也在重塑自我，他已经从以前的老总转变为更讲究团队管理的经理人。”杨荣评价田海山。

“从外部讲，田总要做整个企业的宏观决策，对于内部，就是支持建立一个大架构下的法制‘国度’，也就是如何用人。”改造现有的人，吸引外面的人，对于公司和田海山本人，这条转变之路都很长。管理不能错位，不能向上也不能向下，一个大的公司，需要很多的经理人去构建一个整体的构架，然后各司其职。

黄庆：田总是在做事业

“田总非常开明。他招聘人进来，任人唯贤，从不论资排辈，有多大能力就上多大岗位。如果能力不行，就会给你机会去学习。”这不是田海山开明的全部。eSoft 是田海山一手做大的，最近，田海山下放了几乎全部权力。

“另外，田总的确是做事的人。在公司的运作过程中，田总自己要的不是钱，而是公司的持续发展。”田海山把钱全部投到公司里，现在住的房子还是四五年前在蛇口买的普通家居。

“企业的管理，不外乎是规范管理和创新管理。规范管理是通过一个规范管理的思想去约束企业组织的行为，包括个人的行为，使团队能按照既定的目标和计划推进、发展；而创新管理，则是指在做某件事情、某项设计或一个决策的时候，强调不完全拘泥于一种规范，进行创新，从而打破原来的条条框框，建立一个新的框架。”田海山这样解释 eSoft 的管理风格，“软件公司是知识型企业，是一个知识的创造工厂。这就要求员工敢想、敢干、敢当，让他能够充满热情地有好创意，有充足的精神动力。”

思考题

- 请描述 eSoft 公司高层管理团队的结构，并讨论这个组合的优势与劣势。
- 请结合公司的发展阶段，讨论引进高层管理人员后的管理团队是如何形成管理规范的。
- 请结合群体规范理论，讨论作为公司总经理的田海山该如何引导团队的整合。
- 对于公司的进一步发展和团队建设，有什么样的建议？

参考答案

eSoft 公司的高层管理团队，是由创始人田海山和三名副总构成的。这个组合中每个人扮演的角色各有不同。虽然四人背景大不相同（创业者、外企经历、国企和私企跳槽），但共同的愿景让四人团结一致，合力发展企业。怎样运用多元的背景和团队的凝聚力，实现公司的飞跃，值得思考。

可以尝试从这个高层管理团队的结构、成员性格特点、角色分配、机制的逐步完善过程以及具体的群体规范的内容以及构建过程来分析理解该案例。

同时，作为一个迅速发展的软件企业，eSoft 公司的管理团队也必然会经历团队发展过程中的某一阶段，该阶段的特点也一定会对公司的发展产生巨大的影响。应当怎样看待现在公司和管理团队所处的状态，做出怎样的决策，并采取怎样的举措也是值得分析研究的。

游戏:迷失丛林任务

形式:先以个人形式,之后再以 5 人小组的形式完成。

类型:团队建设。

时间:30 分钟。

材料及场地:迷失丛林工作表及专家意见表,教室及会议室。

活动目的:通过具体活动说明,团队的智慧高于个人智慧的平均组合,只要学会运用团队工作方法,就可以达到更好的效果。

游戏程序

1. 培训师把"迷失丛林"工作表发给每一位学员,然后讲下面一段故事:

你是一名飞行员,但你驾驶的飞机在飞越非洲丛林上空时突然失事,这时你和同机的人必须跳伞。与你们一起落在非洲丛林中的还有 14 样物品,这时你们必须为生存做出一些决定。

2. 在 14 样物品中,先以个人形式把 14 样物品以重要顺序排列出来,把答案写在第一栏。

3. 当大家都完成之后,培训师把全班学员分为 5 人一组,让他们开始进行讨论,以小组形式把 14 样物品重新按重要顺序再排列,把答案写在工作表的第二栏,讨论时间为 20 分钟。

4. 当小组完成之后,培训师把专家意见表发给每个小组,小组成员把专家意见转入第三栏。

5. 用第三栏减第一栏,取绝对值得出第四栏,用第三栏减第二栏取绝对值得出第五栏,把第四栏累加起来得出一个个人得分,第五栏累计起来得出小组得分。

6. 培训师用下面的表 6-1 把每个小组的分数记录在白板上,用于分析:

表 6-1 评分表

小组	全组个人得分	团队得分	平均分
1			
2			
3			
4			

培训关键

培训师在分析时主要掌握两个关键的地方:

1. 找出团队得分低于平均分的小组进行分析，说明团队工作的效果(1 + 1 > 2)；

2. 找出个人得分最接近团队得分的小组及个人，说明该个人的意见对小组的影响力。

有关讨论

1. 你对团队工作方法是否有更进一步的认识？

2. 你的小组是否有出现意见垄断的现象，为什么？

3. 你所在的小组是以什么方法达成共识的？

将表 6-2 打印出来后分发给学员

表 6-2　学员个人计分表

	您的排列	小组排列	专家排列	您的差值	小组差值
药箱					
手提收音机					
打火机					
三支高尔夫球杆					
七个大绿色垃圾袋					
指南针					
蜡烛					
手枪					
一瓶驱虫剂					
大砍刀					
蛇咬药箱					
一包压缩饼干					
一张防水毛毯					
一个空热水瓶					
总计					

排序答案

有丛林经验的专家的基本意见是，如果你们落在丛林中，那么最好的办法是找个安全的地点，发出求救信号，然后等待救援。所以排列顺序应该如表 6-3 所示：

表 6-3 排列顺序

药箱	6
手提收音机	13
打火机	2
3 支高尔夫球杆	11
7 个大绿色垃圾袋	7
指南针（罗盘）	14
蜡烛	3
手枪	12
一瓶驱虫剂	5
大砍刀	1
蛇咬药箱	10
一盒轻便食物	8
一张防水毛毯	4
一个热水瓶	9

贝尔宾团队角色问卷

对下列问题的回答,可能在不同程度上描绘了你的行为。每题有 8 句话,请将 10 分分配给这 8 个句子。分配的原则是:越能体现你行为的句子分越高,依此类推。极端的情况也可能是 10 分全部分配给其中的某一项。请根据你的实际情况把分数进行分配。

1. 我认为我能为团队作出的贡献是:

A. 我能很快地发现并把握住新的机遇。

B. 我能与各种类型的人一起合作共事。

C. 我生来就爱出主意。

D. 我的能力在于,一旦发现某些对实现集体目标很有价值的人,我就及时把他推荐出来。

E. 我能把事情办成,这主要靠我个人的实力。

F. 如果最终能导致有益的结果,我愿面对暂时的冷遇。

G. 我通常能意识到什么是现实的,什么是可能的。

H. 在选择行动方案时,我能不带倾向性,也不带偏见地提出一个合理的替代方案。

2. 在团队中,我可能有的弱点是:

A. 如果会议没有得到很好的组织、控制和主持,我会感到不痛快。

B. 我容易对那些有高见而又没有适当地发表出来的人表现得过于宽容。

C. 只要集体在讨论新的观点,我总是说得太多。

D. 我的客观看法,使我很难与同事们打成一片。

E. 在一定要把事情办成的情况下,我有时使人感到特别强硬以至于显得专断。

F. 可能由于我过分重视集体的气氛,我发现自己很难与众不同。

G. 我易于陷入突发的想象之中,而忘了正在进行的事情。

H. 我的同事认为我过分注意细节,总有不必要的担心,怕把事情搞糟。

3. 当我与其他人共同进行一项工作时:

A. 我有在不施加任何压力的情况下,去影响其他人的能力。

B. 我随时注意防止粗心和工作中的疏忽。

C. 我愿意施加压力以换取行动,确保会议不是在浪费时间或离题太远。

D. 在提出独到见解方面，我是数一数二的。

E. 对于与大家共同利益有关的积极建议我总是乐于支持。

F. 我热衷寻求最新的思想和新的发展。

G. 我相信我的判断能力有助于做出正确的决策。

H. 我能使人放心的是，对那些最基本的工作，我都能够组织得井井有条。

4. 我在工作团队中的特征是：

A. 我有兴趣更多地了解我的同事。

B. 我经常向别人的见解进行挑战或坚持自己的意见。

C. 在辩论中，我通常能找到论据去推翻那些不甚有理的主张。

D. 我认为，只要计划了就必须开始执行，我有推动工作运转的才能。

E. 我不在意使自己太突出或出人意料。

F. 对承担的任何工作，我都能做到尽善尽美。

G. 我乐于与工作团队以外的人进行联系。

H. 尽管我对所有的观点都感兴趣，但这并不影响我在必要的时候下决心。

5. 在工作中我得到满足，因为：

A. 我喜欢分析情况，权衡所有可能的选择。

B. 我对寻找解决问题的可行方案感兴趣。

C. 我感到，我在促进良好的工作关系。

D. 我能对决策有强烈的影响。

E. 我能适应那些有新意的人。

F. 我能使人们在某项必要的行动上达成一致意见。

G. 我感到我的身上有一种能使我全身心投入工作中去的气质。

H. 我很高兴能找到一块可以发挥我想象力的天地。

6. 如果突然给我一件困难的工作，而且时间有限，人员不熟：

A. 在有新方案之前，我宁愿先躲进角落，拟订出一个解脱困境的方案。

B. 我比较愿意与那些表现出积极态度的人一道工作。

C. 我会设想通过用人所长的方法来减轻工作负担。

D. 我天生的紧迫感，将有助于我们不会落在计划后面。

E. 我认为我能保持头脑冷静，富有条理地思考问题。

F. 尽管困难重重，我也能保证目标始终如一。

G. 如果集体工作没有进展,我会采取积极措施加以推动。

H. 我愿意展开广泛的讨论,意在激发新思想,推动工作。

7. 对于那些在团队工作中或与周围人共事时所遇到的问题:

A. 我很容易对那些阻碍前进的人表现出不耐烦。

B. 别人可能批评我太重分析而缺少直觉。

C. 我有做好工作的愿望,能确保工作的持续进展。

D. 我常常容易产生厌烦感,需要一两个有激情的人使我振作起来。

E. 如果目标没明确,让我起步很困难。

F. 对于我遇到的复杂问题,我有时不善于加以解释和澄清。

G. 对于那些我不能做的事,我有意识地求助他人。

H. 当我与真正的对立面发生冲突时,我没有把握使对方理解我的观点。

表 6-4　团队角色问卷计分格式

1	G		D		F		C		A		H		B		E	
2	A		B		E		G		C		D		F		H	
3	H		A		C		D		F		G		E		B	
4	D		H		B		E		G		C		A		F	
5	B		F		D		H		E		A		C		G	
6	F		C		G		A		H		E		B		D	
7	E		G		A		F		D		B		H		C	
总分	实干者		协调者		塑造者		创新者		资源收集者		监督者		凝聚者		完善者	

第七章

冲突与谈判

- 冲突的基本概念
- 冲突与组织绩效
- 托马斯的冲突解决模型
- 冲突形成的原因：角色与信息的差异
- 冲突的发展过程：五阶段发展模型
- 谈判：冲突双方沟通的方式
- 整合性谈判

引例 1

西奈半岛争端

1978 年,埃及和以色列的和平条约在戴维营完成了草拟,这显示出双方立场背后的利益是极为重要的。自 1976 年 6 月战争以来,以色列就占领了埃及的西奈半岛。1978 年,以埃两国在谈判和平条约时,双方的主张几乎是对立的。以色列坚持要维持在西奈半岛部分地区的控制权,但埃及则主张西奈半岛应全部归还埃及,并且表示决不让步。为了分割西奈半岛,双方曾多次重绘地图。但是在领土上做协议并不能使埃及接受,然而维持 1976 年以前战前的局面,以色列也不会接受。

可是,把眼光投向双方立场的背后利益而非双方的立场就使谈判出现了转机。以色列最关心的是国家的安全,他们不希望埃及的战车在边界上虎视眈眈,随时给他们威胁。

埃及最关心的是主权问题。自法老王朝起,西奈半岛就是埃及的一部分。自从被希腊、罗马帝国、土耳其、法国占领了数个世纪后,好不容易才完全取回主权。埃及当然不会把领土让给新的征服者。

埃及总统萨达特和以色列总理比金在戴维营会谈的结果是以色列同意将西奈半岛全部归还给埃及,但是要求埃及将该地区列为非军事区,以确保以色列的安全。这表示,在西奈半岛到处可见埃及国旗,但埃及的战车却不得接近以色列的领土。

资料来源:卢润德主编:《商务谈判》,重庆:重庆大学出版社,2003 年版。

看过西奈半岛的争端以后,我们来思考以下这样几个问题:

- 双方的争端是什么原因引起的?
- 为什么双方一开始都不肯让步?
- 如果你是其中一方,您认为对方不肯让步的原因是什么?
- 最后的解决方案给你什么启示?双方的目的都达到了吗?

冲突是组织中不可避免的现象,我们来看一看冲突的基本特点。

第一节　冲突的基本概念

什么是冲突？事实上，有关冲突的定义非常多。

冲突的基本特点是由于其中的一方认为另一方影响了自身利益，或者他希望达到的目标，从而产生认识与情感上的矛盾。组织是一个多元系统，组织内的很多方面都能引起冲突，比如目标不一致、对事情的不同认识、消极感情、价值观和人生观不同以及资源共享引发的争端等。

冲突（conflict）：是指两个人或多个人之间产生意见分歧，从而造成矛盾。

由于资源缺乏、互相依赖、目标不同和需要协调，组织中的冲突是不可避免，不可能完全消除。但是如果处理不当，它会严重影响组织运作，导致敌意、缺乏合作、产生暴力、破坏关系，甚至组织解散等不良后果。但是冲突也有许多有益的方面。它能激发创造性、革新和变化，甚至可以改善关系。假如组织内完全没有冲突，它就会缺乏活力和积极性，不易接受变化。控制冲突的综合技能包括制造冲突、解决冲突和利用冲突实现管理目标。

案　例

据说，盛田昭夫在任索尼公司副总裁时，田岛道治当董事长，两人常常意见不合。一天，田岛道治说："盛田，你我主张不同，既然我们想法不一致，又常常发生冲突，我不想再呆在这样的公司里了。"盛田昭夫坦诚地说："如果我们在所有问题上意见都一致，那么这家公司确实没有必要有我们两个人拿薪水。那时，不是你就是我必须辞职。正是因为我们有不同意见，公司才会少犯错误。"

资料来源：郭朝阳编著，《冲突管理：寻找矛盾的正面效应》，广东经济出版社，2000年版。

在一个组织当中，冲突的产生有以下一些特点：

• 冲突的产生是一个过程,有它的酝酿和发展。

• 冲突是冲突双方或多方的一种相互依赖,如果双方或多方不存在相互依赖关系,就不可能发生冲突。

• 冲突必须是双方感知到的。如果冲突没有被人们意识到,就不会影响人们的行为。

• 冲突双方必须发生相互作用。冲突一方的行动必然引起另一方的反应。

例　子

1976 年,在美国管理协会(AMA)的赞助下,托马斯等人曾进行了一项调查,该调查的目的是"了解管理人员是否对防止和管理冲突的知识和能力越来越有兴趣"。调查人员共调查了 116 名执行总裁(首席执行官),76 名副总裁和 66 名中层管理人员,结果表明:

• 执行总裁、副总裁和中层管理人员处理冲突问题的时间,分别占他们工作时间的 18%、21% 和 26%。

• 被调查人员感觉到,在过去的 10 年中,冲突管理能力变得越来越重要了。

• 他们认为冲突管理与计划、沟通、激励和决策同样重要,甚至比后者更为重要。

• 他们对冲突产生根源的主要兴趣在于心理方面,如误解、沟通失败、人际冲突以及价值观的不同等。

• 他们普遍认为,在自己的组织中,冲突水平是适当的,不会太高,也不至于过低。

资料来源:郭朝阳编著,《冲突管理:寻找矛盾的正面效应》,广东经济出版社,2000 年版。

第二节　冲突与组织绩效

在大多数人的印象中,冲突都会对组织绩效产生负面影响,但事实并不是这样。研究者曾对冲突与组织绩效之间的关系进行考察,他们发现冲突水平与组织效率有一定的关系:冲突水平太低,组织革新和变化困难,组织难以适应环境,其行为受阻;冲突水平太高,将导致各种混乱,危及组织的生存。冲突与组织绩效之间并不是简单的线性关系，它们之间的影响呈现倒U型，两者之间的关系如图7-1所示：

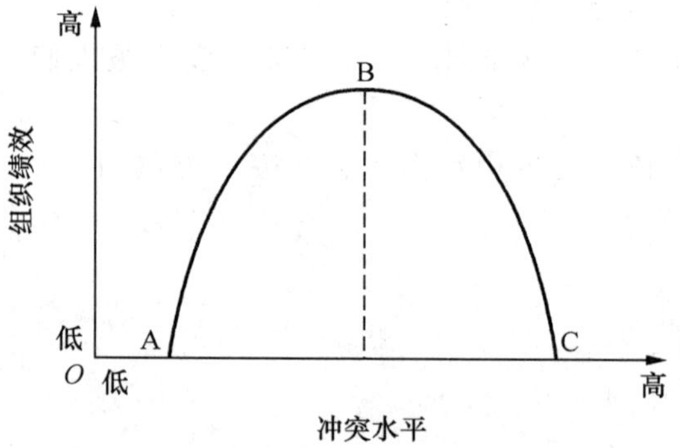

图7-1　冲突与组织绩效之间的关系图

当组织中的冲突水平过高或过低时，冲突都将起破坏性作用，组织的绩效水平都不高；而冲突水平适中时，才能起积极作用，这一情况也可以用表7-1来表示。所以，布朗（L. D. Brown）认为，管理人员与其花费大量的精力来防止或解决组织内的各种冲突，不如在组织中维持适度的冲突水平。

表7-1　冲突与组织绩效之间的关系

情况	冲突水平	冲突类型	组织内活动的性质	工作绩效
A	很低或没有	破坏性	冷漠、停滞不前、对改革没有反应、缺乏创意	低
B	适量	功能性	生活化、能自我批评、能革新	高
C	高	破坏性	破坏性、无秩序、不合作	低

尽管前面的论述表明，组织中保持适度的冲突可以导致高的组织绩效，但是组织中的不同意见并不总能让人忍受，也很少受到鼓励。有一项调查表明，营利性组织中，冲突对组织决策不利，而且高冲突的决策往往导致低的质量。另一方面，调查还显示，非营利性组织也认为冲突是不愉快的，但是高冲突的决策往往与高质量相联系。一个可能的解释就是，非营利组织进行的决策涉及各种不同团体和个人，这些团体和个人的利益都必须得到满足。决策过程中的冲突有助于使管理者保证各方面利益的满足。

该调查显示，营利性组织和非营利性组织中的管理人员对冲突的反应是不同的。一般来说，营利性组织中的管理人员可能会否认冲突的存在，并采取回避、抑制或妥协的方法来解决。这样，认识不一致的地方很容易被掩盖，而且群体的观点在讨论过程中容易被诱导，导致集体思维的陷阱。由此来看，营利性组织的管理人员更需要冲突管理的培训。

例　子

三泽之家公司利用“鲶鱼效应”保持企业活力

日本的三泽之家公司经过考察，发现许多企业的人员基本上由以下三种人组成：一是不可缺少的干才，约占两成；二是以公司为家的勤劳人才，约占六成；三是终日东游西荡，拖企业后腿的蠢材或废材，占两成。如何使第三种人减少，使第一种、第二种人增加呢？董事长兼总经理三泽千代治的办法是采用“鲶鱼效应”。

挪威人捕沙丁鱼，抵港时如果鱼仍活着，卖价比死鱼高出许多，所以渔民千方百计让鱼活着返港。但种种努力都归于失败，只有一艘渔船总能带着活鱼回港，原因不明。直到这艘船的船长死后，人们才发现秘密：鱼槽里放进了一条鲶鱼。原来，鲶鱼进入鱼槽后，由于环境陌生，自然会四处游动，到处挑起摩擦，而大量沙丁鱼发现多了一个“异己分子”，自然会紧张起来，加速游动，就一条条活蹦乱跳地回到渔港。

三泽千代治说：“其实人也是一样。一个公司如果人员长期固定，就少了新鲜感和活力，容易产生惰性。找些外来的‘鲶鱼’加入公司，制造一种紧张气氛，企业自然就生机勃勃了。”三泽之家公司重点从外部“中途聘用”一些精干利索、思维敏捷的生力军，甚至聘请常务董事一级的“大鲶鱼”，让公司上下的“沙丁鱼”都有“触电”的感觉，好活蹦乱跳，充满活力。

资料来源：李家镐主编：《企业成功案例集萃》，上海：文汇出版社，1992 年版。

第三节　托马斯的冲突解决模型

为了有效地解决组织中的人际关系冲突，托马斯提出了一种两维模式，用于分析冲突的可能解决方案和结果（如图 7-2 所示）。

托马斯认为发生冲突以后，冲突参与者有两个反应的主要维度：坚持己见和合作性。其中，坚持己见表示在追求个人利益过程中的坚持程度，合作性表现在追求个人利益过程中与他人合作的程度。于是，就出现了五种不同的处理人际冲突的策略，这五种策略即代表了合作性与坚持性之间的五种不同组合。

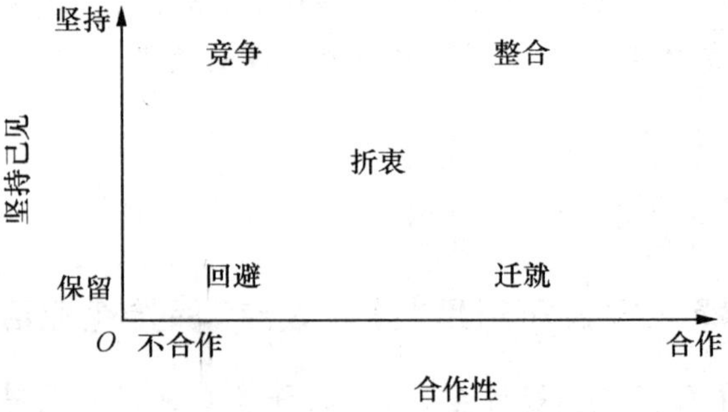

图 7-2　托马斯的人际冲突处理模式

回避策略

回避策略(avoiding)是指既不合作又不坚持的策略。这时,人们将自己置身于冲突之外,忽视双方之间的差异,或保持中立态度。这种方法指的是当事人不关心事态的发展,对自己的利益和他人的利益均无兴趣,回避各种紧张和挫折的局面。回避方法可以避免问题扩大化,但常常会因为忽略了某种重要的看法,使对方受挫,易遭对手非议,长期使用效果并不是很好。

竞争策略

竞争策略(competing)是指高度坚持且不合作的策略。它代表了一种"赢-输"的结果,即为了自己的利益牺牲他人的利益。一般来说,此时一方在冲突中具有占绝对优势的权力和地位。于是,一方会认为自己的胜利是必要的,相应地,另一方必然会以失败而告终。竞争策略通常使人们只求达到自己的目的,所以不受对手的欢迎。

迁就策略

迁就策略(accommodating)代表着一种高度合作而坚持程度较低的策略。当事人牺牲自己的利益而满足他人的要求。通常迁就策略是为了从长远角度出发换取对方的合作,或者是屈服于对手的意愿。因此,迁就策略是最受对手欢迎的,但容易被对手认为过于软弱或是屈服的表示。一味的迁就和牺牲自身利益也为大多数冲突解决者所拒绝。

整合策略

整合策略(collaborating)是在高度的合作精神和坚持的情况下采取的策

略。它代表了冲突解决的双赢局面,即最大限度地扩大合作利益,既考虑了自己的利益,又考虑了他人的利益。一般来说,持整合态度解决冲突问题的管理者有这样一些特点:认为冲突是一种客观的、有益的现象,处理得恰当会引起一些建设性问题的解决;相信冲突双方在地位上是平等的,并认为每个人的观点都有其合理性;创造性地解决冲突问题,突破固有的思维框架,整合双方利益。

折衷策略

在折衷策略(compromising)下,合作性和坚持程度均处于中间状态,它建立在"有予必有取"的基础之上,这种策略通常需要一系列的谈判和让步才能形成。与合作方式相比,折衷策略只求部分地满足双方的要求,但折衷策略却是最常用的、也被人们广泛接受的一种冲突管理策略。折衷策略至少有以下优点:尽管它部分地阻碍了对手的行为,但仍然表示出合作的姿势;它反映了处理冲突问题的实用主义态度;它有助于保持双方之间的良好关系。一项研究表明,人们之所以欢迎折衷策略,是因为折衷策略的确提供了一个解决办法,能够解决管理的两难问题。

成功的管理者比不成功的管理者、高效率的组织比低效率的组织更多地采取整合策略处理冲突问题,因为整合策略的有效运用能够使冲突双方都产生满足感。而其他的策略都会使冲突中某一方因要求不能得到满足而产生挫折感,为下一次冲突埋下伏笔。伯克(W. Burke)曾对以上五种策略的有效程度进行过调查(1970 年),他发现使用整合策略,常能有效地解决冲突问题;竞争策略效果很不好;回避策略和迁就策略一般很少使用,使用时效果都不好。根据他的统计,各项策略使用的具体效果情况详见表 7-2。

表 7-2 解决冲突问题的各种策略的有效性

方式	有效果(%)	没有效果(%)
回避	0.0	9.4
迁就	0.0	1.9
折衷	11.3	5.7
竞争	24.5	79.2
整合	58.5	0.0
其他	5.7	3.8

华人雇员和海外雇员在冲突管理的策略上存在比较大的差异,表 7-3 列出了各类雇员处理冲突的策略。在中国的文化中,和谐的人际关系是一个

非常重要的因素，中国人通常不愿意惹是生非，宁可自己吃亏也不愿意与对手进行对抗。因此，折衷和回避的策略是中国人最为常用的策略，而海外雇员则更追求理想的情况，期望冲突能以整合的方式得到解决。

表 7-3 各类雇员的冲突处理手法

使用频率	国有部门		私人机构
	海外雇员	华人雇员	华人雇员
高	整合	折衷	折衷
↓	竞争	回避	回避
↓	折衷	整合	整合
↓	回避	竞争	竞争
低	迁就	迁就	迁就

案 例

日军的投降仪式

打仗难，评功亦难。1945 年 8 月 15 日，日本天皇颁布诏书，宣布无条件投降。太平洋战争以同盟国的彻底胜利而告结束。时任美国总统的杜鲁门发布命令，任命陆军五星上将麦克阿瑟为远东盟军最高总司令，并指示他安排受降仪式。命令一出，顿时引起一场轩然大波。

反应最敏捷、最强烈的是美军太平洋舰队总司令、海军五星上将尼米兹。当他得知这一消息后，情绪激动，几近失控，这是在战争最危难的时候都不曾出现过的情景。他毫不掩饰对总统这一决定的不满："是谁打赢了太平洋战争？是海军！从瓜达尔卡纳尔岛到冲绳岛，洒遍了美国海军将士的鲜血。"他与太平洋舰队一同从日军偷袭后的珍珠港艰难起步，一步步地向前挺进。他亲眼目睹了他的普通士兵、中级军官、高层将领在空袭中被炸死，在海水中被淹死，在烈火中被烧死。他部属的鲜血使得太平洋为之色变。如今，战争结束了，而他们所做的一切难道都不能换来起码的尊重吗？尼米兹坚定地认为，一个不能为下属付出的代价争得荣誉的将军不是好将军。他明确而又强硬地表达出这样的信息：如果在日军投降仪式上不能充分体现海军的功劳，他将不参加受降仪式。

然而，总统的决定也并非没有道理。麦克阿瑟领导下的陆军在收复岛屿作战中同样有令人肃然起敬的战绩。在疯狂的日本军国主义士兵"七生报国”、“以死效忠天皇”的自杀性攻击面前，他们所表现出的勇敢与顽强丝毫不逊色于海军。仅在收复菲律宾的战役中，就有近6万名士兵血洒雨林，战况之惨烈足以令最坚强的人为之动容。这一点尼米兹也不能否认。

就在朝野上下为此大伤脑筋之时，美国海军部长福雷斯特想出了一个“绝妙”的解决办法：日军投降仪式仍由陆军将领主持，但仪式的地点却选在海军“密苏里”号军舰上，让麦克阿瑟代表盟国方面签字，而尼米兹则代表美国政府签字。杜鲁门总统欣然批准了这个陆、海军都能接受的提案。

于是，在举行签字仪式那天的“密苏里”号战舰上，并排飘扬着一红一蓝两面将旗；红色将旗代表着麦克阿瑟将军，蓝色将旗则代表着尼米兹将军。在一艘战舰上同时悬挂两面将旗，这在世界海军历史上也是仅有的一次。

就在两位上将高兴地在签字仪式上分享着各自荣耀的时候，有一个人远在万里之遥的美国白宫正得意地笑着。他就是杜鲁门——这场荣誉之战最大的赢家。能使两位上将都高兴地参加这个仪式本身就是一个赢点，然而还有一个更大的赢点，是大家未必注意到而又确实存在的，那就是在受降仪式镜头中占版面最大的部分——“密苏里”号军舰。它既不是太平洋舰队的旗舰，也不是太平洋战争的功勋舰，但却成为此次受降仪式上的焦点。原来，“密苏里”是杜鲁门总统家乡的州名，“密苏里”号战舰则是由杜鲁门总统的女儿出面命名的。

资料来源：魏江、严进等编著，《管理沟通：成功管理的基石》，北京：机械工业出版社，2006年版。

思考题

- 在这个投降仪式中，双方冲突的焦点是什么？
- 双方为什么都不肯让步，双方关注的问题是什么？
- 海军部长的方案对双方而言照顾了什么？为什么双方都能够接受？
- 用托马斯模型分析冲突解决的方案。

第四节　冲突形成的原因：角色与信息的差异

冲突产生的直接原因可以归为彼此之间的差异性。具有一定相互依赖关系的双方，差异性越大，越难达成一致的协议。但由于相互依赖关系的存在使得双方又不能置彼此之间的差异性于不顾，于是这些彼此间的差异性必然伴随着一定的意见分歧，导致冲突的最后发生。组织中主要存在以下几种差异性。

信息差异

信息差异是指双方所获得的信息以及所了解的事实之间的差异。任何一项决策或选择活动都要经过信息的收集、可行方案的设计和方案的选择几个阶段。其中，信息的收集是决策活动的第一步，它将为整个决策过程提供各种有用的信息，整个决策活动就是建立在信息收集的基础之上的。但由于各种原因双方获得的信息可能存在差异。

信息来源的渠道不同

组织中的信息有不同的来源渠道，有自上而下的信息，也有从下往上的信息，还有同级之间传递的信息；有正式渠道的信息，也有非正式渠道的信息等等。不同来源渠道的信息会有很大的差异，如果双方不进行沟通和交流，信息差异就永远存在。

信息的非对称性

指双方中有一方掌握着某些私有信息，这些信息只有他自己了解，而另一方则不了解。

私有信息可能是由于一方的特殊地位所致，也可能是由于一方具有某方面的专业知识、技术专长而获得。

信息传递过程中的偏差遗漏

信息在传递的过程中往往要经过较多的层次，每个层次都会对信息进行一定的筛选和解释，难免会发生一定的偏差和遗漏现象。

信息处理方式的不同

在组织中传递的信息有时只是一个简单的事实，人们必须对它进行一定的处理，但由于处理方法和手段选用上的差别，也会导致信息差异，特别是有的处理方式只停留在表面，没有透过现象看清本质。

认识差异

即使收集的信息完全相同，由于各种原因双方也会有不同的结论，因为双方存在认识上的差异。

双方的背景不同

团体中的成员都有着不同的背景——受教育程度、家庭出身、价值观念等。当他加入某一团体时，原来的背景不可避免地会影响他考虑问题的方法，导致认识上出现差异。

各个部门文化不同

在长期的共同生活中，组织中的不同部门会形成自己独立的文化观念和标准，即部门文化，而不同部门对同一问题的认识必然会受到其部门文化的影响。

双方地位不同

双方所处的不同地位使双方看问题的角度不同。人们通常认为，高层管理者是从全局、整体利益出发，而各部门管理者往往从各自的、局部的利益出发考虑问题，做出判断。

观念的不同

由于个人经验和期望的不同，每个人看问题的方法不同。因为他们的观念对他们是真实的，而且他们认为自己的观念与别人的观念是平等的，没有认识到其他人可能对同一事物持相反的观念。如果员工没有学会从其他人的角色来看问题，那么冲突就会发生。

目标差异

相互依赖的双方各自的目标有时不一致，存在一定的差异，其原因主要有：

企业组织结构决定了不同部门有着不同的目标

企业通过一定的横向和纵向的分工形成了一定的组织结构，处于组织结构中不同位置的部门执行不同的职能，有着不同的目标和任务。如生产部门负责产品的生产，销售部门保证销售等，这种由专业化和分工形成的不同部门有着不同的目标是天经地义的事。

各部门的本位主义使得次级单位目标内化

为了保证组织整体目标的实现，人们给各个部门确定了不同的次级目标。但有的部门从自己的利益角度出发，片面强调自己的目标，而忽视了组织的整体目标和其他部门的目标，致使次级单位目标内化，于是造成与其他部门目标的差异。

角色差异

组织中的个人都充当着不同的角色，并按照角色的要求而行动。但是个人的角色差异也会引起冲突。

角色期望与个人能力相矛盾

由于任务的错误指派、角色要求不足或过度等原因，使组织中角色的要求会同个人的个性、能力、要求等相矛盾，即个人承担了不合适的角色，于是导致个人遭受挫折，感到压力，形成严重的个人思想斗争——内心冲突。

角色期望与个人行为相矛盾

角色期望说到底就是对充当某一角色的人的行为的期望，但充当角色的人的行为有时与期望严重不符，特别是当一方一味地以自己的价值观和愿望来期望对方的行为时，不可避免地会产生一种冲突力。这种期望与行为间的矛盾在组织与组织、组织与个人之间也存在。

角色期望不相容

角色期望不相容有两种情形：一种情形是角色期望互相排斥，如工厂中处在夹层里的班组长，上级管理人员对他的角色期望是严格管理，提高工作效率，而以前的同伴——现在的工人对他的角色期望是关心其生活，大家和气一团，显然这两种角色期望是不相容、互相排斥的；另一种情形是角色不能同时实现，如企业的一个领导者往往有着人际关系方面、信息方面、决策方面的多种不同角色，但其时间有限，显然这些角色期望不能同时实现。

第五节　冲突的发展过程：五阶段发展模型

路易斯 · R. 庞迪(Louis R. Pondy)提出了著名的“五阶段模式”，认为冲突的发展经历了五个可辨认的阶段，冲突并不总是一种客观的、有形的现象，它最初只存在于人的意识之中，只有冲突的各种表现形式，如争吵、斗争等才是可见的。具体而言，冲突发展各个阶段的情况为：

第一阶段：潜在冲突

这一阶段，冲突处于潜伏状态，主要以能引起冲突发生的一些条件的形式存在，但是这些条件并未达到足够引起冲突发生的程度。可以说，潜在冲突随时都存在，只要人们彼此间具有相互依赖关系，而且存在各种各样的差异性。例如，企业中的工人与所有者之间就是相互依赖关系，他们之间就存在多种可能引发冲突的因素——有形的目标，如报酬和资源；或无形的因素，如地位和权力等。当两个人彼此之间不发生相互作用时，他们之间就很少有机会发生冲突。

在组织内，诱发冲突的主要因素被理论研究者们称为混合动机的相互作用。这意味着，冲突双方既有动机进行合作，又有动机进行竞争。即使是雇员和雇主之间亦存在着合作的动机。当然，也不排除在讨论某些具体细节问题时，双方之间会发生争执，而正是这种合作的动机导致劳资双方的冲突通常以问题解决的方式得到处理。一般来说，彼此间的差异越大，促使冲突表面化的可能性就越大，冲突的潜伏期就会越短。

第二阶段：知觉冲突

当冲突双方相信他们的处境具有相互依赖性和互不相容的特征时，这一阶段就会出现。它的出现有多种形式，有时可能是外部人员明确地告诉雇员，他的利益与雇主的利益是互不相容的，但更多的时候，这种知觉是由某一个积蓄已久的特定事件引发的。

潜在冲突和知觉冲突之间有一定的联系，但两者之间并不存在严格的前后顺序。有时候，可能出现没有潜在冲突的知觉冲突，如两位小兄弟争夺一块冰淇淋，而事实上，那块冰淇淋却大到两个人都不可能吃完。也有可能会没有出现知觉冲突，却出现潜在冲突的情形，即只存在冲突潜势，而没有真正出现冲突。

第三阶段：感觉冲突

与知觉冲突不同，在感觉冲突阶段，冲突双方开始完全划分“我们与他们”的界限。他们开始定义冲突问题，确定自己的策略以及各种可能的冲突处理方式。在感觉的冲突阶段，冲突者可能会表现出愤愤不平，开始把前一阶段里的各种挫折感及其他感受表露出来。同时，冲突者还会对冲突进行一定的基本分析，如到底发生了何种冲突、为什么会发生冲突、现有的冲突问题是否只是一种虚假冲突等。但冲突者分析最多的可能是，自身具有哪些可以处理冲突的资源，这些资源通常包括实力、地位、信息、技能等无形资源和资金、人员等有形资源两大类。

在面临感觉的冲突时，冲突双方都不得不在公开面对和回避冲突两种策略之间进行选择。这一选择受到许多因素的影响，如双方的基本定位，当事人与可能被卷入冲突中的其他方的关系等。所以，冲突者的不同反应会导致冲突的不同发展方向。

公开面对冲突是一种十分危险的选择，它通常会使感觉的冲突升级，迅速地转化为公开的显现的冲突，进入了冲突的下一个阶段。当公开面对冲突的风险大于潜在收益时，应该考虑回避冲突。尽管回避冲突于事无补，但是，至少对其中某一方而言，该结果总比继续冲突更好。

第四阶段:行为冲突

有时候,冲突的潜在双方都愿意接受现有的局面,不愿意把事情公开化、扩大化,那么这时冲突就不会真正出现。当一方或双方都想公开地表达自己感觉到的冲突时,显现的冲突就出现了。如果处理不当,冲突就容易升级。行为冲突阶段是冲突付诸行动的阶段,其中一方的行为会引起另外一方的反应。

冲突行为是互动的,冲突双方各自试图实现自己的意愿。完全按照一方意愿来解决冲突是不可能的,但是双方的行为都有可能由于对方而偏离原有的方向。冲突的升级和行为偏离通常表现出三种形式:

问题的扩大化

当冲突事情发生后,冲突双方往往讨论的是与双方立即发生作用有关的问题。有时,问题的性质导致双方必须考虑其他方面,但是从根本上来说,还是着眼于基本问题。只要双方一直关注中心问题,并从全新的、不同的角度来看这些问题,必然会发现一些解决问题的创造性方法。一旦双方讨论的问题扩大到其他方面,那么,冲突必然升级。

面子问题

当冲突逐渐包含了参与者的自尊或自我形象,以及冲突方的面子时,冲突会升级。因为这时的问题已经不是实质性问题,而是有关个人的情绪性问题,这时,情绪和各种象征占据主导地位。

利益比较

一旦冲突发生后,双方很容易根据对手的行为做出自己的判断。冲突者往往根据冲突情形做出自己的反应,每一方都认为对手会与自己做同样的反应,即自己友好,则认为对手也很友好。但随着冲突的进一步发展,双方更多的是根据对方的所作所为来确定自己的策略。在这样的一些比较中,判断的标准已经不再是事实本身,而是对手的所得和行为。已经偏离理性。

虽然冲突的升级特点有一定的差异,不理性的冲突还是存在一定的共同点的:首先是对对方的行为和立场不敏感,以自身判断作为行动的主要依据;其次是行动已经偏离了最初的计划初衷,和初始想法已经有了很大偏差。

冲突升级有哪些重要线索呢?

(1) 参与者激动地为得到自己期望的结果而争论,而不是平静地解释自己的观点以及如何实现这一结果。

(2) 参与者往往利用个人或与联盟相关的人称代词,如"我想,我们想",而不是与团体或组织有关的词汇。

(3) 参与者花更多的时间和精力于某一主题本身,而不是主题重要性的正当理由,如他们可能一开始就问自己:"它为什么如此重要?"但是,无法找到合适的理由。

(4) 参与者无法记住最初讨论的问题,或者最初讨论的问题与当前讨论的问题之间的联系。

(5) 参与者发现自己更多考虑的是人、立场和策略,而不是问题以及如何解决。

第五阶段:冲突的结果

经过一系列的发展、变化,冲突会产生一定的后果,双方可能是成功、失败或取得妥协,但所有的冲突后果可以归为三种形式:胜—胜、胜—负和负—负。冲突的后果并不意味着冲突的终结。

一场冲突结束以后,由于双方面对的结果不同,可能会出现不同的反应。因为只有少数冲突可以通过问题解决的方式取得双方满意的结局,大多数情况下,特别是后两种情况下,总有一方的利益没有得到满足。这样冲突的解决只是暂时的,它随时都在准备下一次的进攻,这又为下一轮冲突的产生提供了条件。是否一定会导致下一轮冲突的发生,往往取决于双方对冲突的反应。

一般来说,有两种标准可以用来评价冲突的短期效果:最终决策的质量和冲突对双方关系的影响。如果一个明智的决策能够同时满足双方的需要,那么对冲突双方的短期影响就是积极的。但这种情况往往是比较少的,双方一致的情形难以实现。双方对冲突处理的方法越不满,将来产生冲突的可能性就越大,并且导致冲突的管理越复杂。冲突对工作关系产生的长远影响导致许多组织使用正式程序或改变组织结构,以保证冲突的负面影响最小。但是,从某种意义上来说,工作中的相互依赖关系是无法消除的,当彼此之间的依赖度降低时,彼此之间合作的动力也随之降低。

冲突的发展一般要经历以上五个阶段,但我们必须认识到冲突的过程是千变万化的,并不一定按照以上五个阶段的固定模式发展。如某些冲突仅仅停留在潜伏期,因为发生冲突的原因消失了,冲突也就不可能表面化;而有的冲突似乎是一开始就进入了表面化阶段,这也不足为怪。所以,应该把冲突看成是一个动态的发展过程。

引例 2

300 万与 250 美元

1912 年,竞争激烈的美国总统竞选活动接近尾声,西奥多·罗斯福计划进行最后一次短暂的竞选旅行。罗斯福准备在旅行的每一站都向选民散发精美的小册子,以此争取选票。这本小册子封面印有神情坚定的总统照片,内部印有振奋人心的"信仰声明"。当大约 300 万份小册子已经印好了的时候,一位竞选工作人员发现每本小册子里的照片底下都有这么一行小字"芝加哥莫菲特摄影室"。这样,问题就来了:因为莫菲特拥有版权,未经授权在宣传册上擅自使用照片,竞选委员会就要每册向莫菲特支付 1 美元。当时,已经没有时间重新印刷宣传册了,竞选委员会该怎么办呢?将印好的宣传册弃置不用,将会影响罗斯福的竞选前景。但是,如果继续使用,会很容易导致竞选丑闻,竞选委员会也很可能要赔偿一笔付不起的费用。竞选工作人员很快意识到,必须立刻和莫菲特谈判。

不幸的是,芝加哥私人侦探的调查提供了一则坏消息:作为一位摄影师,尽管莫菲特在其职业生涯前期被公认为在这一新兴艺术领域极具潜力,但现在却没什么名气。现在,莫菲特面临财务困境,正一心想多搞点钱后再退休。

沮丧的竞选委员会工作人员找到竞选委员会的总经理乔治·珀金斯——J. P 摩根的前合伙人——请示如何解决这一问题。珀金斯二话没说,立即招来他的速记员,给莫菲特摄影室发了如下这封电报:"我们计划散发几百万份封面印有罗斯福总统照片的小册子,这将给提供照片的摄影室带来巨大的宣传效果。如果我们使用你们的照片,你们愿意付给我们多少钱?请速回电。"不久,莫菲特摄影室回复:"以前我们从来没有做过这种交易,但是在目前的情况下我们愿意支付250美元。”珀金斯接受了这个价钱，没有要更多的钱。

第六节 谈判：冲突双方沟通的方式

谈判者的最佳可替代方案和保留点

一个头脑清醒的谈判者在谈判开始之前，需要确定他的最佳可替代方案（best alternative to a negotiated agreement，BATNA）。BATNA指的是谈判者对什么时候可以放弃谈判，选择其他的可选择方案的估计。谈判者需要比较谈判方案和其他可选择方案之间的价值，通过BATNA决定什么样的谈判结果是可以接受的。BATNA决定了谈判者准备什么时候离开谈判桌。一旦确定了一个谈判者的BATNA，这意味着谈判者将愿意接受优于BATNA的系列方案而拒绝比BATNA差的结果，但是在现实的谈判中，谈判者往往很难顾及所有的方面，经常由于谈判情景的变化而无法对自己的BATNA进行准确的判断。

最佳可替代方案（BATNA）：指在进行谈判时，谈判者如果没有办法达到他的当前谈判目标，他可以选择的其他可以给他带来最大效用的方案。也就是说，如果谈判不成功，那么他可以用于解决这个问题的最佳方法是什么。

一个普遍难题是谈判者很难认识到自己的BATNA，而且他们沉醉于自己单方面考虑和盲目乐观当中，谈判者很难运用换位思考的原则来客观分析自己的处境。

保留点(reserved value):指最佳可替代方案(BATNA)给谈判者带来的效用值,如果其他方案的效用值低于这个点,那么,谈判者会选择 BATNA 而放弃这个方案。

我们来看一位员工有关待遇的谈判。我们假定公司 A 给这位员工 10 万元的年薪,还有股票期权、安家费,但是这个人对公司 B 提出的待遇很感兴趣。这样,公司 A 就是他的 BATNA 了,也就是在他与 B 公司进行谈判的时候,他就有了一个最佳的备选方案。这位员工需要问自己的问题是:公司 B 需要付给我多少才与公司 A 付给我的持平?这代表了他的保留点,包括 B 公司可能给他的所有待遇,不仅仅是工资、股权、交通费,还包括生活质量以及他对将迁入的城市的感觉,这是一个综合的效用值。B 公司给出的这个价格,可以认为是这位员工谈判中的保留点,也就是 BATNA 在具体谈判情景中的量化表现。

许多谈判者在准备谈判时没有对他们的保留点做出评估,这会导致他们对自身的谈判底线没有什么清楚的认识而犯下一些错误。如果一个谈判者有强有力的 BATNA,而且谈判者在谈判的过程中能够理性地分析自己的谈判目的,谈判几乎轻而易举。你所要做的就是告诉对方你所提供的选择并让对方给出的条件高于 BATNA,如果没有高于 BATNA 的选择就让谈判破裂。但是在大多数情况下,人们并没有强有力的 BATNA,而只是普普通通的 BATNA,甚至在有些情况下他们的 BATNA 是他们自己所不愿意接受的。这时谈判才显得尤其艰辛。

分配性谈判

谈判大体分为分配性谈判和整合性谈判。了解它们的区别并知道在何时适用很重要。先来看分配性谈判。设想一个二手房买卖的过程:你在报纸上看到关于出售二手房的信息。于是你就到中介那里去看了房,觉得很满意,想买下来。房东的出价比你的出价高,于是你们开始价格谈判,这种谈判是分配性谈判。

分配性谈判(distributive negotiation):是在零和条件下进行的,即双方的既得利益总和是固定的,我得到的就是你所付出的,反之亦然。

卖主每降价一元,你就节省一元。相反,他涨价一元,你就多花掉一元。分配性谈判的实质就如同两者分一张固定大小的饼,通过协商决定由谁取得哪一部分。

图 7-3 描述了分配性谈判的策略。A 和 B 分别代表谈判双方,每方都有一个目标点,代表各自实现的目标。每方还各有一个保留点,标志着各自所能接受的最差结果。低于这个点,谈判者不愿接受而宁可终止谈判。两个抵制点之间为谈判结果的范围。由于两者的意愿范围有重叠之处,所以能够同时满足双方的交易期望。分配性谈判的主要策略是努力使对方同意你的观点,向你的目标点靠近。

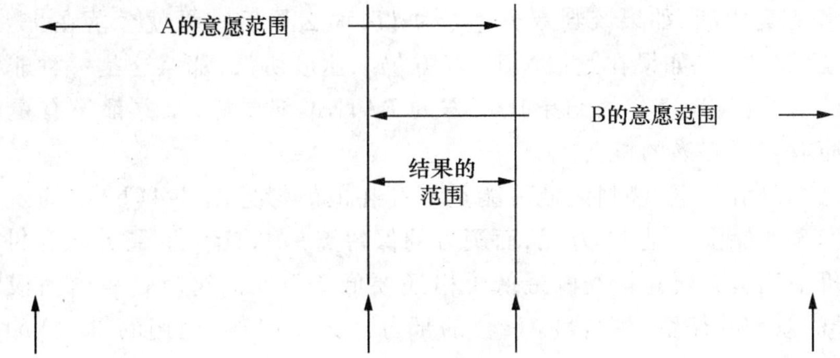

图 7-3 分配性谈判的区域

可能的协议范围

通常,谈判双方的目标点不会重合。在大多数情况下,卖方总是希望从他所提供的产品或服务中获得比买方愿意付出的更多的利益。但通常情况是,谈判双方的意愿范围有所重合,达成最后的协议对双方都有好处。谈判的意义就在于如何达成一个使双方都很满意而又不会让步太多的协议。谈判区域,或者说解决区域(settlement zone),代表双方的保留点之间的区域。

我们可以很肯定地预见，谈判最终的结果会落在卖方保留点之上、买方保留点之下。

谈判区域（bargaining zone）：两个谈判者全部的盈余加起来就等于谈判区域。

在讨论谈判区域时，为了简明起见，我们采用了一个买卖的例子，如图7-4所示，由于谈判双方的出价范围不一样，谈判的区域也会出现一些差异。在进行谈判的时候，谈判者首先应该明白一个基本的准则：这个谈判区域是一个积极的谈判区域还是一个消极的谈判区域（见图7-4(a)和7-4(b)）。

在积极的谈判区域中，谈判双方的保留点是有所重合的。这就意味着双方达成协议比求助于BATNA要好。例如，考虑图7-4(a)中的谈判区域，卖方的保留点是11万元，买方的保留点是14万元，买方愿意付出的最高价格比卖方愿意接受的最低价格还要高3万元。这里的谈判区域就处于11万元~14万元之间，如果谈判双方达成协议，那么最后结果就会落在11万元~14万元之间。如果在此情况下，双方仍未达成协议，那么这是一种非常不理想的情况，因为谈判的结果比双方的BATNA都要好，双方都没有更好的选择而放弃了交易的机会。

在一些情况下，谈判区域可能是不存在的。考虑图7-4(b)中的谈判区域。卖方的保留点是14万元，而买方的保留点是12万元。买方愿意付出的最高价格比卖方愿意接受的最低价格还要低2万元。这就是一个消极的谈判区域，双方的保留点并没有重合的部分。这个时候，他们的BATNA都比达成协议要好，双方都应该使用他们的BATNA而不是回到谈判桌上来，因为谈判会浪费更多的时间和金钱。但是很不幸的是，谈判的双方不一定能够意识到这一点，他们可能会花费大量的时间进行谈判，这对谈判者来说是一种时间和金钱的浪费。

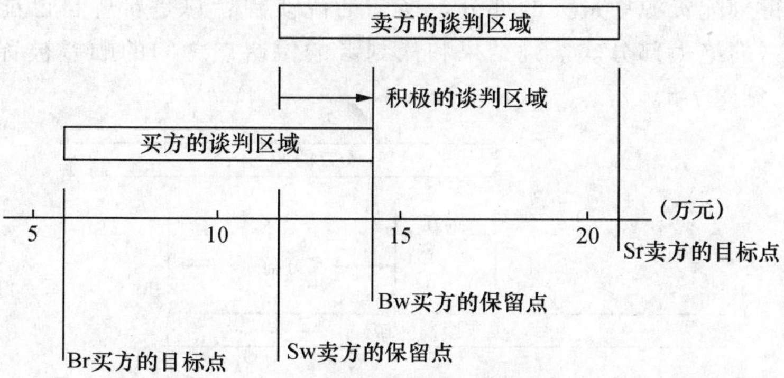

(a) 积极的谈判区域

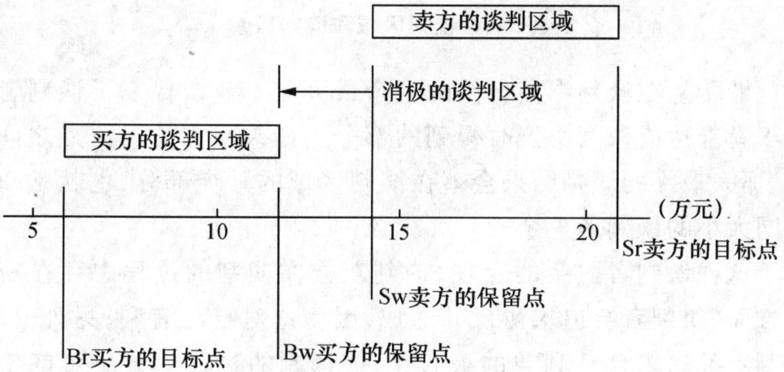

(b) 消极的谈判区域

图 7-4　分配性谈判的区域

谈判者盈余

谈判者盈余(negotiator's surplus):指谈判结果和谈判者的保留点之间的顺差。

谈判结果一般可能会在谈判区域中的某个地方,但什么因素决定了协议一定会在这个范围内达成呢?显然,双方都希望协议尽可能靠近对方的保留点,这样可以扩大自己的利益。在图 7-4(a)所示的例子里,卖方希望尽可能卖到 14 元,而买方则希望谈判的结果尽可能接近 11 元。对所有的谈判者而言,最好结果就是恰好是对方的保留点。这种情况下,谈判者会尽可能地获得待分配资源中最大的部分。换句话说谈判者总是希望自己能够得到这个馅饼的绝大部分。谈判结果和谈判者的保留点之间的顺差被称为谈判者盈余,见图 7-5。

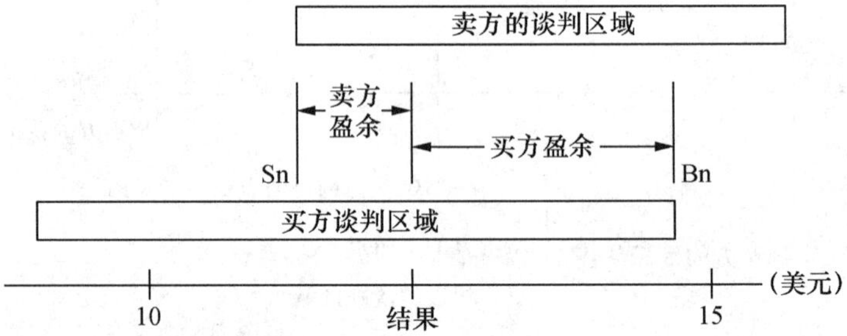

图 7-5　谈判区域和谈判盈余

谈判者希望在谈判中使自己的盈余最大化。盈余代表了谈判者获得的利益多于尚未达成谈判协议时得到的部分。如果双方的保留点之间存在较大空间,那么最终的谈判结果会落在谈判区域的某个部分,也就是双方都会获得不同大小的谈判者盈余。

由于这种谈判者盈余的存在,谈判双方在谈判的过程中存在着双重动机。一方面,谈判者会追求协议的达成,因为这对自己有利;另外一个方面,每个谈判者都追求自己利益的最大化,在谈判的过程中会尽可能使得自己获得更多的谈判者盈余。

第七节　整合性谈判

与分配性谈判相比,整合性谈判的一个重要特点是能够达成双赢,兼顾双方的利益,使得双方的需求都得到满足。

> **整合性谈判(integrative negotiation):指双方能够找到一个兼顾双方利益,突破原有问题解决的框架,达到双赢的解决办法。**

普遍认为,整合性谈判优于分配性谈判。因为整合性谈判能建立起长期的关系，并促使将来的合作。它使得双方有所关联，并且在谈判完毕时都有胜利的感觉，都感觉到自己的利益扩大了，能够在谈判中获得好处。在分配性谈判中，由于利益是相互矛盾的，总有一方是输家，或者双方都会认为得出的结果对自己没有好处，自己的利益受到了对方的影响，所以分配性谈判容易造成双方的对立，不利于长期交易关系的发展。

那么为什么整合性谈判很稀有，不容易在组织谈判中产生呢？因为整合性谈判的成功有一定的前提条件，严重的对立意识往往会成为整合性谈判的障碍。整合性谈判产生的前提条件包括很多方面，重要的是双方要认识到他们是共同解决一个问题，而不是通过压制对方的利益来获取成功。整合性谈判的重要条件包括双方信息公开、真诚相待、善于理解对方的需求、互相信任、灵活处理冲突等一系列方面。因为很多组织的文化和人际关系都不具备公开、信任和灵活的特点，所以在谈判中不惜任何代价，追求己方的成功而压制对方，从而造成双方的损失也就不足为奇了。

限制整合性谈判的错误假设

如果达到双赢协议是大多数谈判者的目的，那么什么原因阻碍了他们这种目标的实现呢？下面将探讨的就是谈判者经常遇到的限制整合性谈判的错误假设。

虚假冲突假设

虚假冲突（illusory conflict）：当人们认为谈判对方的利益与自己的利益发生冲突，但是实际情况并非如此的时候，虚假冲突就产生了。

研究者发现，谈判中很容易出现双方都受到损失的结果，即双输效应。

研究者事先虚拟了一种谈判情境，在该情境下谈判双方有一些利益重合的部分，也就是双方如果合作，会在一些方面达成共同的利益团体。然后让谈判的参与者开始与对方进行谈判，结果谈判者的表现不能令人满意。相当多的谈判者不但没有意识到对方与自己有着完全相容的利益，甚至把对方看成是与自己完全对立的团体，结果最后达成的协议还不如信手拈来的一个好。研究者对 5 000 多人进行 32 个不同谈判情景的模拟研究中发现，谈判者大约有50%的时间没有考虑相容问题，20%的结果中存在双输效应带来的后果。这些结果往往是由于谈判者事先假设与对方有利益冲突，而且他们往往认为对方的提议是对自己不利的。

那么应该采取什么措施以避免双输协议呢？首先，谈判者应当提防固定馅饼观念，不要习惯性地认为自己的利益与对方利益直接对立。其次，谈判者的让步应该是理性的，因为这会成为影响对方判断的重要因素。精确详细地了解对方，应该是避免双输的最重要的途径，避免受到某些信息的误导很重要。

固定馅饼假设

固定馅饼（fixed pie）：也就是错误地认为自己的利益与对方的利益完全相反。

大多数未经训练的人都对谈判对方有一定的成见，认为谈判的任务就是分配馅饼。他们认定双方的利益不相容，双方仅仅是一个讨价还价的过程，如果双方不能够对自己的利益让步就没有办法达成一致，很有可能造成僵局。他们往往会认为谈判是对每个问题的权衡，而不是突破性地解决利益冲突问题。大多数谈判者都会认为对手的利益与自己的完全相反。事实上，谈判者完全可以达成利益均等和相容的分享关系。一句话，持固定馅饼观点的谈判者实际上错过了盈利的好机会。

大量的谈判者会由于固定馅饼的假设而错过解决谈判问题的好时机，据保守估计起码占到2/3。达成整合性协议的最大阻碍就是我们所做的关于对手和谈判形势的错误估计。谈判者应有这样一个观点：谈判并不完全是双方的竞争。实际上，大多数谈判具有多重动机，谈判各方的利益是不完全相关的。一方的获利并不等于另一方的损失。事实上，较少有那种非输即赢的谈判。在大多数复合动机的谈判中，各方都会在某种程度上意识到，面对对方时他们有两种动机：合作与竞争。但是普通的谈判者往往容易把这种关系看成是一种简单的竞争关系。

整合性谈判策略

那么,什么样的策略有助于整合性谈判呢?下面提供9种能帮助扩大馅饼并创造双赢谈判的方法:

策略1:建立信任与共享信息

如果谈判者能建立起相互信任的关系并且分享信息,那么就会大大提高达成双赢结果的可能性。要注意,谈判者需要共享的信息不是关于他们的BATNA的信息,而是他们对于谈判问题的偏好和首选项。

策略2:询问诊断性问题

相对于不询问对方首要选择的谈判者,询问对方偏好的谈判者更有可能达成整合性协议,但遗憾的是,谈判者往往顺其自然,而不去寻找这方面的信息。如在谈判中,仅有很少部分未经训练的谈判者会去寻找关于对方偏好的信息,而这种信息实际上非常有用。此外,诊断性问题并不会把谈判者置于防守的态势。相反,询问对方的BATNA更可能引起其反感。理想状况是,了解谈判是怎样与公司的商业目标相联系的。例如,经历了1994年的墨西哥货币危机后,墨西哥最大的一家银行的谈判团队和金融分析师合作,确定了对付不偿还贷款的客户的最好方法。分析师帮助小组成员理解银行的首要选择,然后以此拟定了与欠债人达成一致协议的几种方案。

策略3:提供信息

除搜寻对方信息外,向谈判对手提供有关自己利益的信息也是一种明智的选择。这种做法将告诉对方你很愿意分享信息。最重要的是,通过提供关于自己利益的信息,你利用了最重要的心理互惠原则,即如果你共享信息,对方也会共享他的信息。向对方提供信息的谈判者更容易达成整合性协议。此外,透露信息的一方并不会在战略上把自己置于劣势地位,更不会因此比对手明显获得更多或者更少的资源。

因此,认为谈判者不应该向对手提供信息的观念是错误的。如果谈判者不与对手进行利益交流的话,谈判不会有任何进展。要记住,应该像跟你的双胞胎兄弟进行谈判一样:如果你不提供信息,那么你的对手也不会。接下来,重要的问题不是是否要披露信息,而是要披露什么信息。

许多谈判者都认为自身提供了信息,而对手没理解这些信息。这归因于透明度错觉。透明度错觉(illusion of transparency)意味着谈判者认为他们透露出的信息比他们实际上透露的要多(如在对方实际上没有获取信息时,就认为对方已经获取了关于自身的信息)。例如,在一次调查中,让谈判者判断旁观者是否可以从他们的行为准确地推测出其谈判目标。谈判者一直高估了自身的目标透明度。因此,在谈判中,人们的目标和利益实际上更像一本"打开的书"。

策略 4: 对问题进行分类

补充问题、划分问题和创造新问题都可以把一个单一问题、固定馅饼的谈判变成全面、多问题、有双赢可能的谈判。达成整合性协议至少需要有两个问题,并且在谈判情况下(而不是各方)越多越好。

策略 5:做一揽子交易,而不是单一问题的提议

大多数谈判者都会有这样的想法:按照正式的日程安排,每次只就一个问题进行谈判。事实上,这种想法是错误的,原因有几个:(1) 每次只解决一个问题的谈判无法为谈判者提供权衡问题的空间。为了利用不同偏好的优势,谈判者需要比较不同的问题,并在它们之间做出选择。(2) 它容易导致僵局的出现,尤其是在谈判区域非常狭小,以及必须通过权衡来达成最后的互惠结果的情况下。(3) 单一问题的提议会引诱谈判者达成妥协,而这往往并不是实现双赢谈判的最好方式。

策略 6:同时做出多项提议

某些时候,谈判者会很失望地发现,他们提供和寻找信息的努力并没有成效。这在高度不信任和不友好的关系中最为常见。这种情况该怎么办呢? 同时做出多项提议的策略或许有效,即使是面对最不合作的谈判者。这种策略包括向对方提供至少两种(最好多种)具有同等价值的提议。

多项提议策略是基于归纳推理(inductive reasoning)的策略,即谈判者可以单方面地推论出对方真正的利益以及共同利益所在。通过聆听对手的回应,谈判者可以进一步了解对方的偏好,可以像侦探一样从对手对多项提议的回应中得出结论。多项提议也有心理上的优势:当认为自己有更多选择时(与单一的相反),人们将更愿意顺从。这种策略可以揭示出对方关注哪些问题等有价值的信息。

策略 7:利用差异缔结或有合同

谈判者不仅在利益和偏好上有所差异,世界观也各不相同。例如,一本书的作者可能认为该书的销售额很大,而出版商认为只是一般。对事实的不同阐述可能会威胁原本已经很紧张的关系。而试图说服对方可能会导致怀疑、敌意以及冲突的持续上升。但是,信念(或者是对不确定事件的期望)的差异却为全面达成协议铺设了道路。在谈判中,差异往往比共性更具有优势。开明的谈判者会意识到,与谈判者的偏好不存在差异相比,信念、期望以及品位之间的差异性将创造出更大的价值。但问题是，面对差异，大多数谈判者都会感觉不舒服，因此要么低估，要么忽略，而不是利用差异。

策略 8：提醒便签

利用差异经常会产生合同，谈判者往往会基于不同的世界观进行预测。为了使合同有效，合同应该便于评价，并且不允许出现模棱两可的解释。应该事先讲清楚情况和衡量的技巧。并且，应该有双方都同意的日期。

策略 9：协议前协议

由吉莱斯皮（Gillespie）和巴泽曼（M. Bazerman）所设计的协议前协议（pre-settlement settlements）有 3 个特点：(1) 正式性，体现在它们包含特殊、有约束力的责任；(2) 草签协议的特点，因为它们是为替换成正式文件做准备的；(3) 不完整性，因为谈判各方并没有提出和解决所有悬而未决的问题。协议前协议不仅仅是一个简单的握手或"君子协定"。相反，协议前协议产生于各方开始全方位谈判之前，并且只是为一项长期协议做准备。它们解决的仅仅是各方存在异议的问题中的一部分。在某些情况下，协议前协议并没有解决任何显著性问题，而只是为最终谈判制定了一个具体框架。

策略 10：寻求协议后协议

最后一种扩大馅饼的方法是，谈判者达成一个双方都同意的初始协议，然而花费更多的时间进行改进（每个方案都从各自的观点出发）。在协议后协议的策略（postsettlement settlement strategy）中，为了找到双方都更满意或是一方更满意而另一方无所谓的方案，谈判者都同意探寻其他方案。现有方法变成双方新的 BATNA，可以代替现有方法的未来协议，必须经双方一致同意，否则他们会重新启用最初的协议。重新开始一场已经达成可接受协议的谈判，这似乎违反常理，甚至可能起反作用，但这种协议后协议策略对于改进谈判协议的质量并把协议从一级推向二级或三级有着显著的效果。

协议后协议策略允许双方都展示各自的偏好而不必害怕被暴露，因为他们可以安全地转而启用最初的协议。如果发现更好的协议，各方可以很自信地认为他们已经达成了一个二级协议或三级协议。即使没有发现更好的协议，各方也可以很自信地认为他们目前的协议就是三级协议了。

了解分配性谈判和整合性谈判之间的区别，并明确它们在何时适用非常重要。表 7-4 列出了两者的区别。

表 7-4 分配性谈判与整合性谈判

谈判的特征	分配性谈判	整合性谈判
可利用的资源	分配固定量的资源	分配不定量的资源
主要的动机	我赢,你输	我赢,你也赢
主要的利益	双方对立	双方相似或相同
对关系的关注	短期	长期

资源来源:Lewicki and Literer, *Negotiation. Homewood*, IL:Irwin,1985,p.280.

□ 本章复习要点

冲突的基本概念
冲突与绩效的关系
冲突解决方法
冲突产生的原因
冲突的发展过程
分配性谈判
整合性谈判
最佳可替代方案(BATNA)
保留点

□ 本章复习题

专业术语

冲突
回避策略
竞争策略
迁就策略
整合策略
折衷策略
分配性谈判
谈判者盈余
谈判区域
整合性谈判
虚假冲突
固定馅饼假设

案例分析(1)

冲突沟通实践:亚通网络公司

亚通网络公司是一家专门从事通信产品生产和电脑网络服务的中日合资企业。公司自 1991 年 7 月成立以来发展迅速,销售额每年增长 50% 以上。与此同时,公司内部存在着不少冲突,影响着公司绩效的继续提高。

因为是合资企业,尽管日方管理人员带来了许多先进的管理方法,但是日本式的管理模式未必完全适合中国员工。例如,在日本,加班加点不仅司空见惯,而且没有报酬。亚通公司经常让中国员工长时间加班,引起了大家的不满,一些优秀员工还因此离开了亚通公司。由于亚通公司的组织结构是直线职能制，部门之间的协调非常困难。例如，销售部经常抱怨研发部开发的产品偏离顾客的需求，生产部的效率太低，使自己错过了销售时机；生产部则抱怨研发部开发的产品不符合生产标准，销售部门的订单无法达到成本要求。

研发部胡经理虽然技术水平首屈一指，但是心胸狭窄，总怕他人超越自己。因此，常常压制其他工程师。这使得工程部人心涣散，士气低落。

思考题

- 亚通公司的冲突有哪些？原因是什么？
- 如何解决亚通公司存在的冲突？

参考答案

调查表明，企业经理要花费20%的时间用于处理冲突，冲突管理能力因此被认为是管理者事业成功的关键因素之一。冲突是指一方（包括个体、群体和组织）认识到另一方正在或将要采取阻碍、危害自己实现目标的行动的过程。冲突发生的条件有：(1) 双方存在不同的利益；(2) 双方均认为对方会损害自己的利益；(3) 察觉到对方正在采取不利于自己的行为或预测到对方将会采取类似的行为。

首先，我们来看一下亚通公司的管理层与中国员工之间的冲突。这种冲突存在于不同组织层次之间，我们称之为纵向冲突，它属于群际冲突。产生这种冲突的原因有多种，在这里主要有：

权力与地位：管理层运用行政权力要求员工加班，但没有赋予任何报酬作为补偿，而员工则没有（充分的）权力维护自身的利益。

价值观不同：中国的员工在价值观上不同于日本员工。要求员工（长时间）加班，如果没有相应的报酬，一般很难调动员工的积极性，久而久之就会削弱员工的工作动机强度。

资源缺乏：管理的重要性很大程度上体现在对资源的合理配置，而可用资源总是有限的。要求员工加班，通常需要提供合理的加班费作为补偿，而主管们则希望把人力成本维持在一个较低的水平。

这样，没有能力外逃的员工就会表现出工作动机不强、工作效率低下，而有能力的明星员工则想方设法跳槽到更好的工作环境。如果情况长时间没有得到控制和改善，企业将会变成一个过滤器，把有能之士赶到竞争对手那里，并把平庸之士保留下来。如果管理者仅能把所谓的“优秀”方法照搬过来，而不能因地制宜活用各种管理方法，就会断送企业的前途。解决问题的办法是：管理层应该根据具体的情况合理设计报酬系统，重新激发员工的积极性,并在人力成本与员工绩效之间取得一个动态平衡。

接着,我们来看看各部门之间的冲突。这种冲突存在于同一组织层次不同部门之间,我们称之为横向冲突,它是另一种群际冲突。由于亚通采用的组织结构是直线职能型,出现这种类型的冲突就不足为怪了。产生这种冲突的原因主要有:

任务相互依赖:由于各部门间存在着任务依赖性,而组织结构的先天缺陷削弱了各部门之间必要的沟通,从而导致任务的不协调。

目标不相容:各部门都存在着自己的绩效目标,例如销售部希望增加产品线的广度以适应多样化的市场需求,生产部则希望减少产品线的广度以节省成本,即销售部门的目标是顾客满意,生产部门的目标是生产效率。

企业可以通过信息管理系统来促进信息的流通,让各部门及时得到有用的数据。不过,冲突更根本的原因是目标不相容,各部门同属于一个企业,但未能看到企业的统一目标,而只是看到各自的绩效目标。企业可以实施关联性绩效评估,把具有依赖性的部门的绩效关联起来。如果某些部门只顾实现自身绩效,而不顾与之关联的部门的绩效,就不能达到整体平衡,从而难以实现整体最优绩效。这样即使自身绩效达到最优,绩效评级也不会高。不过这种做法还有一个小问题,就是如果主管本身的整体观念不强,实施的效果还是会令人失望的。企业可以考虑对主管进行适当的培训,实在不行就要考虑换人了。

案例分析(2)

经理与会计

指导与角色

两位自愿角色扮演者:一位扮演经理李晓林,另一位扮演保守的高级成本会计马利。两人分别阅读与自己角色相关的内容,准备演出。其他人阅读两个角色及观察者评分单。演出后进行讨论,观察者根据评分单对经理的表现给予反馈。

场景

李晓林是一家大型金属制造厂成本核算部的经理,手下有8名员工。李晓林只做了1年会计,就于6个月前被提升为这个部门的经理。众所周知,李晓林得到升职主要是由于他的学历。李晓林取得了工商管理硕士学位,而部门中其他人都不具备大学学历。

李晓林的角色

你很顺利地当上了经理,几乎没有遇到什么问题。工厂的生意一直很兴旺,核算部的工作量不断增加,很明显你需要再招聘一位会计。事实上,一个多月以来,你一直在考虑这件事。员工总在抱怨工作负荷太重。加班变成了很正常的事,结果造成部门的工作效率下降。你认为向上司要求增加一位全职人员是没有问题的。

招聘新员工本来应该是不麻烦的。因为你已经物色好了填补这个位置的人选。这个人目前在生产控制部工作。你与生产控制部经理和工厂人事部总监进行了非正式沟通,商讨把生产部的年轻员工雷基调到你手下。雷基在这家工厂工作了8个月,显示了出色的能力。他利用晚上时间在大学学习会计专业,即将取得学士学位。你知道部门目前由年龄较大的男性员工组成,他们没有大学学历,而是凭着经验和工龄得到升职,并认为到大学深造是虚度时光。他们是一个大男子主义的群体,不过也能很好地完成工作。你认为要使这个群体接受雷基,可能有些麻烦,但雷基是合格的候选人,有资格得到这个提升。

这星期早些时候,你与雷基谈了核算部可能有空缺的问题,他十分感兴趣。午饭时,你又与雷基非正式地进行了深入的讨论。你说你不能保证什么,但你会推荐他来做这个职位,而且需要7~10天的时间做出最终决定和正式下达通知。

当马利进来时,你正在办公室。他在这家工厂已经干了26年。你对马利印象不错,但认为他思想保守,而且非常爱以年老自居。如果雷基要加入你的部门,你预计他是最不能接受的,因为马利在保守的工人家庭中长大,你曾经听到他轻蔑地谈论大学生。

马利的角色

你是李晓林手下的一名成本会计。今年58岁,在保守的工人家庭中长大,自26年前公司刚成立开始就一直在这里工作。你听到小道消息,得知李晓林想把没有经验的大学生雷基调到成本核算部。你知道这个部门由于工作负荷太重,加班也无法解决问题,需要一名新员工。你知道部门目前由年龄较大的男性员工组成,他们凭着经验和工龄得到升职。他们都没有大学学历,很多人把深造看做虚度时光。他们是一个大男子主义的群体,但他们总能很好地完成工作。你担心雷基的加入会给这个群体带来问题,你认为只有资历和经验与你们相近的人才能更好地完成工作。

你相信李晓林会对你的看法非常敏感。你并不是带有偏见,而是希望继续保持部门内的和谐与效率。你想让李晓林在做出任命之前与所有的员工就此进行谈话。你把这个部门的成员看做亲密如一家人般的群体，不希望有格格不入的新人。支持你产生这种想法的是，你知道如果大家投票决定招聘什么样的新人，肯定不会同意雇佣一个缺乏经验、需要手把手教的大学生。你也清楚，如果你不提出异议，别人也不会说。你感到十分不安，决定去向李晓林说明你不愿与一个盛气凌人、自以为是的大学生一起工作，他可能连成本核算的第一步应该做什么都不知道。

时间

整个模拟沟通时间不超过 15 分钟。

观察者的评分单

依照下列分数范围评价李晓林控制冲突的技能。在下面的空白处写出具体的实例来支持您的评论，用于提供反馈。

1	2	3	4	5
不满意	不太满意	一般	好	出色

(1) 明确冲突的性质		1	2	3	4	5
(2) 正确把握需要处理的冲突问题		1	2	3	4	5
(3) 确定你控制冲突的方式		1	2	3	4	5
(4) 了解你的选择		1	2	3	4	5
(5) 能把握并处理冲突另一方的感觉		1	2	3	4	5
(6) 处理好有关情绪的问题		1	2	3	4	5
(7) 确立你的沟通目标		1	2	3	4	5
(8) 有效地进行谈判		1	2	3	4	5
(9) 在适当的时机激起冲突		1	2	3	4	5

案例分析(3)

丝 绸 销 售

背景介绍

20 世纪 80 年代中期，中国香港的丝绸市场主要是日本、韩国、中国台湾和中国香港制造商的天下。中国内地生产的丝绸产品由于花色品种和质量等问题在香港的市场份额大幅度地下降，从 90% 已经下降到 10% 左右，企业的生存面临着挑战。为改变这一不利状况，绍兴丝绸厂决定以新的产品开辟新的市场，向欧美市场进军。在经过一番周密的市场调研，获取了对市场价格和消费者需求方面的信息之后，绍兴丝绸厂开始小批量地生产各种不同花色和图案的丝绸产品。产品的图案根据不同文化、习惯和品味设计，力求满足不同层次消费者的需要。

练习要求

(1) 每四人分为一组，其中两人作为卖方(范厂长)，另外两人是买方(尼古拉)。要求同学从第二阶段开始继续谈判，达成最终协议。

(2) 读完背景材料介绍后可以先在自己的同伴之间讨论，确定下一步的计划和打算，重点可从以下几个方面考虑：

- 可以利用的信息是什么？
- 将怎样继续谈判？
- 最终出价是多少？

(3) 课上进行模拟谈判之后，将讨论以下问题，请同学们做好相应的准备：

- 你认为对国际国内丝绸市场的充分了解对此次谈判有帮助吗？原因何在？
- 有关香港和欧洲丝绸市场的情况介绍对你的谈判有何影响？
- 在谈判中你运用了哪些策略？这些策略的特点何在？
- 谈判中你是否应用了其他方面的知识？这些知识在多大程度上有助于你的谈判？
- 范厂长在与美国商人的第一阶段谈判中态度很坚决，你认为是什么原因使他能坚持自己的报价？
- 你认为此次谈判尚存在哪些不足？如何加以改进？

(4) 提示点：考虑到沟通与交流的便利，课后的模拟谈判过程，各小组成员四人一组，可自由组合，但所扮演的角色请事先确定。

谈判模拟

第一阶段

在一个凉爽的秋天，一个名为爱德华·尼古拉的美国商人来到了绍兴丝绸厂。该厂的范厂长在厂里的样品展览室接待了他。尼古拉仔细研究完展览室的样品后，脸上露出了满意的神色。这时，他突然转向范厂长并提出他打算预定其中的7种款式，他的报价是每码3.5美元。听到尼古拉的报价后，范厂长并没有对他的报价做出正面回答，而是报出了同类产品在美国、意大利、法国和欧洲其他国家的价格之后，他才报出了5.36美元的价格。

听到这个价格，尼古拉大叫起来，他说5.36美元是香港的零售价格，如果他以此价格成交,他的老板一定要骂他笨蛋。范厂长信心十足地回答:“这个价格是香港的零售价,但是目前香港市场上没有这样的货品。”事实上,这个价格是产品的成本价,因为工厂所进的坯绸价格是每码5美元,印染加工费是每码0.36美元。而同类产品在欧洲市场上可以卖到每码30美元。范厂长进一步强调说,因为这是第一次与他做生意,建立友谊和关系是第一位的,因此他的报价是不赚钱的。

尼古拉不断提高自己的报价,从4美元到4.2美元,再到4.3美元,最后提到4.6美元。范厂长只是微笑不语,最后他让尼古拉再回去考虑考虑,并说中国有一句俗话“买卖不成仁义在”。尼古拉没有多说什么就离开了。三天后,尼古拉发来传真,希望与范厂长再做进一步磋商。

第二阶段开始

……

案例分析(4)

副总裁要辞职

坐在上海飞往深圳的航班上,瑞鹏公司总裁郑建军心事重重。今天,他在苏州参加企业家论坛时,接到公司副总裁陶亚飞的辞职电话。郑建军立即提前赶回深圳,并和陶亚飞约好当晚在深圳观澜湖高尔夫球会的骏豪轩碰面。

瑞鹏公司的主导产品是整流器、变压器等电源适配器。在这个行业里,大大小小的企业走的都是劳动密集型的路,比的也是各自的运营效率。以前,郑建军成天都为公司运营效率伤脑筋。三年前,他把陶亚飞招纳到瑞鹏公司旗下后,公司的运营效率便大为改观。

难能可贵的是,陶亚飞不仅能游刃有余地驾驭公司的运营,而且还很有创新意识。最近他和副手吴江龙正带领着一个开发小组攻克GMX项目,一旦这个项目顺利完成,公司的运营成本和产品不良率都将大幅降低。如果陶亚飞在这关口辞职,对瑞鹏公司会有不小的打击。

陶亚飞向郑建军递交了书面辞职报告,他的辞职原因是“累”。陶亚飞不愿吐露真实想法并且去意已决,这使郑建军感到很失望。和陶亚飞分手后,郑建军立即打电话给公司人力资源总监薛绍安,约好第二天在公司商量如何应对陶亚飞辞职这件事。

其实,作为瑞鹏公司的人力资源总监,薛绍安对陶亚飞的辞职并不感到特别意外,他对郑陶二人的恩恩怨怨也略知一二。在他看来,陶亚飞当初来瑞鹏公司,是因为郑建军,而今陶亚飞走,十有八九也是因为郑建军。

说句良心话,陶亚飞刚进公司的时候,郑建军可以说是全力以赴地支持他。但一年前的一件事让郑、陶两人彼此心存芥蒂。当时,考虑到公司在上海接的订单越来越多,董事会决定在苏州筹建一个工厂。郑建军意欲让陶亚飞扛这个担子,没想到陶亚飞以自己和家人不适应苏州的生活为由坚决拒绝了这项重任。为此,在好几次董事会会议上,郑建军都表示了对陶亚飞的不满。

渐渐地,郑建军不再像以前那样扶持陶亚飞了。不仅如此,半年前,郑建军还当众让陶亚飞难堪过一次,弄得陶亚飞有些心灰意冷。薛绍安还记得,前些日子,陶亚飞曾私下里半开玩笑地对他抱怨:"我陶亚飞如今在瑞鹏公司,好比玻璃窗上的一个苍蝇——前途光明,却又无路可走。"

薛绍安告诉郑建军,他怀疑陶亚飞离开瑞鹏公司后会跳到竞争对手海兴公司。郑建军大为吃惊,一怒之下,他想起诉陶亚飞泄露商业机密。但公司法律顾问何庆认为,瑞鹏公司没有和陶亚飞签订竞业禁止条款,而且目前也没有证据证明陶亚飞向海兴公司泄露了瑞鹏公司的商业机密,因此即使打官司也没多少胜算。

让薛绍安最为着急的是谁来接陶亚飞手上的这一摊子事,吴江龙虽然自始至终都参与了 GMX 项目,但他的能力不如陶亚飞,而且薛绍安还担心如果陶亚飞去海兴公司,吴江龙和其他项目组成员会跟着陶亚飞走。

在去和摩托罗拉的人商讨双方下半年合作事宜之际,郑建军又发现自己面临着一个新问题:陶亚飞的离开会不会影响日后与摩托罗拉的合作?面对陶亚飞辞职带来的一系列问题,郑建军该怎么办?

资料来源:改编自《哈佛商业评论》(中文版)。

思考题

- 试用冲突发展的五阶段模型分析郑建军和陶亚飞之间的冲突发展过程。
- 如果郑建军希望这时候和陶亚飞进行一次深入沟通,他应该怎么做?
- 如果郑建军希望和他的竞争对手海兴公司的老板进行一次谈判,那么他应该如何计划这次谈判?

第八章

组织结构与组织变革

- 无处不在的组织
- 组织结构要素
- 组织设计
- 组织变革

引例

通用电气公司的组织结构调整

公司的基本情况

美国通用电气公司是美国、也是世界上最大的电器和电子设备制造公司。公司的电工产品技术成熟，产品品种繁多，据称有25万多种品种规格。它除了生产消费电器、工业电器设备外，还是一个巨大的军火承包商，制造宇宙航空仪表、喷气飞机引航导航系统、多弹头弹道导弹系统、雷达和宇宙飞行系统等。

这家电气公司是由老摩根在1892年出资把爱迪生通用电气公司、汤姆逊-豪斯登国际电气公司等三家公司合并组成。在两次世界大战中，这家公司大发战争财，获得了迅速发展。

通用电气公司在创立后的八十多年中，以各种方式吞并了国内外许多企业，1939年国内所辖工厂只有三十几家，到1947年就增加到125家，1976年底在国内35个州共拥有224家制造厂。

不断改革管理体制

由于通用电气公司经营多样化，品种规格繁杂，它在企业组织管理方面也积极从事改革。50年代初，该公司就完全采用了“分权的事业部制”。当时，整个公司一共分为20个事业部。每个事业部各自独立经营，单独核算。以后随着时间的推移和企业经营的需要，公司对组织机构不断进行调整。1963年，当波契(Boych)接任董事长时，公司的组织机构共分为5个集团组、25个分部和110个部门。当时公司销售正处于停滞时期，5年内销售额大约只有50亿美元。到1967年以后，公司的经营业务增长迅速，几乎每一个集团组的销售额都达16亿美元。波契认为业务扩大之后，原有的组织机构已不能适应，于是把5个集团组扩充到10个，把25个分部扩充到50个，110个部门扩充到170个。他还改组了领导机构的成员，指派了8个新的集团总经理、33个分部经理和100个新的部门领导。同时还成立了由5人组成的董事会，他们的职责是监督整个公司，并为公司制定比较长期的基本战略。

新措施——战略事业单位

在20世纪60年代末，通用电气公司在市场上遇到威斯汀豪斯电气公司的激烈竞争，公司财政一直在赤字上摇摆。公司的最高领导为力挽危机，于1971年在企业管理体制上采取了一种新的战略性措施，即在事业部内设立

"战略事业单位(strategic business unit)"。这种"战略事业单位"是独立的组织部门,可以在事业部内有选择地对某些产品进行单独管理,以便事业部能够将人力物力机动有效地分配使用,对各种产品、销售、设备和组织编制严密的有预见性的战略计划。这种"战略事业单位"可以相当于分部的水平,例如医疗系统、装置组成部分和化学与冶金等;还有些是相当于部门的水平如碳化钨工具和工程用塑料。通用电气公司的领导集团很重视建立"战略事业单位",认为它是"十分有意义的步骤",对公司的发展是一个"重要的途径"。1971 年,该公司在销售额和利润额方面都创出了纪录。从该公司 60 年代到 70 年代迅速发展的情况看,这项措施确实也起了不少作用。

重新集权化——执行部制

70 年代中期,美国经济又出现停滞,1972 年接任通用电气公司董事长的琼斯(Jones),担心到 80 年代可能会出现比较长期的经济不景气,到 1977 年底他又进一步改组公司的管理体制,从 1978 年 1 月起实行"执行部制",也就是"超事业部制"。这种体制就是在各个事业部上再建立一些"超事业部",来统辖和协调各事业部的活动,也就是在事业部的上面又多了一级管理。这样,一方面使最高领导机构可以减轻日常事务工作,集中力量掌握有关企业发展的决策性战略计划;另一方面也增强了企业的灵活性。在改组后的体制中,董事长琼斯和两名副董事长组成最高领导机构执行局,专管长期战略计划,负责和政府打交道,以及研究税制等问题。执行局下面设 5 个"执行部"(即"超事业部",包括消费类产品服务执行部、工业产品零件执行部、电力设备执行部、国际执行部、技术设备材料执行部),每个执行部由一名副总经理负责。执行部下共设有 9 个总部(集团),50 个事业部,49 个战略事业单位。各事业部的日常事务,乃至有关市场、产品、技术、顾客等方面的战略决策,以前都必须向公司最高领导机构报告,而现在则分别向各执行部报告就行了。这 5 个执行部加上其他国际公司,分别由两位副董事长领导。此外,财务、人事和法律 3 个参谋部门直接由董事长领导。

建立网络系统

通用电气公司在企业管理中广泛应用电子计算机后,建立了一个网络系统,大大提高了工作效率。这个网络系统把分布在 49 个州的 65 个销售部门、分布在 11 个州的 18 个产品仓库,以及分布在 21 个州的 40 个制造部门(共 53 个制造厂)统统连接起来。顾客打电话来订货时,销售人员把数据输入这个网络系统,它就自动进行以下一系列工作:查询顾客的信用状况,并查询在就近的仓库有无这种产品的存货。在这两点得到肯定的回答以后,这个网络系统就开始办理接受订货、开发票、登记仓库账目。如有必要，还同时向工厂发出补充仓库存货的生产调度命令，然后通知销售人员顾客所需货物已经发出。全部过程在不到15秒钟的时间内即可完成。还有一点值得注意的是，除了办事速度快以外，这个网络系统实际上已把销售、存货管理、生产调度等不同的职能结合在一起了。

科研组织体制

通用电气公司也非常重视科研工作，而且有悠久的历史。从公司成立后的第二年，就有一位德国青年数学家斯坦梅兹搞科研工作，1900年即成立实验室。据1970年《美国工业研究所》报道，该公司共有207个研究部门，其中包括一个研究与发展中心，206个产品研究部门，共有科研人员17 200余人，占公司职工总人数的4%。1973年通用电气公司共有31 000名获得技术学位的专业人员，其中半数以上从事研究与发展工作。1972年，公司科研总费用超过8亿美元，其中3亿美元由本公司承担，5亿美元用于和美国政府订立合同的研究与发展工作上。

通用电气公司的科研工作分为基础理论和应用研究两个方面。它的研究与发展中心从事这两方面的工作，并着重于基础理论研究，为全公司服务，同时对各行业交叉的一些课题进行联合研究。这个研究与发展中心的前身是该公司在1900年成立的实验室，也是美国从事基础研究的第一家工业实验室。它的创始人是美国麻省理工学院的一位青年化学家怀特纳和通用电气公司的两名技术人员。这个实验室的早期研究工作主要是在电灯泡、X射线管、闸流管及有关的化学、冶金方面进行基础研究。

在两次世界大战中，这个研究实验室研究战争中使用的通信和雷达装置。第二次世界大战末期，研究实验室的研究人员扩充到600多人。1968年，这个研究实验室被正式命名为研究与发展中心，到1973年共有工作人员17 000人，其中325人是物理学博士。目前，由公司的一名副总经理兼任研究与发展中心的主任。这个研究与发展中心下面设两个研究部：即材料学与工程部（分四个研究室）和物理科学与工程部（分5个研究室）。此外有3个行政管理部：研究应用部，下设对外联络、计划分析、人事研究、情报研究等四个科室，负责将研究成果迅速推广到公司的各个生产部门，并在通用电气公司以外建立广泛的技术联系；研究管理部，负责管理实验工厂及服务站，领导财会科、设备科和福利科；法律顾问部，由11人组成，负责对专利的审议，发明的评价和专利应用方面的法律事务。此外，公司的206个产品研究部门一般设在产品生产厂附近，研究人员大致在几十人到数百人之间，重点放在应用研究方面。

思考题

- 讨论通用电气的组织结构的演化与外部市场环境变化之间的关系。
- 讨论通用电气不同时期组织结构执行的组织功能特点。
- 讨论战略事业单位、执行部制、网络系统可以给公司管理带来哪些管理特点。

第一节　无处不在的组织

组织

提起组织,我们可能最先想到的是每天身处的学校、公司等。有时,组织可以是无形的。我们可以看到诸如一幢高楼、一个社团或者一个熟悉的雇员,但是整个组织可能是模糊和抽象的,并且可能分布在不同的地区。我们能感受到组织的存在是因为我们无时无刻不在跟各种组织在打交道,组织几乎无处不在。但是我们几乎从未进行细致观察:我们出生时的医院组织、我们出生后登记的政府相关部门、我们曾经就读的幼儿园、小学、中学和大学,我们工作的单位,还有给我们提供各种粮食的农场、食品加工厂,万一发生大洪水、冰冻灾害等天灾时伸出援手的各类救援组织和军队等。现在我们回头想想,这些组织是否都具有一些共同的特点?

组织(organization):是人们为了实现某个确定的目标,互相结合,指定职位,明确责任,分工合作,协调行动的社会实体,它有精心设计的组织结构和协调活动系统,并且与外部环境相联系。

组织是具有既定目标和正式结构的社会实体,由两个或两个以上的人组成的;"既定目标"指组织是为获得预期成果而设计的;"正式结构"则表示组织任务是由组织成员分工负责并完成的。组织是一个开放的社会系统,是一个与社会环境互相作用的投入-产出系统,与外部环境有着紧密的联系。组织是由人及其相互关系有机组合而成的。当人们彼此结合并发挥基本作用以达到目标时,一个组织就存在了。

知 识

组织的重要性

- 组合所有的资源以达到预期的目标和结果;
- 有效地生产商品和服务;
- 为创新提供条件;
- 运用以计算机为基础的现代制造技术;
- 适应并影响变化的环境;
- 为所有者、顾客和雇员创造价值;
- 适应多样化、伦理、职业形态以及雇员的激励与协调等进一步的挑战。

资料来源:R. L. Daft Richard, 李维安译:《组织理论与设计精要》,北京:机械工业出版社,2003 年版。

组织的三种古典视角

每种视角都体现了关于人类本性、组织的意义,不同成员的相对权利以及如何搜集和分析资料的某些假定。每种视角都产生于自身的系列研究和模型。这些视角反映了多年来人们对组织的研究、观察和参与,也突出了每种视角的重要特征。通过以下描述,读者可以试着从身边的组织入手,用这些视角分析自己周围的组织的特点。

- 策略视角——组织是为了完成任务而存在的,战略决定结构是组织设计的根本。

采用这种视角的人研究人物流和信息流怎样设计、人们怎样分配角色、这些角色怎样关联以及该组织怎样被合理地优化以达到其目标。经理们通过理解组织设计的基本原则,让组织设计与它的策略密切配合,保证策略和设计适合组织环境,从而使组织获得成功。最终看来,除了进行组织和管理的能力以外,可能并不存在任何长期的能够支撑的优势。

- 政治视角——组织利益表现了多种利益的协调,权力是利益协调的基础。

采用这种视角的人研究权利怎样分配、影响如何施加、多样利益相关者怎样表现其不同偏好、如何介入(或被排斥于)决策,以及冲突怎样解决。

- 文化视角——不同组织有不同的做事方式,组织塑造了不同的人。

采用这种视角的人研究历史是怎样塑造不同的人、某些时间是怎样被赋予特别意义并且变成仪式,以及故事或其他文章是怎样塑造一个组织的感知的。

资料来源:德博拉夫·安科拉等著,孙非等译,《组织行为与过程》,大连:东北财经大学出版社,2001 年版。

第二节　组织结构要素

组织结构

组织结构维持组织存在,若无一定形式的结构,组织本身也就不复存在。建立组织结构的目的是为了使组织成员协调地开展工作,共同为组织目标的实现而奋斗。

组织结构(organizational structure):工作任务进行分工、分组和协调合作的结构支撑。

组织结构定义的三个关键要素是:(1) 组织结构决定了正式的报告关系,包括层级数和管理者的管理跨度;(2) 如何由个体组成部门,再由部门组成组织;(3) 组织结构包含了一套系统,以保证跨部门的有效沟通、合作与整合。

组织结构的这三个要素包含在组织过程的横纵两个方面:前两个要素是组织结构性框架,属于组织图上的纵向层级内容;第三个要素则关于组织成员之间的相互作用类型。一个理想的组织结构应该鼓励其成员在必要的时候提供横向信息,进行横向协调。

知 识

不同的组织结构之间存在着一定的共性，我们可以根据这些性质将不同的组织按照一定的标准归为不同的类型。以下是最常见的几种类型：

直线型组织

这种结构的特点是，组织的各级行政单位从上到下垂直领导，各级主管对所属单位的所有事务负责。在这样的组织中，指挥权集中，决策迅速，容易贯彻到底。但是这种结构往往比较脆弱，经不起打击，当组织规模扩大，管理任务繁重复杂时，就容易出现混乱状态。

直线职能型组织

采用这种结构的组织一般有两大类：一是执行管理层次职能的部门，如生产部门，它属于直线领导体制上起承上启下作用的中间环节；另一类是执行参谋职能的部门，如计划部门，这类部门并不属于直线领导体制上的环节，而是执行某层次领导者所授予的某些专门领域的职能职权。相应地，组织中的管理人员也分为两类：直线经理与职能参谋。直线经理拥有对下级机构实行指挥和命令的权利，并对某一层次以下或组织整体的工作承担责任；职能参谋职能对下级机构进行业务指导，除非上级直线经理授权，才能对他们直接进行指挥和命令。

职能型组织结构

这种结构采用按职能分工的专业化管理办法来代替直线型的全能管理者；各职能机构在自己业务范围内可以向下级下达命令和指示，直接指挥下属。优点：(1) 管理工作分工较细；(2) 由于吸收了专家参加管理，减轻了上层管理者的负担，使他们能集中注意力以实行自己的职责。缺点：(1) 由于实行多头领导，妨碍了组织的统一指挥，容易出现管理混乱，不利于明确划分职责与职权；(2) 各职能机构往往从本单位的业务出发考虑工作，横向联系差；(3) 对于环境发展变化的适应性差，不够灵活；(4) 强调专业化，使管理者忽略了本专业以外的知识，不利于培养上层管理者。

事业部组织结构

以某个产品、地区或顾客为依据，将相关的研究开发、采购、生产、销售等部门结合成一个相对独立的单位的组织结构形式。它表现为，在总公司领导下设立多个事业部，各事业部有各自独立的产品或市场，在经营管理上有很强的自主性，实行独立核算，是一种分权式管理结构。事业部制又称 M

型组织结构,即多单位企业,集中政策、分散经营。独立经营、单独核算是事业部制的特点。这种组织结构最早由通用电气创造,大型或跨国企业很多采用这种结构。

矩阵结构

这种结构既有按职能划分的垂直领导系统,又有按项目划分的横向领导系统。优点:(1) 灵活性、适应性强;(2) 集思广益,有利于把组织垂直联系与横向联系更好地组合起来,加强各职能部门之间的协作。缺点:(1) 小组是临时性的,所以稳定性较差;(2) 小组成员要接受双重领导,当两个意见不一致时,就会使他们的工作无所适从。

很多时候,我们会遇到一些困惑:为什么有的部门无事可做?这些部门到底该不该设立?为什么总有些事情无人处理,根本不知道该由哪个部门管?为什么有些部门老是事情多得做不完?是应该分拆,还是增加人员呢,还是有其他方法可以解决……

实际上,我们可以系统地思考一下:究竟应该如何设定一个公司的组织架构以及界定岗位职责?对工作进行分组的基础是什么?把工作分解成各自独立的工作应细化到什么程度?需要设立多少个部门?每个部门分别有些什么职能?每个具体岗位的工作职责是什么?组织纵向的层级应该如何划分?员工个人和工作群体向谁汇报工作?等等。

分工

分工(differentiation):决定组织中怎样划分工作、明确岗位职责的过程。

分工保证了所有必要的组织任务都分配到一个或一个以上的职务中,且任务受到应有的重视。组织中的分工需要考虑多个维度。在一项研究中,劳伦斯(Lawrence)和洛尔施(Lorsch)发现了分工的四种维度:管理人员的目标导向、时间导向、人际关系导向以及组织结构的正式程度。分工有三种形式:横向分工、纵向分工和地域分工。分工回答了设计组织要考虑的前两个问题:把工作分解成各自独立的工作应细化到什么程度?对工作进行分组的基础是什么?

工作专门化

分工主要表现为“工作专门化”和“部门化”。当我们走进一些工厂，我们很容易就会发现，在生产流水线上，每位员工都被分配了特定的、重复性的工作任务，例如在生产彩电的流水线上，我们会看见一些员工用非常熟练的动作拿起显示管，在过往的每一个组件的固定位置上装上；也会看到一些员工甚至从上班到下班只做一件事情，就是给面前流水线上的组件的某个部位上一个螺丝！通过将工作分成较小的、标准化的任务，员工就能高效率地重复同一项操作。就像18世纪70年代，亚当·斯密在他的《国富论》中论述的那样：当人们在组织中将工作任务划分成若干步骤并由特定的人来完成时，他们的生产效率就会提高。这就是工作专门化，其中最重要的一点就是，每个人并不是独自完成一项工作的全部，而是完成某个步骤，完成整个工作的一部分。

管理者认为，工作专门化是有效利用员工技能的方式。例如，某员工能够完成技能要求较高的工作步骤，但是如果让他将一些技能要求较低的步骤也一同完成，势必会影响他的效率，他必须花费部分时间在完成低技能工作上。这是对人力资源的一种浪费。管理者还认为，通过重复性工作，员工的技能会有所提高，他们在工作上所用的时间也会相应减少，而从组织角度来说，这种工作的专门化可以提高整个组织的培训效率，挑选并训练从事具体、重复性工作的员工比较容易，成本也较低。

知　识

工作专门化的经济性和非经济性

当前，越来越多的证据表明，在某些工作领域里，工作专门化产生的非经济性因素的影响（表现为厌烦情绪、疲劳感、压力感、低生产率、低质量、缺勤率上升、流动率上升等）超过了其他经济性影响的优势。也就是说，随着工作专门化程度的升高，它的负面效应也随之而来。我们看到，最初工作专门化提高了生产率，但是当专门化程度达到某个程度时，其负面影响就很明显了，从而又降低了生产率，如图8-1所示：

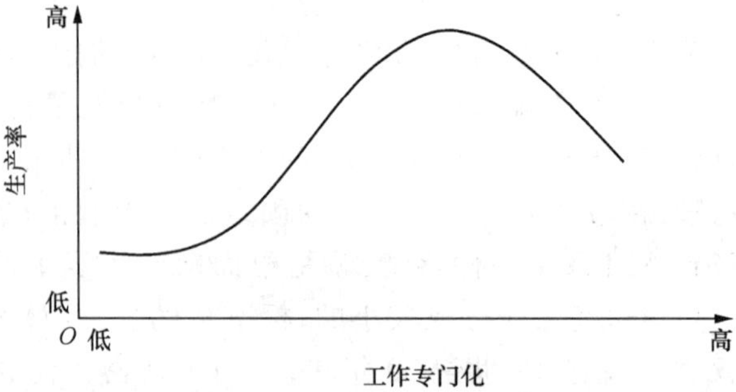

图 8-1　工作专门化与生产率的关系

横向分工

> 横向分工（horizontal differentiation）：组织的分支单位之间的分工。

例如，两名属于不同院系的讲授特定课程的大学教授之间就存在横向分工。横向分工基于员工特定的知识、教育或培训背景。横向分工会随着专业化和部门化程度的增加而增加。

组织中的专业化和劳动分工的程度表明了培训的需求量是多少、工作范围有多大、从业人员需要什么样的个人性格等。专业化也导致了专业词汇及其他行为规范的发展。通常来说，组织中的工作越专业化，其内部的部门就会越多（部门化程度更高）。部门化可以采取职能、产品、服务、客户、地理位置、流程或这些因素的某种组合的形式。一个大的组织，可能在不同层次使用这些形式中的全部或大部分来对其结构进行部门化。

纵向分工

> 纵向分工（vertical differentiation）：对组织层次中上下级之间的职权和责任的划分。

例如,CEO和维修主管之间就存在纵向分工。层级结构的组织纵向分工较多,扁平结构的组织则纵向分工较少。横向分工程度和管理幅度也会影响组织结构的高度。管理幅度确定了一名管理人员可以应当管辖的下属人数。由此,我们可以比较以下两种组织结构。

层级式的组织结构:管理幅度较小,大多以严格的监督和紧密的控制为特点。另外,由于指令和信息必须通过更多的层次进行传达沟通,因此层级过多也会成为一个负担。银行业一般采用层级结构。

扁平的组织结构:管理幅度较大,沟通渠道更简单。然而管理层的减少也导致了提升机会的减少。

纵向分工程度影响着组织的效率,但尚无一致性的发现能够表明,扁平结构或层级结构孰优孰劣。决定组织效率时,组织规模、工作种类、员工技能、个人特点以及自由程度等因素都需要考虑在内。

地域分工

> **地域分工(geographical differentiation):组织的办公室、工厂和人员在不同区域间的地理分布。**

地域分工也指一个国家或地区按某一优势,对社会物质生产部门实行专门化生产,是社会分工的空间形式。例如,建立在各种优势上的不同类型的工业基地、农业生产区域专门化等,它们都拥有较高的商品率。劳动地域分工的特点与各地区发展生产的条件紧密联系,自然条件的地区差异是地域分工的自然基础,同时还有社会经济条件的地区差异等。

部门化

当人们将任务细分形成专门化工作之后,就需要按照这种分工进行工作上的协调,工作分类的基础是部门化。部门化有多种形式,可以根据工作活动、产品类型、地区类型、顾客类型进行部门的划分。

根据工作活动的部门化:对工作活动进行分类主要是根据活动的职能。例如,某工厂经理将工厂划分成财会部、人事部、采购部等,将实施同样职能的人和物划分到共同的部门里。根据职能划分部门的做法几乎适用于所有的组织,而职能的变化可以向人们反映组织的目标和活动。

根据产品类型的部门化:工作任务可以根据组织所生产的产品类型进

行部门化。例如,在典型的、比较正规的会计师事务所中,人们按照审计部、管理咨询部、税务部等进行划分,每个部门都会有主管经理,向顾客提供专业并且集中的服务项目。

根据地区类型的部门化:例如,某公司将自己的部门按照所对应的销售区域分为东北、华北、华南、西北、西南等。

根据顾客类型的部门化:例如一家销售办公用品的公司可以按照不同的销售对象设置零售部、批发部、政府部门服务部等部门。通过相关人力和物力的配置,满足不同顾客的需求。

一般在较大型的组织中,人们划分部门会将以上各种方法综合应用,以求取得更理想的效果。

矩阵结构

近年来,从职能划分的角度分析,矩阵结构(matrix structure)的出现是企业管理水平的一次飞跃。当环境一方面要求专业技术知识,另一方面又要求每个产品线能快速做出变化时,就需要矩阵式结构的管理。前面我们讲过,职能式结构强调纵向的信息沟通,而事业部式结构强调横向的信息流动,矩阵式就是将这两种信息流动在企业内部同时实现。

实质上,矩阵结构是对职能部门化和产品部门化的融合。职能部门化的主要优势在于把同类专家组织在一起,使所需人员降到最少,使生产不同产品时可以实现特殊资源共享。其主要不足在于要协调好各环节之间的关系,否则在资金预算方面会出现问题。相反,产品部门化的优势是有利于专家的协调,在预算范围内及时完成工作,为各种活动规定了清晰的职责。矩阵结构把产品部门化和职能部门化结合在同一个组织结构中,可以扬长补短。

提供咨询服务的公司被认为是最适合采用矩阵式结构的组织之一。中型规模的咨询公司规模在几十人至上百人,咨询顾问可以根据业务专业划分为不同的职能团队,例如财务咨询,生产、工程咨询,管理咨询小组等。

矩阵制的优点是:(1) 加强了横向联系,专业设备和人员得到了充分利用;(2) 具有较大的机动性;(3) 促进各种专业人员互相帮助,互相激发灵感,相得益彰;(4) 为职能和生产技能的改进提供了机会。矩阵制的缺点是:(1) 成员位置不固定,有临时观念,有时责任心不够强;(2) 人员受双重领导,有时不易分清责任;(3) 有时需要花费较多时间,例如召开经常性会议和解决矛盾冲突;(4) 需要承担双重压力以维持权力平衡。

案　例

马自达公司矩阵模式研发组织模式

马自达汽车公司创立于1920年,20世纪60年代初正式生产轿车。自1981～2002年,马自达累积生产了3 500多万辆各种汽车。在20世纪90年代之前,马自达汽车公司在日本国内排名始终仅在丰田、日产之后,也是世界知名的日本汽车品牌之一。自2000年开始,马自达公司通过实施“新千年计划”,使公司的发展进入了一个新的阶段。目前,公司汽车年产量在100万辆以上,名列世界汽车排名前20名之内。成立研发中心后,马自达公司研发组织的发展变迁分为三个主要阶段:

第一阶段:强矩阵组织形式,1985～1993年。马自达公司成立研发中心后即采用汽车行业当时的主流研发模式,缩短产品上市周期,提高产品质量,降低产品成本,推动了马自达公司快速发展。

第二阶段:准中心组织结构,1993～1996年。1993年马自达公司学习丰田公司成立多中心,成立三个开发中心,分别为:第一产品中心负责高价位车型,第二产品中心开发低价位车型,第三产品中心负责休闲车型、运动车型的开发。与丰田公司不同的是,马自达公司按照产品价位而非技术平台划分,造成实施过程中大量的技术交叉。除三个中心外,马自达公司保留了很大规模的集中管理的业务部门,为各中心共享。准中心组织结构图如图8-2所示:

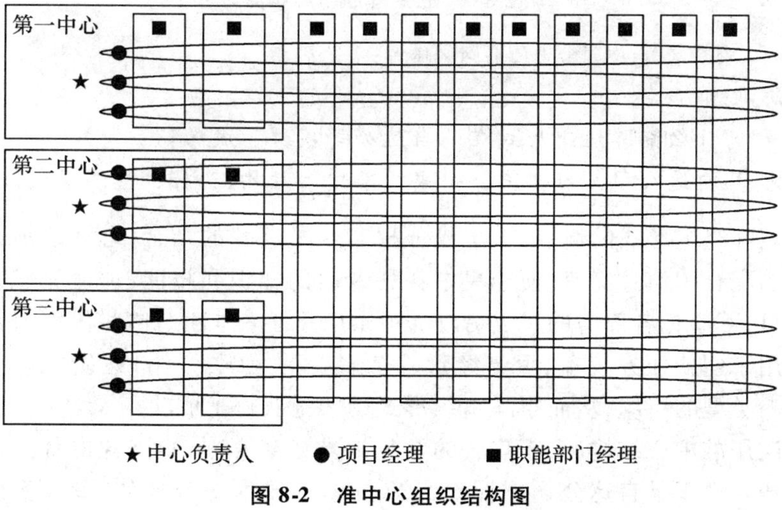

图8-2　准中心组织结构图

第三阶段:强矩阵组织形式,1996年至今。事实上,马自达公司准中心组织结构没有发挥作用,并且造成产品开发延迟,质量出现较多问题,成本居高不下,导致公司市场占有率下降,开始亏损。由于研发是先导性事件,2000年的马自达公司大亏损和研发组织的变革失败不无关系。1996年福特出资把在马自达公司的股份从25%上升到了33.4%,成为控股公司。在1996年9月,马自达公司重返矩阵式研发组织结构。几年后,马自达公司逐渐回到发展正轨,市场份额不断扩大,排名也有了很大的提升。强矩阵组织结构图如图8-3所示:

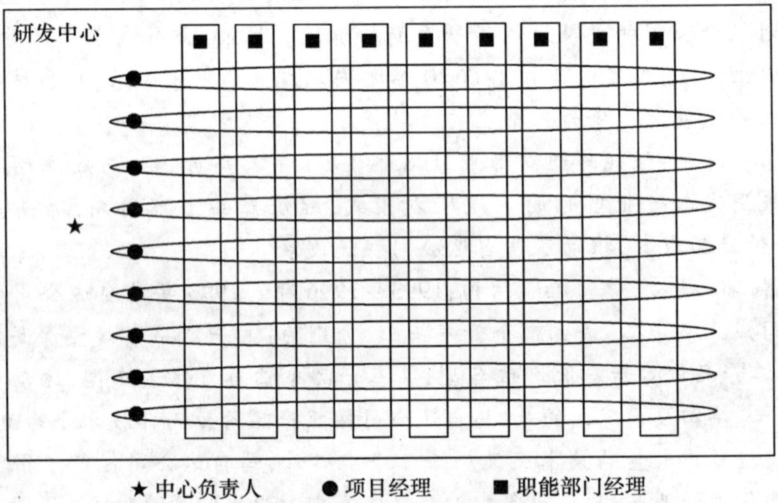

图8-3 强矩阵组织结构图

资料来源:中国管理传播网 作者:张义龙。

思考题

- 为什么矩阵组织形式在马自达公司获得了成功?
- 马自达公司学习丰田公司采用准中心结构,为什么遭遇了失败?

矩阵组织形式的优点是:集权分权实现了有效的结合,有利于加强各部门间的配合和信息交流;便于集中各种专门的知识和技能,加速完成某一特定项目;可避免各部门的重复劳动,加强组织的整体性。这些优点使得矩阵式适用于创新任务较多、生产经营复杂多变的组织。马自达研发中心便属于这一类型的组织,从而矩阵组织形式的实施获得了成功。

改用准中心结构后,矩阵式的常见缺点依然存在,矩阵式的优点却被大为削弱。由于马自达公司按照产品价位而非技术平台划分,造成实施过程中大量的技术交叉，反而加重了重复劳动，知识和技能的集中、部门间的配合都受到了消极影响，效率和效益的降低成为必然结果。

层级

法国著名管理学家法约尔（H. Fayol）曾经在他的著作中提出适用于一切组织的管理的五大职能和有效管理的14条原则。其中有一个原则是：等级层次——表现为从最高权力机构直至低层管理人员系列，上下层级之间和横向部门之间应保持灵敏的信息沟通。在纵向层级关系的组织结构中，人们用纵向联系的方法来协调公司上层和下层间的活动：较低层级的雇员依据上层制定的目标进行工作，上层管理者应该了解下层的工作活动和工作完成情况。

在组织设计中，人们要考虑到的问题还包括：成员个人和工作群体向谁汇报工作、对谁负责？一位管理者可以有效控制多少成员？在纵向的层级划分中，人们得处理好这两个问题。事实上，组织结构定义中其中一个关键要素是组织结构决定了正式的报告关系，包括层级数和管理者的管理跨度。这里包括两个关键因素：命令链和控制跨度。

命令链（chain of command）：不间断的权力路线，从组织最高层扩展到最基层，传递命令。界定谁向谁报告工作、遇到问题时找谁、对谁负责等一类问题。

在讨论命令链时，不得不涉及两个概念：权威和命令统一性。权威是指管理职位所固有的发布命令并期望命令被执行的权力。为了促进协作，每个管理职位在命令链中都有自己的位置，每位管理者为完成自己的职责任务，都要被赋予一定的权威。命令统一性原则有助于保持权威链条的连续性。它意味着，一个人应该且只能对某一位主管直接负责。如果命令链的统一性遭到破坏，一个下属可能就不得不穷于应付多个主管不同命令之间的冲突或优先次序选择。

然而，随着信息化的发展，组织中的人和人进行交流也许已经不需要通过正式的渠道，所以权威的概念和命令链的维持越来越无关紧要。过去只能由管理层做出的决策现在可以授权给操作员工自己来做。随着自我管理团队、多功能团队和包含多个上司的新型组织设计思想的盛行,命令统一性的概念越来越不重要了。当然,有的组织仍然认为通过强化命令链可以实现最高的组织生产率,但现在这种组织已经越来越少。

控制跨度(span of control):指一个主管可以有效地指导多少下属。

很大程度上,控制跨度决定着组织要设置多少层次,配备多少管理人员。在其他条件相同时,控制跨度越宽,组织效率越高。例如:假设有两个组织,基层操作人员都是4 096 名,如果控制跨度分别为4 和8,那么控制跨度宽的组织比控制跨度窄的组织在管理层次上少两层,可以少配备800 人左右的管理人员,如图8-4 所示。显然,在成本方面,控制跨度宽的组织效率更高。但是,在某些方面,宽跨度可能会降低组织的有效性,如果控制跨度过宽,主管人员没有足够的时间为下属提供必要的领导和支持,员工的绩效会受到不良影响。

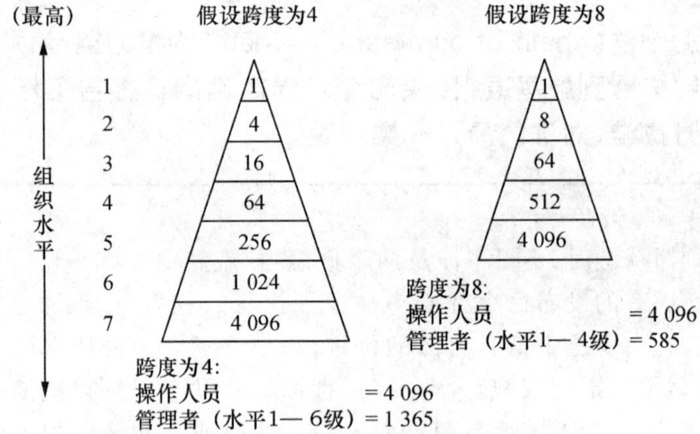

图8-4 控制跨度

控制跨度窄也有好处,把控制跨度保持在5 ~6 个人,管理者就可以对员工实行严密的控制。而缺点主要有三个:第一,管理层次会因此增多,管理成本会大大增加;第二,组织的垂直沟通更加复杂,决策速度减慢;第三,容易导致对下属监督过严,妨碍下属的自主性。

近年来的趋势是加大控制跨度。例如，在通用电气和雷诺金属这样的大公司中，控制跨度已达 10～12 人，是十多年前的 2 倍。

案　例

层级与管理跨度——军队编制

军队各级各类建制单位的机构设置和人员、武器装备编配的具体规定，由最高军事领导机关或其授权机关制定，以编制表的形式颁发，是军队建制单位设置、控制定额、配备干部、补充兵员、配发武器装备的准则和依据。科学合理的编制，对于实现人和武器装备的有机结合，实现各级各类建制单位的合理编组，使军队成为精干、高效、充满活力、能完成各项任务的严密组织实体，具有极其重要的作用。军队编制随着军队的发展而发展，经历了由简单到复杂、由低级到高级的发展过程。

军、事、旅、团、营、连、排、班，军队里的层级一般是这样一级一级排下来的。如果一个班由 15 人组成，那么班长的控制跨度就是 15。

某军组织结构采用三三制，即一个排三个班，一个连三个排，一个营三个连，以此类推。可能出现机构臃肿、官多兵少、效率低下的情况，如果对这种三三制做一些改变，具体为营以下五五制，营以上四四制。对比如下：

班 15	班 10
排 45	排 50
连 135	连 250
营 405	营 1 250
团 1 215	团 5 000
旅 3 645	旅 20 000
师 10 935	师 80 000
军 32 805	军 320 000

师一级则从现在的一万多人变为八万人！对于师一级的指挥员来说，这就给了他更大的舞台，有了更大的发挥空间。军以上的机构应采取灵活的建制，2～5 个军为集团军，6 个军以上时，可以考虑组建方面军，如 6 个军可编为 2～3 个集团军，由方面军统一指挥。这时方面军人数已达到 48 万以上，完全可以在战争的一个方向独立地展开行动。

第三节 组织设计

19世纪60年代，钱德勒(A. Chandler)深入研究了美国100多家公司的发展情况，收集了大量详尽的史料和案例后，出版了《战略与结构》一书，提出环境决定战略，组织结构适配战略的思想，开创了企业战略与组织结构关系的研究。此后，组织理论界一大批学者又不断地丰富和发展了钱德勒的理论，并使其系统化、规范化。组织设计也成为管理中考虑的重点问题。

组织设计需要考虑的问题

组织设计(organization design)：组织结构的整体设计包括3个方面：确定工作活动、报告关系以及部门组合。

确定的工作活动——部门的设立是为了集聚人力、财力、物力来共同完成某个任务。组织设计就是要把对实现组织目标有价值的事务划分为确定的任务，分配给各个部门。

报告关系，也就是命令链，是一条连续的权利线，连接组织中的成员，表明谁应向谁负责。

部门组合的方法有很多，如职能组合、事业部组合、区域组合和多重组合。这是影响员工行为、绩效的重要因素之一，因为这将决定他的上级是谁、可以利用的资源、绩效标准和相互合作沟通的对象。

然而，如何进行组织设计呢？

我们如何选择组织结构？
组织设计需要考虑哪些问题？

在前面的章节中，我们认识了许多组织设计的方案，其中包括高度官僚化的直线型组织，富有弹性的矩阵组织等，各有特色。

之后，我们还介绍了组织结构与组织战略的配合。但是，实际环境非常复杂，如何使自己的组织设计得更有效，还要考虑许多其他因素。系统的思考可以帮助管理者做出明智的选择。在图 8-5 中，我们给出了组织设计的维度。

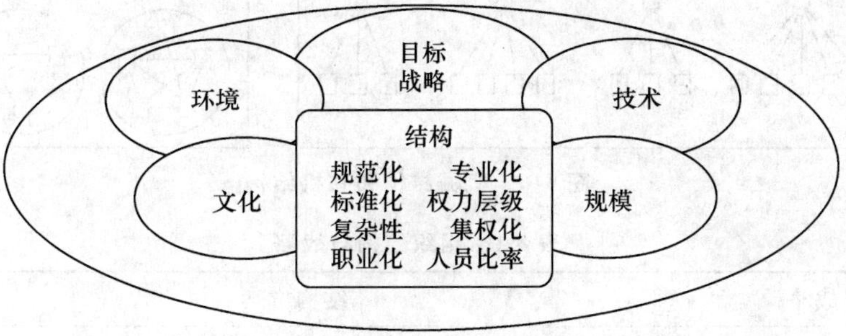

图 8-5　组织设计的维度

组织结构与战略

战略与组织结构的有效结合是企业生存和发展的关键因素。一个企业取得成功的关键就在于制定适当的战略，并建立适当的组织结构以贯彻其战略。

在目前实际的经营管理中，战略与组织结构的不协调仍然是限制许多企业发展的重要因素。企业虽然也很重视战略的制定和组织结构的设计，但却往往忽略战略与组织结构之间的协调配合，使经营陷入困境。

机械结构（mechanic structure）：与官僚结构大致是同义词。其特点是僵化的部门制；有限的信息网络（主要指自上而下的明确的命令链）；基层人员参与决策的机会很少。

有机结构（organic structure）：看起来像无边界组织，其结构扁平，工作多运用多功能、跨等级的团队来进行，组织正规化程度较低，信息自由流通（不仅有横向的，还有纵向的双向沟通），人员参与决策程度较高，即分权化。

通常来说，机械结构和有机结构是组织结构的两个极端化，现实中，组织普遍表现为这两种结构的不同程度的组合，如图 8-6 所示。当组织按照自身的战略设计其结构的时候，人们就会灵活应用这两种结构模型，将其结合起来，如表 8-1 所示。

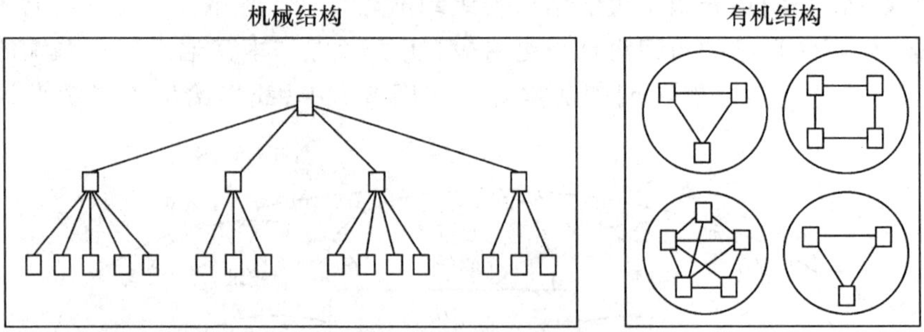

图 8-6　机械结构和有机结构

表 8-1　组织结构与战略

战略	结构方案
创新战略	有机结构:结构松散,工作专门化程度低,分权化
成本最小化战略	机械结构:控制严密,工作专门化程度高,正规化程度高,高度集权化
模仿战略	有机-机械结构:松紧搭配,对于目前的活动控制较严,对创新活动控制较松

创新战略指一个组织在很大程度上提供主要的新产品和服务。它不是简单的、表面上的战略变化,而是注重有意义的、独特创新的战略形式。显然,并非所有的组织都追求创新。实行创新战略的组织往往采用有机结构,因为它的结构松散,工作专门化程度低,趋于分权,对一个追求创新的组织来说比较有利。组织能够利用松散的结构让信息自由流通,这对集思广益有着重要的意义。工作专门化程度低,有利于不同知识背景的人员为同一个目标一起工作,取长补短,让组织中人力资源的价值有所提升。分权化,有利于新想法的顺利实施,这也是创新的保证。

成本最小化战略指组织对成本加以严格的控制,限制不必要的发明创新和营销费用,压低基本产品的销售价格。许多快速消费品的销售公司都使用这种战略。在这种战略下,组织一般趋向于采用机械组织,因为其控制严密,工作专门化程度高,正规化程度高,高度集权化有利于高组织目标的实现。其中,工作专门化程度高有利于工作效率的提高,节省成本,高度集权化有利于高层决策的顺利、及时、严格地执行。

模仿战略指组织试图充分利用上述两种战略的优势,追求风险最小化、利润最大化。在一种新产品的市场潜力被其他企业证明以后,他们才进行大胆的投资。他们采纳革新者的成功思想并进行模仿。那些剽窃时装设计师风格进行时装规模生产的厂家奉行的正是这种战略。他们基本上跟随那些富有创新精神的竞争者的脚步，当竞争对手证明了市场存在以后，再以优质的产品争夺市场。模仿战略采用有机-机械结构，汲取了有机结构的灵活性和机械结构的高效率和稳定性的优点。机械结构的运用实现了严密的成本控制，同时有机结构单位便于组织进行创新活动。

因此，战略与组织结构之间的关系是：组织的战略决定了企业的组织结构，当企业制定了战略后，企业各部门就要按照这个战略构建实现这个战略所需的组织结构。这种构建是自觉的，是在实现战略目标的过程中形成的，没有一个有效的组织结构，就无法有效地实现组织的战略，达到既定的战略目标。

战略能指明企业经营的方向，战略的制定决定了企业以何种形式来发展，如果组织结构与组织战略不协调，企业的发展就会受到抑制，如果组织战略不发生本质的变化，组织结构也不可能有重大的改变。

案　例

加盟店的组织结构——友临便利店

杭州友临便民连锁有限公司是杭城首家股份制的连锁有限公司，以"友临"为注册商标，企业理念是"友临，伴千家"，企业宗旨为便民利民，主要经营食品、副食品及日常用品。

友临便利店的前身是杭城第一家平价食品店——铁林综合商店，成立于1995年7月3日。因定位准确、目标明确、服务优良，很快被杭州居民认可，运作10个月，便发展门店数家。1996年5月3日杭州平安食品有限公司成立。作为一家民营企业，这是很不容易的。然而公司的管理层并未为此而自满，而是结合杭州的实际情况，加快连锁门店开拓步伐。1997年10月，与"协乐"，"家家满"等公司、商店连锁组合，成立"友临便民连锁有限公司"，注册了"友临"的商标，开创杭州市连锁企业先河。当时门店总数已突破20家，在杭城位居榜首。

到1999年，友临公司在较为成功地自主经营了两年后，已经在杭州市民中树立了良好的印象，但也开始面临越来越严峻的考验。一方面，随着大型超市如"好又多"在杭州市的登陆，一部分消费群体已经被转移；另一方面，也出现了一些类似的竞争对手，主要是上海的"可的"等类似的便利店。

面对着越来越多的竞争者，公司的管理层感到了重重危机，认为如果不再进一步扩大市场的占有率，加快对顾客的争夺，就会为市场所淘汰。因此，在经营两年并已经将"友临"的品牌打出去后，公司在1999年决定开始经营品牌，将品牌输出，接受加盟店，以此加快发展的步伐，迅速占领市场，以期在竞争中处于有利地位。

至此，公司无论是在组织上还是在经营模式上都有了质的变化。由于公司既有自主经营管理的自营店，又有加盟店，在管理上出现了很多新的问题：公司对加盟者的加盟有什么样条件？公司如何对加盟店进行管理？公司总部与加盟店在权力、责任、利益上如何分配？这些问题的解决是公司改革的必要前提。

由于吸引加盟店的主要原因是公司要以最快的速度拓展市场，因此为加盟者提供尽可能多的优惠条件，甚至做出一定的让步也是值得考虑的。在制定加盟条件及公司与加盟者的权力关系分配的问题上，公司确实比较为难。一方面，为了吸引加盟者，公司必须提供相当优惠的条件与相对宽松的约束规定；而另一方面，这些宽松的规定有可能触及公司的利益，有可能影响公司已经树立起的良好形象，从而给整个公司造成损失。

在经过一段痛苦的抉择后，公司管理层的决策天平最终向前者倾斜了。具体来说就是为加盟者提供最大的便利，以下是我们收集到的公司对加盟者的宣传广告：

"100%店老板：经营属于自己的事业，当真正的店老板。"

"100%技术秘密：开店、商品、营业等全套经营技术提供。"

"100%连锁效益：联合性的促销活动，强劲的广告支持。"

"100%经营指导：资深管理人员亲临指导，神秘顾客频频光临监督。"

"100%情报服务：提供相关情报及一系列教育培训。"

"双方共同投资，加盟者风险极低。"

从这些广告词中，公司对加盟者的态度可见一斑。公司大体持这样的原则：在当前的外部环境下，公司的首要目标是先把市场做大，在占有主导地位的基础上再进一步规范与加强对加盟店的管理。在这样原则的指导下，公司采取如下措施：

(1) 成立公关开发部，专门负责与加盟者联系，同时对他们所选的店址加以评估，对其获利能力加以预测，给加盟者开设店铺的信心与勇气，并以此吸引加盟者。

(2) 对于已经开店的店主，给他们以充分的自主权，加盟店可以自主雇用选取员工,员工工资由店主负责。

(3) 公司总部设立加盟店督导员,定期到各加盟店,给店主在便利店的管理方面提出各种有益的意见。

(4) 店主及员工均可参加公司组织的集中培训,学习经营店面的基本知识与能力。

(5) 店主可以根据邻近竞争对手的情况,在不超过规定的价格的范围内灵活制定商品的价格,以提高竞争力。

(6) 加盟店财务与公司总部分开,独立核算。除了每月上交公司总部固定的费用外,一切利润均由加盟店主支配。

(7) 通过公关财务部与加盟店主建立良好的关系,当加盟店主想要中途撤资时,公司将回收店中的一切固定资产,解除店主的后顾之忧。

资料来源:严进、崔彦韬采编。

思考题

- 在公司推出特许加盟前与推出后,组织结构发生了什么变化?这些变化有什么好处?
- 在本案例中,公司战略与公司组织结构设计之间的关系是如何体现的?
- 为解决公司发展过程中带来的问题,应当进一步如何出台新的管理政策与组织结构设计?

在推出特许加盟前,友临是一家自主经营管理的公司,推出特许加盟后,开始经营品牌,通过品牌输出,成为自营店和加盟店相结合的组织结构模式。这种经营模式的转变能够使得友临能够更快地拓展市场,迅速扩大市场占有率。

在此案例中,友临由于认识到竞争者争夺市场的危机,决定加快市场拓展步伐。与提高市场占有率的政策相对应的,就是组织结构的转变——从自营店变成自营与加盟相结合,通过加盟者的特许经营实现公司战略。

为了规范加盟店的发展,维护公司已经建立的形象,公司应该加强重视公司文化在加盟店的传递,可以通过举办一些活动加强双方对共同品牌的认知。在组织结构上,总公司要确保总体战略的顺利实施,在具体方案上给予加盟店较多的自由选择。

组织设计的其他因素

除了前文提到的战略目标,在组织设计的过程中,我们还可以从外部环境、技术、组织文化和组织规模几个方面考虑。

外部环境

这里的外部环境并不是广义的组织外的任何事物。在组织设计时,我们所要分析的是那些组织对其非常敏感,并且必须对其做出反应的外部环境。对于一个组织,其环境可以有以下几个方面:产业、原材料、人力资源、财务资源、市场、技术、经济环境、社会文化、政府、国际环境等。每个组织需要根据其自身特色,分析自己所在的外部环境。

外部环境是如何影响组织结构的?

事实表明,外部环境的不确定性会对组织结构产生较大影响。因此,研究人员制作了如图 8-7 所示的框架图,帮助我们判断企业所处外部环境的不确定性,并依此进行组织设计以适应环境。

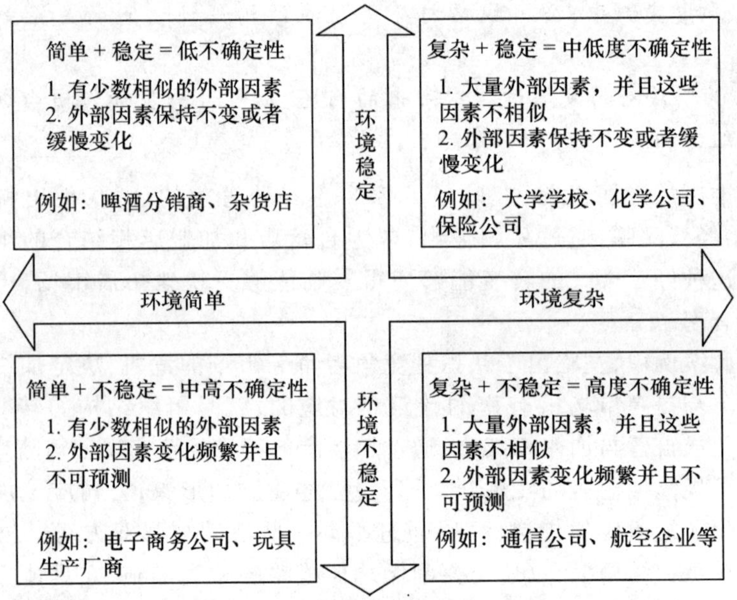

图 8-7　评价环境不确定性的框架

例如,互联网技术给我们带来的环境变化对企业组织结构变革产生了很大作用。随着信息系统的普及,信息传递方式发生了改变,这为无边界组织概念的提出和实施创造了有利条件。

技术

技术是指组织把投入转化为产品、服务的工具、手段。同时，在组织中的每个部门，也有各自的投入和产出，也就是其独特技术组成的生产过程，称之为部门技术。因此，技术对组织设计的影响表现在：一方面，如何使得组中的部门顺畅连接，以形成组织的核心技术；另一方面，人员技能水平、控制跨度、沟通与协调机制规范化、集权化等组织设计因素都依赖于部门技术。

在部门之间，依存性是技术影响组织结构设计的一个特点。依存性是指受到组织技术的影响，部门间为了获得完成任务所必需的资源和材料而不同程度地相互依赖。例如，麦当劳快餐店的运作就是依存度较低的一种组织形式，处于不同地段的麦当劳并不需要很强的沟通和联系，它们的每个部门都是一个相对独立的部分，并为组织的共同利益服务。再比如，有些组织的依存度较高，比如汽车制造厂家，配件部门的产出将会成为装配部门的投入，这决定了组织需要更多、更规范的协调。此外，还会存在相互依存的部门，比如一项新产品开发时的设计、工程、市场等部门，这就需要更加灵活、有效的管理结构和沟通机制，以保证组织的有效运行。

除了依存度，技术对组织设计的影响还体现在部门技术的不同上。查尔斯·佩龙(Charles Perrow)提出了一个对理解部门技术具有重大影响的框架模型。他的模型适用范围很广，并且可以成为我们进行深入研究的理想方法。佩龙从两个维度划分部门活动，如图 8-8 所示，根据多样性和可分析性两个维度，把部门技术分为 4 类：例行性、技艺性、工程性和非例行性。一旦认定了部门技术的性质，那么就可以选择适当的结构。

文化

据《财富》周刊的一项调查显示，最能代表企业卓越性的指标是吸引、激励和保留优秀人才的能力。而那些 CEO 们也纷纷表示，组织文化是他们提高这种能力的重要机制。与前两项因素不同，文化不是影响组织设计的因素。考虑文化，是指在我们设计组织结构时，要考虑到设计方案对组织文化的影响。在组织文化一章中，我们会对文化进行详细阐述。

组织规模

在组织理论的领域中，组织规模被视为影响组织结构设计和控制方法的一个重要变量。如图 8-9 所示，大规模企业和小规模企业拥有不同的特征，各有其生存环境。

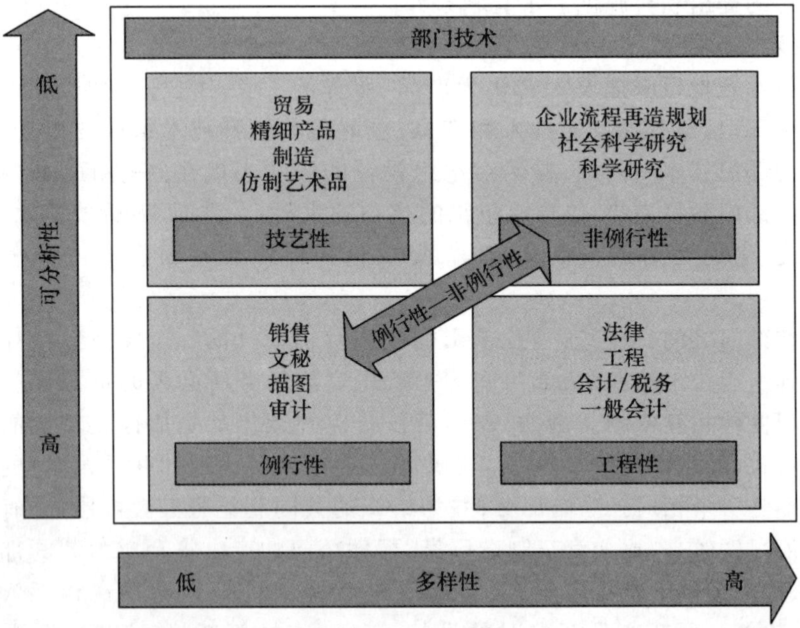

图 8-8 部门技术框架

资料来源:达夫特著,《组织理论与设计精要》,北京:机械工业出版社,2003 年版。

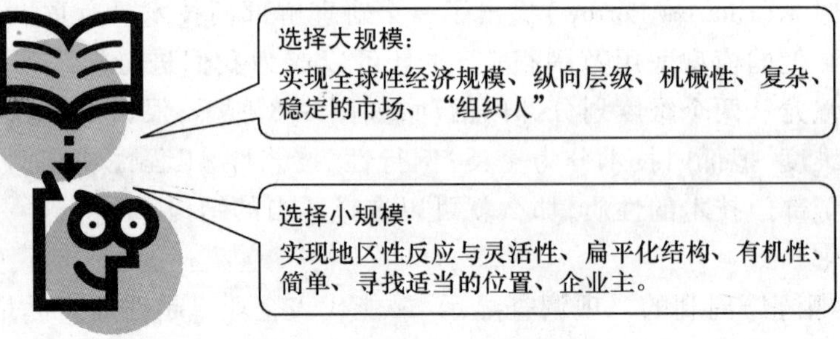

图 8-9 组织规模:"大"还是"小"

对于一些行业和企业来说,形成规模经济具有重要的战略意义。例如,在我国,只有"大飞机"这样的公司才具有制造大型客机的实力;在美国,只有像 Alaska 那样的大型公司才能建立起输油管道;在日本,索尼这样的大型企业每年可以在新产品研发上投资数千亿。大规模公司,其组织结构往往是标准化的,且具有复杂性。在这样的组织里,管理者可以参与到公司之中,并会得到美国 20 世纪五六十年代"组织人"的职业生涯。组织可以为其提供持久性提薪和升迁机会。

也有人认为,小规模的组织更好。因为在现在瞬息万变的全球化经济中,成功的关键是对市场变化的快速应对能力和灵活性。在中国,中小型企业的队伍最为庞大、最为活跃。它们迅速成长,发现机会,填补各个特殊领域,服务于目标市场。他们组织结构简单、扁平,对市场和客户需求的变化有极强的反应能力。

第四节 组织变革

在当今,越来越多的组织处于一个动态的、不断变化的环境当中。组织为了生存必须去适应这种环境。现实世界告诉我们:市场环境不会总是静止不变的,技术和员工的能力总是在不断地更新,未来不会是今天的重复。所以,组织及其成员要在这动荡中立足,必将实施组织变革。本节中,我们将拆解组织变革中的力场,分析常见的四种战略变革,介绍组织变革的几种过程。

组织变革中的力场分析

在这个环境"连续变换"的时代中,有一些力量推动着企业的变革,也存在着一些障碍,阻碍变革的实施。变革的倡导者,无论是管理者、专家顾问或是组织中的普通员工,都需要了解这些力量,以及这些力量的根源,从而掌控组织变革的实施,使其能够达到预期的效果。

首先,我们来看变革的推动力。这往往是促成组织重新设计、实施改革的力量。这股力量可能来自外部对企业的需求,也可能来自经理们或是领导者对组织更高的追求,比如战略目标升华、企业文化的塑造、规模的扩大、产业链的调整、技术的更新等。

每个组织面对的环境不一样,所处的阶段不一样,推动其实施组织变革的力量也有所不同。例如:在信息技术充斥的时代,ERP 的思想应运而生并传入中国,在各个企业中掀起了一阵使用管理信息系统的热潮。大型企业纷纷上线 ERP 系统。特别值得注意的是,当组织战略目标提升时,其组织结构也要进行相应的变革,这部分内容我们会在后面做详细的阐述。

从另一个方面,对于组织变革来说,总是会有阻碍力,如图 8-10 所示。抵制变革对人们来讲是很自然的,从某种意义上来讲抵制还具有一定的积极性,在一定范围内,它激发的良性冲突会对组织变革的实施具有功能性的

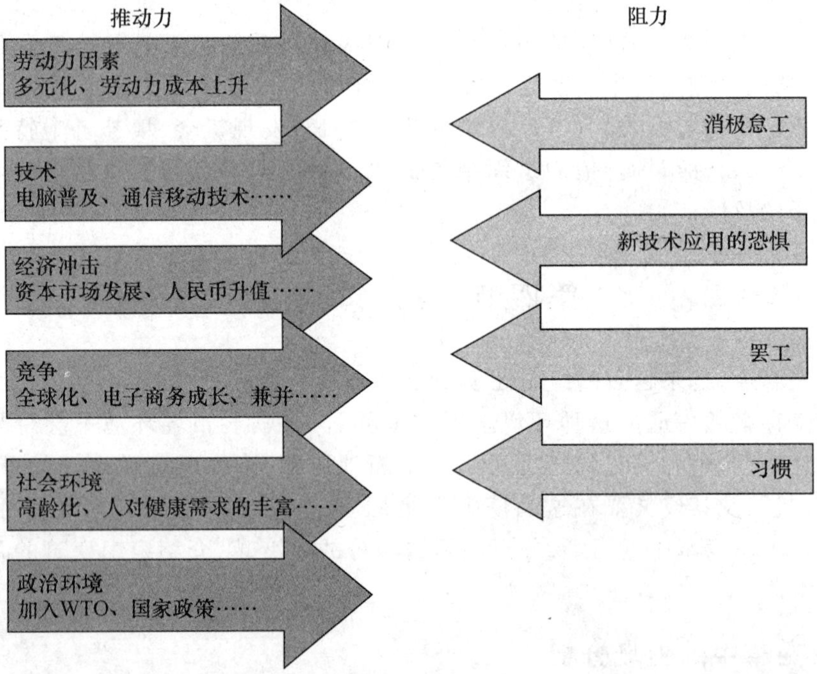

图 8-10　拆解组织变革的力场作用

意义。例如,一个生产企业在对生产线进行方案改革,员工的抵制可能会引起一场关于改革利弊的激烈讨论,从而产生更为完美的方案。当然,抵制更大程度上会对变革产生负面的影响,阻碍其顺利实施。

阻碍力量可能会是公开的、及时的或是隐蔽的、滞后的。例如,当提议实施变革时,可能遭到公开的反对,比如员工上书,甚至示威罢工;或是以一种无声的方式表达其抵制情绪:偷工减料、"病假、事假"增多、缺勤率上升等。各个方面的抵制力虽然微小,但影响很大,也许只是小小的一个疏忽,微小的力量也会像蝴蝶效应一样慢慢变化、爆发,影响组织变革的进程。

为了便于分析组织变革阻力的根源,研究者将阻力划分为个体和组织两个层面。

来自个体的阻力

个体对变革的抵触源于人的本性。行为研究者将人们对变革抵制的原因概括为以下 5 个方面:

经济因素　担心个人的收入会受到影响,是员工抵制变革的原因之一。当组织进行革新,引入新的报酬机制时,如果员工担心他们无法按以前的标

准完成新的工作量，新的薪酬机制就会引起员工对经济问题的担忧。

安全 组织变革会引起员工的抵制还因为变革让人恐慌，让人感到缺乏安全感。无论是决定引入大批管理培训生，还是战略转型导致的整个部门员工裁减，都会导致员工产生自身工作不保的危机感。

对未知的恐惧 变革往往是用未知、不确定的东西来替代我们已经习以为常的东西。比如一些企业在启动 ERP 系统时，传统的文件、报表、数据统统要开始使用系统操作，对于一些从未接触过电脑的员工，也许就会担心自己是否能够使用这种新的技术，是否会给自己的工作带来很多新的不能完成的要求。因此，如果要求他们必须用系统操作代替他们之前的工作，他们就会对这种变革产生消极的态度，甚至在行为上不予配合。

选择性信息加工 通过前面的学习，我们已经知道个体会通过感知建立自己的世界观。世界观一旦建立起来，他们就会拒绝改变。这个时候，我们会对听到的、看到的信息按照自己的世界观加工、理解。我们更愿意听我们想听到的，而尽量忽略那些挑战我们世界观的信息。所以，在实践中，当老板或变革的实施者在介绍变革、新技术的应用或是新的组织结构将会给组织带来的好处、收益时，有些员工就会充耳不闻。

习惯 如果经常去自习，你是总会去找一个新的教室或新的地方去试试呢？还是像大多数人一样，经过几次比较，就选定一个比较适合自己的地方，然后依照习惯，每次都去同一个地方？本质上，我们都是有惯性的。在复杂的生活中，每天都要面对上百个选择，我们喜欢将问题简单化，依赖于习惯或是固定的模式。但是，当变革来临，它对我们的习惯做出挑战。这也成为个体抵制变革的一个原因。由于变革，我们的很多习惯可能要改变：我们不得不面临一个陌生的领导；搬离熟悉的办公室重新安家；办公桌电脑取代了以前熟悉的分类文件盒等。

来自组织的阻力

从本质上来讲，组织也是保守的，具有抵制变革的天性。实践经验告诉我们，通常来自组织的阻力可能来自以下几个方面：

对专业知识、权力关系和资源分配的威胁 当组织模式改变的时候，部分群体的专业知识、权力、资源都会发生变化，对于组织来讲这种威胁往往是造成阻力的原因。比如，在企业推行自治管理过程当中，常常会对基层、中层管理者的权力造成威胁。

结构惯性 组织有其内部固有的机制保持稳定性。组织凭借其正规化的流程挑选、培训组织成员，制定规范的制度和工作说明，强化组织成员的角色要求和技能。当组织发生变革的时候,这种结构造成的惯性将会对变革实施产生反向作用。

有限变革点　组织是由其内部相互依赖的子系统所组成的。在变革实施中,组织不可能保证对一个子系统实施改变而不影响其他子系统。例如,如果一个组织只改变了某个环节服务流程而不改变相应的组织关系和制度,很有可能这种改进是无法被接受的。因此,在实施子系统的有限变革时,应当考虑到相关子系统的调整,以减少组织给予的阻力。

群体惯性　即使某个个体想改变其行为,群体规范也会成为约束力。人们在行为过程中会不自觉地寻求群体认同。例如,一个人相信组织变革会带来更大收益,但如果看到周围的人都对变革实施抵制行为,他就可能保持沉默,也许成为抵制队伍中的一员,甚至怀疑自己认同变革的想法。

为了应对这一系列的变革阻碍,在实践中,往往会针对不同情况采用沟通、参与、提供支持、奖励接受变革的积极分子、创造学习型组织等策略方法。

案　例

汉朝集团的组织变革:成功的汉武帝 VS 失败的汉景帝

当我们打开历史的大门,从21世纪回到金戈铁马的汉唐时代,发现"削藩"早已经被帝王们运用得纯熟而富有艺术。历史上最有名的"削藩"案例则出自汉朝和唐朝。

在古中国时代,夏商周朝基本上属于联盟组织,类似于现在的代理商制度。秦始皇统一六国后,正式建立了秦国"集团",下设"事业部"、"分公司"以及"办事处"(郡县制)。只有"集团"有法人资格,其他机构则没有,财权、人权全部收归到"总公司",实现了高度集权化。

汉朝"集团""CEO"刘邦苦思冥想决定采取"一朝两制":对总部附近即京畿地区的势力范围按照"子公司"的模式运行(它不同于秦国"集团"的"分公司"制),而偏远的地方则采取"代理商"制度,让其他人去开拓,给足优惠政策。这些"子公司"掌握着属地地方赋税和官员的任免权力,有"法人资格",被称为"藩国"。"藩"就是篱笆,藩篱意思就是说这些"子公司"像篱笆一样,在京师周围保卫中央总部。这些"子公司""老总"都称为"藩王",刘邦规定必须是刘姓子弟才能当"子公司""老总"。当这些"子公司""老总”势力变大、不听“总公司”话的时候，就需要压制他们。为何叫“削”呢？就是慢慢来，今天切一点，明天再切一点，一点点把他的势力切小，这就叫“削藩”。如果变成了“砍藩”，挥起大刀猛砍，那就有可能被“子公司”反噬，两败俱伤。

汉景帝就是因为听信了智囊晁错的建议而“砍藩”，引发了八位“子公司”“老总”的造反，差点连“CEO”的宝座都坐不稳了。

汉景帝削藩因何失败

汉朝“集团”由刘邦创立，后被其妻吕氏夺取大权，任用自己娘家人搞得“总公司”鸡飞狗跳。最后被“主管销售”的“高级副总裁”、元老周勃拨乱反正，迎接刘氏后人刘恒重掌大权，史称汉文帝。当刘家、吕家内讧的时候，各“子公司”的发展却蓬勃向上。当汉文帝坐上“CEO”的宝座后，基本上已经形成了“弱总部强地方”的格局。虽然有不少朝臣不断建议削藩，但汉文帝深知时候未到，多次驳回了此类条陈。

等到汉景帝继位，“总部”的势力已经开始有所恢复，但仍不具备削藩的实力。

这时，晁错出现了。此人学贯儒法，知识渊博，时任“CEO高级助理”。他做了一番“市场调查”后，向汉景帝提交了一份“调查报告”《削藩策》，建议马上削藩。由于汉景帝对大势的把握较差，他糊里糊涂地接受了这个建议，并任用晁错为“项目负责人”。

上面要削藩，下面的“子公司”“老总”肯定不愿意。在“子公司”里，这些老总就是皇帝，说一不二。作为既得利益者，谁愿意把自己的权力白白交上去？于是有了冲突和矛盾。

可这时候，作为削藩“项目负责人”的晁错就认一个死理：不削藩国家就会乱，这些人势力大了迟早都要反，可他却没有想到万一这些人真的造反了，他们该怎么办？不幸的是，当“子公司”“老总”纷纷发难的时候，该“项目负责人”晁错只有作为替罪羊，被汉景帝骗到刑场处死，将矛盾暂时缓和下来。

宋朝的苏东坡写了一篇《晁错论》，指出了这次削藩的失败原因。他认为，削藩这件事情是正确的，否则非常不利于汉朝整体的长治久安。但是，汉景帝的削藩却犯了三个错误：(1) 选错了削藩的时间；(2) 选错了削藩的人；(3) 选错了削藩的方法。他认为要想此事成功，必须“前知其当然，事至不惧，而徐为之图”。

汉武帝的削藩因何成功

自己的父亲因为削藩郁郁而终，汉武帝刘彻牢记了这个教训。

当16岁的刘彻坐上“CEO”宝座的时候，经过文景之治的汉朝集团已经步入了良性发展轨道，社会安定，人心思安。但“子公司”日益做大，“总部”对地方的控制力越来越弱，“总部”的“高管们”还醉心于表面的太平盛世。面对这样的局势，刘彻充分吸取了父亲削藩的失败经验，在集聚了足够的民心和人才后，开始了破局的第一步——推出“推恩令”。

在当时藩国，藩王去世后，嫡长子作为继承人继承他父亲的所有领土和权势，其他孩子是得不到任何好处的。汉武帝的“高级助理”主父偃提出了一个新政策，内容是经过报请皇帝同意，诸侯王可以把自己封地的领土，划分为若干部分，封立他的子弟为侯。这些侯国的名分要由中央确定，而侯国的领土来自于原来的诸侯王国。这些侯国一旦确立，就不再隶属于原来的王国所有，而转属附近的郡，也就是说改属中央直辖领导。起名为“推恩令”——就是把皇帝的恩泽推广开来。在这样一个好听的名义下，各藩王名义上没有任何损失，但却使他们的绝对领土很快由大变小，从根本上解决了一股独大的问题。

随着第一步的顺利实施，刘彻又逐步颁发了左官律、附益法、阿党法等新的规定，进一步收回了地方权力。所谓阿党法是指“诸侯王有罪，傅、相不举奏，为阿党”。阿党是重罪，中央朝廷所委派的在诸侯王国出任傅和相的高级官员，如果没有事先发现诸侯王不轨行为，或没有向中央朝廷举报，就要被按照阿党之罪处置。

通过推恩令分化各“子公司”内部势力，然后通过阿党法让下面的“高管”彼此监督，使他们面对“囚徒困境”，不得不选择抢先告发，最后将“子公司”的财权和人事权归置中央，把“子公司”变成“分公司”，甚至有些“子公司”被改为“办事处”。在不知不觉中，达到了削藩的最终目的。

资料来源：《管理@人》，2006.4。

思考题

- 在这些变革的过程中，变革的动力和阻力各是什么？
- 动力和阻力的对抗过程中，决定变革成败的因素是什么？
- 管理者应该如何平衡管理变革过程中各个方面的力量？

组织变革的方式

组织变革过程的实施方式方法有很多，这里我们介绍三种常用方式，并穿插介绍变革实施的管理技巧。

勒温(K. Lewin)的变革模型

20 世纪 50 年代,勒温提出成功的组织变革应遵循以下三个步骤:解冻现状、移动到新状态、冻结新变革使其长久(如图 8-11 所示)。

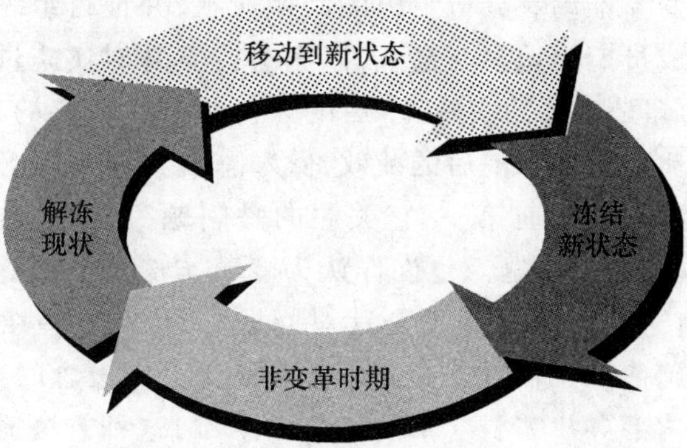

图 8-11　勒温对变革过程的描述

现状一般被视为一种平衡状态,因此实施变革首先要打破这种平衡状态,即要先进行解冻步骤。解冻的步骤通常可以通过以下三种方式中的一种来完成:(1) 增加动力,即引导组织成员脱离现状的力量;(2) 减少阻力,削弱阻碍脱离现有平衡状态的阻力,如前面介绍的个体和组织的阻碍力;(3) 结合上述两种方式。

解冻完成后,变革步骤就可以实施了。然而,单纯的引入变革还不够,新形成的状态需要被冻结,以使其能够稳定维持下去。所以,对这最后一步——重新冻结,给予特别的关注极为重要,否则变革很有可能夭折,使组织成员重新回到变革之前的平衡状态。

行动研究

> **行动研究(action research):是指一种先系统地收集信息,然后在信息分析的基础上选定变革方案,进行变革管理的过程。**

这个方法的突出特点就是:为推行变革计划提供了科学的方法论。行为研究包括 5 个阶段:诊断、分析、反馈、行动和评价。

在行动研究中,变革的推动者往往是企业外部的专家、顾问。他们拥有科学的方法论和专业知识。他们进入组织收集变革方面需要的信息,与组织成员面谈、翻阅企业的相关历史记录、倾听相关方面的声音。他们像医生一样望闻问切,对企业的现状和变革问题做出诊断,接下来是分析和反馈。依据诊断信息,变革推动者分析组织的问题所在,并征得组织成员各个方面的反馈意见,让成员广泛地参与进来,以完善方案并对实施过程中的问题做出预判断。行动即是变革的实施,事后的评价是要在一定的时期后,以原始资料为标杆,对比评价变革前后的绩效,做好总结。

这种方法的好处在于:第一,它关注的是问题,变革的类型和内容来自变革推动者发现的现实问题。也许你认为变革本应如此,但是实际上,很多组织的变革来自于新方法而并不是针对问题。比如,一些组织追随管理界的潮流,试图实施诸如全面质量管理,建立团队工作概念的变革,依照这些方法,再在企业内部寻找需要变革的部分。第二,这种方法需要大量员工的参与,就如前面我们谈到的,这会在一定程度上减弱组织变革的阻力。

组织发展

组织发展(organization development):有计划的变革的总和,并且是自上而下管理的努力,旨在增进组织的有效性和健康运行。

从内容上来说,组织发展的方式更多的是倾向组织中人和文化的一面。从实施过程上来看,与行为研究的“医生-病人诊断模式”相比,组织发展可以称为“过程咨询模式”。在这种模式下,与“医生-病人诊断模式”相似的是咨询顾问和管理者及组织成员一起共事,诊断组织的优势和劣势,识别问题和机会。不同的是,在这种模式中,咨询顾问能帮助组织有效地检验和提高他们自己解决问题、决策和行动的能力。

为了理解组织发展的目标,必须要设想一下“理想中”的有效、健康的组织模样。

健康、有效的组织具有什么样的特征呢?

这一领域的研究者和实践家已经提出不少定义，虽然在细节阐述上各有不同，但是本质内容却惊人的一致。他们认为，一个健康有效的组织应该是这样的：

- 整个组织、组织中的重要部门及个人会有目的、有计划地为完成组织目标开展工作；
- 形式服从功能（问题、任务、项目等因素决定人力资源的组织方式）；
- 决策是基于信息做出的；
- 奖励制度的制定应当从生产绩效、组织成员的发展与成长和创造一个成功的团队这几点出发；
- 横向和纵向的沟通顺畅；
- 所有组织成员、部门在面对冲突情境的时候都保持寻求解决问题方法的态度，很少出现内部损耗；
- 组织是一个"开放的系统"，各个部分可以充分交流、相互作用；
- 在管理战略的支持下组织成员有一个共享的价值观，使得组织中的每一个人、每一个部门的完整性和独立性都可以在一个相互依存的环境中得以维持；
- 建立反馈机制，使得组织成员和群体可以从经验中学习。

那么，有了美好的蓝图，组织应使用哪些发展技术或干预措施来实施这种变革呢？下面我们来看看常用的六种方式：

敏感性训练　这是一种通过小组的相互作用来改变行为和方法的方式。在训练中，参与者处于一个自由开放的环境中，讨论他们相互交往的过程，并且在这个过程中有专业的行为科学家加以引导。使用这种方法的目的是提高参与者的倾听能力，使他们的沟通更为坦率真诚。

调研反馈　这是一种评估成员所持有的态度、识别成员间的认知差异以及消除这些差异的一种工具。

过程咨询　通常是聘请外部顾问在任务导向的条件下，作为指导和教练的角色，跟组织的管理者"共同工作"，在这个过程中帮助其提高。

团队建设　利用高度互动的群体活动来提高成员之间的信任和真诚。

群体间关系开发　这是组织发展的一个重要领域——调节部门间的功能失调和冲突。解决这个问题，最为常用的是问题解决方法，即让有冲突或功能失调的部门各自列出包括自我认识、对其他群体的认识以及自己认为其他群体对自己的看法的清单。然后各个群体共享这些信息，讨论其中的不同与相同之处，并寻找产生分歧的原因。

价值探索　摒弃了寻找并解决问题的思路，取而代之的，是寻找组织的独特品质和独特力量。也就是说它关注的焦点是组织的成功，常常用于组织对新远景的规划过程当中。

❑ 本章复习要点

组织的概念
常见的组织结构（直线型、职能型、直线职能型、矩阵式等）
组织分工
机械结构与有机结构
组织结构设计与战略的匹配
组织设计的方法
组织变革的方式

❑ 本章复习题

专业术语

组织
组织结构
横向分工
纵向分工
地域分工
命令链
控制跨度
组织设计
组织文化
组织发展
有机结构
机械结构

案例分析（1）

"宅急送"安抚"藩王"靠情感

2003 年的一个清晨，宅急送华东区办公地址的院子里聚集了许多员工，远远没到上班时间的速递员、服务人员等都表情凝重。华东区总经理郭义鹏伤感地走到院子中央，一辆辆地抚摸着运输车，他要离开了……

"上海、广州、北京三地公司新老总经理的交接仪式，我都全程参加了。面对送别的场面，三次落泪。"陈平回想起来感慨良久，"为了公司的长远发展，我不得不这样做。"

地方威胁显现

1994 年，从日本留学归来的陈平用 30 万元买了 3 辆车，招了几个司机开始创业。1998 年，宅急送以北京、广州、上海三地为基地，以武汉为交汇中心，开始了辐射整个中国东半部的 24 小时全国"门对门"快运服务。1999 年建了 6 个子公司，2000 年 20 个分公司，2001 年 30 个分公司，2002 年新增 40

个。以此为基础，营业收入每年都保持着约80%的增长。

“在快速发展过程中，我除了给各地子公司经理一块‘宅急送’的牌子外，提供给他们的就只有极大的自主权，让他们自己去闯天下。”陈平说。经营上自负盈亏的做法，极大地激发了宅急送第一批分公司经理们的创业热情。10年后，宅急送拥有速递员18 000名、车辆1 500台、总资产超过2亿元。到2003年，上海、北京、广州三地的营业额占“宅急送”总营业额的80%。

然而，渐渐地，羽翼丰满的各地分公司成了“诸侯”，对总部的命令往往阳奉阴违，许多新的战略和管理制度很难推行下去。由于管理不统一，各地分公司在收费、服务等方面良莠不齐，消费者的疑虑更让陈平忧心。

靠感情调整“藩王”

面对地方势力的壮大和宅急送总体的快速发展，陈平不得不考虑“中央对地方”的控制问题了。陈平决定加强总部管理职能，把雄踞一方的创业型分公司经理互调或调到总公司任职。这样可以从制度上保证，即使分公司在地方非常强大，总公司也没有失去控制的危险。

在这种政策的支配下，2001年，上海公司总经理调到北京总公司。2002年，调动的是广州公司总经理。2003年，北京公司总经理也和前两位一样调到总公司任副总裁。同时陈平也认识到这些分公司的创业经理们，是宅急送的功臣，也是财富。是功臣，就不能伤了他们的心；是财富资源，就要继续让他们为企业贡献力量。为此，陈平做了很多准备。

在决定调上海、北京、广州这三大分公司的总经理之前的半年，陈平就向他们吹风：“总公司需要人，你们的岗位需要锻炼新人。”同时，陈平还保证了他们的利益和再创造价值的机会。北京、上海、广州三地的分公司总经理调到总公司，都担任了副总裁，另外，薪水也普遍在原有的基础上加码，并配备福利。良好的沟通和设身处地站在分公司经理角度上处理问题的方式，让陈平的“削藩”路途颇为顺畅。

“在这样的调动中，70%～80%是靠情感来完成的。”陈平十分感谢体谅他的经理们，“此外，宅急送深厚的企业文化发挥的作用是最大的。关注、呵护、监控相结合是我们管理工作的方针，长期以来形成的这种文化让我们的员工和管理层都知道，不管公司人员如何调整，都是为了更好地满足发展需要。我们的员工都把宅急送当成自己的家，只要是有利于家庭共同发展的事情，都能够得到一致认同。”

流程重塑

在打造强势总部的过程中，陈平并没有把组织架构进行大幅度的调整，只是把之前松散的母公司和子公司体系转变为目前相对科学的母公司与分公司的关系。“各个区域分公司都没有变，只是把应该属于总部的财物、人员配置、战略等权力上交了。”陈平说。

组织架构没有大调整，为陈平省却了许多可能由此引发的流程再造问题。主要的矛盾集中在如何把新型的总部与分部的权利与义务形成有形的制度在公司内部贯彻下去。

目前，宅急送共设有总裁办公室、计划财务部、营销部、人力资源部、运营部、客服部、信息部、监察部8个部门。为了更有效地控制，实施了“飞行播报”制度。8个部门就如同8架飞机，在月初还没有飞向一个新高度之前，就要向总裁办公室报告本月要做多少事情、由谁来做、什么时间完成。总裁办公室相当于飞机指挥塔，在飞机飞行的过程中不断提醒飞机升高、下降，或者提醒已经偏离了轨道多远。每个月，各个部门需要完成的所有目标和协调方案都要形成固定表格，贴在告示牌上，让其他部门一目了然。月底，总裁办公室公布“飞行任务”完成的结果。“我即使是在睡觉，也很清楚我的飞机正在飞过哪些高地，”陈平说。

资料来源：《管理@人》，2006.4。

思考题

- 创始人陈平为什么在宅急送发展到一定水平的时候决定开始管理队伍的轮换制度？
- 在这样一场变革中，动力和阻力各是什么？用图示表示相互关系。
- 管理层为了推动这场变革，做了哪些准备工作去化解阻力，推动变革？

参考答案

当公司发展到一定水平，各地方部门的服务标准和管理规范出现不一致，对公司的统一管理造成影响时，陈平希望实施“削藩”，是希望加强公司的统一管理，对外统一形象，使服务标准和规范得以统一，消费者也对公司有明确的统一定位。

在这场变革中，主要的动力是高层管理者的支持，同时，外界的竞争也是推动变革的重要因素。但是，各个地方公司管理者的既得利益、各个地方的不同经营情况、员工对以往工作模式的习惯等已有因素是阻碍变革力量。

在这场变革中，陈平运用了这样一些策略去消除阻力：首先是晓之以理,也就是权力运用策略中的合理化策略。在说明了公司面临的竞争形势后,大家都会明白,在速递业务这个行业中,规模是关键的竞争优势,是降低成本的关键。所以,统一的管理体系、规范化的服务标准是至关重要的,实施管理人员的规范化培养体系势在必行。其次是动之以情,陈平和这些功臣之间本身就有着深厚的感情,这些感情基础使得陈平在说理的时候对方不容易产生误解,不对他的动机产生怀疑。最后,辅以职位升高、待遇提高等手段,“削藩”工作得以顺利进行。

案例分析(2)

麦肯锡“兵败”实达始末及启示

近来,关于实达连年亏损被ST与两年前麦肯锡兵败实达的事件屡见报端。随着麦肯锡中国区副总裁吴亦斌和实达副总裁贾红兵在中央电视台《对话》节目中同台对峙,人们的兴趣更被掀至高峰。

实达请兵麦肯锡

1998年实达集团与麦肯锡签署协议,请这个全球著名的管理咨询企业对实达现有的营销及销售体系做出评价,并针对集团的硬件产业,设计一个面向新世纪、向国际化公司运行机制靠拢的市场营销及销售组织体系。这种花费重金援请国际“外脑”进行企业咨询的做法,在当时国内IT界还是首次。一时间引起业界普遍议论。

据了解,这次咨询的题目是《建立高绩效的市场营销及销售组织体系》。实达向来比较重视三个方面的事情:一是技术,即在终端产品上形成自己的核心技术;二是销售策略上,面对市场,重视销售;三是以人为本,重视人力资源的管理。实达认为这三方面正是知识经济条件下IT企业必须完成的三件事。

从1996年起的两年半时间,实达一直在探索自身销售体系的建设。实达自成立后一直在考虑建立营销中心,在1996年、1997年甚至都已挂起营销中心的牌子,但在当时还没有从市场概念来做这件事情。因为从创建到1998年很长一段时间以来,实达的观念是:做市场太虚,做销售拿单子比较实在。因此虽然建立起营销中心,也是光说不练,始终没有行动起来,营销中心只是个空架子。

1997年底,由于在现实经营中发现,只要出一个产品就多出一个公司来,实达集团建立了子分公司平台,想把分公司的行政资源、管理资源和财务资源整合起来,面向所有产品。但这一平台仍没有直接参与经营,产品还是分公司各做各的。1998年6月实达又提出了一个区域子公司运作方案，想通过区域考核来调动人员，让他们从经济角度整合所有产品一起销售。可以说，从1996年到1998年这两年多的时间里，实达一直在探索自己的销售体系，但一直没走出来。

到1998年，随着产业重组的顺利实施，实达已拥有了涵盖从主流到非主流、从硬件到软件的产业群，但不断增多的产品种类对管理的要求也越来越高，原有管理方式的缺陷也愈加显现出来，如企业的资源，尤其是市场资源不能共享，以产品为中心的管理体系直接影响实达产品对客户的渗透，忽视市场营销所带来的企业运行——从产品战略到销售各环节——低效率和随意性等，都极大地阻碍了实达向更高层面发展。为了真正成为信息产业的主流供应商，实达必须突破管理的"瓶颈"。

正是在这样的背景之下，实达聘请了在国际上享有盛誉的管理咨询公司麦肯锡，为其管理体系进行"诊断"和设计。按当时实达总裁叶龙的话说，之所以选择引进"外脑"麦肯锡，是因为实达认为，中国企业20年来所摸索出的管理经验和实达10年来对管理所做的探索，还不足以设计出能适应实达未来发展的组织架构和运行程序。实达和国外先进管理体制上的差距不是一年两年。因此，吸收和借鉴国际先进的管理体制，通过管理体制的领先而形成竞争优势，就成为必然的选择。

麦肯锡门诊实达

1998年8月，麦肯锡的实达项目小组兵临实达，开始为实达进行长达8周时间的企业"诊断"。据悉，整个项目是分两个阶段进行的。

项目第一阶段，麦肯锡用了3周时间，评价实达现有的市场营销及销售体系，主要是分析当时各产品线的市场细分状况，与竞争对手及国际大公司进行比较，并作出具体评价。

据当年数据记载，麦肯锡的项目小组在3周的时间里，访谈了229个人。在这一阶段，项目小组提出了对实达的总结评价：一是充分肯定了实达的销售体系，但认为实达最大的问题在于产品导向，而不是市场导向，致使整个公司资源不共享，客户不共享；二是整个销售队伍水平参差不齐，没有良好的业绩管理及激励机制；三是实达在市场营销体系建立过程中，战略性、系统性不够。

麦肯锡的结论对实达触动很大。因此在汇报会上，参加会议的人员几乎百分之百同意进行第二阶段工作。

第二阶段实达人员也开始全方位参与新体系的设计活动。首先是制订新的组织结构方案。为确定新的组织结构，实达召开了三次集团高层会议进行讨论，中间还进行了一次国内外IT公司的介绍，介绍了IBM、康柏、ACER、联想、HP、DELL的组织架构、经营方针，并分析实达与它们的比较情况。

第二阶段结束时，麦肯锡向实达提供了两套方案，一套是一步到位的，直接在集团内部进行全局性大调整，但这要求企业有较强的承受能力；一套是渐进式的过渡方案，先在子公司内部推行，成功后再向集团推广。

实达采用了一步到位的方案，并据此决定新的组织结构采用事业部制：成立销售事业部，负责渠道、大行业销售及全国分公司；设立硬件制造事业部，综合了集团硬件产业的各个产品，包括所有硬件产品的研发、生产、制造营运；设立营销事业部，把产品分为行业产品、商用产品、代理产品，同时加上一些市场的配合部门，如营销服务部、业务计划部。

新的组织结构体现了两个重要的新概念。一个是市场营销概念，即把"市场营销"和"销售"从集团的角度把它们分离开来："市场"做产业发展的战略和计划，"销售"做执行，推销所有产品。另一个是产品经理概念，产品经理是指每个产品的牵头人，在市场营销部，对负责产品在集团内的盈亏负责，为这个产品的运作去协调所有的人，并充分地协调这个产品的所有运作环节和经营活动。

为了保证所有后续工作的推进，双方还设计了七个程序，即：新产品开发程序、定价程序、广告促销程序、品牌管理程序、关键客户管理程序、渠道战略管理程序、业务计划程序。

这次战略重组的重心在于改变已运行了近十年的硬件产业组织构架和管理体系，引进反映20世纪90年代国际最新管理思想的管理体制，将原有的以权力分层、以职能分部的金字塔组织结构改为尊重"程序"的、按业务流程划分部门的扁平式组织结构。形式上的变化是拆散原有的相对独立运作的"子公司"，重组为涵盖整个硬件业的硬件产业部、营销部和销售部，将原有的分散在各子公司的研发制造、市场营销和销售归并整合，统一规划和管理。其实质是完成由产品导向到市场营销导向的根本性转变，由以权力为中心的管理向以职责为中心的管理转变，由层级管理向矩阵管理转变，以及由集中决策向分层决策的转变。

1998年10月，实达全面接受了咨询项目的方案计划。

麦肯锡兵败实达

这次战略重组对实达产生的变革力度之大、对实达未来影响之深，让今天的实达人也叹为观止。在当年战略重组的动员发言中，总裁叶龙曾说过，实达将有1/3以上的员工要调整部门和岗位，许多干部和员工的角色、职责、分工也会随之发生很大的变化，而所有这些改变又要建立在观念与思维方式的改变上，因此要求集团上下要加强学习和磨合，尽快理解和适应。实达决定，自1998年10月16日开始，战略重组工作全面展开，至12月5日前完成新旧体系的转换，从1999年1月1日起，全面运行新体系。

如果我们联系1998年实达遭受的由投资VCD带来的巨大创伤，本来就缺乏大调整经验的实达，没有事先进行试点，直接选择一步到位、全局大动的方案，可以说是一种急功近利的冒进行为。有关人士分析，在投资VCD等项目失败后，实达本来应该收缩防线，休养生息。即使进行调整，渐进方案可能更为合适。

即使在当时，针对实达对战略重组的时机选择是否妥当，仍有一定争议。1998年底国内的宏观大环境正在进行调整，而且当时实达的产品线和客户覆盖面也都具备了整合的条件。但问题在于，要在10月16日到12月5日完成营销和销售的分开，至少在人力、经验和观念上都必然产生很多问题。

实达当时也意识到，对营销部门的人员来说，虽然大多从事销售，在销售过程中也做了一些营销工作，但决非专业人员，要他们立即承担市场调研、营销战略等需要各种专业知识及培训才能胜任的工作是不合适的；销售上，虽然1999年实达就要转向以客户为导向、有许多交叉销售的形式，但当时实达的销售人员的能力也还不足以胜任。与此同时，实达计划1999年重点建设市场通道，成立25个分公司，形成遍布全国的销售管理网络，这即将成立的25个分公司的一些负责人也还不完全具备相应的能力。

在这样的情况之下，实达要在1998年年底完成重组，既要保证当年的销售业绩不受影响，又要保证第二年1月1日能够全面运作新的体系。可以说，实达在计划安排、组织机构的调整、人员的培训上，都显得过于仓促。

1999年初，实达正式启用了新的组织结构。回顾1999年初新的组织结构实施的那几个月，实达一些领导人说印象最深的就是大家都忙于没完没了的学习，根本就顾不上业务了。各地分公司的负责人也放下手中业务，赶回福州进行培训和学习。各层面、各部门每周至少安排两次集中学习，由此导致的直接后果，就是实达产品销售业绩的巨大滑坡。

由于原有子公司销售力量在新体制中被拆散、受到破坏，而新的集中销售体制面临各种产品的不同用户，又表现出极低的效率，再加上实达电脑产品当时面临较为严峻的外部环境，实达产品的销售量远远没有达到原定的年度计划。主打产品实达个人电脑就是一例，到 1999 年 5 月只完成全年任务的 25%，企业库存积压和资金积压成了严峻的问题。

熟悉情况的实达高层表示，实施新组织结构方案过程中，各部之间的协调运作出现了很大的问题。由于管理决策层在推行这一方案时缺少强势推动的动作，原有的各分公司由于一定的自身利益，以及更深层的人事等问题，大家在相互协调中难免存在顾忌。这些问题本来可以由强势人物出面解决，但当时实达集团的总部领导层却没能为这次改革提供强有力的领导保障。

方案推行到 1999 年 5 月，实达在业务层面一分为二：贾红兵负责 PC 业务，黄奕豪负责外设、网络。管理模式又重新退回到原来的子公司制，这也意味着麦肯锡方案在实达的终结。

对于这次重组的失败，不同的实达人有不同的解释。基本没有人否认方案本身在理论上的正确性，更多的人说，这个方案在本质上是提倡一种“重程序”而“轻权力”的西方理性企业管理文化，没有什么上下级的观念，所有的人不过都是一些管理“程序”上的环节。对于这样一种管理模式，无论是企业、还是个人，转变起来实在是太不容易了。

2001 年 4 月，实达内部杂志的一篇文章总结了 1999 年实达集团的变革。该文认为失败的根源在于：对矩阵式架构的复杂性认识不足，人力资源准备不充分，缺少科学的程序化的管理流程，匆忙上马，导致物流、资金流混乱，信息流中断，对销售造成巨大冲击，使当时的整个架构成了一个经脉不通的残疾人。其中最大的问题是忽视了分公司的产权关系问题，放松了对分公司经营状况的过程监督，对分公司（法人单位）的过度操作也违背了经济规律，违背了法人单位之间交易必须遵守的法则。

实达与麦肯锡的这一次合作，其直接的后果是，实达长达半年的经营效益大滑坡，直接和间接损失超过 1 亿，这还不包括高达 300 万元的咨询费用。

麦肯锡仍在子公司大行其道

但时至今日，实达也没有完全抛弃麦肯锡方案。退回子公司制以后，在三大子公司负责人的强势推动下，麦肯锡方案在子公司内部推行开来。

现在实达的各产业子公司中，在一定程度上仍然运行着经实达消化后的麦肯锡留下的重组架构和作业流程。麦肯锡力推的产品经理制也被保留了下来。

在麦肯锡设置的这种重程序、轻权力的作业流程中，实达子公司内“研发”、“生产”、“市场营销推广”、“销售”、“服务”等岗位经过精确定位，都被严格分开，而维系企业内部供销、制造链的是“产品经理”这个角色。如在实达网络公司这种产品线很长的企业里，产品经理这一职位尤其突出：整个公司的研发、生产、市场、服务是围绕每一条产品线来做的，而产品的设计、生产、销售、服务很多“线”都要穿过产品经理这一根“针”。产品经理在整条产品线中起着核心作用，职位可能不高，却要协调与产品相关的各个职能部门之间的工作，对该产品的最终利润负责。

但由此引发的一个问题是：公司对产品经理个人的依赖性太大，他一旦离开会影响很多部门；而且产品经理的工作具有一定伸缩度，也与其个人的经验、学识、为人、阅历有很大关系，工作效绩不容易测度。针对这些问题，实达子公司中又出现了一个“职业产品经理人”的概念。

对麦肯锡为实达做企业“诊断”这一事件，是“麦肯锡兵败实达”，还是“实达败走麦城”，依然有着不同的提法。不管怎么个提法，实达的子公司今天仍然在推行麦肯锡方案中适合自身现况的先进管理方式，并从中受益，却是客观事实。

资料来源：《经济管理文摘》，2001.12。

思考题

- 讨论实达变革失败的主要原因。
- 讨论实达在变革过程中所遇到的主要阻力。
- 如果你是实达的管理者，你会考虑如何去克服这些变革过程中的阻力？
- 如果你是咨询方麦肯锡公司，你会考虑如何实施咨询方案？

第九章

组 织 文 化

- 组织文化
- 组织文化的表现形式
- 麦肯锡7S企业文化模型
- 企业的核心价值观
- 强文化
- 企业文化与组织氛围
- 组织文化的导入与塑造

引例

强生信条

在强生精心经营百年间保持不变的原则与理念中，尤为显著的是它的信条。

强生及其所有分公司最醒目位置悬挂的从来不是市场任务，亦非营运周期或营利数据，始终是仅有一页的、语言简洁纯朴的——《我们的信条》。它有目共睹，深入每个强生员工的心中，而它的精髓，更成为强生大家庭所有成员不变的核心价值和动力源泉。在过去的60年间，它已被翻译成36种语言，遍布世界各地。

六十多年前，罗伯特·伍德·强生(Robert Wood Johnson)将军创立了著名的"四个负责"信条，并以此指导强生公司发展成为一家信誉卓著的全球公司。今天，这信条仍然教育着每一位员工：

> 我们相信，我们第一是要对医生、护士和病人负责，对于母亲们和一切使用我们的产品及服务的其他人负责。为了满足他们的需要，我们做的每件事都必须是高质量的。我们必须不懈地为降低成本而奋斗，因为只有这样才能使我们的价格保持合理。顾客的订货必须迅速、准确地交付。我们的供应商和销售代理商应当有机会赚取适当的利润。
>
> 我们对于自己的职工负有责任，对在世界各地为我们工作的男人和妇女负有责任。他们当中的每一个人都应当被看成独立的个人。我们必须尊重他们的人格，认识到他们的长处和价值。他们理应得到某种程度上的职业保障和安全感。工资和福利必须公允、充分，工作场所必须清洁、整齐和安全。全体雇员都应能自由地提出建议和批评。凡是合格的人选在就业、个人发展和提高及升迁使用方面都应享有完全平等的机会。我们必须有称职的管理人员，他们的行为必须公正且符合道德。
>
> 我们对我们生活和工作在其中的社会负有责任，也对世界大家庭负有责任。我们必须成为守法的好公民——支持善行和承担我们应尽的赋税义务。我们应当为改进国民健康、教育和文化水准而尽力。我们必须把我们有权使用的公私财产管理得井井有条，并且注意保护环境和自然资源。

最后,我们还对我们的股东负有责任。我们的经营业务必须有合理的、可观的利润。我们必须实验新的思想。必须进行科学研究,开展革新活动,从错误中吸取教训并更好地前进。必须不断更新设备,改造和新建厂房设施,向市场提供更新的产品。必须留有一定储备供可能出现的困难时期使用。当我们按照上述各项原则经营本公司时,股东们应能取得相当可观的投资收益。

"对客户负责、对员工负责、对社会负责和对股东负责",这不仅是一句口号,更是强生公司行动力的展现。公司发展过程中始终将此作为核心价值观,充分尊重员工,建立科学完善的培训和发展体系,倡导关爱、互助,鼓励多渠道沟通,并为员工提供平等公正多元化的发展机会。公司始终将荣誉和诚信放在首位,所有的决策都力求显示信条所赋予的可靠、尊重、责任、公平、关爱和做好公民等六个核心伦理价值观,并在实践中一点点体现出来:

"对客户负责"——提供高品质产品和服务,帮助基层医护人员获得医学继续教育。

"对员工负责"——创造尊重、关爱的工作环境,提供完善的员工培训与发展计划,设立爱心互助基金,加强对员工心理的关爱,开展年终家属答谢会和奥林匹克家庭日。

"对社会负责"——成为奥林匹克合作伙伴,协助中华骨髓库建设,支持保护文物,开展大众健康教育,资助贫困山区儿童。

"对股东负责"——通过对客户、员工和社会的负责,促成品牌的健康成长及业务的长足发展,以实现对股东的合理回报。

同时,每年强生公司还积极开展全球子公司信条调研,举办信条日活动……所有这些深入开展的实践活动,都是强生公司所有员工把信条内容付诸行动的最好印证。

资料来源:http://www.jnj.com.cn/view.aspx? pid=30。

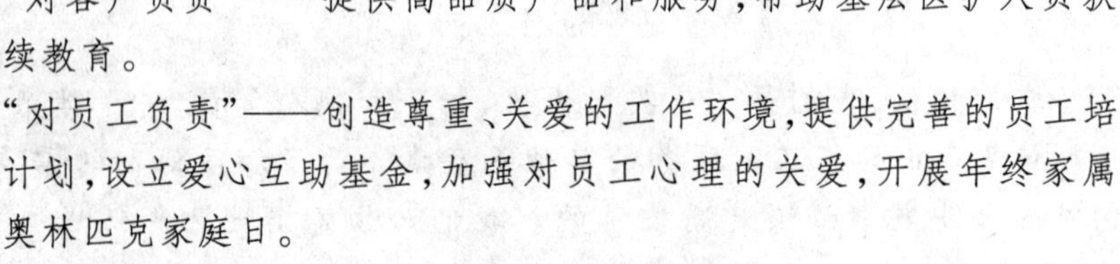

在看完强生信条以后，我们思考一下这样几个问题：

- 为什么强生公司如此重视强生信条在公司内部的推广与实践？
- 信条对强生公司有什么样的作用？
- 强生员工是如何学习信条的？信条怎样影响着他们的工作行为？
- 强生信条的成功，对你有怎样的启示？

对于这几个问题的答案可能并不完全统一，但是我们可以想一想类似“强生信条”这样的口号对公司的发展有什么样的作用。这些口号的存在对公司员工的影响机制，以及类似其他形式的规范还有什么样影响作用。在团队一章中我们谈到了规范，群体的规范会对群体成员的行为产生多种影响，在组织层面，这种影响也是存在的。

我们知道，每一个人都具有独一无二的个性，一个人的个性由一套相对持久和稳定的特征构成。我们的个性影响我们开展行动以及与人交往的方式。当我们说一个人热情、富有创新精神、轻松活泼或保守时，就是在描述他的性格特征。

同样的，一个组织也有它自己的个性和特征，强生信条是强生公司个性的鲜明写照，从一个侧面反映了公司的强烈特点。强生信条作为所有员工的指导准则，在不同程度上影响着每一个人的看法和对周围世界的反应，使他们在处理公司问题时最终做出相似的判断和行动。正如麦肯锡的前总裁就以“我们这里的做事方式”来描述麦肯锡公司的这种规范，而《大转变：企业构建工程的七项原则》一书的作者詹姆斯·迈天则把它诠释为“一种组织内的整体交流模式”。

第一节　组织文化

什么是组织文化？我们把组织的个性特点称为组织文化。一件非常有趣的事情是你会发现不同组织中的人会有不同特点，不仅是他们的衣着、言行、等级等行为习惯，同样也包括他们的组织所在的建筑、标识等外显的东西。对于组织文化，一位管理者曾经这样去界定：“我没有办法告诉你它是什么，但是当你看见它的时候你会明白这是文化的一个部分。”组织文化是潜在的，依附在组织中的。当我们在组织行为学中研究时，我们更加指的是针对某个特定公司、特定企业的文化。

组织文化(organization culture):某一组织在发展过程中形成的组织成员的共同价值观、精神、行为准则及其在规章制度、行为方式和物质设施中的外在表现,可以表现为可见的标识,也可以表现为不可见的行为准则与假设。

相对于国家文化、民族文化、社会文化而言,组织文化是一种微观文化。任何一个社会上存在的由人组成的具有特定目标和结构的集合体,都有自己的组织文化。政府有机关文化,学校有校园文化,企业则有企业文化。在管理学中,企业文化是组织文化的一个主要表现领域,也是受到普遍关注和广泛研究的一个课题。

还有一种广义的说法,认为组织文化是指组织在建设和发展中形成的物质文明和精神文明的总和,包括组织管理中硬件和软件、外显文化与隐形文化(或表层文化和深层文化)两部分。这种看法的理由是相当一部分组织文化是同物质生产过程和物质成果联系在一起的,即组织文化不仅包括非物质文化,而且还包括物质文化。

组织文化就是指组织在长期的生存和发展中所形成的,为本组织所特有的,且为组织多数成员共同遵循的最高目标、价值标准、基本信念和行为规范等的总和及其在组织活动中的反映。组织文化以观念的形态,从非计划、非理性的因素出发调控组织成员的行为,补充和强化着组织管理,维系着组织内部人与人之间的关系,团结着组织成员为实现组织目标而努力工作。

通常来说,一个组织的文化是由成千上万的具体细节组成的行为系统。在企业中,员工们相信他们自己在企业里的生存是建立在"了解公司拥护什么"或"按正确的方式做事"等类似的行为规则上的。这些行为规则的大部分都没有人记下,而且事实上很多时候它们都是隐性的;只有在其被打破时,我们才知道这些规则的存在。

组织文化的冰山模型

美国麻省理工学院的管理学教授沙因(图 9-2)对组织文化进行了深入

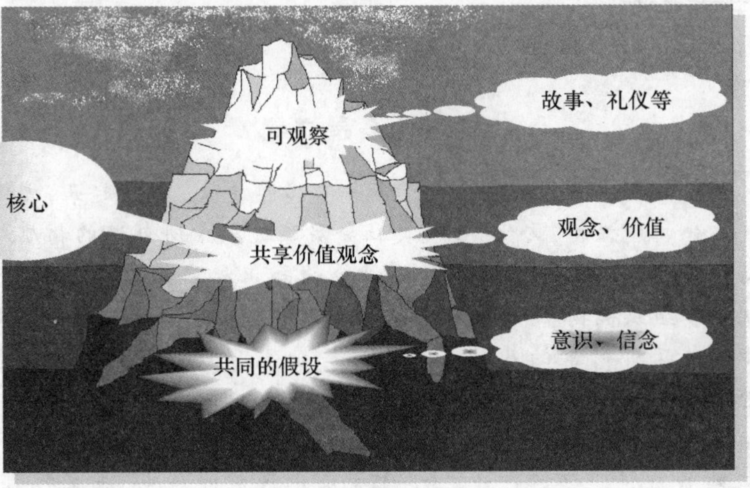

图 9-1　冰山假设

图 9-2　沙因(E. Schein)

资料来源：http://mitsloan.mit.edu/。

的研究，在沙因看来，组织文化是特定组织在适应外部环境和处理内部整合过程中出现的种种问题时所发明、发现或发展起来的基本假说的规范，这些规范运行良好，相当有效，因此被用作教导新成员观察、思考和感受有关问题的正确方式。

这些规范绝大多数是不可见的，因此沙因提出，组织文化其实就像一座冰山，组织的外来者只能看见冰山露出水面的一小部分，但是冰山以下的绝大部分是没有人能够完全知晓的。只有当你碰到水下冰山的一角时，你才知道这部分文化特征的存在。

露出水面的是文化中比较显性的一些部分，而深层次的内容是不能够直截了当地被观察到的。组织文化的“冰山模型”形象地描述了组织文化不同表现形式的划分：故事、礼仪等如同冰山一角，是显性的，可观察的文化特征；而员工的观念、价值都是隐性的，在“海平面”以下，它是组织内部的共享价值观念，是组织文化的核心；而意识和信念是其上两层的共同假设，影响着故事、礼仪等表面文化特征和组织共享价值观念的形成与塑造。

知　识

什么是文化？

人类学家从多方面给文化下了一百多条定义，归结起来，文化有广义和狭义之分。广义的“文化”是人类社会实践过程中所创造的物质财富和精神财富的总和。狭义的“文化”是指社会的知识和意识形态，以及与之相适应的制度和组织机构。一方面，文化是前人创造的成果，另一方面又是后人进一步创造两种财富的基础。而作为基础，后人的行为强烈地受到文化的制约。

文化具有以下几个方面的特点：

- 民族性。任何一种文化，都带有本民族的特点，深深打上民族心理、民族精神、民族语言、民族传统和民族生活行为方式的印记。
- 时代性。不同时代具有不同的文化特质和表现形式，体现着时代特征和风貌。
- 历史继承性。文化是一种历史现象，它为社会成员所共享并传承下去。每一代社会成员都受到上代流传的文化的影响，又影响到下一代，这是一个不断继承与创新的过程。
- 阶级性。文化作为一种社会现象，体现了不同阶级的利益要求，显示出不同阶级的特色，代表着不同阶级的地位和生活方式。

文化的存在方式包括以下三个方面：

- 物质价值文化。即以物质活动及其结果即产品或服务为载体表现出来的文化。
- 社会政治文化。即以社会政治活动及其结果如法律制度、权力结构、政治体制、组织形式等为载体表现出来的文化。
- 精神价值文化。即以人们的认识活动、思维活动及其结果，如科学、理论、艺术、伦理等精神价值为载体的文化。

案　例

李汉生谈方正企业文化

企业文化首先应该是企业有形或无形的规范，是员工和管理者行为与决策方式的表现。企业文化不是自然产生的，而是管理者的主观意识与企业发展要求相结合的产物。价值观是企业文化的核心。随着时代的发展，企业文化的核心应该是不变的。不能说价值观今天是这样的，明天是那样的。如果一个新的管理者上来，就换新的管理文化，那就麻烦了。正因为如此，我觉得企业文化不是一个人拍脑袋想出来的，而是公司大部分管理层人员和员工在探讨公司的发展后所认定的价值观。否则，大家会觉得那是你自己的事，与公司发展无关。所以，仅仅身体力行还不够，还必须与公司的发展息息相关。

我们现在要做的企业文化，是结合东方文化特色的、有方正特点的企业文化。方正原来的企业文化中也有好的东西，但是可能发挥不好。比如说，讲和气，和气是好事，但应该把它变成促进公司前进的积极因素，而不是消极地回避冲突，把问题放在桌子下面，表面和气，暗里争斗。

第二节　组织文化的表现形式

组织文化需要借助于一定的形式来表现，需要人们基于可观察到的物象来推断，需要通过一定的渠道和途径以及表现形态传递给员工和外界，以利于解释、识别和学习。它的主要表现形式有以下几个方面。

故事

故事是指在组织内曾经发生的能够体现组织的价值观、反映组织情境的、经过演化和加工而流传下来的叙述性事件。这些故事有的是历史事件和传奇故事，加进了一些虚构的细节；有的是有事实根据、经过艺术加工的故事。故事的内容大多与组织创建者、违反组织制度、从乞丐到富翁的发迹史、裁减劳动力、员工重新安置、反省过去的错误以及组织应急事情等有关。故事借古喻今，使公司价值观保持长久活力，为全体员工提供了一种共享的理念，还可以为组织政策提供解释。

案　例

李嘉诚的小故事

李嘉诚有一次在回办公室的路途当中，发现一枚金属硬币从眼前闪过，滚到车子下面。李嘉诚下了车,要去拣那枚硬币。在他弯腰要拣的过程中,一个门卫提前把那枚港币拣了起来,并交给了李嘉诚。李嘉诚拿过硬币,从口袋里拿出100元钞票奖励给这个门卫。人们感到很奇怪,别人只是帮他拣1元钱,他却给了100元,为什么?李嘉诚说,这一块港币,如果不把它拣起来,它可能掉到水沟里面,这个社会财富就会流失掉,所以我们不能让人们已经创造出来的财富和价值流失掉,那个门卫不仅知道珍惜财富,还懂得帮助别人,应该奖励。

礼仪和仪式

礼仪和仪式是组织日常的已经成为习惯的一系列文化活动的总称。这项文化活动体现了组织对员工的期望和要求。它以生动的形象化的形式,向员工灌输本组织的价值观。礼仪和仪式,实际上是一种培养人们一定价值观念和行为方式的手段和载体,它使本来抽象的价值观念变成具体的有形的东西,成为组织文化不可缺少的一部分。它能够增进员工向新的社会角色转化,使员工产生更强的社会认同感,有助于改善组织功效,使员工之间产生共同的纽带和良好的情感,增强员工对组织的认同。可以说,没有礼仪和仪式,就没有组织文化。礼仪和仪式的形式多种多样,有各种表彰和奖励活动,有各种聚会和娱乐活动,有唱歌、升旗和背诵誓词等。

比较典型的公司仪式是玫琳凯化妆品公司为销售代表举办的年会。在年会上,所有的与会者互相交流销售经验和心得,互相促进。同时,此项盛会的另一个重要环节就是公开表彰销售业绩卓越的公司员工以激发他们的积极性。这种年度仪式在树立员工的行为期望方面起到了重要作用,而这就是一个组织的文化应该做到的。

案 例

许三多的宣誓

看过电视连续剧《士兵突击》的人都会对钢七连的入连仪式有深刻的印象,我们想一想,班长史今、副班长伍六一和列兵许三多之间的一段对话。同时我们思考这样的问题,这样的仪式会怎样影响钢七连的每一个战士?为什么在七连解散以后,原七连的士兵都以“老七连”这样一个界限去区分不同的士兵?这个仪式强化了哪些意识?我们来回忆一下钢七连的入连仪式上史今、伍六一和许三多的对话：

列兵许三多，

到！

你必须记住，你是第4956名钢七连的士兵！

列兵许三多，

到！

有的连因为某位战斗英雄而骄傲，有的连因为出了将军而骄傲，钢七连的骄傲是军人中最神圣的一种！钢七连因为上百次战役中战死沙场的英烈而骄傲！

列兵许三多，

到！

钢七连的士兵必须记住那些在51年连史中牺牲的前辈，你也应该用最有力的方式，要求钢七连的任何一员记住我们的先辈！

列兵许三多，

到！

抗美援朝时钢七连几乎全连阵亡被取消番号，被全连人掩护的3名列兵却九死一生地归来。他们带回107名烈士的遗愿：在这3个平均年龄十七岁的年轻人身上重建钢七连！从此后钢七连就永远和他们的烈士活在一起了！列兵许三多，从这个意义上来说，我们是活在烈士的希望与荣誉之间的！

列兵许三多，

到！

我们是记载着前辈功绩的年轻部队，我们也是战斗的部队！

列兵许三多，

到！

下面跟我们一起朗诵钢七连的连歌。最早会唱这首歌的人已经在一次阵地战中全部阵亡，我们从血与火中间只找到歌词的手抄本，但是我们希望，你能够听到4956个兵吼出的歌声！

一声霹雳一把剑，一群猛虎钢七连；
钢铁的意志钢铁汉，铁血卫国保家园；
杀声吓破敌人胆，百战百胜美名传；
攻必克，守必坚，踏敌尸骨唱凯旋。

资料来源：电视连续剧《士兵突击》台词。

图 9-3 《士兵突击》剧照

物质象征

物质象征是组织文化的物质形态和外在表现，也称作有形信条。这些物质象征包括公司的容貌如公司的名称、象征物、内外空间设计，劳动环境如色调、音乐、员工休息室、餐厅、教室、图书室，文化娱乐环境，还包括给高层管理人员配备、提供的各种办公条件、生活待遇、津贴以及基层管理人员的衣着、交通配置等。

案 例

玫琳凯(Mary Kay)的粉红色凯迪拉克轿车一直被认为是成功的终极标志。公司自20世纪70年代推出一项奖励计划，为最优秀的销售员配备粉红色凯迪拉克轿车，这是公司的一个显著的标志。它是玫琳凯流动的奖牌，是荣誉和优秀的象征，它的颜色是公司花费26亿美金买断的专利颜色，在这个世界上，只有玫琳凯公司最优秀的精英可以获得它，它是飞驰的奖牌。

图 9-4 玫琳凯的粉色凯迪拉克

资料来源:http://i.mop.com。

语言

语言是指在组织中特有的、常用的,体现组织的行业特点、工作性质、专业方向的专用术语。如公司的惯用语、口号、隐喻或其他形式的语言,这些语言能够识别和解释组织文化或亚文化,并成为组织文化的重要组成部分。组织成员学会这种语言,有利于他们接受组织文化。

案 例

海尔经营理念

经营理念是海尔文化的重要组成部分,是海尔集团从实践中总结出来的具有较强的哲理性和实用性的新理念。

- 企业管理

海尔定律(斜坡球体论):企业如同爬坡的一个球,受到来自市场竞争和内部职工惰性而形成的压力,如果没有止动力它就会下滑,这个止动力就是基础管理。以这一理念为依据,海尔集团创造了“OEC 管理”,即海尔模式。

- 80/20 原则

即管理人员与员工责任分配的 80/20 原则。即“关键的少数制约次要的多数”。

- 市场观念

“市场唯一不变的法则就是永远在变”;

“只有淡季的思想,没有淡季的市场”;

“卖信誉不是卖产品”;

“否定自我,创造市场”。

- 创名牌方面

名牌战略:要么不干,要干就要争第一;国门之内无名牌。

- 质量观念:

高标准、精细化、零缺陷;优秀的产品是优秀的人干出来的。

- 售后服务理念

用户永远是对的。

- 海尔发展方向

创中国的世界名牌。

第三节 麦肯锡 7S 企业文化模型

20 世纪七八十年代,美国经济遭遇了持续多年的不景气、失业率居高不下,但是与此同时,日本的经济得到了很快的发展,成为美国人学习的楷模。为此托马斯·彼得斯(Thomas J. Peters)和罗伯特·H. 沃特曼(Robert H. Waterman),这两位斯坦福大学的管理学硕士、长期服务于美国著名的麦肯锡管理顾问公司的学者,访问了美国历史悠久、持续发展多年、在各个行业处于领头地位的多家大公司,其中包括波音、IBM、惠普、沃特迪士尼、麦当劳、柯达、杜邦等行业领军企业,深入考察了这些大公司得以持续发展的基础,并总结这些成功企业的共同特点,写出了《成功之路》(*In Search of Excellence*)一书,以麦肯锡顾问公司研究中心设计的企业组织七要素(简称 7S 模型)为研究的框架,总结了这些成功企业文化的特征,如图 9-5 所示。

7S 模型指出企业文化会深刻地渗透到企业管理的方方面面,包括结构(structure)、制度(systems)、风格(style)、员工(staff)、技能(skills)、战略(strategy)等六个方面,其中,企业文化的精髓——共同价值观(shared val-

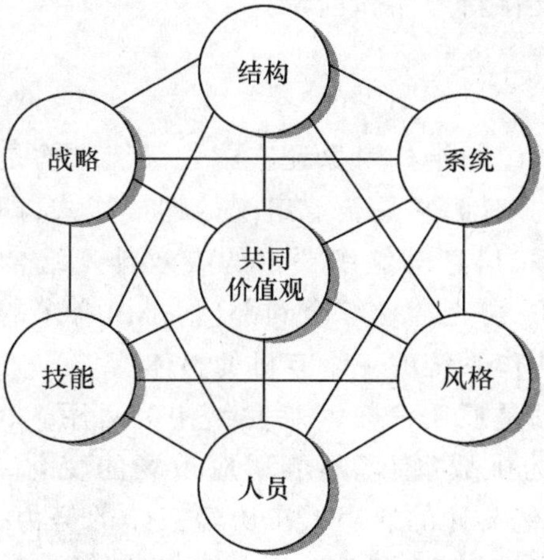

图 9-5　麦肯锡的企业文化 7S 结构

资料来源：托马斯·彼得斯、小罗伯特·沃特曼合著，余凯成等译，《成功之路》，北京：中国对外翻译出版公司，1985 年版。

ues)——是影响企业发展的核心。

战略(strategy)

战略是企业根据外部经营环境及内部资源的情况，为求得企业生存和长期稳定的发展，对企业发展目标、达到目标的途径和手段的总体计划，也是企业的存在价值和业务的核心体现。战略指明了企业的发展方向，对企业的资源配置、业务模式、行业目标等都作出界定，是企业共同价值观的具体业务计划的体现。

3M 公司的创新战略就是很好的例子。这家公司“积极创新，气氛并不像大企业，反而像是由实验室和办公室隔间组成的松散组织，里面有许多热情的发明家和大胆的创业家，正在充分发挥想象力”。他们不限制每个人的创造力，而是鼓励务实的冒险，支持好的尝试，并且奉行弗莱切·拜伦所说的第九条戒律：“务必要有足够的错误次数。”3M 闻名于世，是因为他们不受拘束的企业精神，而不是严苛的公司文化。

3M 公司支持这种创新性行为，彼得·德鲁克说：“每一件事，据我所知，都是由一名承担一种使命的偏执狂患者完成的。”3M 公司的产品很多，总共有五万多个产品，并且每年提供一百多种新产品。业务范围的广泛并没有让 3M 公司迷失方向，每年总有相当的利润来自于近两年推出的新产品，公司的战略目标就是支持新产品和创新。

结构(structure)

战略需要健全的组织结构来保证实施。组织结构是企业的组织意义和组织机制赖以生存的基础,它是企业组织的构成形式,即企业的目标、协同、人员、职位、相互关系、信息等组织要素的有效排列组合方式。它将企业的目标任务分解到职位,再把职位综合到部门,是由众多的部门组成垂直的权利系统和水平分工协作系统的一个有机的整体。

特别值得一提的是通用汽车对临时结构的运用。20 世纪 80 年代美国汽车产业面临极大的挑战:管理不能适应市场的变化,经费缺乏。尽管如此,资产规模达 600 亿美元的通用汽车历经三年的努力,击败了国内主要竞争对手,让我们刮目相看。他们凭借的主要工具是典型的临时性组织,也就是项目中心。通用汽车的项目中心从该公司传统独立的部门召集了 1 200 位主要员工,包括首席工程师等重要人物。项目中心历时 4 年,具有明确的任务:明确制定并进行缩编工作,并回到各单位进行最后的执行工作。这个例子的最神奇之处在于:当任务完成时,这个项目中心也于 1978 年消失。事实上,通用汽车对缩编的成效极为满意,因此决定在 80 年代以此作为组织的主要模式。在特殊项目中心大楼里有 8 个项目中心,其中两个针对电动车以及整体引擎计算机化的工作进行研究,另外一个则是研究员工议题。

制度(systems)

企业的发展和战略实施需要完善的制度作为保证,各项制度又是企业共同价值观和战略思想的具体体现。在战略实施过程中,应制定与战略思想相一致的制度体系,要防止制度的不配套、不协调,更要避免背离战略的制度出现。

在这方面,3M 灵活的制度就是一个典范。3M 公司内部有好几百个由 4 ~ 10 人的团队负责开发新产品。这些小型团队真正的威力在于它极富弹性,在公司内部几乎随处都有新产品团队,没有人会担心这些团队会破坏原有的组织制度。一个人自愿选择是否参加新产品创新事业的开发工作,当然他在公司里的职位和薪酬也会随着产品的成绩而改变,即使开始他只是一个生产一线的工程师,如果产品打入市场,就可以提升为产品工程师,如果产品的年销售额达到 500 万美元,他就可以成为产品线经理。这种制度极大地激发了员工创新的积极性,促进了企业发展。同时,在工作时间的管理上,3M 公司有一个著名的 15% 法则:一个员工每天有 15% 的工作时间是他的上司不得过问的,是员工用于创造自己产品新设想的时间。这种制度极大地提高了员工创新的可能性。

作风(style)

研究者发现,杰出企业都呈现出既集权又分权的宽严并济的管理风格:他们让生产部门和产品开发部门极端自主,却又固执地遵守着几项流传久远的价值观。这种管理作风是公司核心价值观念的体现,支撑着公司的核心价值观念在公司管理活动中得到实施。

IBM 的弗雷德里克·布鲁克斯在讨论发展 360 系统时,强调开放的沟通风格的必要性。他是设计 360 计算机系统的主要功臣。虽然 360 系统是个庞大的项目小组,比一般工作小组的范畴更广,但其结构是流动性的。根据布鲁克斯的说法,他们经常进行组织再造,成员之间联系频繁;所有的主要成员每周开半天会,以核对进度并且决定变革计划,同时在会议结束 12 个小时内公布会议记录。因此,每个参与者都可以取得所需的信息:譬如每个程序设计师都可以看到项目团队所有的资料,而不只是扮演顾问的角色。布鲁克斯表示:“每个人都有权负责某件事。”360 系统团队每年召开“最高法庭”会议,通常要花整整两周时间。别处无法解决的问题,都可以在这两周内通过密集的讨论顺利解决。我们观察的企业大多无法做到让 20 位主要干部离开工作岗位两周,或是每周开会半日,也没有广泛交换信息,或是让所有参与者都有权限负责某件事。

人员(staff)

战略实施还需要充分的人力准备,有时战略实施成败的关键在于有没有适合的人员去实施。实践证明,人力准备是战略实施的关键。

IBM 的一个重要原则就是尊重个人,并且花很多时间来执行这个原则,因为他们坚信员工不论职位高低,都是产生效能的源泉。所以,企业在做好组织设计的同时,应注意配备符合企业战略需要的员工队伍,将他们培训好,分配给他们适当的工作,并加强宣传教育,使企业各层次人员都树立起与企业的战略相适应的思想观念和工作作风。如麦当劳的员工都十分有礼貌地提供微笑服务;IBM 的销售工程师技术水平都很高,可以帮助顾客解决技术上的难题;迪士尼的员工生活态度都十分乐观,他们为顾客带来了欢乐——迪士尼挑选员工的准则就是健康和活力,能够给顾客带来活力和阳光。人力配备和培训是一项庞大、复杂和艰巨的组织工作，优秀的公司都非常注重人力资源的配备和培养。

技能（skills）

在执行公司战略时，员工需要掌握一定的技能，这有赖于严格、系统的培训。这些技能是提供相应产品服务、顾客支持的基础。

松下幸之助认为，每个人都要经过严格的训练，才能成为优秀的人才。譬如在运动场上驰骋的健将们，他们惊人的体质和技术不是凭空而来的，而是长期在生理和精神上严格训练的结果。如果不接受训练，一个人即使有非常好的天赋资质，也可能无从发挥。

迪士尼对员工的技能训练一直非常重视。在迪士尼公司，员工首先都得上迪士尼大学学习，并且要通过“传统课 I”的测验。传统课 I 是全天的学习活动，新雇员可以从这里学习到公司的经营哲学和管理方法。从副经理到被录用的兼职人员，哪一级都不能免修这门课程。在迪士尼，没有“工人”这类说法，工作出色就被列入“演员”阵容，谁扮演什么“角色”由公司协调安排。当你做工作时，被称为“登台演出”。培训使得新“演员”在开始工作之前了解公司的基本情况，各个部门是如何与“演出”相联系的，换句话说，“也就是我们大家是如何共同演出的，你在整个演出中又扮演什么角色。”

共同价值观（shared values）

共同价值观是引导企业员工共同前进的方向，是制约和引导员工行为的准则，这也是企业文化被众多优秀企业强调的原因。彼得斯和沃特曼在他们的调研中发现，员工的行为受到几个不同层次的因素的影响。

当一个企业的规模并不是很大的时候，企业中的行为准则是以管理者的监督和言行为基础的。在一个直线管理制的小企业中，管理者有足够的精力和时间关注每一位员工的行为，及时检查和调整。但是当企业到了一定规模以后，管理者已经没有办法去监督每一个人的行为了，制度这时可以代替管理者去制约员工行为，但是员工可能并不理解制度背后的含义是什么，有时也有可能只是理解制度的表面，而不是制度的本意。所以这时，企业文化建设非常重要。

文化是对企业战略与核心价值的理解，战略是企业发展的指导思想，只有企业的所有员工都领会了这种思想并用其指导实际行动，战略才能得到成功的实施。企业成员共同的价值观念具有导向、约束、凝聚、激励及辐射作用,可以激发全体员工的热情,统一企业成员的意志和欲望,齐心协力地为实现企业的战略目标而努力。这就需要企业在准备战略实施时,通过各种手段进行宣传,使企业的所有成员都能够理解它、掌握它,并用它来指导自己的行动。日本在经济管理方面的一个重要经验就是注重沟通领导层和执行层的思想,使得领导层制定的战略能够顺利、迅速地付诸实施。

在下面一个案例中,公司的核心价值观念充分表现了企业应该做什么?如何使公司的目标得以实现?公司营运中的每一个方面应该怎么做?

案　例

华为公司的核心价值观

● 追求:华为的追求是在电子信息领域实现顾客的梦想,并依靠点点滴滴、锲而不舍的艰苦追求,使我们成为世界级的领先企业。为了使华为成为世界一流的设备供应商,我们将永不进入信息服务业。通过无依赖的市场压力传递,使内部机制永远处于激活状态。

● 员工:认真负责和管理有效的员工是华为最大的财富。尊重知识、尊重个性、集体奋斗和不迁就有功的员工,是我们事业可持续成长的内在要求。

● 技术:广泛吸收世界电子信息领域的最新研究成果,虚心向国内外优秀企业学习,在独立自主的基础上,开放合作地发展领先的核心技术体系,用卓越的产品使我们自立于世界通信列强之林。

● 精神:爱祖国、爱人民、爱事业和爱生活是我们凝聚力的源泉。责任意识、创新精神、敬业精神与团结合作精神是我们企业文化的精髓。实事求是是我们的行为准则。

● 利益:华为主张在顾客、员工与合作者之间结成利益共同体。努力探索按生产要素分配的内部动力机制。我们决不让雷锋吃亏,奉献者定当得到合理的回报。

● 文化:资源是会枯竭的,唯有文化才会生生不息。一切工业产品都是人类智慧创造的。华为没有可以依存的自然资源,唯有从人脑中挖掘出"大油田"、"大森林"、"大煤矿"……精神是可以转化成物质的,物质文明有利于巩固精神文明。我们坚持以精神文明促进物质文明的方针。这里的文化不仅包含知识、技术、管理、情操……也包含了一切促进生产力发展的无形因素。

- 社会责任：华为以产业报国和科教兴国为己任，以公司的发展为所在社区作出贡献。为伟大祖国的繁荣昌盛，为中华民族的振兴，为自己和家人的幸福而不懈努力。

资料来源：《华为基本法》。

第四节　企业的核心价值观

除了上面谈到的故事、礼仪等这些有形可见的载体，组织文化还包含观念、价值、意识和信念等隐性的内容。而事实上也正是这些隐性因素才是组织文化的核心内容，它是一个企业对于其活动及有关事物的评价与看法，是企业在追求成功经营过程中所推崇的基本信念和奉行的行为准则，并为企业全体员工所共同拥有。

企业价值观是企业精神文化层的核心

企业经营哲学实质上是企业价值体系中经营价值观念的反应。例如，日本电话电信株式会社的经营哲学是“将眼光集中于未来人类的企业”，强调为未来社会人类的新需要服务，它是“企业为顾客而存在”的企业价值观的反应。

企业价值观是企业宗旨的依据和出发点

企业价值观决定企业伦理道德的产生及其基本倾向。例如，IBM公司的推销员奉行以下三条商业道德：(1) 在任何情况下，都不可批评竞争对手的产品；(2) 如果对手已接订单，切勿游说顾客改变主意；(3) 推销人员绝对不可为了订单而进行贿赂。该商业道德正是源于其基本价值观——“顾客至上，追求卓越”。

企业价值观是企业中占主导地位的管理意识

它以潜意识的方式渗透到企业管理的各个领域和生产经营活动的全过程。无论是企业发展战略的制定，还是对企业各部门、各项工作的协调，都是以企业价值观为驱动力的。一个适合该企业的正确价值观一经确立，并成为全体成员的共识，则会产生长期的稳定性，甚至会成为几代人共同遵从和奉行的信念，成为企业持久的精神支柱和企业生存与发展的精神指南。

企业的核心价值观应该是确确实实被员工和管理层所认同的，而不是一句简单的宣传口号。研究表明“言行一致”或者口号与实际管理现象的一致，是保证企业核心价值观念能够切实有效地提高企业效率的前提。下面两个案例说明了这一点。

案　例

员工信任：价值几何？

每个人都知道，领导者应该“言行一致”。倘若某个经理在每个部门都挂上“顾客第一”的牌子，而一个月后却裁减了客户服务部的人，员工们会作何感想？也许该经理有充足的理由这么做，也许他真的别无选择，但是员工们不理解这些，他们对经理的信任会开始打折扣，经理将会为此付出更大的代价。

到底是什么样的代价呢？我们通常看得到的都是一些难以衡量的表现形式，如员工工作不像以前那样投入，对新观念缺乏兴趣，也不再像从前那样愿意跟着领导冲锋陷阵。让人吃惊的是，长期以来居然没有人测算过经理人言行一致与否对公司财务状况所产生的影响。为此，我和同事朱迪·麦克莱恩·帕克斯（Judi Mclean Parks）开始进行这项工作。

我们自行提出假设：如果员工觉得他们的老板言行不一，将会引发一些后果，削弱员工的信任感、责任感和奉献精神。我们推断，这将降低客户满意度，增加员工跳槽的几率，最终影响到企业利润。

接下来，为了在竞争激烈的服务市场上衡量这一连锁反应，我们调查了美国和加拿大的 76 家假日酒店（Holiday Inn Hotels）的 6 500 多名员工，发放了多种语言的问卷，有英语、西班牙语、汉语、克里奥耳式法语和越南语，并对近 500 名不识字的员工进行了口头调查。我们请员工对诸如“我的经理履行诺言”、“我的经理对他倡导的东西身体力行”等打分，用 5 分制来衡量经理言行一致的程度——我们称之为“行为诚实度”（behavioral integrity）。我们还请员工对“我会自豪地告诉别人自己是这家酒店的员工”、“我的同事们竭尽全力满足客人的特殊需要”等打分，以此评估员工的工作精神和酒店的服务环境。最后，我们将反馈回来的问卷同酒店的客户满意度调查、人事记录和财务记录结合在一起，进行相关性分析。

在分析中,我们发现了惊人的连锁效应。如果员工深信经理信守诺言,以身作则,那么这个酒店的赢利水平通常比那些经理诚信度得分平平或较低的酒店明显高出很多。经理诚信度与公司财务状况之间的联系是如此紧密,以至于在 5 分制中平均得分每提高 0.125 分,公司收入就有望增加 2.5%,这相当于参加本次调查的每家酒店每年增加 25 万多美元的利润。在我们调查过的种种经理行为中,还没有哪一种行为对利润的影响如此之大。

保持诚信很重要,这是人人都懂的道理。让员工认为你言行一致、信守诺言、不欺骗,这似乎并不难。但如果真的这么容易,为什么极少有人做到呢?管理学和其他社会科学的学者们已经找出以下一些难以恪守诚信的原因。

撕不去的标签 "伪善"的标签比"诚实"的标签更难撕去。一个经理只要撒一次谎就会被贴上"说谎者"的标签;相反,他若想被大家视为"诚实的人",就得一直说实话。我们都知道诚信的美誉来之不易、失之须臾。一位在大家眼里一直都比较正直的经理,只要有一次违背承诺,他就很难再恢复原来的好名声了。

左右不逢源 经理们就像政治家一样,要竭力平衡各种利益相关群体,这些群体往往有各自喜欢的沟通方式,关注的利益也各不相同。经理们在与如此多的群体周旋时,言行产生冲突在所难免,讨好了这个往往就得罪了那个。回顾一下裁减客户服务部员工的例子,那位经理在用"客户第一"的口号团结员工队伍的同时,又向股东保证削减 15% 的部门预算。他对两群人表达的是两个不同的工作重心(事实上两个重心不一定非要水火不容),这到底是虚伪,还是精于管理不同的利益群体?那要看你问谁了。

多变的政策 当组织处于变革阶段时,保持诚信尤为困难。各部门变革步调不一;新举措常常令人困惑,或者自相矛盾;政策也似乎没有连续性。在管理层改组时,有经验的经理们也许能理解不同的人有不同的做事风格,因此不会要求某位经理实践另外一位经理的承诺。但是一线员工不知道这些,他们只是听到来自管理层的声音相互矛盾,于是便将这种前后不一致归咎于经理的个人品质。

赶不完的时髦 这个世界充斥着管理思想,新的管理理念更是日新月异。一份 1994 年的研究显示,美国公司在 25 种当时流行的管理工具和技巧中平均选用了 11.8 种。其中部分原因是经理们想通过使用新技巧显示自己站在管理的最前沿。但是这些新观念却经常不适用,渐渐地就被淘汰了,或者更糟,迅速被新观念取代。"品管圈(quality circle)"就是一例。在 1980 ~

1982年间，《财富》500强公司中有90%采用了该工具，而不到5年就有80%的公司放弃了。时髦的管理理论像走马灯一样变换，员工也就变得玩世不恭起来，逐渐对经理们大肆鼓吹的技巧感到厌倦。进行探索和尝试本是好事，但若只是蜻蜓点水，则将得不偿失。

重点不清　多数经理对公司和工作的重点或多或少心存困惑。分不清轻重缓急，经理人就很可能被那些说得头头是道的演讲、文章说服，转而采用新的管理方法。虽说经理们的初衷是好的，但是员工则将这种前后不一的行为理解为不够诚信。

心理盲点　在所有损害行为诚信度的因素中，最危险的当属经理无法看清自身存在的诚信问题。之所以会这样，通常是因为每个人本能地想把自己当成一个言行一致的人。在许多公司，经理们要想成功，总是要在口头上为他们所倡导的价值观大唱赞歌，但他们的实际行动很可能与某些潜在的规则和标准保持一致。这些规则和标准往往更有市场。例如，经理们常常在嘴上大讲分权，却从不肯真正下放权力。每当这种情况发生时，他们的心理防卫机制便开始启动，把自己的注意力从这种矛盾中转移开，以维持良好的自我感觉。这种自欺欺人的做法往往导致问题久拖不决。

发现并有效处理诚信问题虽说并不容易，但对增强领导力却非常关键，是领导者必须完成的任务。我们运用问卷调查的方法对这家大型酒店的此类问题进行了开诚布公的自我检查，以了解经理们言行一致的程度。我们有必要持续关注诚信问题，因为它发生的可能性极大，而且一旦发生，企业就要付出高昂的代价。

资料来源：《哈佛商业评论》，2002.11。

思考题

- 实际的管理行为与宣传口号出现不一致的时候，您认为哪个方面更能够代表企业文化的核心？员工更容易相信哪个？
- 这些不一致出现的时候，员工可能会质疑哪些问题？会对管理者哪些方面的行为产生质疑？
- 这些质疑会导致什么样的结果？

案　例

再看一看如下几种价值观：沟通、尊重、诚信、卓越。它们一个个掷地有声、简洁明了、意味深长,听起来都很有道理。或许它们就类似于你自己公司的价值观。如果真是这样的话,你就得小心一点了,因为这些都是安然公司 2000 年年报上所阐述的公司价值观,现在看来,它们绝对是毫无意义。

大多数价值观宣言平淡乏味、毫无实效,或者根本就是自欺欺人。一些管理者认为,这样的价值观并不是没有害处,事实上它们的破坏力极大。空洞的价值观宣言可以使员工玩世不恭、士气低落、疏远客户,并削弱管理层的可信度。但是,确立并遵循真正强有力的价值观不是一件容易的事。要想让价值观回归真实,必须遵循下面四个原则:

第一,了解不同类型的价值观。价值观可以分为四类:核心价值观、目标价值观、基本价值观、附属价值观。如果混淆了它们,会使员工摸不着头脑,使管理不着边际。

第二,积极追求真实的价值观。太多的公司把确立价值观看做一个产品上市活动,只是一时的大事,成功的标准在于最初受关注的程度,而不在于内容的真实性。

第三,深思熟虑地确立价值观。确立价值观是要让大家接受一套基本的、战略上合理的信念。因此,最好的价值观是由一个小组经过深思熟虑以后确立的。

第四,将核心价值观融入一切。仅仅把价值观宣言挂在墙上是不够的,必须将它融入与员工有关的任何一个程序中——雇佣方式、业绩考评系统,甚至辞退政策。

遵循已确立的公司价值观确实很困难,但公司会受益匪浅,而空洞无物的价值观却贻害无穷。

资料来源:《哈佛商业评论》,2002.11。

思考题

- 查阅安然公司的发展历史,您认为它是一个好公司吗?为什么?
- 您觉得安然公司的口号和实际的管理行为之间有什么不一致?
- 空洞无物的价值观对公司管理有什么负面作用?如何才能够改进?

第五节 强 文 化

任何一个组织,受其业务性质、工作规范和工作过程的影响,都会形成一种自身独有的组织文化。每个员工对组织内的工作模式、做事规则都会有自己的认识。这些规则人们在工作的过程中已经习惯,只有这些规则被打破或者遭遇变化的时候，人们才会真切地体验到规则的存在。

但是企业文化存在的强度是不一样的。很多知名企业有自己的典型工作风格，比如，IBM、强生、华为，都有典型的强势文化，每一个组织内外的人都会体验到很明显的文化特色。但是并不是每一个企业都有这样强势的文化特点。我们可以看很多组建不久的中小企业以及大量传统行业的国有企业。这些组织中的工作风格并不突出，也容易受到其他变化因素的影响。

"强文化"(strong culture)是可见的，可以让组织内外的人都看到这样的风格。一个具有"强文化"的企业，其企业文化是不容易发生改变的。在管理者希望进行变革时，如果新的文化元素与原有的文化存在不一致和冲突，这种"强文化"可能会成为阻碍新的规则形成的因素。在一个没有显著文化特色的组织中推行变革，受到的阻碍可能要小得多。

案　例

迪士尼的组织文化：Mickey 的笑容

这也许只是一个舞台，一个有 5 000 名演员参加演出的百老汇式的歌舞剧，而游客不过是参与这场互动演出的角色。9 月的香港，阳光没有秋天的迹象，仍然无遮无拦地热烈袒露，托尼已经记不得自己第几次擦去汗水，但笑容仍然没有一起被擦去。

"这是 Mickey 的神奇力量。"托尼这样解释他在高温中仍然可以充满活力地为游人服务的原因。他展现给游客的是那种露出整排牙齿的大大的笑容——笑容如此真诚、纯净、舒展，与这个刚刚开幕的香港迪士尼乐园和谐至交融。

"我们员工培训的第一堂课，就是如何在最短时间里画出一张 Mickey 的笑脸。"托尼很享受这一从培训到现在乐园服务的过程，尽管事实上，托尼并非乐园的服务人员，而是坐办公室的迪士尼公司职员。因为开幕这几天太忙，乐园人手不够，公司抽调了这些原本坐办公室的员工，临时到园里服务。但他似乎更享受现在乐园中的工作，脸上时时挂着 Mickey 式的笑容——眉毛和嘴角同时上扬——那不单是一个笑容，而是发自内心的快乐。

"在乐园里很开心啊，可以忘掉很多现实中的事情，完全是最简单的快乐，不会因为要服务就有什么不一样，这是大家的乐园。"托尼说。其他员工也与他一样，虽然有必要的规章制度要遵守，但仍然有在乐园游玩的感觉，并没有太多工作的压力和束缚。事实上,在这个乐园里,很容易融入欢快的气氛中,笑容是情不自禁的。

迪士尼公司经过特殊的严格培训,要求每个员工都遵守"微笑规则"。对于一个管理规范的跨国公司来说,用先进而规范的管理手段解决这个问题不会是一件很困难的事情。但是,如果每个(至少交谈过的)员工都告诉你:他们是真的快乐——这样的笑容就开始变得复杂起来。从感到愉悦,到一朵微笑产生,最后扩大成一个表达快乐的表情,这个过程要比机械地挂上一张"标准的"笑脸复杂得多。

资料来源:http://finance.sina.com.cn/review/essay/20050925/20011996772.shtml。

思考题

- 为什么每一个员工都遵守"微笑规则"?他们是自觉的还是因为约束?
- 您在其他的游乐园有同样的感受吗?
- 您印象最深的游乐园是哪个?您对它的印象是什么?
- 为什么全世界的迪士尼乐园都有同样的特点?这些特点是什么?

第六节　企业文化与组织气氛

组织气氛是组织文化与精神的实际表现形式,它直接影响着组织内部成员的行为,规定着组织内部成员的行为方向,是影响组织内聚力的主要因素。形成组织气氛的因素很多,主要有:组织内部成员的士气、对组织成员的激励方法、文化背景、领导风格、信息沟通方式等因素。

组织气氛(organizational climate):由组织内部成员的各种心理感受,和对组织环境的认知情绪的交互影响而形成的一种心理气氛,它是部门中的企业文化。

目前组织气氛的研究,大多局限于组织成员对组织环境共享知觉的测量上,而组织文化则把触角向内延伸到知觉之下的共享价值、信念系统、意义等深层心理;同时,组织文化的假设把组织视为一个开放系统,将触角从组织内部延伸到组织外部环境,而不仅仅局限于讨论组织内部现象。测量一个组织的气氛如何,既可以通过衡量组织内部成员的士气和态度而得出,也可以通过衡量组织内部的内聚力而达到。

表 9-1　组织文化与组织气氛的区别与联系

类　别	本　质	对　象	描　述
企业文化	共同价值观	企业组织、公司行为、宏观政策、组织结构、正式途径	企业中的多数成员共同拥有的能塑造企业行为方式的目标和关键点,即使企业成员变动,也会长期存在
组织气氛	群体行为规范	部门群体、个人行为、具体行为、言行表现、交往处事	由于群体成员将行为规范传授给新群体成员,同时群体实行强制措施,所以形成共同的普遍行为模式

和谐的组织气氛,是保证组织目标顺利实现的心理环境基础。不和谐的组织气氛会导致组织内部的冲突,影响领导行为的有效性。建立良好和谐的组织气氛的关键在于塑造共同的价值观,培育适应时代精神的组织文化,强化行之有效的各种规范与准则,使全体组织成员达到对组织目标的共识与高度认同。组织气氛是现代管理的软要素,它对组织发展及其内部成员的影响是潜移默化的。通过建立和谐的组织气氛来规范组织内部成员的行为,是现代化组织管理者的重要职责之一。

第七节　组织文化的导入与塑造

组织文化对员工行为有着深刻的影响,特别是我们刚才提到的强文化,它会深刻地影响到组织中每一个员工的工作行为。这种影响使员工做事情具有鲜明的个性。核心价值观念会通过具体的管理行为、管理者在工作中制定的规章制度等方面影响到员工的具体做法。有时候,很难说这种特点给组织带来了的作用是正面的还是负面的。正如个体的个性一样,强文化使得这种典型的特点非常明显,而相对弱势的文化对人们的影响则不那么明显。如图 9-6 所示,企业的核心价值通过管理工作影响到具体的行为。

核心价值	管理作风	实际做法	员工行为
团队精神	• 员工能够参与决定 • 强调贡献团体智慧 • 重视员工所提意见 • 实施多数同意方案	• 授权幅度 • 会议形态 • 矩阵式组织	• 提合理化建议 • 工作积极主动 • 和谐人际关系
顾客取向	• 给顾客提供周到服务 • 即刻处理顾客抱怨 • 以顾客至上为原则	• 服务中心 • 售后服务 • 利益分享 • 顾客满意度调查 • 准时交货	• 超时工作以保证按时交货 • 工作认真负责

图 9-6　组织气氛和员工行为

通常我们所看到的企业文化的作用多数是正面的，但是如果公司的核心价值观与管理者希望达到的管理模式不一致，这时候文化会成为管理者顽固的敌人，抵制新的管理变革。这些主要的负面作用会表现在以下这些方面：

员工对新的措施有意或无意的抵制。企业文化是根植于员工头脑当中的，人们的行为被固定于原有的固定模式。企业处于动态变化的情况下，文化往往会成为企业的束缚。根深蒂固的企业文化容易束缚企业的手脚，使企业难以应对变幻莫测的环境，对那些不符合企业价值观念的信息总是置若罔闻。在企业的兼并、收购过程中，企业文化的融合成为管理人员必须考虑的重要因素。企业文化一旦形成，便具有相对稳定的特点，这种特点使得两种不同文化的企业在兼并、联合、收购后面临着文化融合、文化沟通的难题，使得新的企业文化同原有的企业文化之间出现摩擦和碰撞，有可能导致收购和兼并的失败。如何改变与导入企业文化，成为管理者面对企业文化这个议题的时候需要关注的核心问题。

组织文化的形成模式

沙因描述了组织文化的形成过程，如图 9-7 所示。组织文化首先是源于组织创建者的经营理念，每个强文化组织的核心都是组织经营者经营理念的具体体现。经营者的经营哲学会影响到管理政策，在甄选新员工时候会选拔与之相匹配的人员，这成为人们进入组织的标准。这也就意味着进入这个组织的人应该基本和组织文化的标准相匹配。同时，组织现任的高级管理人员的行为为员工行为设定了标准，也设立了榜样。什么样的行为是组织推崇的，什么样的行为是组织不希望的，这在组织管理工作中和具体的人力资源政策中都得以表现。员工在工作中看到这样的行为准则，并用这些来指导平时的工作行为，这些都形成组织文化的基础。

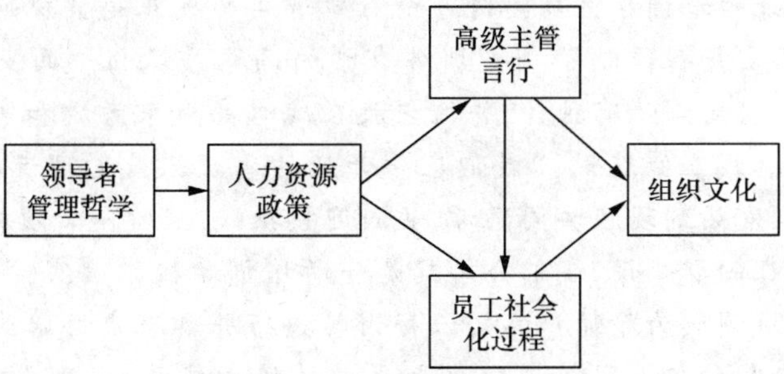

图 9-7　组织文化的动态过程

组织文化中的认同

心理认同，是指个体将自己和另一个对象视为等同，引为同类，从而产生彼此密不可分的整体性的感觉。初步的认同处于认知层次上，较深入的认同进入情绪认同的层次，完全的认同则包含行动认同。个体对他人、群体、组织的认同，使个体与这些对象融为一体，休戚与共。这是企业文化建设中的核心。

为了建设优良的组织文化，组织主要负责人取得全体员工的认同，是一项首要的任务。这就要求管理者办事公正、作风正派、以身作则、真诚坦率、待人热情、关心员工、善于沟通，具有民主精神，成为员工靠得住、信得过的"当家人"。员工对组织主要负责人的认同感一旦产生，就会心甘情愿地把他所倡导的价值观念、行为规范，当作自己的价值观念、行为规范，从而形成组织负责人所期望的组织文化。

在下面西安杨森的例子中，我们来看看组织制度和管理行为对组织文化建设的影响。

案　例

西安杨森：人与文化的和谐

西安杨森的领导人认为，西安杨森的成功归功于它有一支高素质的员工队伍。而这支高素质的员工队伍则是西安杨森高水平培训和公司人力资源管理与企业文化、中国文化紧密结合的结果。

实践中的大学

西安杨森的培训在医药圈内可谓有口皆碑。也正是靠规范、系统、高水准的培训,西安杨森造就了一支训练有素的高素质队伍。西安杨森的管理者洞察先机,对培训情有独钟,并把它放在战略高度来考虑和实施。西安杨森前任美籍总裁罗健瑞说:"我们从一开始的管理只是管理者的事情,其他人只是执行,发展到现在共同思考,共同迎接挑战,经验是必须加强培训。"

西安杨森的职工说,我们公司就是一所培训学校。确实,年轻的销售人员在这里被培训成为精通产品知识和销售技巧并具有良好职业道德的市场销售骁将;车间的工人成了现代化大生产的技术能手;管理人员经过培训,则站在一个更高的起点上,成为具有现代企业管理知识和国际战略眼光的前锋型人才。在西安杨森,市场销售人员成长得非常迅速。从只有书本知识的学生、资历浅薄的年轻医生,到通晓市场营销策略的地区销售经理、大区销售经理,有的只用一两年时间。在如此短暂的时间内实现人才类型和人才素质的大跨越,其中一个很重要的因素就是培训。公司每年用于培训的费用比职工工资总额还要高。来自台湾的全国销售总监蔡敏胜说:"西安杨森对培训的重视程度让我吃惊,这不仅在中国很突出,就是在全世界也是名列前茅的。"

甘为他人作嫁衣

西安杨森的人力资源管理工作是从培训开始的。它将人力资源管理与文化有机结合,实现人与文化的和谐的努力也是从培训开始的。

首先,它将企业文化融入培训课程之中。在培训过程中,西安杨森一方面对员工进行业务知识培训,另一方面将这些培训与公司的企业文化融合在一起,或是在课程中穿插企业文化教育,让企业文化植根于每个参加培训的员工心目之中。西安杨森人力资源管理部门的想法是:培训不仅要提高员工个人能力,而且要增强员工对公司和企业文化的认同,这样才能为公司所用。

其次,它还将它的培训服务于整个医药行业。西安杨森的企业文化中特别重视自己的社会责任,西安杨森总裁罗健瑞说过:"承担社会责任,与社会共享我们成功的经验和做法,已成为西安杨森公司企业文化的组成部分。"西安杨森不仅对自己员工的培训搞得有声有色,还把本企业的培训和经验拓展到了企业之外,开展了诸多有益于整个医药行业的培训。

鹰击长空

培训只是人力资源开发的重要手段,实现人力资源的有效利用才是目的。在用人过程中,西安杨森也处处注意人力资源管理与中国文化环境和企业文化精神的有机结合。

优厚的待遇是西安杨森吸引和招聘人才的重要手段,而不断丰富工作的意义、增加工作的挑战性和成功的机会则是公司善于使用人才的关键所在。西安杨森的工人和中层管理人员是从几家中方合资单位抽调的。起初,由于他们在原单位形成的习惯,思想意识涣散,不适应合资企业严格的生产要求。有鉴于此,西安杨森一方面在管理上严格遵循杨森公司的标准,制定了严格的劳动纪律,对员工进行相关培训,培养员工对企业和社会的责任感,使员工逐步适应新的管理模式。另一方面,他们通过调查研究发现,在中国员工尤其是较高层次的员工中,价值取向表现为对高报酬和工作成功的双重追求。为此,他们专门制定了与此相适应的激励员工的办法。

例如,在创建之初,公司主要依靠销售代表的个人能力,四处撒网,孤军奋战。这时公司从人员—职位—组织的匹配出发,选用那些具有冒险精神、勇于探索、争强好胜又认同企业文化的销售代表,主要是医药大学应届毕业生和已有若干年工作经验的医药从业人员。这两类人文化素质较高,能力较强,对高报酬和成就都抱有强烈的愿望。此时西安杨森对员工采用的是个人激励法,大力宣传以鹰为代表的企业文化。他们这样解释:“鹰是强壮的,鹰是果敢的,鹰是敢于向山巅和天空挑战的,它们总是敢于伸出自己的颈项独立作战。在我们的队伍中,鼓励出头鸟,并且不仅要做出头鸟,还要做搏击长空的雄鹰。作为企业,我们要成为全世界优秀公司中的雄鹰。”通过企业文化使积极进取、勇于接受挑战的鹰的精神深入销售人员心中,不仅打消了他们的顾虑,而且唤起了藏在他们内心喜欢挑战性工作的意识,收到了很好的效果。

雁的启示

但是,企业毕竟是一个整体,特别是企业逐渐发展壮大后,公司众多业务部门和众多员工的互相协调、帮助就显得尤为重要,因而在培养销售雄鹰的同时,他们还特别注重员工队伍的团体精神建设,这主要来自“雁的启示”。

在1996年底的销售会议上,他们集中学习并讨论了关于“雁的启示”:

(1)“当每只雁展翅高飞时,也为后面的队友提供了‘向上之风’。由于采用V字队形,可以增加雁群70%的飞行范围。”启示:分享团队默契的人,能够互相帮助,更轻松地到达目的地,因为他们在彼此信任的基础上,携手前进。

(2)“当某只雁离队时它立即感到孤独飞行的困难和阻力。它会立即飞回队伍,利用前面同伴提供的‘向上之风’继续前进。”启示:我们应该像大雁一样具有团队意识,在队伍中跟着带队者,与团队同奔目的地。我们愿意接受他人的帮助,也愿意帮助别人。

公司还特地解释了“鹰”和“雁”的关系:雄鹰是针对外部而言的,要求企业主要业务人员和管理人员要勇于接受挑战性的工作,为企业的发展贡献自己特有的力量;雁是对内部而言的,号召大家要拧成一根绳,调动企业所有的资源共同促进企业的发展。

经过大力进行企业文化建设,员工的素质得到了不断提高,对公司产生了深厚的感情,工作开展得更为顺利。特别明显的是,在20世纪80年代后期困扰公司的员工稳定问题得到了很好的解决。当时由于观念的原因,许多人到西安杨森工作是为了获得高收入,当自己的愿望得不到满足时就产生不满,人员流动性曾连续几年高达60%。如今,他们已使员工深深认同公司文化,喜爱公司的环境和精神。最近3年中,公司人员流动率已降至6%~10%左右。

充满人情味的工作环境

西安杨森的人力资源管理实践,充满了浓厚的人情气息。每当逢年过节,总裁即使在外出差、休假,也不会忘记寄贺年卡,捎给公司员工一份祝福。这不只是一张形式上的、统一完成的纸片,而是一个充满领导个人和公司对员工的关爱的感情载体。在员工过生日的时候,总会得到公司领导的问候。员工生病休息,部门负责人甚至总裁都会亲自前去看望或写信慰问。员工结婚或生小孩,公司都会把这视为自己家庭的喜事而给予热烈祝贺,公司还曾举办过集体婚礼。公司有些活动,还邀请员工家属参加,一起分享大家庭的快乐。西安杨森办的内部刊物,名字就叫《我们的家》,以此作为沟通信息、联络感情、互相关怀的桥梁。

资料来源:http://www.4oa.com/office/748/940/952/200712/152154_2.html。

思考题

- 西安杨森公司文化的核心价值观是什么?
- 什么是鹰和雁的精神?这样的描述对企业文化建设有什么益处?
- 公司宣扬的核心价值观如何在具体管理行为中得以体现?
- 公司管理行为如何支撑着公司文化和核心价值观?

人力资源管理是对人能力的培养和对人的管理,而文化环境是人生存和发展的重要环境,因而文化的因素就在人力资源管理中占有举足轻重的地位。在沙因的模型中,人力资源管理政策是组织文化建设的核心。西安杨森首先在培训时将企业文化融入培训全过程,在提高员工能力的同时增强了员工对企业文化的认同感,为在人力资源管理中应用企业文化奠定了基础。然后根据公司和员工的具体特点,在销售人员中唤起他们的进取精神和接受挑战的意识,提倡做销售"雄鹰";在全体员工中则宣传"雁的启示",倡导团队精神,强调团队制胜,员工的认同感也由此而得到加强。

CI 导入与企业文化

近年来 CI 导入已经成为企业越来越关注的企业文化建设内容之一。CI 系统指的是企业形象识别系统(corporate identity system),是企业大规模化经营而引发的企业对内对外管理行为的体现。CI 导入的基本思想是将企业文化与共同的价值观念,运用整体传达系统(特别是视觉传达系统),传达给企业内部成员与外部大众,并使其对企业产生一致的认同感或价值观,从而达到形成良好的企业形象和促销产品的设计系统。

企业形象识别系统(corporate identity system):是企业大规模化经营而引发的企业对内对外管理行为的体现。CI 导入的基本思想是将企业文化与共同的价值观念,运用整体传达系统(特别是视觉传达系统),传达给企业内部成员与外部大众,并使其对企业生产一致的认同感或价值观,从而达到形成良好的企业形象和促销产品的设计系统的目的。

CI 系统是由理念识别(mind identity,MI)、行为识别(behavior identity,BI)和视觉识别(visual identity,VI)三方面所构成。

理念识别

它是指确立企业独具特色的经营理念,是企业生产经营过程中设计、科研、生产、营销、服务、管理等经营理念的识别系统,是企业对核心价值的总体规划和界定,主要包括:企业精神、企业价值观、企业信条、经营宗旨、经营方针、市场定位、产业构成、组织体制、社会责任和发展规划等。它属于企业文化的意识形态范畴。比如下面的这个例子就界定了惠普公司的基本业务、核心价值等方面。

惠普的基本业务目标

创造信息产品，以加速知识的提高并从根本上提高人员和组织的效率。

约翰·杨(John Young)，1992

惠普核心价值观

- 我们信任并尊重个人。
- 我们追求卓越的成就和贡献。
- 我们在经营活动中坚持正直与诚实。
- 我们靠团队精神达到我们的共同目标。
- 我们鼓励灵活性和创造性。

行为识别

它是企业实际经营理念与创造企业文化的准则，对企业运作方式所作的统一规划而形成的动态识别形态。它以经营理念为基本出发点，对内是建立完善的组织制度、管理规范、职员教育、行为规范和福利制度；对外则是开拓市场调查、进行产品开发，通过社会公益文化活动、公共关系、营销活动等方式来传达企业理念，以获得社会公众对企业识别形态的认同。比如下面这个例子就明确地界定了作为惠普的管理者，应该如何处理日常管理工作中的事务。

惠普经理的主题(theme)

- 人和事并重(focus on task and people)。
- 关心整体全局(concern for whole)。
- 相信双赢（believe in “win-win”）。
- 团体合作（team work）。
- 正直（integrity）。
- 持续不断的改进（continuous improvement）。

视觉识别

它以企业标志、标准字体、标准色彩为核心展开的完整、系统的视觉传达体系。它将企业理念、文化特质、服务内容、企业规范等抽象语意转换为具体符号,塑造出独特的企业形象。视觉识别系统分为基本要素系统和应用要素系统两方面。

基本要素系统主要包括:企业名称、企业标志、标准字、标准色、象征图案、宣传口语、市场行销报告书等。

应用系统主要包括:办公事务用品、生产设备、建筑环境、产品包装、广告媒体、交通工具、衣着制服、旗帜、招牌、标识牌、橱窗、陈列展示等。

视觉识别在CI系统中最具有传播力和感染力,最容易为社会大众所接受。视觉识别系统的工作立竿见影,是企业文化建设中最容易看到表面效果的部分。因此,近年来为大量企业所重视,但是视觉识别系统的工作也容易停留在表面上,对企业实质性的管理行为不能产生真正的影响。

我们看看惠普公司引入金牌服务的例子。

案　例

惠普金牌服务的CI导入

2001年3月15日,惠普维修将全新命名为"惠普金牌服务",这是惠普公司决定以服务带动产品的战略转变的一部分,也表明了惠普公司在IT服务市场上要成为领跑者,推动服务进步,造福用户的决心。

惠普金牌服务是针对客户不同需求研究开发的个性化服务方案。金牌服务包含了上百种服务,从系统集成安装,到保修升级、清洁保养,过保修期后的保修延长;从单台机器的维护到多厂商设备的服务,无论您的产品在产品生命周期中哪个环节,都能体验到惠普无微不至的关怀。

惠普金牌服务MI

在经过7年之久的积累之后,惠普发现,惠普必须而且有条件去创造更高的业界标准,创造适合于惠普自己,但却不利于对手的生存环境。对于惠普所服务的商用市场而言,唯有大幅度提高响应速度,才是目前最好的选择,是竞争对手无法超越的选择。

进一步明晰惠普的MI：惠普的MI依据车库法则，强调速度、解决、热情、关爱、分享、忠诚。

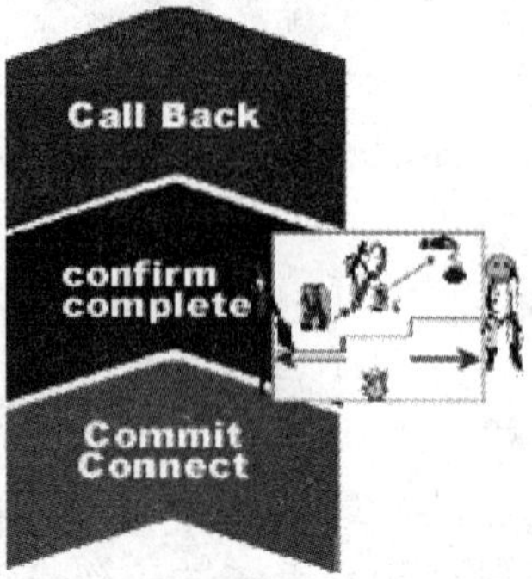

惠普金牌服务——中国最快的IT服务将先于春天来到新世纪！

惠普金牌服务 BI

全面更新惠普的BI。惠普在整个服务网内推行3-5-3流程，即在提供服务的前、中、后三个阶段，推行5星级流程，在上门过程中推行惠普金牌服务三步曲。所谓五星级流程指联系（connect）、承诺（commit）、完成（complete）、确认（confirm）、回访（call back），通过维修过程中五个关键环节的控制，保证用户服务的质量。三步曲指工程师上门维修过程中，除了解决用户的问题外，还要帮助用户做好预防性维护工作，通过沟通，跟用户建立友谊。

惠普的承诺：

- 标准服务的新标准——各产品线的标准保修全面提速！

惠普期待着其他IT厂商的积极响应，同惠普金牌服务网携手，不断创立、刷新速度的纪录，让中国的用户成为最幸福的用户。惠普的服务标准如表9-2所示。

惠普的金牌服务标准

新标准	现行业界标准
PC服务器产品在38个主要城市承诺全天候不间断、四小时到场响应（24＊7＊4）	第2天上门响应
部分PC新产品在43个城市承诺次日修复	第2～6天上门响应
部分惠普低端激光打印机新产品提供免费取送机服务	送修
部分惠普中档打印机新产品承诺20个城市次日维修	送修

- 电话服务的新标准——8008105959将带给您更多关怀，更优服务！

惠普消费产品售后客户支持热线（010）65645959已经延长工作时间，除5天正常工作日外，周六、周日上午10:00—下午6:00也将在线恭候。惠普的目标是为顾客提供每周7天的热情服务！

惠普商用计算产品技术响应中心热线8008105959（010-65645959）自3月1日起，将给用户带来每天24小时每周7天的全新服务体验。这种服务无疑又是IT服务市场上电话支持的新里程碑。惠普期望得到其他IT厂商的积极响应,共同为中国的IT用户提供高标准的服务。

惠普敢于承诺,是基于惠普在蜕变过程中累积的强大实力。惠普是在春天阳光下扇动翅膀的蝴蝶,为用户而蜕变,因理想而升华。

惠普金牌服务VI

惠普在"3·15"日消费者权益日推出"惠普金牌服务",全面更新惠普的VI,全国各金牌服务中心统一着装、统一问候语、统一店面形象。在惠普的服务中心里,有供用户休息的沙发、娱乐用的网吧,内部布局的设计完全以用户的便利性为出发点,让用户在金牌服务网内享受到全方位的服务。

英姿勃发,惠普卓越实力的体现

资料来源:惠普公司网站的宣传资料。

思考题

- 惠普公司文化的核心价值是什么?查阅资料说明什么是"惠普之道"?
- 看了这些资料,你对"惠普金牌服务"的印象是什么?
- MI、BI、VI三者之间的联系是什么?它们对企业文化的塑造起到了什么作用?

□ 本章复习要点

组织文化的基本概念
企业的核心价值观念
企业文化的冰山模型
企业文化的7S模型
强文化
企业文化的导入模型
企业形象识别系统

□ 本章复习题

专业术语

组织文化	企业形象识别系统	行为识别
冰山模型	强文化	理念识别
企业核心价值观	组织气氛	
企业文化的7S模型	视觉识别	

案例讨论(1)

惠普的故事

惠普由比尔·休利特(Bill Hewlett)和戴维·帕卡德(Dave Packard)于1939年在自家车库创立,从此成为硅谷最成功的一家公司,所以“车库文化”在惠普代表着创新、创新、再创新。惠普最宝贵的基因,就是创办人传承下来的创新精神。

休特利总结过一条有趣的管理公式:

博士 + 汽车库 = 公司

“惠普之道”尊重每一位员工,承认每一个人的成就,认为大家都是公司的“博士”。惠普的产品设计师们不管正在搞什么东西,都可以把东西留在办公桌上,谁都可以过来摆弄一下,并可以无所顾忌地对这些发明评头论足。

惠普存放机械零件的储藏室从不锁门,工程师们不仅可以在工作中随意取用零件,而且公司还鼓励他们把零件拿回家供个人使用。帕卡德和休利特说,不论他们用这些零件所做的事是否和工作有关,只要他们摆弄这些,总能学到东西。一次周末,休利特到工厂想干点儿活,但他发现储藏室已经上锁,于是立即砸开门。星期一早上,人们看到他留下的条子:“请勿再锁此门。谢谢,比尔。”

从此,惠普存放机械零件的储藏室不再锁门。

思考题

- 这个小故事说明了惠普公司的哪些文化特征?
- 类似这样的小故事对公司企业文化建设起到什么作用?

• “不锁门”的故事是惠普精神的集中体现，为员工所称道。你认为它反映了公司的哪些共同价值观？

• 检索其他公司中的类似小例子，说明它与组织文化建设的关系。

参考答案

惠普公司是美国第二大计算机公司，在信息产业，工程师的创造性是公司产品创新的源泉。在公司倡导的“车库文化”中包含了这样几层含义：第一公司鼓励工程师创造和开发新产品，只要这些活动对公司有益，公司就会鼓励人们去做；第二，公司信任员工会做对公司有利的事情，员工会进行自我约束，绝大部分人不会因为“不锁门”而做对公司造成损失的事情；第三，公司相信必要的自由和对工作的自主是工程师创新的保障条件，因而公司鼓励自由的政策。

案例讨论(2)

利玛与光明的文化冲突

尽管已有预感，但当营销总监乔运华递交辞职报告的时候，总经理张爱清还是没有想到。但这不过是天边隐隐的雷声，一场酝酿已久的狂风骤雨正向她袭来。

这一天是2002年4月的第一天，是西方传统的节日“愚人节”。距离她作为大股东——光明集团电子商务有限公司(以下简称光明)的代表，入驻北京利玛信息技术有限公司(以下简称利玛)，才刚刚一年时间。

紧接着，技术总监戴宝纯辞职；

副总经理秦德昌辞职；

……

资本和技术是成功的两大砝码，如果琴瑟相和，可以演绎出诸多浪漫动人的旋律来，但对于利玛来说，这一切都已覆水难收。

2002年3月底的一个周末，北京华北大酒店的一间会议室里，烟雾缭绕。利玛部分核心员工在此“密谋”，这次会议被认为是直接导致利玛分裂的“最后一搏”。利玛软件几位创业元老坐在会议主持人的位置上，员工私下里称他们为公司的“四巨头”，他们是蒋明炜、秦德昌、乔运华、戴宝纯。4人的身份分别为：蒋明炜，副总经理；秦德昌，副总经理(原北京机械工业自动化研究所所长)；乔运华，营销总监；戴宝纯，技术总监。

会上，大家情绪都很激动，讨论围绕着两个话题：第一，如果骨干员工和创业者们集体辞职，是否会逼迫投资方代表兼公司总裁张爱清“下野”；第二，如果不能逼迫张爱清辞职，自己重新创业是否有一定胜算。

与会代表对这两个问题的讨论结果都很乐观：如果集体辞职，张爱清肯定会“下野”；如果集体创业，肯定会成功。2002年被大家认为是“中国ERP年”，创业的机会正在向他们招手。

4月1日，营销总监乔运华首先辞职。接下来，是颇有影响力的研发部经理和原公司副总经理。随后，他们各自负责的几个部门也陆续有人辞职。4月7日，利玛软件召开临时董事会。会上，一个股东以骨干创业者集体辞职为由，提出要光明“换马”，甚至为此写了一个调查报告，细数因总经理张爱清管理不善而造成的严重后果。

光明集团董事长兼利玛软件公司董事长冯永明在会上公开要求张爱清对该股东的“弹劾”做出解释。在张爱清当场细说原委之后，董事会最后决议是：集体辞职简直是威胁控股股东，所以冯永明选择了继续支持张爱清。

辞职者的“逼宫”行为最终没能让张爱清“下野”，于是加紧了集体辞职的步伐。在一个月内，利玛近一半以上的人员选择了悄然离去。

关于此次事件的辞职者总数，张爱清说有43人，其中包括17名自动化所的老员工；乔运华则说有69人。记者了解到的情况是：销售人员全部辞职，技术服务人员约2/3辞职，研发人员约1/2辞职。

张爱清说，辞职风暴给利玛带来无法估量的损失：

——由于销售人员集体辞职，利玛软件公司的300多个客户大部分在短期内失去了联系。

——在技术上，利玛软件剩下的还是2001年9月中旬留下的一个老版本，此后半年多所做的开发都找不着踪影。接管技术的员工戏称这个版本是“9·11版”。对利玛软件来讲，这次事件不亚于美国遭遇的“9·11恐怖袭击”。

利玛和光明，曾经拥有一段让业界艳羡的美满姻缘。

利玛和光明的合资始于光明在ERP项目上的合作。利玛现任总裁、光明集团代表张爱清对记者说，2000年初，光明集团正在寻求进入一个新兴的领域来拓展自己的业务，而此时，利玛也表露出希望吸引投资者的愿望。于是双方一拍即合。

2000年7月8日，光明董事长冯永明和利玛主要股东秦德昌、蒋明炜、祁楚辉等8家股东在北京签订了《北京利玛信息技术有限公司增资协议书》。协议约定，光明集团通过旗下的光明电子商务有限公司和深圳圣泉禾事业发展公司（光明的控股公司），向利玛投资合计3 000万元人民币，占新公司51%的股份,原股东无形资产和现有有形资产作价2 882万元人民币,占49%的股份。

最初,光明对合资伙伴还是表现出相当的尊重。出于对利玛老员工的信任,在新公司召开二届一次董事会时,光明身为第一大股东,没有对原经营班子做大的变动。也就是在这次董事会上,光明还作出了聘任乔运华为营销总监,戴宝纯为技术总监的决定;同时,作出了对利玛员工进行加薪的决定,管理层薪水上涨幅度更在3倍左右。利玛又花了370多万元对办公场地进行装修,大大改变了北京利玛的企业形象和工作环境,并大量招兵买马,从原来的60多人扩充到130多人。

面对新股东入主带来的变化,利玛员工无不欢欣鼓舞。在管理上,利玛走出了研究所的生存模式,开始真正像一家现代企业;在资金上,有光明这个具有实力的集团公司做后台,何愁没有发展后劲。

但是,当新利玛正要迈开步伐向前冲的时候,作为投资方和创业元老的利玛老臣都发现了彼此的不信任和不和谐音符。

2001年3月,光明派出的财务人员和行政人员相继走马上任。不过,从2001年3月到10月,张爱清并没有到利玛坐班,也没有对公司的日常管理过多干预,因为张爱清还是光明电子商务公司的总裁。公司的日常管理,则由原副总经理蒋明炜、营销总监乔运华、技术总监戴宝纯直接负责。

然而,只是偶尔才来利玛的张爱清,却不时收到派驻利玛的员工传来的坏消息。在记者赴北京采访时,张爱清细数了一些她"不能容忍"的行为:

首先是利玛的管理。利玛本身是做管理软件的,是为别的企业提供管理服务的,但利玛的管理却乏善可陈:利玛员工的着装,从来都是乱七八糟的;在夏天,甚至还有人穿着背心、拖鞋到办公室上班;还有个别的员工在上班时间,从来不打招呼就溜出去接孩子或是买菜。

其次,管理层拉帮结派,分歧非常大;员工个个都牛气冲天,有时训斥领导就像训斥自己的儿女,而领导向下安排工作却难上难。有一次,张爱清对研发部的一个经理的项目方案提出质疑时,对方十分轻蔑地说:"你懂这个行业?这是IT。"

财务经理的报告更是让张爱清寝食难安。利玛公司同所有客户的合同,在公司都没有备案,全在一些项目经理和分管领导手上。和谁签,怎么签,上面无从知道;分公司在哪里设立,做什么业务,一个人就说了算;代理费拿多少,让谁拿,没有规矩。

企业没有明确的发展战略,一些员工戏称"未来像雨像雾又像风"。任何一种产品都有生命周期,ERP 产品也是一样,如果公司只靠一种产品维持发展,在产品生命周期结束时公司如何生存？2001 年公司制定了加大 HRMS(人力资源管理系统)产品的研发力度,并且专门成立了 HRMS 事业部,而同行业的金碟等软件公司也都在加大研发 HRMS 产品,可是突然又有人提出 HRMS 没有市场。这是为什么？

2001 年 4 月中旬,光明集团 3 000 万资金全部到位。入资的同时,光明以到位的资金“不能闲置”为由陆续借走 2 600 万。2001 年 4 月到 12 月,光明归还 370 余万人民币装修利玛办公区。但这 370 余万都落入了光明指定的装修公司的腰包。辞职的一位高层气愤地告诉记者。于是,催促光明归还借款的工作就提上了日程,但光明显然没有归还欠款的意思,因为利玛的经营状况并不理想。

而在双方合作过程中,一些不和谐声音也频频出现,投资者与创业者之间的信任基础日益脆弱。于是,光明方面开始考虑直接插手利玛的管理工作。

还在 1998 年接触利玛软件公司时,冯永明就没瞧上公司的管理水平:“作为一个向别人输出管理软件的高科技公司,自己的管理却很不完善,怎么行!”

现在,由于管理混乱而造成的经营问题摆在了冯永明的面前,而且,即将严重损害到投资者的利益,冯永明觉得到了该向“管理输出者”输入管理的时候了。冯永明的考察结果是:利玛软件的技术还行,但管理落后;员工拉帮结派,整个公司没有一个核心领导者。公司的气氛是:员工比经理“牛”,经理比总经理“牛”,总经理比董事会“牛”。虽然是一个已经运作了六年左右的合资公司,但还像个国企。公司办公地也一直在自动化所的院子里,这些本来就是自动化所职工的利玛软件员工,沿袭的企业文化还是“研究所文化”。

光明要向利玛软件输入管理,首先就要改变“研究所文化”中的一些积习。冯永明最早投资利玛软件的想法是:把光明集团的成功管理经验与利玛软件的先进 IT 技术相结合,造就一个优秀的管理软件企业。从光明集团不惜成本的投入上看,利玛软件是其进军 IT 行业的桥头堡。但已经在研究所做过十几年的员工,能适应这种陌生的管理输入吗？光明在这上面栽了跟头。

企业文化的不兼容和管理理念的差异,一度被认为是整个事件的主因,但事实又如何呢？

向利玛输入企业文化,从光明集团入主伊始就在做了,尽管那时候光明集团还没有直接参与研发和营销的管理。

光明入主利玛后,建立了员工食堂,严格了考勤制度,那时候的张爱清,给自己定位的角色是“保姆加管家,一切为员工服务”。自由散漫惯了的员工,也被组织起来做早操,周末打扫卫生。

光明集团的文化输入,一开始并没有遭遇到太多挑战。但随着时间的推移,两种文化之间的冲突开始凸显出来。很多人把不适应新管理而产生的矛盾,开始转向光明集团派来的管理者,直到最终出现集体辞职、双方对峙的结果。

利玛软件
RIAMB Software

利玛的“分裂”局面还要僵持多久?恐怕连当事人也说不清,一场资本整合衍生出的利益和文化冲突,早就已经超出了双方的操控能力。在这一点上,无论是原来的利玛,还是现在的光明集团,“亲者痛、仇者快”是谁也不愿看到的结局,但利玛身上发生的这一幕恐怕也不是最后一个“企业控制权”之战,它恰恰暴露了我们许多软件企业长不大的深层次“烦恼”。在企业管理文化变革如何适应新的环境变化方面,利玛的困境也是这一代中国软件企业的集体梦魇。

资料来源:http://oxford.icxo.com/htmlnews/2006/08/09/896405_1.html。

思考题

- 查阅利玛事件前后的缘由,分别描述利玛和光明两家企业的文化特征。
- 请用5个要点分别概括利玛和光明的文化特征。
- 请指出如果您在这个案例中,需要支持其中一方,您选择哪方?
- 如果你是张爱清,接下来你会怎么进一步规划公司的发展?
- 在案例中的文化输入过程中,有什么方法可以减少文化冲突,加快两种企业文化的融合?用少于15张的PPT说明小组的观点。

参考答案

利玛和光明的冲突是两种组织文化的冲突，这也是在企业并购整合过程中最为困难的部分。利玛是一家在研究所基础上发展起来的企业，它的特点是强调员工个人的科技创新能力，员工对技术的认同感很强。但是同时企业的管理存在很多问题，造成部分管理者错位，掌握了过大的权利，也造成了客户资源集中在少部分人手中。光明是国内一流的家具厂商，这个行业的特点是纪律、约束和规范化的管理，通过规模化运作取得效益。公司的商业目的性强，更注重销量，上下级关系等级严明，上级做出要求，下级就要执行。

并购以后，这两种文化造成了很大冲突，并购同时带来的是组织变革和权力重新分配的过程。作为总经理的张爱清，在考虑公司业务模式的时候，更应该考虑兼并过程中的文化因素。

中英文名词对照表

A 型人格(A-type Personality)

MBTI 理论(MBTI Model)

A

案例教学(Case Method)

案例研究(Case Research)

B

保健因素(Hygiene Factor)

冰山模型(Iceberg Model of Organization Culture)

禀赋效应(Endowment Effect)

C

参照点(Reference Point)

参照性群体(Reference Group)

操作岛(Operation Island)

操作性条件反射(Operant Conditioning Theory)

沉入成本(Sunk Cost)

成就需要(Need for Achievement)

成人式自我心态(Adult Ego State)

承诺升级(Commitment Escalation)

冲突(Conflict)

从众(Conformity)

D

大五理论(Big Five Model)

代表性(Representative)

地域分工(Differentiation among Areas)

典型性测试(Type Test)

对比效应(Contrast Effect)

F

反馈(Feedback)

分配性谈判(Distributive Negotiation)

G

个体差异(Individual Difference)

个性(Personality)

工具性(Instrumentality)

公平理论(Equity Theory)

沟通(Communication)

沟通焦虑(Communication Stress)

固定馅饼假设(Fixed Pie Hypothesis)

归因理论(Attribution Theory)

规范(Norms)

过滤(Filter)

过于自信(Overconfidence)

H

孩子式自我心态(Child Ego State)

合群需要(Needs for Affiliation)

横向分工(Differentiation among Departments)

互动式沟通分析(PAC Analysis)

回避策略(Avoiding)

霍桑实验(Hawthorne Studies)

同理心(Empathy)
投射(Projection)
团队(Team)
团队发展五阶段模型(5 Stage Model)

W

问卷研究(Questionnaire Research)

X

系统研究(Systematic Research)
效价(Valence)
心理契约(Psychological Contract)
信任(Trust)
信息发送者(Sender)
信息接受者(Receiver)
行为(Behavior)
行为识别(Behavioral Identity)
虚假冲突(Conflict Illusion)
需要层次理论(Hierarchy of Needs Theory)

Y

羊群效应(Herd Effect)
易利用性(Availability)
因变量(Dependent Variable)
有机结构(Organic Structure)
有限理性(Bounded Rationality)
晕轮效应(Halo Effect)

Z

展望理论(Prospect Theory)
折衷策略(Compromising)
整合策略(Collaborating)
整合性谈判(Integrative Negotiation)
知觉(Perception)
智力(Intelligence)
自变量(Independent Variable)
自我服务偏见(Self-serving Bias)
自我实现需要(Needs of Self-realization)
纵向分工(Differentiation among Levels)
组织(Organization)
组织发展(Organization Development)
组织结构(Organization Structure)
组织气氛(Organization Climate)
组织设计(Organization Design)
组织文化(Organization Culture)
组织文化(Organization Culture)
组织行为学(Organizational Behavior)
最大性测试(Try Best Test)
尊重需要(Needs of Self-esteem)

参 考 文 献

1. 迈克尔·T.麦特森等著:《管理与组织行为经典文选》,北京:机械工业出版社,2000年版。
2. Deborah Ancona:《组织行为与过程》,大连:东北财经大学出版社,1998年版。
3. F. Kast:《组织与管理》,北京:中国社会科学出版社,2000年版。
4. M. Bazerman:《管理决策中的判断》,北京:人民邮电出版社,2007年版。
5. R.L. Daft Richard, 李维安译:《组织理论与设计精要》,北京:机械工业出版社,2003年版。
6. 亚科卡:《亚科卡自传》,北京:华夏出版社,1986年版。
7. 程东升、刘丽丽:《华为真相》,北京:当代中国出版社,2003年版。
8. 丹尼尔·A.雷恩:《管理思想的演变》,北京:中国社会科学出版社,2005年版。
9. 郭毅、阎海峰:《组织行为学》,上海:高等教育出版社,2005年版。
10. 赫伯特A.西蒙:《管理行为》,北京:机械工业出版社,2004年版。
11. 李剑锋编著:《组织行为学》,北京:中国人民大学出版社,2004年版。
12. 井植熏著,陈浩然译:《我和三洋》,上海:上海人民出版社,1996年版。
13. 基蒂·洛克:《商务与管理沟通》,北京:机械工业出版社,2000年版。
14. 吉姆·科林斯:《从优秀到卓越》,北京:中信出版社,2002年版。
15. 卢盛忠:《组织行为学——理论与实践》,杭州:浙江教育出版社,1993年版。
16. 卢盛忠 主编:《管理心理学案例集萃》,杭州:浙江教育出版社,2003年版。
17. 卢润德:《商务谈判》,重庆大学出版社,2003年版。
18. 罗宾斯:《管理学》,北京:中国人民大学出版社,2003年版。
19. 罗宾斯:《组织行为学》,北京:中国人民大学出版社,1997年版。
20. 汤普森:《谈判者心智》,中国人民大学出版社,2005年版。
21. 托马斯·J.彼得斯、小罗伯特·H.沃特曼:《成功之路》,北京:中国对外翻译出版公司,1985年版。
22. 约翰·科特:《企业文化与经营业绩》,北京:华夏出版社,1997年版。
23. 约翰·库伦:《多国管理战略要径》,北京:机械工业出版社,2000年版。
24. 魏江、严进:《管理沟通》,北京:机械工业出版社,2006年版。
25. 吴晓波:《大败局》,浙江人民出版社,2007年版。
26. 奚恺元:《别做正常的傻瓜》,北京:机械工业出版社,2005年版。
27. 刑以群:《管理学》,杭州:浙江大学出版社,2004年版。
28. 张建国:《绩效体系设计》,北京:北京工业大学出版社,2003年版。

教师反馈及课件申请表

北京大学出版社以“教材优先、学术为本、创建一流”为目标，主要为广大高等院校师生服务。为更有针对性地为广大教师服务，提升教学质量，在您确认将本书作为指定教材后，请您填好以下表格并经系主任签字盖章后寄回，我们将免费向您提供相应教学课件。

<table>
<tr><td>书号/书名</td><td colspan="4"></td></tr>
<tr><td>所需要的教学资料</td><td colspan="4">教学课件</td></tr>
<tr><td>您的姓名</td><td colspan="4"></td></tr>
<tr><td>系</td><td colspan="4"></td></tr>
<tr><td>院/校</td><td colspan="4"></td></tr>
<tr><td>您所讲授的课程名称</td><td colspan="4"></td></tr>
<tr><td>每学期学生人数</td><td colspan="2">______ 人　　_____年级</td><td>学时</td><td></td></tr>
<tr><td>您目前采用的教材</td><td colspan="4">作者：________________　　出版社：________________
书名：________________________________</td></tr>
<tr><td>您准备何时用此书授课</td><td colspan="4"></td></tr>
<tr><td>您的联系地址</td><td colspan="4"></td></tr>
<tr><td>邮政编码</td><td></td><td>联系电话（必填）</td><td colspan="2"></td></tr>
<tr><td>E-mail（必填）</td><td colspan="4"></td></tr>
<tr><td colspan="3">您对本书的建议：</td><td colspan="2">系主任签字

盖章</td></tr>
</table>

我们的联系方式：

北京大学出版社经济与管理图书事业部

北京市海淀区成府路 205 号，100871

联 系 人：石会敏

电　　话：010-62767312 / 62752926

传　　真：010-62556201

电子邮件：shm@pup.pku.edu.cn　em@pup.pku.edu.cn

网　　址：http://www.pup.cn